Wolfgang Freisleben

Das Tor zur Hölle

Gewidmet den jüdischen, palästinensischen
und internationalen Friedensorganisationen,
die gewaltlos unter grossen Opfern
seit Jahrzehnten für einen gerechten Frieden
in Palästina kämpfen.

WOLFGANG FREISLEBEN

DAS TOR ZUR HÖLLE

ISRAELS GEWALTPOLITIK IM KOLONIALKRIEG UM PALÄSTINA

Ibera

Der Verlag bedankt sich bei Justin McIntosh für die Überlassung
des Coverfotos: AUGUST 26th, 2004
The cement pathways, metal detectors, turnstyles, and soldiers of
Kalandia checkpoint
http://www.capedmaskedandarmed.com/justin/day11.html

Die Deutsche Bibliothek – CIP-Einheitsaufnahme
Freisleben, Wolfgang:
Das Tor zur Hölle:
Israels Gewaltpolitik im Kolonialkrieg um Palästina / Wolfgang Freisleben.
– Wien: Ibera-Verl., 2005
ISBN 3-85052-202-4

Herstellung: Brigitte Strobele, Graphik & Buchdesign
Druck: Theiss GmbH, Wolfsberg
ISBN- 3-85052-202-4

www.ibera.at

Inhalt

Vorwort 9

Einleitung 38

1. Aufruhr in Israel 52

2. Raub der Westbank als Ziel 78

3. Gratwanderung in den internationalen Beziehungen ... 95

4. Verrat am Verbündeten USA 108

5. Zionistischer Terror in Palästina 131

6. Massaker, Vertreibung und immer wieder Krieg 144

7. Terroristenführer als Staatschefs 168

8. Der letzte Exekutor 180

9. Endkampf um Palästina 212

10. Grausamkeiten eines einseitigen Krieges 256

11. Strangulierung der Palästinenser 294

12. Das Tor zur Hölle 305

13. Terror, Rassismus und religiöser Fanatismus 320

14. Terrorstruktur im Untergrund 337

15. Völkermorddiskussion
durchbricht die moralischen Schranken 357

Glossar 382

Quellen 388

„Früher oder später

musst du Partei ergreifen,

wenn du menschlich bleiben willst.“

Graham Greene, Schriftsteller

VORWORT

„Bulldozer in Israel haben ihre Verbundenheit mit den israelischen Bulldozern in Beirut bestätigt, die dort versucht haben, Leichen der ermordeten Palästinenser zu verscharren unter den Trümmern ihrer Quartiere. Es wurde jetzt gemeldet, dass mitten in Israel der Gedenkfriedhof der Toten von Deir Yassin von Bulldozern zum Teil zerstört worden ist. ‚Keine Absicht', heißt es: ‚ein Versehen bei Bauarbeiten'. Auch die Ermordung der Menschen in Sabra und Shatila soll bekanntlich nur ein Versehen gewesen sein bei der Arbeit am Bau einer zionistischen Großmacht."

Erich Fried, Schriftsteller, 1921 in Wien geboren, 1938 Flucht vor den Nazis nach London, wo er bis zu seinem Tod 1988 lebte

Wer es heutzutage „wagt", die Gewaltpolitik der israelischen Regierung zu kritisieren, findet sich unversehens verstrickt in nebulos verwendeten Begriffen, die von den Unterstützern eben jener Politik wie ein Spinnennetz über jeden Kritiker geworfen werden. Kritische Nicht-Juden werden vorzugsweise als „Antisemiten" verleumdet; kritische Juden als „selbst-hassend" und „Israel-feindlich" oder gar als „Nazis" denunziert.

Diesen befremdlichen Umständen widmete sich bereits 2003 ein in den USA herausgegebenes Buch mit dem Titel „The Politics of Anti-Semitism", in dem zehn jüdische und zehn nicht-jüdische zum Teil international bekannte Autoren aus Israel, Europa und den USA wie Robert Fisk, Uri Avnery, Norman Finkelstein und der 2004 verstorbene Edward Said die Blockade-Strategie der Antisemitismus-Keule mit intellektueller Präzision aufs Korn nahmen.[1]

Sie stellten die inflationäre Verwendung des Begriffs „Anti-Semitismus" an den Pranger, der in sich schon unscharf ist. Denn als Semiten werden im wissenschaftlichen Sinn Menschen bezeichnet, die eine semitische Sprache sprechen. Oft wird eine gemeinsame Abstammung von der biblischen Gestalt Sem, dem ältesten Sohn von Noach, dem 10. Patriarch nach Adam im 1. Buch Mose (Genesis), behauptet, auf den auch Abraham (arab. Ibrahim) seine

Abstammung zurückführte. In Anlehnung daran bezeichnete man in biblischer Zeit alle Völker des Nahen Ostens, die sich als Nachkommen Abrahams betrachteten, als „Söhne des Sem“, was aber eher den Charakter eines Mythos hat.

Im Altertum bewohnten Völker mit semitischen Sprachen die arabische Halbinsel. Völkerwanderungen brachten sie nach Mesopotamien, Syrien und Palästina, Ägypten, Äthiopien und mit der phönizischen Kolonisierung bis an die Küsten des westlichen Mittelmeers. Obwohl dies bisher nicht bewiesen werden konnte, kamen sie wohl ursprünglich aus Nordost-Afrika, wo auch die anderen Zweige der afro-asiatischen Sprachfamilie zu finden sind.[2]

Ob der Begriff über das Sprachliche hinaus relevant ist, wird heute von der Wissenschaft stark bezweifelt. Denn im wissenschaftlichen Sinn gibt es nur semitische Sprachen, aber nicht semitische Völker oder Ethnien.

Der biblische Mythos hat jedenfalls nichts mit dem heutigen Begriff „Semiten“ zu tun, den erstmals 1781 der deutsche Historiker Ludwig Schlötzer prägte. In der Hauptsache bestehen die Semiten aus allen zur semitischen Sprachengruppe gehörenden Völkern Kleinasiens bzw. des Nahen Ostens – neben den Hebräern auch Aramäer (Chaldäer, Syrer), Phönikier, Punier und Araber sowie die aus ihnen hervorgegangenen Äthiopier samt den abessinischen Völkerschaften, die das Zweistromland bewohnenden Akkader, Assyrer und Babylonier.[3]

Religiöse Vorstellungen der Semiten reichen von Polydämonismus bei vorislamischen Arabern und in der babylonischen Kultur über die Verehrung von Göttern des Himmels und der Vegetation nebst Gestirnskult bis zum israelitisch-jüdischen Monotheismus, der zum Ausgangspunkt des jüdischen, christlichen und des islamischen Gottesbegriffes wurde (nach Brockhaus 1959). Die Semiten können damit für sich in Anspruch nehmen, die Stifter und Propheten der drei wichtigsten monotheistischen Religionen hervorgebracht zu haben.

Die semitischen Sprachen teilen sich in die nordsemitischen und die südsemitischen Sprachen. Zu den nordsemitischen zählen Akkadisch bzw. Assyrisch-Babylonisch, Aramäisch und Syrisch sowie die kanaanäischen Sprachen Phönizisch, Punisch, Ugaritisch, Hebräisch, Moabitisch u. a. Südsemitische Sprachen sind das Arabische, wiederum unterteilt in Nord- und Südarabisch, sowie das Äthiopische.[4]

Laut der pseudowissenschaftlichen Rassentheorie nach der Aufklärung wurden die Juden als „Semiten" bezeichnet, um so mit rassistischen Argumenten den zuvor eher christlich motivierten Judenhass fortsetzen zu können, indem die „Semiten" zu einer minderwertigen Rasse erklärt wurden. 1944 haben die Nazis dann die Araber von der Rasse der „Semiten" willkürlich ausgenommen.[5]

Die enge Verwendung des Begriffs „Anti-Semitismus" unter ausschließlichem Bezug auf die Juden ist somit sichtlich auf die Nazis zurückzuführen. Im korrekten Sinn wären aber „Anti-Semiten" all jene, die Juden wie Araber und alle anderen sprachlichen Semiten hassen. Dies zeigt aber zugleich, wie unsinnig die Verwendung des Begriffs „Anti-Semitismus" im Zusammenhang mit Israel-Kritik ist. Dies führte in einer deutschen TV-Diskussion zu dem kuriosen Vorfall, dass der inzwischen verstorbene israelische Autor Ephraim Kishon den offiziellen Vertreter der palästinensischen Autonomiebehörde als Anti-Semit bezeichnete und dieser ihm postwendend antwortete: „Das kann ich gar nicht sein, denn wir sind beide Semiten."

Angesehene Buchautoren wie der Deutsche Martin Walser, der Schweizer Friedrich Dürrenmatt oder der englische Philosoph Ted Honderich gehören dennoch ebenso zu den besudelten Opfern der Antisemitismus-Beschuldigung wie europäische Politiker oder Abgeordnete des US-Kongresses in Washington wie die farbige Cynthia McKinney oder Jim Moran, der in Israel Augenzeuge von Misshandlungen von Palästinensern durch israelische Soldaten wurde und dies ebenso anprangerte, wie er öffentlich kritisierte, dass die Israel-Lobby in den USA den Irak-Krieg pushte.

Sogar die überlebenden US-Soldaten des amerikanischen Aufklärungsschiffes USS Liberty, das am 8.6.1967 von Israels Luftwaffe und Marine mit dem Ziel der Versenkung angegriffen wurde, müssen sich gefallen lassen, dass sie als „Neo-Nazis", „Antisemiten" und „Verschwörungs-Theoretiker" abqualifiziert werden – und das nur, weil sie nichts anderes als Gerechtigkeit und eine unabhängige Untersuchung des vorsätzlichen Angriffs auf sich und ihr Schiff verlangen (siehe Kapitel 4).

Da wird sehr erfolgreich manipuliert, denunziert und mit indifferenten hohlen Phrasen herum geworfen wie „antisemitische Klischees bedienen", um die Debatte über einen vorgeblichen „neuen Antisemitismus" am Köcheln zu halten, dabei aber den Wahrheitsbeweis schuldig zu bleiben.

Beispiele für undifferenzierte Antisemitismus-Behauptungen lieferte die Schweizer „Weltwoche" in ihrer Ausgabe 48/03:

„Israel-Kritik schlägt um in Judenkritik, Judenfremdheit, Judenfeindlichkeit", zitierte dort Urs Gehringer einen Artikel des Soziologen Ulrich Beck aus der Süddeutschen Zeitung. Und behauptete diffus: *„Sichtbar wird eine verräterische Einäugigkeit der Europäer. Man protestiert gegen die israelische Militanz und übersieht wohlwollend, ja rechtfertigt gar (wie jüngst Ted Honderich im Buch „Nach dem Terror") den Selbstmordterror, mit dem die Palästinenser die israelische Gesellschaft tyrannisieren."*

Über den tödlichen Terror des israelischen Militärs, die Tyrannei gegen die palästinensische Zivilbevölkerung, die Kriegsverbrechen, die Verbrechen gegen die Menschlichkeit, die völkerrechtswidrigen ethnischen Vertreibungen verliert Gehringer – ebenso wohlwollend und damit rechtfertigend – kein Wort. Doch die Zahl der Toten nicht nur seit dem ersten zionistischen Eroberungskrieg 1948, sondern auch seit Beginn der 2. Intifada am 30. September 2000 bis Mitte 2005 legt ein eindeutiges Zeugnis über die Dimensionen des Terrors auf beiden Seiten ab: Per 11. Juni 2005 wurden in nicht einmal fünf Jahren 3.830 getötete palästinensische Zivilisten, darunter etwa ein Drittel Kinder, offiziell registriert, die anonymen Nicht-Registrierten nicht mitgerechnet. Diesen standen 1.036 tote Israelis gegenüber, wobei darunter eine nicht näher differenzierte Zahl von Besatzungssoldaten war, die bei Kampfhandlungen ums Leben gekommen sind. Ergänzt werden diese Zahlen durch rund 55.000 schwer Verletzte auf palästinensischer und etwas mehr als ein Zehntel so viele auf israelischer Seite. Über die Strategie der israelischen Armee, in erster Linie schwer zu verletzen, palästinensischen Kindern gezielt die Augen aus dem Kopf zu schießen und sie zu verstümmeln, breiten Gehringer wie Beck gnädig den Mantel des Schweigens.

Tatsächlich übersieht in Europa niemand, und schon gar nicht wohlwollend, den palästinensischen Terror. Im Gegenteil: Geradezu penibel wird jedes Attentat in Wort und Bild von Israel dokumentiert, beklagt und umgehend weltweit verbreitet – und natürlich in allen Medien der Welt dienstbeflissen übernommen. Über die Opfer der israelischen Killer-Maschinerie wird dagegen in den europäischen und amerikanischen Medien nur rudimentär berichtet, der Großteil der Opfer wird Israel-gefällig „übersehen".

Doch diese Verfälschungen haben Methode.

Wenn man z. B. dem Wirbel im deutschen Feuilleton- und Blätterwald nachgeht, als der Suhrkamp Verlag im August 2003 eine deutsche Fassung von Honderichs Buch veröffentlichte, stößt man auf interessante Fakten:

Von prominenter Stelle war damals die Rede vom „philosophischen Antisemitismus". Mit medialen Attacken auf Honderich wurde damals erreicht, dass der Verlag die bereits im Handel befindliche deutschsprachige Ausgabe des Buches mit Bezeugungen des größten Bedauerns umgehend zurückzog, wohl um die traditionell bei Suhrkamp publizierenden jüdischen Autoren nicht zu verlieren.

Der Leser erhielt Monate später dennoch die Möglichkeit, sich selber ein Urteil zu bilden, als der Melzer Verlag das Buch in einer deutschen Ausgabe im Dezember 2003 veröffentlichte. Und siehe da: Das Werk war plötzlich keine Aufregung mehr wert, denn von Antisemitismus, also einer verallgemeinernden generellen Juden-Verunglimpfung, findet sich in Wahrheit keine Spur.

Honderich verurteilt in dem Buch die Terroranschläge des 11. September mehrfach. Die angeblich antisemitischen Passagen lesen sich folgendermaßen: „Als die vornehmlichen Opfer von Rassismus in der Geschichte scheinen einige Juden heute von ihren Peinigern gelernt zu haben." Und: „Ich selbst habe keinen ernsthaften Zweifel … dass die Palästinenser in ihrem Terrorismus gegen Israel ein moralisches Recht ausüben."

Darüber kann man sicherlich geteilter Meinung sein. Aber mit Antisemitismus, mit Judenhass, hat das nun wirklich nichts zu tun. Immerhin hat auch der israelische Soziologie-Professor Baruch Kimmerling öffentlich das Widerstandsrecht gegen die israelischen Besatzer in den eigenen Gebieten als moralisch gerechtfertigt qualifiziert – unter Anwendung jedweder Mittel, die ihnen zur Verfügung stehen. Da hat sich keiner der selbst ernannten Moralisten darüber aufgeregt.

Doch wer selbst wie der Staat Israel von der Gründung 1948 weg das Völkerrecht, die Genfer Konventionen, die Römischen Verträge des Internationalen Strafgerichtshofes und Dutzende von UN-Resolutionen jahrzehntelang glattweg bricht und ignoriert und sich als Aggressor in Völkermord, Kriegsverbrechen und Verbrechen gegen die Menschlichkeit verstrickt, kann wohl kaum dafür internationalen Zuspruch einfordern und von seinen Opfern erwarten, dass diese mit ihren Peinigern vornehmer umgehen. UN-Generalsekretär Kofi Annan hat es im September 2004 so verdeutlicht: „Wer für Rechtsmäßigkeit sorgen möchte, muss sie selbst verkörpern, und wer sich auf internationales Recht beruft, muss sich diesem selbst unterordnen." Dies war auf Bush und die Irak-Invasion gemünzt, gilt aber ebenso für Sharon und die Westbank-Gaza-Invasion.

Der geistvolle englische Schauspieler und Denker Sir Peter Ustinov hatte es zu Lebzeiten in einer einfachen Formel ausgedrückt: Krieg ist der Terror der Reichen, Terror ist der Krieg der Armen.

Honderichs Sätze als Antisemitismus zu bezeichnen, erscheint daher als glatte Verniedlichung des Wortinhalts, als leichfertige Denaturierung eines inhaltsschweren Begriffes. Zumal die israelischen Generäle, wie der „Haaretz"-Militärkorrespondent Amir Oren schilderte, tatsächlich auch die Taktik der deutschen Waffen-SS bei der Niederschlagung des jüdischen Aufstands im Warschauer Ghetto studierten, um die richtige Taktik für die Einnahme von palästinensischen Flüchtlingslagern bei dem neuerlichen Panzerfeldzug in die palästinensischen Wohngebiete im Frühjahr 2002 zu entwickeln (siehe Kapitel 9).

Dass der Begriff „Antisemitismus" von Israel und seinen Lobbyisten in einer willkürlichen Kampagne eingesetzt wird, war in den letzten Jahren deutlich wahrzunehmen. Sie soll offenbar eine ehrliche und vorurteilsfreie Diskussion bis hin zu einer totalen Blockade a priori unterdrücken.

In diese Richtung zitierte die „Neue Zürcher Zeitung" in ihrer Ausgabe vom 27.12.2003 den angesehenen französischen Politologen Dominique Moïsi mit seinem Beitrag in der Zeitschrift „Foreign Affairs", demzufolge in bestimmten amerikanischen Publikationen allzu häufig ein Zerrbild von Europa gezeichnet werde, in dem antisemitische Einstellungen angeblich zu den dominierenden Zügen zählten. Für antisemitische Vorfälle im heutigen Europa seien aber einzelne Individuen verantwortlich und nicht staatliche Politik wie in vergangenen Zeiten, betonte Moïsi. Er wies außerdem darauf hin, dass die weit weniger integrierten Muslime heute in Europa eher unter Diskriminierungen und Vorurteilen zu leiden hätten als jüdische Bürger.[6]

Auch der ehemalige Knesset-Abgeordnete Uri Avnery, heute Doyen unter den Friedensaktivisten in Israel, verweist darauf, dass die Zahl der Antisemiten in Europa eher zurückgegangen ist. Hingegen sei das Maß der Kritik letztlich Israels Verhalten gegenüber den Palästinensern, die nun als die „Opfer der Opfer" erscheinen.

Die Situation in einigen Vororten von Paris, die oft als Beispiel für wachsenden Antisemitismus genannt wird, ist aber eine ganz andere Sache. Wenn nordafrikanische Muslime auf nordafrikanische Juden treffen, dann übertragen sie den israelisch-palästinensischen Konflikt auf europäischen Boden. Es ist auch eine Fortsetzung der Fehde zwischen Arabern und Juden, die in Algerien begann, als Juden das französische Regime unterstützten und die Muslime sie als Kollaborateure der verhassten Kolonialherren betrachteten.[7]

Die NZZ zitierte gleichzeitig auch die amerikanische Philosophin Judith Butler, die selber jüdischer Herkunft ist und sich einige Monate zuvor in einer viel beachteten Antwort auf entsprechende Vorwürfe des Harvard-Präsidenten Lawrence Summers entschieden gegen leichtfertige Gleichsetzungen zur Wehr gesetzt hat. Wenn der Vorwurf des Antisemitismus dafür verwendet werde, die israelische Besatzungspolitik vorbehaltlos zu verteidigen, dann verliere dieser Vorwurf radikal an Glaubwürdigkeit – und zwar auch dort, wo er tatsächlich berechtigt sei.

Während sich also Israel-Lobbyisten und Gefälligkeits-Schreiber um Stimmungsmache bemühen, wehren sich immer mehr Juden weltweit genau gegen diesen Versuch, mit der Gleichsetzung von Judentum, Judaismus und dem Staat Israel die Kritik an der Politik

Israels als Ausdruck des Antisemitismus darzustellen. Auch das orthodoxe Judentum in Europa und den USA hat wenig Interesse, mit der Haltung jener militanten national-religiösen Siedler identifiziert zu werden, die sich im Westjordanland seit 1967 als Vorposten völkerrechtswidriger Gebietsansprüche niedergelassen haben.[8]

Ja, mehr noch als das, kommt sogar von strenggläubigen orthodoxen Juden die radikalste Kritik und sogar rigorose Ablehnung Israels. Sie begründen ihren traditionellen Antizionismus mit der Thora, also den fünf Büchern Mose des Alten Testaments. Die streng nach den Geboten der Thora lebenden Mitglieder der internationalen Organisation Neturei Karta beispielsweise wünschen sogar die Auflösung Israels, um so wie in anderen Ländern gemeinsam mit den Einheimischen, also den Arabern, mit einer palästinensischen Regierung zu leben.

Rabbi Yisroel Dovid Weiss aus New York, Sprecher von Neturei Karta International, hatte zu dem verstorbenen Palästinenser-Präsidenten Yasser Arafat sogar ein derart vertrautes Verhältnis, dass er eigens aus den USA anreiste, um vor dem französischen Percy-Militärhospital nahe Paris, in dem Arafat während der letzten Tage seines Lebens behandelt wurde, Solidarität mit Arafat und den Palästinensern zu demonstrieren. Bei einer Mahnwache vor dem Krankenhaus kam es zu einem ungewöhnlichen Brückenschlag zwischen den Religionen: Ein ultra-orthodoxer Rabbiner legte Blumen für den sterbenden palästinensischen Führer nieder.

Der gleichfalls ultra-orthodoxe Ober-Rabbiner Moishe Arye Friedman von Neturei Karta aus Wien schüttelte bei dem vor dem Haupteingang des Percy-Militärhospitals provisorisch aufgebauten Altar die Hand eines Anführers moslemischer Andächtiger. „Wir sind hier, um unsere Solidarität mit unseren moslemischen Brüdern und Schwestern zum Ausdruck zu bringen", verkündete er, der zu einem breitkrempigen, schwarzen Hut ein schwarz-weißes Palästinensertuch („Keffiyah") trug. Und: „Wir fühlen uns sehr beschämt über die Barbarei, welche gegen das palästinensische Volk begangen wird."

Neturei Karta („die Wächter der Stadt") wurde in den 1930er Jahren in Jerusalem gegründet und repräsentiert heute eine weltweite Bewegung antizionistischer Juden. Die Organisation steht unerschütterlich gegen Israels Existenzrecht und will die zionistische Struktur des Staates aufheben, um die politische Kontrolle den Palästinensern zu übergeben. Ihre Führer unterstreichen dies noch damit, dass sie in ihren öffentlichen Erklärungen die Behauptung, der Zionismus verkörpere das Judentum oder Israel vertrete das Judentum, als Lüge bezeichnen. „Dies ist barer Unsinn. Häretiker können nicht Vertreter des Volks der Thora sein. Diejenigen, die sich schwerer Grausamkeiten gegenüber den Palästinensern schuldig gemacht haben, können nicht Vertreter eines barmherzigen Volkes sein.“ Sie nennen Israel dementsprechend einen „zionistischen Staat“ und nicht einen „jüdischen Staat“.

Ihre Mitglieder veranstalten international regelmäßig Demonstrationen gegen Israel, wobei sie sogar bei ihren Großkundgebungen in verschiedenen New Yorker Stadtteilen wie auch in den kanadischen Städten Quebec und Montreal in aller Öffentlichkeit israelische Fahnen verbrannt haben. Außerdem arbeiten sie mit antiisraelischen Organisationen zusammen und waren sogar mit Rabbi Moshe Hirsch als designiertem Minister für jüdische Angelegenheiten in Arafats Palästinensischer Autonomiebehörde (PA) vertreten. Auch in den Friedensverhandlungen von Madrid im Oktober 1991 sollte Rabbi Hirsch ursprünglich im Namen der PLO teilnehmen, weigerte sich aber letztlich, sich mit Israels Ministerpräsidenten Yitzhak Shamir an einen Tisch zu setzen.

Vor dem Besuch Ariel Sharons im Weißen Haus in Washington am 7. Februar 2002 fand sich eine Delegation von Rabbinern mit der „Koalition Arabisch-Amerikanischer und Islamischer Organisationen“ zum gemeinsamen Protest gegen den zionistischen Staat auf dem Freedom Plaza in Washington DC ein. Rabbi Weiss erklärte in seiner Rede, dass die Botschaft, die seine Gruppe nach Washington und den dort versammelten Palästinensern bringe, das Wort des Talmuds sei, das den Juden das Heilige Land verbiete bis zum Tage der Verbüßung ihrer Sünden. Das Zuwiderhandeln gegen die den Juden auferlegten Bedingungen ihres Exils habe allen Parteien im Nahen Osten schweres Leid zugefügt. „Es ist höchste Zeit, dass das jüdische Volk begreift, was unsere Weisen und die überwältigende Mehrheit der Juden bereits zu Beginn der zionistischen Bewegung, vor etwas mehr als einem Jahrhundert, begriffen hatten, nämlich, dass der Zionismus eine große Gefahr für das jüdische Volk darstellt … Ist denn nicht genug Blut vergossen worden, sowohl jüdisches wie palästinensisches Blut ? Ist es denn nicht an der Zeit, das gesamte zionistische Unternehmen zu überdenken?"

Jüdische Widerstandsgruppen gegen Gewaltpolitik

So, wie derzeit mit dem Begriff „Antisemitismus" umgegangen wird, erscheint er von Israel und seinen Lobbyisten in Europa und den USA in erster Linie politisch missbraucht, um von den israelischen Schandtaten abzulenken. Durch die weltweite Ablehnung der israelischen Gewaltpolitik und des postulierten Anspruchs des israelischen Regimes, für „die Juden" schlechthin zu sprechen und damit auch zu handeln, besteht aber zugleich die Gefahr der „self-fulfilling prophecy": Je weiter sich Sharon & Co bewusst in Völkermord, Kriegsverbrechen und Verbrechen gegen die Menschlichkeit verstricken, umso größer wird allenthalben der Argwohn und die Sorge vor der offenbar nicht enden wollenden und ausufernden Gewalt im Nahen Osten, ständig angetrieben von dem nahöstlichen „Duo infernal" Bush und Sharon. Und umso größer würde wohl das Misstrauen gegenüber Israel – und „den Juden" insgesamt, würden nicht die ideell inspirierten Juden weltweit allmählich zur Selbsthilfe greifen und auf Distanz zur Sharon-Regierung gehen.

In Israel, Europa und den USA haben sich immer mehr jüdische Widerstandsgruppen organisiert, die klar an die Sharon-Adresse postulieren: „Not in our name" – Sharon spricht und handelt nicht in unserem Namen.

In den USA hat sich die Brit-Tzedek-Organisation als „Jüdisches Bündnis für Gerechtigkeit und Frieden" etabliert, die über rund 20.000 Mitglieder verfügt und als kritische Alternative zu der mächtigen amerikanischen Lobby-Organisation AIPAC, der offiziellen jüdischen Israel-Lobby, angesehen werden kann. Sie hat am 14. April 2004 eine Petition mit 10.000 Unterschriften an US-Präsident Bush und Ariel Sharon bei dessen Besuch im Weißen Haus übergeben, in der nicht nur die Unterstützung für den Gaza-Abzug israelischer Siedler unterstrichen wurde, sondern auch die Forderung nach einem Ende der gesamten Besatzung, einem eigenen Palästinenser-Staat und die Zurückweisung aller israelischen Wünsche wie die Anerkennung des Verlaufs der Trennungsmauer oder die Dauerhaftigkeit und Legitimität großer Siedlungen in der Westbank, die künftige Friedensverhandlungen unterminieren könnten.

Daneben gibt es auch „Jew Voices for Peace", „Jews against the Occupation", „Jews for Peace in the Middle East", „Faculty for Israeli-Palestinian Peace", „Tikkun", „Jews for Racial and Economic Justice", „Women in Black", „Neve Shalom-Wahal al-Salam" und einige andere.

Auch Organisationen in Europa wie „Europäische Juden für einen gerechten Frieden in Nahost" mit 16 Unterorganisationen in 12 europäischen Ländern oder auch die in Wien tätigen „Frauen in Schwarz", eine Schwesterorganisation der israelischen „Women in black", zeigen unzweideutig Flagge, wenn sie Mahnwachen oder Diskussionen abhalten, bei denen schonungslos die Sharon-Politik attackiert und sogar ein Boykott Israels gefordert wird.

Die Aktivitäten all dieser Organisationen sind wohl ein eindeutiges Signal dafür, dass viele Juden in der Diaspora und in Israel nach wie vor an den alten Werten festhalten, die jahrhundertelang von den Juden Europas hochgehalten wurden: Humanismus und Menschenachtung.

Unterscheidung zwischen Judentum und Israel

Das Erfordernis einer klaren Unterscheidung zwischen den verschiedenen Konzepten Judentum und Zionismus, jüdischem und christlichem Zionismus, jüdischen und christlichen Antizionisten hat der in Kanada lehrende Historiker Yakov M. Rabkin, Professor für jüdische Geschichte an der Universität Montreal, in seinem Buch „Au Nom de la Thorah. Une histoire de l'opposition juive au sionisme" (Im Namen der Thora. Geschichte der jüdischen Opposition gegen den Zionismus. Quebec 2004) detailliert begründet.

Darauf reagierten einige Diaspora-Zionisten ihm gegenüber mit ausgesprochener Feindseligkeit, ohne sich wirklich auf eine Debatte über den Inhalt des Buches einzulassen. Rabkin stellte dabei fest, dass die Israelis viel offener für eine Diskussion wären und im Gegensatz zu den Diaspora-Zionisten nicht so täten, als sei die israelische Gesellschaft geschlossen und einig im Blick auf dieses kontroverse Problem.[9]

Rabkin hält die Unterscheidung zwischen Juden und Zionisten für wesentlich, da zu den letzteren mehr Christen als Juden zu zählen seien. Die „Christian Coalition of America" beispielsweise steht für die totale israelische Besitznahme des gesamten Heiligen Landes und hat mehr Mitglieder, als es weltweit Juden gibt. In ihrer glühenden Unterstützung für die zionistische extreme Rechte sind die christlichen Zionisten weltweit sogar vollständig vereint und bei den Zionisten auch hochwillkommen, obwohl sie von der Mehrheit der amerikanischen Juden als antisemitisch betrachtet werden. Ihre Theologie geht davon aus, dass am Vorabend der Wiederkunft Christi alle Juden zum Christentum konvertieren, andernfalls aber ausgerottet werden müssten.

Die Juden ihrerseits sind dagegen weltweit ziemlich gespalten in ihrer Meinung zu Zionismus und Israel. Kulturelle Zionisten wie der Deutsche Martin Buber und Judah Magnes traten auch nach dem Holocaust für einen gemeinsamen jüdisch-arabischen Staat in Palästina ein, weil sie vorausschauend ahnten, dass die Trennung von Juden und Arabern zur Vertreibung der einheimischen palästinensischen Araber führen würde und zur Entstehung eines jüdischen „Sparta", welches jüdische Lebensform und Ethik gefährden würde. Diese deutschen Juden waren echte Idealisten, denen jüdische Werte aufrichtig am Herzen lagen.

Im Gegensatz dazu hat Israels erster Regierungschef David Ben Gurion die jüdische Tradition verachtet. Ihm ging es nur darum, so viel Land wie möglich zu besiedeln. Er organisierte eine gewaltige politische Unterstützung in den USA und anderen Ländern und setzte sich relativ einfach gegen die noblen Idealisten durch. Außerdem spielte Ben Gurion sehr klug mit den Schuldgefühlen vieler Europäer und konstruierte verbal die „zionistische Lösung für das jüdische Problem", um Unterstützung zu gewinnen.[10]

Das Ergebnis dieser einseitigen Ziele ist unter anderem, dass die in Israel und den besetzten Gebieten lebenden palästinensischen Araber von ihren politischen Rechten heute weitgehend ausgeschlossen sind. Israel ist damit zu einem Anachronismus geworden, zu einem Überbleibsel des ausgrenzenden Nationalismus aus dem

19. Jahrhundert, der mit den Grundsätzen einer Demokratie unvereinbar ist. Bis heute hat sich in Israel der Kampf der rücksichtslosen Landräuber gegen jene idealistischen Zionisten fortgesetzt, die vorrangig unter den Intellektuellen Israels zu finden sind.

In keinem anderen Land der Welt gibt es daher so viele Friedensorganisationen (es sind inzwischen an die 30) wie in Israel, die sich in einem unermüdlichen Einsatz für eine Aussöhnung mit den Palästinensern und deren eigenem Staat engagieren. Sie repräsentieren das auch international viel beachtete „Friedens-Lager", dem etwa ein Drittel der israelischen (jüdischen) Bevölkerung zuzurechnen ist. Ihre politische Heimat war bis zur Ermordung von Ministerpräsident Yitzhak Rabin im November 1995 die linke Arbeitspartei. Rabins Nachfolger Shimon Peres kamen wegen seines Mangels an Glaubwürdigkeit allerdings rasch die Wählerstimmen abhanden. Seit 2001 kooperiert der greise Berufspolitiker willig immer wieder mit Ariel Sharon, um trotz seiner Wahlniederlagen ein Regierungsamt übernehmen zu können. Sogar bei dem grausamen Feldzug gegen die palästinensische Zivilbevölkerung 2002 gab er sich als Sharons politischer Steigbügelhalter her, weshalb ihn Mitglieder des Nobelpreis-Komitees im selben Jahr aufforderten, den einst in Ergänzung zu Yitzhak Rabin und Yassir Arafat auch für ihn reklamierten Friedens-Nobelpreis wieder zurück zu geben.

Politisch kann sich das Friedenslager daher als „verraten und verkauft" betrachten.

Gegen Verwechslung von Religion mit Politik

Der Historiker Rabkin hält die Bezeichnungen „jüdischer Staat" und „hebräischer Staat" für falsch, gefährlich und irreführend, weil sogar der zionistische Gründungsvater Theodor Herzl nur einen „Judenstaat" ins Auge gefasst hat und nicht einen „jüdischen Staat". Ein derartiger Begriff sei gefährlich, weil er die Verwechslung von Religion mit Politik fortbestehen lasse und alle Juden und das Judentum mit Israel und seinem Verhalten assoziiere. Das wiederum verursache antijüdische Gewalt. „Meiner Meinung nach sollte kein Journalist diese Begriffe benutzen, außer er möchte solch eine Gewalt schüren", meint Rabkin.[11]

Tatsächlich ist der Unterschied zwischen der jüdischen Tradition der letzten Jahrhunderte und der Politik in Israel ein fundamentaler. Denn gemäß der jüdischen Tradition sind Juden im Exil, um ihre Sünden abzubüßen, ihr bestes moralisches Verhalten zu zeigen und dafür zu beten, dass Gott sie ins Land Israel führt.

Demgegenüber ist die zionistische Haltung radikal anders: Sie verlässt sich auf die „jüdische Stärke", um in das Land „zurückzukehren". Der Zionismus negiert also das traditionelle Judentum und ist bestrebt, einen „neuen Hebräer" zu erschaffen, mit Werten, die jenen des Diaspora-Judentums genau entgegengesetzt sind.

Der politische Zionismus möchte also mit dem transnationalen Konzept der Juden in der Diaspora aufräumen und sie „normalisieren", damit aus der weltweiten Gemeinschaft der Gläubigen eine Nation wird, die innerhalb politischer Grenzen gebunden ist. Für viele Juden wurden der Zionismus und Israel auch tatsächlich die Basis ihrer neuen jüdischen Identität.

Religiöse Juden, die dem Zionismus ablehnend gegenüberstehen, möchten dagegen das Judentum und sein außergewöhnliches Wertesystem bewahren. Aber auch viele weniger religiöse Juden sind gegen den Zionismus, weil ihnen an jüdischen Werten etwas liegt, die aus dem Judentum stammen. Während diese beiden jüdischen Gruppen zwar sozial getrennt leben, stimmen ihre Ansichten weitgehend überein.

Die Zionisten haben damit eine schwerwiegende Spaltung unter den Juden verursacht, deren Konsequenzen kaum absehbar sind. Dennoch gerieren sich politische Zionisten immer als Vorhut des jüdischen Volkes, was sie äußerst intolerant gegenüber jeglicher Kritik zum Zionismus gemacht hat.

Ein Beispiel über die verquere Gedankenwelt von zionistisch-faschistischen Radikalen bietet eine Internet-Website mit einer Liste von mehr als 7.000 Juden, die als „selbst-hassend" und „Israel-bedrohend" denunziert werden.[12]

Sie wirft orthodoxe Rabbiner zusammen mit weniger religiösen progressiven Juden und beweist damit, dass die Ursprünge der Opposition zum Zionismus im Wesentlichen bei allen dieselben sind: eine Verpflichtung, jüdische Werte hoch zu halten.

Die Liste ist denn auch eine ausgesprochen elitäre, in der sich israelische und internationale Prominenz aus Wirtschaft, Kultur und Politik findet. Darunter bekannte Schauspieler wie Woody Allen und Richard Gere, heute Buddhist; Polit-Prominenz wie der frühere US-Außenminister Henry Kissinger und der frühere Auslands-Sicherheitsberater unter Präsident Bill Clinton, Sandy Berger; weiters der vor allem in Europa hoch geschätzte Dirigent und Pianist Daniel Barenboim, die kanadische Star-Kolumnistin Naomi Klein und der amerikanische Parade-Intellektuelle Noam Chomsky. Sogar der Präsident des World Jewish Congress, US-Milliardär und Eigentümer der israelischen Zeitschrift „Jerusalem Report", Edgar Bronfman, wird dort als Advokat für den „Judaismus als politischem Liberalismus" verurteilt.

Wörtlich heißt es weiters: „Edgar ist ein persönlicher Kamerad von Shimon Peres und ein Langzeitbefürworter von Israels Oslo-Selbstmord (gemeint sind offenbar die in Oslo abgeschlossenen Friedensverträge, auf deren Basis die Palästinensische Selbstverwaltung etabliert wurde, Anm.). Er bestätigt auch offen die Anwendung von ungeheurem Druck der USA, um Israel zu zwingen, seine Sicherheitsinteressen zu opfern". In einer befremdlichen Suada wird Bronfman vorgeworfen, er hätte als eine wirksamere palästinensische Taktik empfohlen, nur Angriffe gegen israelische Besatzungs-Siedlungen und -Siedler durchzuführen, statt gegen Juden innerhalb des Israel in den Grenzen vor 1967. Dies bedeute, dass es für „palästinensische Nazis" in Ordnung sei, Juden zu ermorden, wenn sie zufällig außerhalb der Grünen Linie von 1967 leben, mit der die Waffenstillstandslinie von 1949 und somit die offiziell gültigen Grenzen Israels gemeint sind. Bronfman habe gemeint, wenn die palästinensischen Selbstmord-Bomber nur zu den Besatzungs-Siedlungen gingen und der ganzen Welt sagten, dass diese falsch wären, dann hätte die Welt eine Handhabe gegen Israel und es gäbe sofort eine Zwei-Staaten-Lösung. Wörtlich wird dann die abstruse Behauptung aufgestellt: „Im Endeffekt ist dieser Präsident des jüdischen Weltkongresses ein Lobbyist, der den Terror-Strolchen der PLO hilft ...". Als Besitzer des Seagrams-Schnaps-Imperiums sei Bronfman außerdem gegen die Unterstützung für die Sowjet-Juden während deren Verfolgung in den 1970er und 1980er Jahren gewesen, wodurch er ungehindert lukrative Alkohol-Geschäfte mit den „kommunistischen Mördern und Folterern von

Juden hinter dem Eisernen Vorhang" machen konnte. Der Jerusalem-Report wiederum sei nichts anderes als die Stimme der Oslo-Verträge, ein Verfechter und Verteidiger der „selbstmörderischen Übertragung von jüdischem Land an arabische Terroristen". Weiters pumpe Bronfman mit seinem „Neues-Israel-Fonds" Millionen US-Dollar in soziale Projekte der Linken, die von einem „Who is who" des Friedenslagers betrieben würden (als ob das etwas Schlechtes wäre, Anm.). Weitere Klage: Bronfman stelle die jüdische Abneigung gegen Mischehen in Frage und meine, es sei nicht notwendig für nichtjüdische Ehe-Partner, zum jüdischen Glauben zu konvertieren. Der „Milliardärs-Torah-Analphabet" wisse alles über Mischehen, schließlich seien alle drei seiner Ehefrauen nichtjüdisch.

An dieser Verunglimpfung von Bronfman lässt sich erkennen, was für ein faschistoider Geist zu der jüdischen „Hass-Liste" geführt hat. Nicht fehlen darf dementsprechend auf dieser natürlich die gesamte Prominenz des israelischen Friedenslagers: Politiker, Journalisten, Buchautoren, Hochschulprofessoren – darunter Uri Avnery, der frühere israelische Justizminister Yossi Beilin („Architekt" der Friedensinitiativen von Oslo und Genf), die israelischen Rechtsanwälte Felicia Langer und Shamai K. Leibowitz, die „Haaretz"-Journalisten Amira Hass und Gideon Levy, die Historiker Moshe Zuckermann, Benny Morris und Teddy Katz sowie die Israel-kritischen Buchautoren Baruch Kimmerling, Tanya Reinhart, Israel Shahak und viele andere.

Sie alle eint eine durchaus ehrenvolle und international geschätzte Haltung: das Eintreten für einen gerechten Frieden mit den Palästinensern und einen eigenen, lebensfähigen Palästinenserstaat.

Zionismus instrumentalisiert Antisemitismus

Dass der Antisemitismus als eine der verruchtesten Formen von Ideologie gilt, ist offensichtlich. Weniger bekannt ist, dass auch seine sich kritisch gerierende Rezeption und die geradezu propagandistische Verwendung ideologisch unterlegt ist. Der israelischen Staatsideologie, dem Zionismus, ist diese Möglichkeit sogar nahezu strukturell inhärent. Denn zum einen ist der Zionismus als Absage an die Diaspora angelegt. Und zum anderen erhielt der Zionismus seinen Antrieb zur Selbstbestimmung aus der lebensweltlich-realen Unerträglichkeit des diasporischen Daseins – sei es in den traditionellen mörderischen Gewaltformen des osteuropäischen Pogroms oder in der Form eines sich nach und nach etablierenden bürgerlichen Musters gesellschaftlicher Ausschließung im west- und mitteleuropäischen Antisemitismus.

Wenn aber der Zionismus auf den Antisemitismus in der Form reagierte, dass er sich aus diesem kausal ableitete, um die nationale Heimstätte für das jüdische Volk zu gründen, dann lässt sich wohl auch nicht abstreiten, dass der Zionismus sich nicht nur dem Antisemitismus „verdankte“, sondern dass er in der Folge im Zusammenhang bei der Entwicklung seiner Ideologie diesen Antisemitismus geradezu instrumentalisierte, um seine Existenz damit zu begründen.

Was also mit dem Antisemitismus von Anbeginn an ein strukturelles Erbteil der zionistischen Ideologie war, wurde in der sich dann etablierenden offiziellen Politpraxis Israels zu zwei ständig nachgebildeten und verfestigten Ideologie-Bestandteilen weiterentwickelt: jenem der allgemeinen Bedrohung von Juden „in der Welt“ und dem der speziellen Bedrohung Israels durch „die Araber“.[13]

Die von den politischen Führern verordnete Doktrin der „Sicherheit“ gewann mit jedem neuen Kriegssieg der Israelis an Gewicht. Mit steigender militärischer Sicherheit wurde die Ideologie propagierter „Un-Sicherheit“ in das Bewusstsein der jüdischen Bevölkerung Israels eingefräst und solcherart die Basis dafür gebildet, dass der Militarismus allmählich zum dominierenden Element von Wirtschaft, Staat und Gesellschaft werden konnte. Ein Selbstzweck in der Hand der Generals-Junta, die heute de facto Israel regiert: Regierungschef, Verteidigungsminister, Stabschef, die Chefs der drei Geheimdienste Inland, Ausland und Militär (im Rang von Zwei-Sterne-Generälen) – alles (z. T. Ex-) Generäle, die eine überdimensionierte Rüstungsindustrie im Rücken haben. Der militärisch-industrielle Komplex, vor dessen Machtergreifung bereits der legendäre US-Präsident Dwight D. Eisenhower in den USA zu Recht warnte, wie die Ära George W. Bush zeigt, hat spätestens mit Sharon auch die Macht in Israel übernommen. Seither wird Israel in einem geflügelten Wort als „Armee, die sich einen Staat hält“, bezeichnet.

Der Unsinn von der existentiellen Bedrohung

Mit der propagandistischen Perpetuierung der hochgehaltenen Bedrohung von Juden bzw. von Israel wurde diese zu jener Ideologie, deren Wahrheitskern aber inzwischen der aktuelle Anspruch auf Gültigkeit wie auch auf unmittelbare Dringlichkeit mehr oder minder abhanden gekommen ist. Zum einen kann schon seit langem nicht mehr davon die Rede sein, dass es irgendeinen arabischen Staat gibt, der Israel heute noch militärisch in seiner Existenz bedrohen kann, ohne damit angesichts des gigantischen Arsenals an atomaren, chemischen und konventionellen Waffen seinen eigenen Untergang mit zu beschließen.

Und zum anderen ist die Behauptung einer vorgeblichen existenziellen Bedrohung Israels durch die völlig unbewaffnete palästinensische Zivilbevölkerung oder auch die vergleichsweise nur rudimentär bewaffneten kampf- und konfliktwilligen Widerstandsgruppen wie Hamas und Islamischer Djihad ein derartiger Unsinn, dass man darüber eigentlich keine Worte mehr verlieren muss. Es sei denn, dass man diesen Unsinn im krausen Verfolgungswahn militärisch ernst auslegt, wie es die israelische Friedensaktivistin Nurit Peled-Elhanan in ihrer Rede zum Internationalen Frauentag vor dem Europäischen Parlament am 8. März 2005 zynisch ausgedrückt hat – dann hätten Israels furchtlose Generäle schlichtweg Angst vor der muslimischen Gebärmutter, die eine demographische Bedrohung darstellt.

Auch die Koppelung des aktuellen, seine hässliche Fratze sporadisch da wie dort immer wieder erhebenden Antisemitismus an Shoa/Holocaust bzw. an eine, wie immer gedachte, neue „Shoa-Bedrohung" kann letztlich nur verwundern, wie der Israeli Moshe Zuckermann, Leiter des Instituts für deutsche Geschichte an der israelischen Universität Tel Aviv, festhält:

„Nirgendwo auf der Welt ist der Jude als Individuum durch den Antisemitismus so bedroht wie in Israel durch Israels Politik – und zwar als eklatante Folge einer von Israel seit Jahrzehnten betriebenen Außenpolitik und der mit dieser einhergehenden Erhaltung und Fortsetzung eines barbarischen Okkupations-Regimes, einer Außenpolitik, die sich schlichtweg der Ideologie einer längst zum Fetisch verkommenen „Bedrohung" bedient."

Darüber war schon der frühere israelische Außenminister Moshe Sharett konsterniert und befremdet, wie er seinem vor wenigen Jahren veröffentlichten Tagebuch anvertraute. Denn diese Bedrohlichkeit hat es in Wahrheit nie gegeben und gibt es auch heute nicht. Die einzige Ausnahme bleibt der 1973 von den arabischen Nachbarn begonnene Yom-Kippur-Krieg, den aber Israel selbst provoziert hat, weil es in keiner Weise über die Rückgabe der im Juni-Angriffskrieg 1967 eroberten Gebiete (Halbinsel Sinai, Gazastreifen, Westjordanland, Golan-Höhen, Ost-Jerusalem) gesprächsbereit war. Ansonsten war Israel bei jeder kriegerischen Auseinandersetzung mit den Arabern der Aggressor: 1948 (Vertreibung von 750.000 Palästinensern) ebenso wie 1956 (Sinai-Krieg), 1967 (Sechs-Tage-Krieg mit Vertreibung weiterer rund 350.000 Palästinenser) und im Libanon-Krieg 1982. Darüber hinaus gab es seit 1948 unzählige kleinere militärische Angriffe auf die arabischen Nachbarn.

Die offiziellen „Mythen" der israelischen Gründungsgeschichte behaupten zwar das Gegenteil. Israels „postzionistische neue Historiker" wie Benny Morris, Simacha Flapan, Ilan Pappé und Theodor „Teddy" Katz haben aber die tatsächlichen Fakten aus den erst spät zugänglich gewordenen Staatsarchiven ausgegraben und entlarvend publiziert. Dafür wurde Katz im Jahr 2000 wegen seiner Magisterarbeit, in der er ein bislang unbekanntes Massaker eines zionistischen Militärverbandes im Zuge der israelischen Staatsgründung 1948 nachgewiesen hat, bei dem 200 arabische Zivilisten in dem Dorf Tantura ermordet wurden, zwangsweise exmatrikuliert. Die Universitätsstellen bestritten zwar das Massaker nicht, nannten aber die Studie gefährlich für den Staat. Diese Zensur der Forschung und Lehre bekam auch Pappé zu spüren, dem im Jahr 2002 sein Lehrstuhl für Politikwissenschaft an der Universität Haifa weggenommen werden sollte, weil er sich für die Freiheit der Wissenschaft einsetzte. Er hatte 1994 den Mythos widerlegt, dass die Palästinenser durch die angebliche Ablehnung des UNO-Teilungsplanes 1947/48 für die Entstehung des Nahostkonflikts selber verantwortlich gewesen seien.[14]

Politisches Gewaltsubjekt und barbarischer Eroberer

Den wahren Kern der Paranoia-Politik mit der „Bedrohung“ analysiert Moshe Zuckermann einleuchtend so:

„Die antisemitische Kollektivbedrohung von Juden in der ‚Diaspora' ist heute nirgends auf der Welt auch nur annähernd vergleichbar mit der kollektiven Katastrophe, die Juden erwarten dürfte, wenn es zu einem – nicht zuletzt von der israelischen Politik mitverschuldeten – regionalen Krieg kommen sollte. Dass es im Interesse keiner der beteiligten Parteien im Nahen Osten liegt, einen solchen Krieg zu initiieren, ändert letztlich nichts daran, dass die objektive Kollektivbedrohung von Juden viel eher in ihm, dem potentiellen Krieg, als im wie immer virulenten und in der Tat unerbittlich zu bekämpfenden Antisemitismus in der Welt liegt. Dies zu verdecken, ist u.a. die Funktion der konjunkturellen Belebung des Antisemitismus-Diskurses in Israel. Denn wenn der israelische Premierminister öffentlich behaupten kann, dass jede aus Europa kommende Kritik an seiner Politik unweigerlich antisemitisch sei, und sich gar dazu versteigt, zu postulieren, dass wenn er diese (antisemitische) Kritik höre, er auch begreife, wie es zum europäischen Holocaust hat kommen können, dann handelt es sich entweder um das dämliche Dahergerede eines in Bedrängnis geratenen Politikers, der – obwohl Staatschef von Israel – wohl bis zum heutigen Tag das Wesen und die (weltgeschichtliche) ‚Bedeutung' der Shoah nicht recht begriffen hat, oder aber – was eher anzunehmen ist – er bedient mit dieser populistischen Rhetorik genau das, was den Ideologiecharakter des seinem Wesen nach heteronomen israelischen Antisemitismus-Diskurses ausmacht, wie er sich im kulturellen Bewusstsein der allermeisten jüdischen israelischen Bürgerinnen und Bürger mehr oder weniger deutlich kodiert hat.

Denn nicht um den Schutz der Juden in der ‚antisemitischen Diaspora' geht es dem israelischen Antisemitismus-Diskurs für gewöhnlich, sondern um eine Apologie des Zionismus, mithin um die Perpetuierung der ‚Diaspora' als Affirmationsgrundlage des eigenen, in den letzten Jahren aus mannigfaltigen Gründen immer bedrohlicher ins Wanken geratenen ‚israelischen' Selbstverständnisses, ein Anliegen, bei dem man … immer schon auf die ideologisch durchherrschte Vereinnahmung des ‚Antisemitismus' zurückzugreifen wusste. Daran, dass mit solcher Vereinnahmung gerade eine menschenverachtende Politik gerechtfertigt und gepolstert werden mag (wie im Paradefall des israelischen Premierministers), hat sich der allergrößte Teil der jüdischen israelischen Bevölkerung nie wirklich gestoßen. Im Gegenteil, da die Shoah mutatis mutandis zur raison d'être des zionistischen Staates umideologisiert worden war, erwies sich der politisch instrumentalisierte ‚Antisemitismus' als effizientes Mittel zur Entsorgung des von ‚der Welt' widergespiegelten, in der Tat sehr wenig schmeichelhaften Bildes eines politischen Gewaltsubjekts und barbarischen Eroberers.

Endgültig zufrieden darf man sich in diesem Zusammenhang durch den in den letzten Jahren merklich erstarkten ‚islamischen Antisemitismus' wähnen. Koppelt sich in ihm ja beides: der in Europa gewachsene ‚Antisemitismus' mit der nahöstlichen militärischen ‚Bedrohung', der ‚Shoah'-Code also mit der ‚Sicherheitsdoktrin': die geradezu ideale Basis für eine neue, ideologisch freilich über Jahrzehnte erprobte Selbstviktimisierung. Man verfährt dabei essentialistisch. Der Antisemitismus wird (vor allem in den Medien) zum Wesenszug des Islam erklärt, ohne sich länger bei der Grundtatsache aufzuhalten, dass sich dieser geschichtlich gerade nicht durch jenen brachial verfolgenden, geschweige denn eliminatorischen Judenhass auszeichnete, der die gesamte abendländische, mithin christliche Kultursphäre jahrhundertelang bis hin zum nationalsozialistischen Völkermord durchwirkte. Israelische Juden orientalischer Provenienz pflegen zu erzählen, wie gut für gewöhnlich die nachbarliche Beziehung zur muslimischen Umwelt in ihren Ursprungsländern bis 1948 war.“

Gänzlich negiert wird beim Suggerieren des islamischen Antisemitismus der schlichte Konnex zwischen Israels repressiver Politik in den besetzten Gebieten und einer daraus resultierenden antiisraelischen Haltung. Da der Antisemitismus archaisiert wird, dürfen nämlich keine unmittelbaren Kausalbezüge zugelassen werden, mit denen womöglich das ideologisch beklagte Phänomen des „islamischen Antisemitismus“ zu erklären wäre – „schon gar nicht, wenn sie eine eklatante Selbstverschuldung des erwachenden antiisraelischen Ressentiments auf den Punkt bringen könnten", wie Zuckermann meint. Dazu passte eine Erklärung des ägyptischen Außenministers Aboul Gheit, der bei einem Wien-Besuch meinte, dass 90 Prozent des islamistischen Terrors wegfallen würden, wenn das Palästina-Problem gelöst wäre. Auch Uri Avnery meint: „Wenn Frieden zwischen Israel und der arabischen Welt zustande gebracht wird, werden wahrscheinlich (und hoffentlich) die giftigen Früchte des Antisemitismus aus der arabischen Welt zum größten Teil verschwinden (so wie die giftigen Früchte des Araberhasses in unserer Gesellschaft)."

Außerdem gab es, so Avnery, nie einen weit verbreiteten muslimischen Antisemitismus, wie er im christlichen Europa existiert hat. Während seines Machtkampfes hat der Prophet Mohammed auch gegen benachbarte jüdische Stämme gekämpft. So kamen ein paar negative Passagen über Juden in den Koran. Mohammed verfügte aber, dass die „Völker des Buches" (Juden und Christen) tolerant behandelt werden sollten; sie wurden zwar Bedingungen unterworfen, die aber unvergleichlich liberaler waren als im Europa der damaligen Zeit. Das muslimische Spanien war für die Juden ein Paradies, und niemals gab es in der muslimischen Welt einen jüdischen Holocaust. Selbst Pogrome waren äußerst selten. Die Muslime haben ihre Religion auch nie mit Gewalt Juden und Christen aufgezwungen, was allein die Tatsache belegt, dass fast alle aus dem katholischen Spanien vertriebenen Juden sich in muslimischen Ländern ansiedelten und dort wohl fühlten. Nach jahrhundertelanger muslimischer Herrschaft sind Griechen und Serben durchaus Christen geblieben.

Sharon-Äusserungen in Frankreich abgelehnt

Nicht gerade willkommen waren folgerichtig die Äußerungen von Ariel Sharon, als er im Juli 2004 alle in Frankreich lebenden Juden zur sofortigen Auswanderung nach Israel aufrief. Vorangegangen waren am 4. Mai eine körperliche Attacke gegen den Rabbiner von Créteil und Ende April die Schändung von 127 Gräbern auf dem jüdischen Friedhof Hattstatt-Herrlisheim.

Jüdische Vertreter bezeichneten die Äußerungen des israelischen Regierungschefs als wenig hilfreich. Der Präsident der Internationalen Liga gegen Rassismus und Antisemitismus (LICRA), Patrick

Gaubert, sagte im französischen Fernsehen, „Sharon hätte besser den Mund gehalten, ... seine Worte tragen nichts zur nötigen Ruhe und Gelassenheit und zum notwendigen Frieden bei“. Patrick Klugman, ehemaliger Vorsitzender der französischen jüdischen Studentenvereinigung und jetziger Vizepräsident von „SOS Racisme“, erklärte, Sharon sei „sehr schlecht informiert über die derzeitigen Ereignisse in Frankreich und die wirkliche Situation der Juden in Frankreich“. Mouloud Aounit von der MRAP (Bewegung gegen Rassismus und für Völkerfreundschaft) vermutete, dass Sharon versuche, „den Antisemitismus auszunutzen, um ein anderes Siedlungsprogramm in Israel durchzusetzen“.

Theo Klein, Ehrenpräsident der jüdischen Dachorganisation CRIF, erklärte, Sharon sollte es der jüdischen Gemeinde in Frankreich überlassen, sich um ihre Probleme zu kümmern: „Er hat nicht für uns zu entscheiden.“ Und Richard Pasquier, Mitglied des Rates der jüdischen Institutionen Frankreichs, meinte, Sharon habe mit seinem Aufruf „auf inakzeptable Weise Öl ins Feuer gegossen“.

Die Tageszeitung „Le Monde“ schrieb am 20. Juli: „Zweifellos sind Sharons Worte wieder einmal als Teil des Propagandafeldzugs der ‚Jüdischen Agentur für Einwanderung‘ zu verstehen. Zu einem Zeitpunkt, wo die Einwandererströme aus den früheren Sowjetrepubliken und aus Argentinien versiegen, bilden für diese Agentur die 600.000 Juden in Frankreich ... nach der amerikanischen Jüdischen Gemeinde das zweitgrößte Reservoir potentieller Immigranten.“

Was bleibt ist die Gewissheit, dass nicht nur die Bekämpfung des Antisemitismus wichtig ist, sondern auch die Kritik an der ideologisierten Vereinnahmung der Phrase „Abscheu vor dem Antisemitismus“ – ebenso aber auch die Kritik am Missbrauch des Shoa-Andenkens für fremdbestimmte Partikular-Interessen, und zwar besonders dann, wenn sich herausstellt, dass der „Antisemitismus“ als propagandistisches Schreckbild für die Perpetuierung einer Politik menschlicher Unterdrückung herangezogen wird; und wenn solcherart das Andenken an die Opfer in hohem Maße mit der geächteten Politik kontaminiert wird, so dass es zur rationalisierenden Rechtfertigung einer politischen und gesellschaftlichen Realität verkommt, die immer neue Opfer erzeugt.

Wenn die Bekämpfung des Antisemitismus sich als fremdbestimmte Instrumentalisierung des Unsäglichen erweist, dann „verrottet die Auseinandersetzung mit dem Antisemitismus zur puren Antisemitismus-Ideologie“, warnt denn auch Moshe Zuckermann.

Dem ist noch hinzuzufügen, dass zu den Voraussetzungen für eine nüchterne Antisemitismus-Diskussion der verantwortungsvolle Umgang mit Fakten, Begriffen und Proportionen gehört. Wer Sharons Politik kritisiert, muss sich an diese Adresse halten und kann nicht „die Juden“ kollektiv dafür haftbar machen. Solche Verallgemeinerungen sind ähnlich provozierend und verletzend wie Unterstellungen, ganz Europa sei dabei, vom Gift des alten Antisemitismus überschwemmt zu werden. Luftige Verschwörungstheorien sind in der Politik immer gefährlich. Sie lenken nur von der mühevollen Aufgabe ab, für sehr konkrete Probleme – in diesem Fall den israelisch-palästinensischen Konflikt – praktische und faire Lösungen zu finden.

Eine taugliche Orientierungshilfe hat Uri Avnery in einem praktischen Leitfaden über Antisemitismus verfasst.[15] Demzufolge kann als Antisemit betrachtet werden, wer

1. die Juden hasst, weil sie „die Juden“ sind, unabhängig davon, was sie tun;
2. Israel hasst, weil es ein jüdischer Staat ist;
3. als Jude zum Judenhasser geworden ist wie der spanische Großinquisitor Torquemada, der ursprünglich Jude war. Karl Marx schrieb ein paar garstige Dinge über Juden, wie auch Otto Weininger, ein bedeutender jüdischer Schriftsteller am Ende des 19. Jahrhunderts. Auch Theodor Herzl, sein Zeitgenosse und Wiener Landsmann, schrieb in seinen Tagebüchern einige sehr wenig schmeichelhafte Bemerkungen über Juden.

Kein Antisemit dagegen ist nach Definition von Avnery, wer

1. Israel wegen seines Verhaltens in den besetzten Gebieten kritisiert;
2. ein Antizionist ist wegen der politischen Ideologie Israels;
3. an Juden höhere moralische Maßstäbe anlegt als an andere Völker und Israel womöglich mehr kritisiert als andere Länder, die dasselbe tun. Das Problem ist, so Avnery, „dass Juden als

‚das Volk der Opfer' dargestellt werden und es sich selbst als solches darstellt und (tatsächlich) ein ‚Volk der Opfer' war; deshalb ist die Welt schockiert, dass die Opfer von gestern die Täter von heute sind".

Eine ausladende und eher fragwürdige Antisemitismus-Definition beinhaltet der umstrittene Entwurf zu einem EU-Arbeitspapier der in Wien ansässigen Europäischen Stelle zur Beobachtung von Rassismus (EUMC). Dieser will Doppelstandards, die von Israel ein Verhalten verlangen, das von keiner anderen demokratischen Nation verlangt oder erwartet wird, als antisemitistisch gewertet wissen. In der Realität ist es allerdings ohnedies so, dass Israel eher eine vorteilhafte Ausnahmestellung in Anspruch nimmt – es hat z. B. die Aufnahmebedingungen für die UNO im Zusammenhang mit den Palästinensern bewusst nicht erfüllt und ist dennoch bis heute nicht wieder aus der UNO ausgeschlossen worden.

Eher abstrus ist die in dem Papier erhobene Behauptung, wer den Begriff „Massaker" auf israelische Vergeltungsaktionen anwende, setze Israel mit den Nazis gleich. Die deutsche „FAZ vom Sonntag" bezeichnete dies schlichtweg als Unsinn. Wie überhaupt die Studie ein Objektivitätsproblem hat, da sie Vorarbeiten der amerikanischen Anti-Defamation-League (ADL) verwendet. Die hat ihren Sitz in New York und Washington, verfügt über ein Jahresbudget von mehr als 50 Millionen Dollar und unterhält dreißig Regionalbüros in den USA, eines in Jerusalem, eines in Moskau und eines in Downsview, Ontario. Zusammen mit der Zionist Organization of America und zahlreichen anderen jüdischen Organisationen ist sie Mitglied des privaten American Israel Public Affairs Committee (AIPAC). Und diese Gesamtorganisation definiert sich selber auf ihrer Homepage als „America's pro-Israel lobby" – sie ist zweifellos die mächtigste Israel-Lobby der Welt und gilt allgemein hinter der Pensionisten-Vereinigung als die zweitwichtigste und -einflussreichste Lobby-Organisation in den USA.[16]

Bei diesem Maß an Interessenskonflikt muss zwangsläufig die Objektivität auf der Strecke bleiben. Es kann daher nicht verwundern, wenn in der EUMC-Arbeitsdefinition zu Antisemitismus erstmals auch Kritik an Israel mit Antisemitismus vermengt wird:

Antisemitismus ist eine bestimmte Wahrnehmung von Juden, die man als Judenhass bezeichnen kann. Rhetorische und physische Manifestationen von Antisemitismus sind gegen jüdische oder nicht-jüdische Individuen und/oder gegen ihr Eigentum, gegen Institutionen der jüdischen Gemeinden und gegen religiöse Einrichtungen gerichtet. Außerdem können solche Manifestationen gegen den Staat Israel (in seiner Eigenschaft, Anm.) als jüdische Gemeinschaft gerichtet sein. Antisemitismus klagt Juden häufig der Verschwörung zum Schaden der Menschheit an und wird oft genutzt, um Juden dafür verantwortlich zu machen, „warum etwas falsch läuft". Er drückt sich in Worten, in schriftlicher und visueller Form und in Taten aus, und verwendet dazu unheilvolle Stereotypen und negative Charakterzüge.

Diese Definition ist derart allumfassend und geradezu grenzenlos, dass sie jegliche Kritik an einem Individuum oder einer Institution, die als „jüdisch" bezeichnet werden kann, diskreditiert. Damit wäre der Begriff vollends zweckentfremdet.

Probleme wird allerdings zu Recht bekommen, wer behauptet, „die Juden" würden die Politik der USA bestimmen. Tatsächlich ist eine derartige Behauptung nicht korrekt, weil alle Umfragen zeigten, dass unter den jüdischen US-Amerikanern die kontroversen Meinungen über die Nahost-Politik der Bush-Regierung ungefähr gleich verteilt sind wie im Rest der Bevölkerung. Die offizielle Politik des AIPAC und der großen jüdischen Verbände, den Irak-Krieg aktiv zu unterstützen und als nächsten Schritt auf eine scharfe Konfrontation mit dem Iran zu drängen, repräsentiert also durchaus nicht „die Juden der USA": eine Umfrage des American Jewish Committee (AJC) ergab sogar, dass 54 Prozent gegen den Irak-Krieg waren. Und nur sechs Prozent sahen als wichtigsten Bestandteil für ihre jüdische Identität die „Unterstützung Israels" an.

Anders ist es beim Einfluss der AIPAC auf die Abgeordneten im Kongress. Nach eigenen Angaben führen AIPAC-Aktivisten jährlich über 2.000 persönliche Gespräche mit Kongressmitgliedern, womit selbstverständlich direkte Treffen und nicht etwa Telefonate gemeint sind, deren Zahl weit höher liegt. Bei 100 Senatoren und etwa 440 Mitgliedern des Abgeordnetenhauses – beide Gremien zusammen bilden den Kongress – kommt also jeder amerikanische

Parlamentarier pro Jahr im Durchschnitt auf drei bis vier Begegnungen mit Abgesandten der Pro-Israel-Lobby.

Den Neulingen und auch schon den Kandidaten für Senat oder Abgeordnetenhaus gilt – sicher nicht uneigennützig – die besondere strategische Aufmerksamkeit und Fürsorge des AIPAC: Nach Möglichkeit wird jeder Bewerber schon in der innerparteilichen Auswahlphase gecheckt und zu einem Gespräch gebeten, um seine Einstellung zu Israel abzuklären. Es handelt sich dabei freilich nur um eine Abrundung der Eindrücke, da AIPAC über alle Politiker ohnedies Dossiers führt. Alle Kongressneulinge werden vom AIPAC überdies zu einer einwöchigen Israel-Reise eingeladen, um die Zusammenarbeit gleich mit einem kleinen Geschenk zu beginnen.

Wesentliche Lenkungsinstrumente der Pro-Israel-Lobby sind die so genannten „voting records“, minutiöse Auflistungen und Analysen des Abstimmungs-Verhaltens jedes einzelnen Kongressmitglieds in allen Israel oder überhaupt den Nahen Osten betreffenden Abstimmungen. Pro-Israel-Records von über 95 Prozent gelten als normal. Weniger als 90 Prozent werden als Indiz genommen, dass der betreffende Abgeordnete oder Senator ein Abweichler ist, der eine feindselige Einstellung zu Israel hat. Ein Politiker, der es zu etwas bringen will, wird sich daher schon zu Beginn seiner Kongresskarriere genau überlegen, ob er sich seine Bilanz unnötig versauen will. Denn Israel-kritisches Abstimmungsverhalten bringt in der Regel keine Wählerstimmen, kann aber noch viele Jahre später eine Menge Ärger bedeuten.

In einigen Fällen bestrafte AIPAC Israel-Kritiker exemplarisch und abschreckend, indem es im nächsten Wahlkampf massiv und erfolgreich Gegenkandidaten finanzierte und unterstützte. So wurde beispielsweise der zunächst favorisierte demokratische Kandidat Adlai Stevenson als Gouverneur von Illinois verhindert, als der republikanische Gegenkandidat Big Jim Thompson im Wahlkampf unversehens mit so vielen Spenden-Millionen gesponsert wurde, dass er die Wahl gar nicht verlieren konnte. Stevensons Vergehen: Er hatte sich für einen Kongress-Ausschuss zur Untersuchung der Liberty-Affäre stark gemacht, wodurch Israel ins schiefe Licht geraten wäre. Dass bis heute, also 38 Jahre lang, Weißes Haus und Kongress jede offizielle Untersuchung der Affäre ablehnten, bei der

Israels Navy und Luftwaffe am 8. Juni 1967 zwei Stunden lang versuchten, das amerikanische Aufklärungsschiff USS Liberty vor der Küste Palästinas zu versenken und dabei 70 % der Besatzungsmitglieder töteten oder verletzten, zeigt die Macht der Israel-Lobby in Washington.

Wie lange es sich die US-Präsidenten und die Damen und Herren von Senat und Repräsentantenhaus leisten können, als gewählte Repräsentanten der USA neben der patriotischen Pflicht auch noch die Interessen einer fremden Macht wahrzunehmen, ist eine immer drängendere Frage. Der Weg von Gefälligkeit zum Hochverrat ist jedenfalls nur mehr ein ganz kurzer, wie die fünf Jahre andauernde Untersuchung des FBI gegen zwei AIPAC-Mitarbeiter mit dem ersten Ergebnis der Verhaftung des hochrangigen Mitarbeiters im US-Verteidigungsministeriums, Lawrence A. Franklin, im Juni 2005 zeigte (siehe Kapitel 4).

Auch der frühere CIA-Direktor John Deutch, der nach nur eineinhalb Jahren im Amt wegen Verdachts der Weitergabe von Staatsgeheimnissen an den israelischen Botschafter in Washington nach einer FBI-Untersuchung seinen Sessel räumen musste, konnte nur von Bill Clinton mit der Amnestie am letzten Amtstag als US-Präsident Ende Januar 2001 vor einer Anklage bewahrt werden.

Früher stellte AIPAC die „voting records" allen Interessierten auf Anfrage zur Verfügung, heute kann sie jeder im Internet nachlesen.[17]

Dass Kongressmitglieder für ihr Wohlverhalten entsprechend belohnt werden, gehört wie selbstverständlich zum Lobby-Business „made in USA": Sie erhalten je nach Wichtigkeit entsprechend abgestufte „Zuwendungen" in Form von finanziellen Wahlkampfspenden von Pro-Israel PACs – politischen Aktionskomitees, die in Wirklichkeit nur notdürftig getarnte Filialen des AIPAC sind, aber als Spender und Fundraiser offiziell auftreten dürfen. Örtliche proisraelische PACs gibt es in den USA zu Dutzenden.[18]

Absoluter Förderungs-Spitzenreiter ist bisher, zumindest nach offiziell verlautbarten Zahlen, der frühere demokratische Senator Tom Daschle, der im letzten Wahlgang 2004 mit 70.500 US-Dollar und im Verlauf seiner Senatskarriere mit insgesamt 533.635 US-Dollar von jüdischen PACs für sein Wohlwollen belohnt wurde.

Daschle war als demokratischer Fraktionsführer von einiger Wichtigkeit, verlor aber bei den Senatswahlen im November 2004 seinen Sitz als Senator von South Dakota an den republikanischen Herausforderer John Thune, der mit nur 1.000 US-Dollar aus einem proisraelischen PAC-Topf (insgesamt erst 6.480 US-Dollar) vernachlässigt worden war.[19]

Israel wird ebenso wie der Holocaust (auch: Shoah) in den USA längst als Milliarden-Geschäft mit Milliarden-Spenden und fetten Provisionen gehandhabt. „There's no business like Shoah-business", hatte daher schon vor Jahrzehnten der damalige israelische Außenminister Abba Eban gespöttelt. Und der New Yorker Politologe Norman G. Finckelstein, dessen Eltern das Warschauer Ghetto und Konzentrationslager überlebten, hatte sich sogar angesichts der „moralischen und finanziellen Ausbeutung jüdischen Leidens" zu einem Buch veranlasst gesehen mit dem vielsagenden Titel „Die Holocaust-Industrie – Wie das Leiden der Juden ausgebeutet wird". Seine anspruchsberechtigte Mutter hatte aus Wiedergutmachungs-Geldern der deutschen Regierung, die der amerikanisch-jüdischen Claims Conference übergeben wurden, keinen Cent erhalten.

Wien, im August 2005
Wolfgang Freisleben

Einleitung

„Die Palästinenser werden sich immer an die 450 Dorfsiedlungen erinnern, die von den Feinden erobert und dem Erdboden gleichgemacht wurden. In ihrer Erinnerung wird jedes als kleines Paradies, umgeben von Feldern und Plantagen, fortleben. Sie werden sich sehnen nach den Straßen in Haifa und Jaffa, Ramle und Bir-Saba, im Jerusalem-benachbarten Karamon und in Talbieh, sie alle der Inbegriff von Schönheit und Vollkommenheit. Die Flüchtlinge werden in den magischen Spiegel der Vergangenheit schauen und Menschen sehen, die idyllisch auf ihrem Land lebten bis zum Erscheinen von grausamen Fremden, die sie zu einem Leben von Demütigung und Elend verdammten, von Unterdrückung und Verbannung, mit keiner Aussicht auf Erlösung."

Uri Avnery, ehemaliger israelischer Knesset-Abgeordneter

Auf der Bandung-Konferenz im April 1955, an der 29 Staaten und 30 Befreiungs-Bewegungen aus Afrika und Asien teilnahmen, entstand die Bewegung der blockfreien Staaten, die sich damit in der Zeit des sich verschärfenden Kalten Krieges zur potenziellen dritten Kraft der Weltpolitik formierten. Das erklärte Ziel war die Beendigung von Kolonialherrschaft und Rassentrennung. Die Hoffnungen, die damals geboren wurden, versuchten die Länder der Dritten Welt im Rahmen der UNO einzulösen und in der Generalversammlung, in der sie bereits die Mehrheit repräsentierten, die Kolonialherrschaft für rechtswidrig zu erklären.

Die am 14. Dezember 1960 verabschiedete UNO-Resolution 1514 erkennt die Legitimität nationaler Befreiungskämpfe an. Auch die nationalen Befreiungsbewegungen erlangten internationale Anerkennung, die Organisation des Volks Südwestafrikas (SWAPO) erhielt sogar als Befreiungsbewegung des damals von Südafrika besetzten Namibia einen Beobachterstatus in der UNO.

Nachdem das Völkerrecht lange Zeit das Recht des Stärkeren sanktioniert hatte, erfuhr der Kampf der Unterdrückten gegen einseitige Gewaltverhältnisse nun erstmals in der Geschichte der internationalen Beziehungen rechtliche Anerkennung.

Binnen weniger Jahre erlangten bis 1964 insgesamt 32 meist afrikanische Staaten in einem Prozess der friedlichen Entkolonisierung ihre Unabhängigkeit. Im portugiesischen Kolonialreich siegten die Befreiungsbewegungen erst in der ersten Hälfte der 1970er Jahre.

„Die Entkolonisierung hatte die internationale Landschaft verändert", schrieb rückblickend der ehemalige UNCTAD-Generalsekretär Rubens Ricupero. Sie habe nicht nur politische Unabhängigkeit verheißen, sondern auch Entwicklung und soziale Gerechtigkeit für Millionen Angehörige bislang vergessener Völker.

Israelis als neue Kolonialherrn

Doch just zu jener Zeit versuchte die Staatsführung Israels das Rad der Zeit zurückzudrehen und maßte sich an, jene Neuordnung der Grenzen im Nahen Osten, die von den europäischen Großmächten England und Frankreich nach dem Ersten Weltkrieg vorgenommen worden war, neuerlich zu ändern. Mit dem überraschenden Angriffskrieg gegen die Nachbarstaaten Ägypten, Jordanien und Syrien im Juni 1967 (Sechs-Tage-Krieg) startete Israel den größten gewaltsamen Landraub seit der Gründung im Mai 1948. Das Ziel war die weitere Kolonisierung arabischer Gebiete.

Die UNO beantwortete diese Aggression mit der Anerkennung der Organisation für die Befreiung Palästinas (PLO), deren Führer Yassir Arafat vor der Generalversammlung am 13. November 1974 eine historische Rede halten konnte.

Doch erst 20 Jahre und viele Masssaker und Kriegsverbrechen später durften die Palästinenser erstmals Hoffnung auf eine friedliche Lösung der militärischen Besatzung durch Israel schöpfen, als Arafat und seine PLO hochoffiziell aus dem Exil in Tunesien in den Gazastreifen zurückkehrten, um die Selbstverwaltung der ersten palästinensischen Gebiete zu übernehmen.

Was Premierminister Yitzhak Rabin damals aufbaute und was immerhin den Friedensnobelpreis für Rabin und Arafat wert war, hat Ariel Sharon binnen vier Jahren seiner Kriegsherrschaft mit einer geradezu maßlosen Gier nach dem Land der Palästinenser wieder zerstört.

Diese Maßlosigkeit war allen israelischen Regierungen mit Ausnahme jener von Rabin inhärent. Sie führte dazu, dass Israel bereits drei Mal eher ruhmlos aus arabischem Land abziehen musste, das es in kolonialer Ekstase einst mit Waffengewalt erobert hatte: 1956 und 1981/82 jeweils nach Eroberungsversuchen aus dem Sinai; im Frühjahr 2000 aus dem Libanon (siehe Kapitel 7).

USA erzwangen den Siedler-Abzug

Der Abzug aus dem Gazastreifen ist die vierte koloniale Pleite Israels.

Vorangegangen war offensichtlich zunehmender Druck aus den USA, denn sonst hätte Sharon, der Mentor der Besatzungs-Siedler, nie auch nur einen Quadratmeter eroberten Bodens wieder aufgegeben.

In den eineinhalb Jahren seit der ersten Ankündigung Anfang 2004 hatte Sharon noch unübersehbar taktiert, um dem Gaza-Abzug doch noch ausweichen zu können, hatte den Gazastreifen mit immer neuen Armee-Angriffen eindecken lassen und auch sonst vieles veranlasst, was der „Road-Map" des Nahost-Quartetts (USA, EU, UNO und Russland) widersprach – so, als würde er einen anderen Ausweg aus dem Dilemma suchen: Überfälle auf die palästinensischen Städte, zahllose Verhaftungen, fortgesetzte gezielten Tötungen von Führungspersönlichkeiten palästinensischer Organisationen; und alle nur erdenklichen anderen Provokationen, um möglichst viel Gewaltakte von palästinensischer Seite zu provozieren.

Im Sommer 2005 war die israelische Presse vorausschauend bereits voller Details über eine „Operation der eisernen Faust", die man zu erwarten hatte.

Dementsprechend hatten die Gaza-Siedler bis Anfang August 2005 noch keine finanzielle Entschädigung erhalten. Es waren auch praktisch keine Vorbereitungen für Ersatzwohnungen getroffen worden, sodass viele Siedler nach dem Abzug in Hotels untergebracht werden mussten.

Doch die Bush-Regierung hatte seit Anfang 2005 plötzlich ihren Kurs geändert und begegnete Sharon merklich kühler. Als erste Maßnahme zur Disziplinierung Israels wurde die allmächtige israelische Lobby AIPAC in den USA fast geräuschlos neutralisiert. Die nächste Maßnahme war das Einfrieren der militärischen Unterstützung (siehe Kapitel 4).

Zu dieser Zeit waren die USA selber unter Druck geraten, immer tiefer im Sumpf des Irak mit Niederlagen und Gefallenen versunken. Bush wird im Irak nicht so schnell aufgeben. Aber Kopfschmerzen wegen Palästina braucht er nun wirklich nicht auch noch.

Angesichts der offenen Vorbereitungen Israels für eine neuerliche Militäroperation im Gazastreifen wuchs in der US-Regierung genauso wie bei Israels Opposition der Verdacht, dass Sharon den immer wieder hinausgeschobenen Abzugs-Plan gar nicht ausführen wolle. Die „New York Times" vom 7. August 2005 berichtete schließlich, dass die Bush-Regierung verärgert Druck ausübte, die geplante Militäroperation untersagte und definitiv den Abzug verlangte. Am 21. Juli 2005 kam US-Außenministerin Condoleezza Rice zu einem eher unfreundlichen, kompromisslosen Besuch nach Jerusalem. Der amerikanische Nahost-Sicherheitskoordinator General William Wardt bestätigte später, dass zwei Wochen zuvor amerikanischer Druck geholfen habe, dass Israels Militär stehen blieb, als es bereit war, nach Gaza einzudringen. Und dass er vorausgesagt habe, dass ähnlicher Druck zur Durchsetzung des Gaza-Abzugs ausgeübt werden könnte, wenn es nötig sei.

George W. Bush verlangte nunmehr offenbar für die jahrzehntelange Unterstützung der USA eine Gegenleistung, die zumindest nach Frieden aussieht, um nach dem Irak-Desaster vor der Weltöffentlichkeit besser auszusehen. Daher wurde der Gaza-Abzug dramaturgisch inszeniert und für die aus aller Welt eingeflogenen 900 Journalisten und TV-Teams mediengerecht aufbereitet. Die illegalen Besatzungs-Siedler, die mit Waffengewalt auf einem fremden Land viele Jahre fürstlich lebten, spielten vor den TV-Kameras perfekt die Rolle der ach so armen Opfer.

Israelische Soldaten weinten vor den Kameras, umarmten die Siedler und taten sogar jenen nicht weh, die sie von Hausdächern mit Säure begossen. Gleichzeitig eröffnete in dieser letzten Phase der Evakuierung eine Panzerbesatzung mit scharfer Munition das Feuer auf palästinensische Kinder und Jugendliche, die Steine auf das Kampfgefährt warfen, tötete ein Kind und verletzte andere schwer. Vollkommen sinnlos, einfach aus Hass.

„Israel befreit sich vom Besatzungs-Regime in Gaza. Aber wir haben noch nicht einmal begonnen, uns von der Denkungsart des

Besatzers freizumachen, der auf den Besetzten herumtrampelt", erregte sich der ehemalige Knesset-Abgeordnete Uri Avnery. Und schrieb sich in einem offenen Brief an die Siedler den ganzen Ärger eines „normalen" israelischen Staatsbürgers von der Seele:

„Wir haben Milliarden Schekel gezahlt, um euch im Gazastreifen anzusiedeln ... und die meisten von euch lebten dort auf unsere Kosten. Wir haben Milliarden gezahlt, um euch zu verteidigen, und Dutzende Soldaten und Soldatinnen verloren dabei ihr Leben. Nun zahlen wir Milliarden (acht? zehn? zwölf?), um euch dort herauszuholen – mit großzügigen Entschädigungen. Aber noch immer schreit ihr, als ob ihr beraubt worden wäret und wir euch noch viel mehr schulden würden. Ganze Landstriche – am besten entlang der Küste – sollen speziell für euch reserviert werden, damit ihr euch 'als ganze Siedlungen' wieder ansiedeln könnt. Damit ihr für euch – abgesondert – leben könnt. Damit ihr eure eigenen besonderen Schulen haben könnt. Damit ihr als Angestellte der Regierung als örtlicher Gemeinderat vom Kultus- und Verteidigungsministerium Gehälter beziehen könnt.

Ich weiß nicht, ob es im Guinness-Buch der Rekorde einen Abschnitt über Wettbewerbe von Unverschämtheit, Dreistigkeit und Frechheit gibt – auf Jiddisch kurz Chutzpe. Wenn ja, dann solltet ihr den Preis konkurrenzlos erhalten. In der Vergangenheit schuldeten wir jedem Einzelnen von euch eine Luxusvilla für fast nichts, außerdem die Quelle des Lebensunterhalts, Land, Wasser – jetzt scheint es, wir schulden euch alles, es sei euer Recht, euch selbst am Geld der Kranken, Alten, Behinderten, Kinder, Arbeitslosen zu bedienen, weil ihr die Besten der Besten seid; weil ihr den Bart des Messias festhaltet; weil ihr persönlich von Gott auserwählt wurdet ... Der gute Rabbi Hillel sagte vor 2000 Jahren, als er einen Totenschädel im Fluss vorbeischwimmen sah: 'Der du andere ertränkt hast, so bist du ertränkt worden ...'

Und bitte, erinnert euch daran: die Rechnung wurde nicht 'vom Staat', einer anonymen Institution, gezahlt, sondern von mir und dem israelischen Leser dieser Zeilen, aus unseren Geldbeuteln."

Und noch eine andere Chutzpe stieß Avnery auf – jene mit den Synagogen im aufgegebenen Kolonialgebiet. Militär, Regierung und der Oberste Gerichtshof hatten entschieden, sie mit allen anderen Häusern zu zerstören. Doch nachdem die Farce mit der „Entwurzelung der Siedler“ abgeschlossen war, nachdem der letzte Heuler seine Tränen an der Uniform eines Polizisten vor einer TV-Kamera vergossen hatte, nachdem der letzte Armeeoffizier einen nationalistischen Rowdy – entsprechend der Order – umarmt hatte, erinnerten sich die Siedlungsrabbiner auf einmal, dass Synagogen geheiligte Gebäude sind.

„Gott wurde politisch instrumentalisiert, genau wie die Babys davor … Die Regierung änderte im letzten Augenblick ihre Position, ohne die palästinensische Führung zu informieren … nicht einmal den Obersten Gerichtshof“, verurteilte Uri Avnery den „gemeinen Akt, der gezielt die Palästinenser in eine Zwickmühle brachte: die Synagogen auf ewig mit tausenden Soldaten beschützen; oder die aufgeregten Massen diese gehassten Symbole der Besatzung stürmen zu lassen, die ihr Leben 38 Jahre lang zur Hölle gemacht hatten“.

Nun, die Welt sah „den aufgehetzten palästinensischen Mob die Gottesdiensthäuser“ verbrennen, in einer vorfabrizierten „Kristallnacht“, made in Israel. Heuchlerisch regte sich natürlich auch der Staatspräsident über die „Schändung jüdischer heiliger Stätten“ auf. Er regte sich aber natürlich nicht auf, als christliche Heiligtümer wie die Geburtskirche in Bethlehem von israelischen Soldaten beschossen wurden, oder ab dem ersten Halbjahr 2005 Bethlehem mit einer acht Meter hohen Mauer in ein Ghetto verwandelt wurde.

Wenig freundlich kommentierte auch die international mehrfach ausgezeichnete Journalistin Amira Hass in der israelischen Tageszeitung „Haaretz“ das Spektakel um die Siedler:

„Was für ein Mensch muss man sein, um 35 Jahre lang ungerührt in einem blühenden Park und einer prächtigen Villa zu leben, nur 20 Meter entfernt von einem übervölkerten, stickigen Flüchtlingslager? Was für ein Mensch muss man sein, um die Sprinkler-Anlage für den Rasen aufzudrehen, während schon auf der anderen Straßenseite 20.000 andere Menschen von der Rationierung von Trinkwasser aus Tankwagen abhängig sind; und zu wissen, dass deine Regierung für dich großartige Straßen baut und gleichzeitig die palästinensische Infrastruktur vernachlässigt und zerstört? Was für ein Mensch muss man sein, um aus dem wohl gepflegten Gewächshaus zu treten und ungerührt an 60 Jahre alten Früchte-tragenden Dattel-Palmen vorbeizugehen, die für dich woanders entwurzelt wurden; oder an Straßen, die wegen dir blockiert sind; und an Häusern, die wegen dir zerstört wurden; an Kindern, die wegen dir von Kampfhubschraubern und Panzern aus mit Granaten beschossen und neben dir beerdigt wurden – nur um der Sicherheit deiner Kinder willen und der Erhaltung deiner Super-Rechte wegen?"

Ausgeblutetes Land blieb zurück

Zurück ließen die Besatzungs-Siedler ein im wahrsten Sinn ausgeblutetes Land, in dem seit Beginn der Besatzung 1967 rund 2.600 Palästinenser von israelischen Soldaten und Siedlern umgebracht wurden – davon allein 1.996 zwischen September 2000 und August 2005, und das großteils nicht im Zusammenhang mit einer bewaffneten Auseinandersetzung.

Zwei Drittel der Opfer der letzten fünf Jahre waren unbewaffnet; darunter 400 Kinder unter 18 Jahren, 236 unter 16; weiters 96 Frauen und 102 unschuldige Opfer, die zufällig in der Nähe waren, als israelische Soldaten die Kriegsverbrechen der „gezielten Hinrichtungen ohne Gerichtsverfahren" von palästinensischen Persönlichkeiten des öffentlichen Lebens begingen. Im selben Zeitraum wurden 9.000 Bewohner verwundet, 2.704 Häuser von mehr als 20.000 Bewohnern durch Bulldozer und Raketen-Angriffe der israelischen Armee (IDF – Israel Defense Force) zerstört, weitere 2.187 Häuser teilweise demoliert und rund 31.650 Dunam (31,65 km^2) von landwirtschaftlichen Anbaugebieten verwüstet.

Nach dem Gaza-Abzug muss man sich verständlicherweise die Frage stellen: Wofür? Wofür die vielen Opfer? Zur Befriedigung der Großmannsucht einiger zionistischer Machtmenschen, die aus zweifelhaften Motiven zwei Völker jahrzehntelang in eine kriegerische Auseinandersetzung verstrickten? Es hat keinem Volk etwas Gutes gebracht, aber tausende Menschen das Leben, abertausende die Gesundheit und hunderttausende Kinder die Zukunft gekostet.

All das wurde von den USA finanziert. Und für das Medienspektakel beim Abzug gab's gleich eine unangemessen üppige zusätzliche Belohnung von 2,2 Milliarden Dollar aus dem Topf der US-Steuerzahler – ungeachtet der Tatsache, dass die wahren Abzugs-

Kosten weitaus geringer waren, sich Israel sogar Geld dabei erspart, weil die hohen Besatzungskosten wegfallen. Daraus wurde jeder Familie die Übersiedlung mit einem üppigen Geldgeschenk von 140.000 bis 400.000 Dollar aus der US-Steuerkasse versüßt. In den 38 Jahren davor durften Amerikas Steuerzahler die Ansiedlung und den militärischen Schutz der Besatzungs-Siedler gleichfalls mitfinanzieren. Und immer wurden die amerikanischen Steuerzahler über die wahre Verwendung der Gelder getäuscht, so wie jetzt: denn finanziert wird in Wahrheit die weitere militärische Besatzung im Westjordanland und der Bau der Mauern für die künftigen Wohn-Ghettos der einheimischen Palästinenser.

Doch das entging den willigen Berichterstattern ebenso wie die Tatsache, dass zuvor 38 Jahre lang 40 % des besten Landes von 0,5% der Bevölkerung bewohnt wurde, nur weil sie jüdisch waren, während auf den restlichen 60% 1,4 Millionen Menschen mit Waffengewalt zusammenpfercht wurden, nur weil sie arabisch waren.

In einer Art von ignorantem Rassismus „übersahen" die angereisten Hundertschaften von Journalisten einfach die wenige Kilometer entfernt lebenden bis dato letzten palästinensischen Opfer dieses zionistischen Siedlungsabenteuers: jene 23.000 Menschen, also rund drei mal mehr als die abgezogenen Siedler, die seit September 2000 ihre Häuser durch israelische Bulldozer und Bomben verloren hatten. Diese Opfer erhielten für ihre Verluste natürlich keine Entschädigung und hatten auch keinen Platz, an dem sie sich wieder ansiedeln konnten. Sie dürfen lediglich in den Flüchtlings-Zeltlagern der UN-Hilfsorganisation UNRWA unterkriechen, während die abgewanderten zionistischen Siedler in Luxus-Hotels auf neue Gratis-Villen warten.

Akt des Friedens, der keiner war

Es war tatsächlich geradezu lächerlich, wie sich 900 Reporter aus aller Welt und natürlich auch die in Israel akkreditierten Auslandskorrespondenten von den PR-Strategen der israelischen Regierung am Nasenring vorführen ließen, um artig zu reportieren, was ihnen aus der Propaganda-Küche einer absolut nicht friedenswilligen Regierung als Akt des Friedens angedreht wurde.

Darüber empörte sich sogar die jüdische Journalistin Jennifer Loewenstein während des Abzugs: „In den fünf Jahren, in denen Israel den palästinensischen Aufstand gegen die Besatzung brutal unterdrückte, sah oder hörte ich nicht einmal ansatzweise so lange, sentimentale, menschliche Details wie jetzt hier. Wo war der Fotoreporter im Mai 2004 in Rafah, als die Flüchtlinge bei einem nächtlichen Überfall zum zweiten Mal ihre Häuser verloren und nicht in der Lage waren, irgendetwas von ihrem Besitz zu retten? Wo waren sie, als die Bulldozer und Panzer asphaltierte Straßen mit ihren Schaufeln aufrissen und dabei Abwasserrohre, Wasserleitungen, elektrische Kabel zerschnitten, einen Park und einen Zoo zerstörten; wo waren sie, als Scharfschützen zwei Kinder, Bruder und Schwester, erschossen, als sie ihre Tauben auf dem Dach ihres Hauses fütterten; als die Besatzungsarmee eine Panzergranate in eine Gruppe friedlicher Demonstranten abschoss und 14 von ihnen, darunter zwei Kinder, töteten?

Warum sind wir nicht mit wütenden Berichten über die „nur für Juden"-Straßen überschüttet worden und über Hunderte sinnloser interner Kontrollpunkte? Über die Verstümmelungen und zahllosen Todesstrafen ohne Gerichtsverhandlung? Über die Folterungen und Misshandlungen von Palästinensern in Israels Gefängnissen?

Wo waren die Hunderte Journalisten, als jedes der von israelischen Soldaten erschossenen 680 palästinensischen Kinder von ihren von Schmerz und Trauer erfüllten Familienangehörigen zur letzten Ruhe gelegt wurde? Die Schande darüber kennt keine Worte.

Und jetzt kommt ein Bericht nach dem anderen über 'das Ende der 38 Jahre andauernden Besatzung' des Gazastreifens, über einen 'Wendepunkt zum Frieden' und die Nachricht, dass 'es nun für Israelis illegal sei, in Gaza zu leben'. Ist das ein Witz?"

Ja, es ist jetzt illegal für Israelis, im Gazastreifen als Siedler aus einem anderen Land zu leben. Aber es ist schon die letzten 38 Jahre lang illegal gewesen.

Die Besatzung bleibt weiter bestehen

Sharons einseitiger „Abzugsplan" beendet die Besatzung von Gaza keineswegs. Die Israelis behalten die Kontrolle über alle Land-, Luft- und Seegrenzen, einschließlich des Philadelphi-

Korridors entlang der Gaza/Ägypten-Grenze, wo die Ägypter unter Israels wachsamen Augen und gemäß Israels strengsten militärischen Kategorien patrouillieren dürfen. Die 1,4 Millionen Bewohner des Gazastreifens bleiben Gefangene in einer riesigen Strafkolonie. Israels Armee gruppierte sich nur außerhalb des Gazastreifens neu um, der umgeben ist von einem Belagerungsring, bestehend aus elektrischen Zäunen und Betonmauern, Stacheldraht, Beobachtungstürmen, bewaffneten Wachmannschaften und Bewegungssensoren. Sie behält sich so wie bisher je nach Laune das Recht vor, in den Gazastreifen wieder einzufallen oder ihn zu beschießen, wie unmittelbar nach dem Abzug, als ab 25. September 2005 schon wieder F-16-Bomber, Cruise-Missile-Marschflugkörper und Kampfhubschrauber wie in Beirut 1982 Tag und Nacht die Stadt Gaza angriffen, Kinder aus dem Schlaf bombten und aus den Schulen jagten, töteten und verletzten. Danach riegelte die Armee den Gazastreifen von außen hermetisch ab.

Die österreichisch-jüdische Friedensorganisation „Frauen in Schwarz" sandte daraufhin unter großer Unterstützung einen Hilferuf an die österreichische Außenministerin Ursula Plassnik mit der dringenden Bitte um Intervention zur sofortigen Beendigung der Abriegelung und Einhaltung des in der Vierten Genfer Konvention verbrieften Rechts auf Bewegungsfreiheit.

Diese Art der Belagerung ist in der Haager Landkriegsordnung von 1907, einem integrierten wichtigen Bestandteil geltenden Völkerrechts, klar qualifiziert. Deren Standards sind ebenso unmissverständlich wie die Regeln des Nürnberger Kriegsverbrecher-Tribunals, die 4. Genfer Konvention (1949) und das erste Zusatzprotokoll von 1979: „Besatzung" bedeutet ein Zwangsregime der Kontrolle über Land und Bevölkerung durch eine fremde Militärmacht.

Trotzdem erwartet Israel nun dreist, dass die ganze Welt applaudiert, weil es so nett und freundlich war, sich selbst einseitig von der völkerrechtlichen Verantwortung für das Schicksal der 1,4 Millionen eingesperrten Einwohner des Gazastreifens loszusagen; und erwartet gleichzeitig, dass die internationale Gemeinschaft sie auch aus der rechtlichen und diplomatischen Verantwortung entlässt, während Israel das Gebiet von außen hermetisch absperrt und kontrolliert, um den freien Verkehr von Menschen, Nahrungsmitteln und Wirtschaftsgütern auf ein Minimum zu reduzieren.

Israel will nichts anderes, als den Rest der Welt zum Komplizen zu machen, der mit ansieht, wie die Eingesperrten nach und nach verrecken. Denn die Besatzer haben im Gazastreifen binnen vier Jahren die gesamte Wirtschaftsstruktur, die Fabriken, Werkstätten, die Landwirtschaft zerstört, so dass die Bevölkerung ohne Unterstützung von außen nicht lebensfähig ist.

Politizid nennt man den Völkermord mit politischen Methoden an politischen Feinden (siehe Kapitel 15).

Bethlehem in ein Ghetto verwandelt

Doch all das ist nur die halbe Wahrheit im Zusammenhang mit dem Gaza-Abzug. Denn während Ariel Sharon, der blutrünstigste Friedensfeind im Nahen Osten, von der israelisch-amerikanischen Propaganda-Maschinerie für die Gaza-Aktion als Friedensstifter hochgespielt wurde und vor der UNO-Vollversammlung im September 2005 scheinheilig einen palästinensischen Staat propagieren durfte, tat er gleichzeitig alles, um genau diesen im Westjordanland und in Jerusalem, wo rund 2,7 Millionen Palästinenser leben, für immer zu verhindern.

Sogar Bethlehem wurde im ersten Halbjahr 2005 mit einer acht Meter hohen Betonmauer eingezäunt, in der ein einziges Eisentor den Durchgang erlaubt, zu dem aber nur israelische Soldaten einen Schlüssel haben. Dort leben nunmehr zu 40 % Christen und zu 60% Moslems in einem Ghetto, das nur allzu sehr an schreckliche andere Beispiele in der jüngeren Geschichte der Menschheit erinnert.

Es ist aber nur eines von vielen Ghettos, die von den israelischen Juden für Andersgläubige im völkerrechtswidrig besetzten Westjordanland mit der Apartheid-Mauer zur Trennung der Ethnien und Religionen konstruiert wurden. Der Bau der Mauer wurde von Sharon immer mit dem Aspekt der Sicherheit begründet. Doch es geht nicht um Sicherheit von Menschen, sondern um die Absicherung des zionistischen Landraubs.

Am Beispiel der Stadt Hebron zeigt sich inzwischen, was dann folgen soll – dort hat nämlich die beabsichtigte Vertreibung der Einheimischen bereits begonnen.

Bis vor kurzem lebten in der Stadt 35.000 einheimische Palästinenser und 500 gewaltsam angesiedelte fanatische jüdische Siedler. Inzwischen herrscht Anarchie.

In dem von Israel beherrschten Stadtteil wird die arabische Bevölkerung von den jüdischen Siedlern unter dem Schutz israelischen Militärs auf übelste Art terrorisiert. Wie nach einem Krieg gibt es bereits hunderte verlassene arabische Häuser, Dutzende zerstörte, zum Teil verbrannte Läden, ihre Tore von Siedlern zugeschweißt. Immer wieder führen gewalttätige Banden von Siedlern Massenpogrome durch.

Nach einem Lokalaugenschein berichtete Gideon Levy in der israelischen Tageszeitung „Haaretz" vom 11. September 2005, dass nur noch etwa 10.000 Palästinenser dort sind und der Rest geflohen ist, Heim und Besitz zurückgelassen hat. Die Gründe beschreibt Levy so:

„Jeden Tag quälen Siedler ihre Nachbarn hier. Jeder Schulweg wird für ein palästinensisches Kind ein Weg voller Schikanen und Angst. Jedes Einkaufen wird für eine Hausfrau zu einem Weg der Demütigung. Siedlerkinder treten alte Frauen, die einen Korb auf dem Kopf tragen, Siedler hetzten Hunde auf alte Leute; Müll und Fäkalien werden von Siedlerbalkonen in die Höfe palästinensischer Häuser geworfen, Altmetall blockiert die Eingänge ihrer Häuser, Steine werden auf jeden palästinensischen Vorbeigehenden geworfen – dies ist tägliche Routine im Leben der Stadt. Hunderte von Soldaten und Grenzpolizisten sind Zeugen dieser Aktionen und stehen tatenlos daneben. Gelegentlich wechseln sie Witze mit den Chaoten und stehen fast niemals in ihrem Weg."

In Hebron, verborgen vor der Weltöffentlichkeit und abgeschirmt von zynisch lachenden israelischen Soldaten, zeigt der Zionismus – so wie überall im Westjordanland und in Ostjerusalem – sein hässlichstes Gesicht.

Das grösste Gefängnis der Welt

In der „Haaretz"-Ausgabe vom 12.9.2005 bezeichnete Akiva Eldar die Haltung Israels gegenüber den Palästinensern als Unverschämtheit: „Der Ministerpräsident errichtet einen Trennungszaun im Garten des Nachbarn, ohne um Erlaubnis zu bitten und ohne ihre

Bedürfnisse zu berücksichtigen; … Eine neue Landkarte vom UN-Büro zeigt nicht weniger als 376 Checkpoints, Straßensperren, Kontrollpunkte und andere Arten von Hindernissen, die das Gebiet zum größten Gefängnis der Welt gemacht haben."

Natürlich vermeidet man in Israel, Worte wie „Ghetto" oder „Konzentrationslager" zu verwenden, und benutzt bestenfalls den Begriff „Arbeitslager". Aber Parallelen zu ähnlichen Ereignissen, als ein überlegen bewaffnetes Volk ein anderes, unterlegenes, einsperrte und dann schrittweise vernichtete, drängen sich auf.

Während sich die Weltöffentlichkeit von der Gaza-Abzugs-Seifenoper unterhalten ließ und die internationalen Medien ihren Lesern eine „historische Friedensinitiative" vorgaukelten, als wäre sie ein Wendepunkt in der Gewalt-Karriere des Ariel Sharon, beschleunigte dessen Regierung die Kolonisierung, den Landraub des palästinensischen Westjordanlandes, die Enteignung der Palästinenser, das administrative Kontrollsystem, die ökonomische Strangulierung von 4,1 Millionen Menschen im Gazastreifen, in der Westbank und in Ost-Jerusalem, ihre Entrechtung und schleichende Vernichtung.

Neue Fakten werden geschaffen mit der mindestens 750 Kilometer langen Mauer, durch die mindestens 236.000 Palästinenser in abgeschlossenen Ghettos isoliert werden, 115.000 von ihnen im Gebiet zwischen der Mauer und der „Grünen Linie", der bis 1967 provisorischen Grenze zu Israel.

Diese Mauer wird weitere 440 Quadratkilometer des Gebietes für Israel annektieren. Der zweite Abschnitt des Mauerbaus wird die komplette Umzingelung Jerusalems mit 22 Kilometern Mauer im Norden und im Osten vervollständigen, wird die palästinensischen Bewohner der Stadt von allen Teilen der Westbank und umgekehrt die Dörfer und Städte von Jerusalem abtrennen und den Menschen den Zugang zu ihren täglichen Beschäftigungen und Aktivitäten in der Stadt verwehren.

Die Mauer wird nach ihrer Fertigstellung das Land von 75 Siedlungen mit 303.000 Besatzungs-Siedlern annektieren. Die gesamte Zahl der Westbank-Siedler dürfte bereits bei über 400.000 Personen liegen. 185.000 Siedler werden mit dem umgebenden Land im Gebiet um Jerusalem durch Annexion an Israel angeschlossen.

Apartheid und Rassismus

Apartheid bedeutet „Abtrennung ohne Selbstbestimmung" – politische, soziale, wirtschaftliche und räumliche Trennung. Diese Politik der weißen Einwanderer gegenüber den Schwarzen in Südafrika wurde nahezu auf der ganzen Welt angefochten, da sie zur Unterdrückung aller „nicht-weiß" genannten Südafrikaner führte und die Vorherrschaft der weißen Minderheit zementierte. Ariel Sharon hat eine derartige Apartheid-Politik in Palästina verordnet, damit die „nicht-jüdisch" genannten Palästinenser der Vorherrschaft der jüdisch-zionistischen Einwanderer unterworfen wurden.

Die Definition von Rassismus lautet „Ungleichheit aufgrund ethnischer Herkunft" und ist in Bezug auf die arabische Bevölkerung in Israel ebenso wie in den besetzten Gebieten in der Gesetzgebung, am Arbeitsmarkt, im Besitzrecht, im Bildungsbereich und in fast allen anderen Lebensbereichen verwirklicht.

Unter den augenblicklichen Umständen zu schweigen, bedeutet Zustimmung, postulierte der israelische Soziologie-Professor Lev Grinberg.

Und wer im Wissen um die Wahrscheinlichkeit von Völkermord, Kriegsverbrechen und Verbrechen gegen die Menschlichkeit schweigt, wird zum Mittäter.

Kapitel 1

Aufruhr in Israel

„Der Regierungskorruptionsindex ist der letzte Sargnagel des zionistischen Unternehmens."[1]
Yossi Sarid, Knesset-Abgeordneter

Am 21. August 2005 lieferte der TV-Sender „arte" in unmittelbarer Folge ein Aufsehen erregendes Kontrastprogramm der besonderen Art. Zunächst in der Nachrichtensendung die Bilder vom Rückzug jüdischer Besatzungs-Siedler aus dem Gazastreifen. Und dann der Schwenk in den anderen Teil des besetzten Palästina, nach Ramallah. Das wäre an sich nichts Besonderes, hätte „arte" nicht von dort, der inoffiziellen Hauptstadt des gleichfalls umfehdeten palästinensischen Westjordanlandes, ein Konzert des israelischen Stardirigenten und Pianisten Daniel Barenboim mit seinem „West-Eastern Divan Orchestra" live übertragen, das er 1999 gemeinsam mit seinem inzwischen an Krebs verstorbenen palästinensischen Freund, dem in den USA lebenden Intellektuellen Edward Said, gegründet hatte.

Barenboim führt seitdem dieses Projekt beharrlich alleine fort. Er versteht sein Jugendorchester nicht nur als musikalisches Projekt. Es soll ein Forum sein für Dialog und Reflektion über den Nahost-Konflikt: Der „West-Östliche Diwan" als ein Modellversuch für Demokratie, Versöhnung, Verständigung und zivilisiertes Zusammenleben. „Mut und die Bereitschaft zu kämpfen sind unerlässlich, wenn man Beethoven aufführen will", sagt Barenboim. Das Konzert am 21. August mit Beethovens 5. Symphonie, der Schicksals-Symphonie, war mehr als passend – es war gleichsam die musikalische Begleitmusik für den schicksalhaften Siedler-Abzug aus Gaza. Vielleicht deshalb hatte der Dirigent auffallend aufs Tempo gedrückt. Es riss die Zuhörer zu Standing Ovations und hatte mit einigen Ansprachen von Israelis und Palästinensern eine perfekte Dramaturgie. Damit war es zugleich eine klare politische Botschaft.

Die Versöhnung zwischen Arabern und Israelis – das ist es, was den Maestro antreibt. Er lässt sich nicht abbringen vom Traum des Friedens, und so tritt er weiter mit israelischen und arabischen Musikern in seinem „West-Östlichen Divan-Orchester" auf, der Verzweiflung und dem Fanatismus zum Trotz. Sein Ziel ist, dass die Musiker vereint in allen ihren Herkunftsländern – neben dem Unterstützerland Spanien, Israel und Palästina auch die israelischen Nachbarstaaten Libanon, Syrien, Jordanien und Ägypten – ungehindert spielen können.

Daniel Barenboim ist ein Jude der besonderen Art, fast typisch für einen Juden der Diaspora, obwohl er israelischer Staatsbürger ist und auch lange dort gelebt hatte: in Argentinien geborener Kosmopolit, weltweit gefeierter Musiker, mit offensichtlich hohen moralischen Grundsätzen, die er öffentlich vertritt. Derzeit arbeitet er als Leiter der Staatsoper Berlin; für das Chicago Symphony Orchestra gab er sein Abschiedskonzert Anfang Oktober 2005. Zuvor hatte er das Orchestre de Paris und die Pariser Oper geleitet.

Barenboim als musikalischer Provokateur

1999 spielte er zum ersten Mal in Palästina mit einem Araber vierhändig Schubert. Für viele in Israel ein Affront – für Barenboim: ein Zeichen der Annäherung, konkrete Friedensarbeit. Musik als Gegenwelt, als Prinzip Hoffnung.

Am 7. Juli 2001 der nächste Skandal: beim Jerusalem-Festival strich Barenboim nach politischen Interventionen Stücke von Richard Wagner aus dem offiziellen Programm, spielte mit der Staatskapelle Berlin dann aber als Zugabe die Ouvertüre zu Wagners „Tristan und Isolde". Wagner ist in Israel wegen seiner antisemitischen Haltung und der Tatsache geächtet, dass Adolf Hitler ihn bevorzugte. Die Zugabe provozierte damals wütende Reaktionen und Beschimpfungen aus einem Teil des Publikums sowie harsche Kritik aus dem gesamten politischen Spektrum Israels in den darauffolgenden Tagen.

Am 21. April 2004 stellte Barenboim in der „Süddeutschen Zeitung" klar:

„Das jüdische Volk hat nur ein einziges Kapital, das moralische. Israel verschenkt es. Wenn wir das nicht bewahren, dann haben wir

wenig zu sagen in der Welt. Dass George Bush dabei mitmacht, zeugt von seiner Kurzsichtigkeit. Und zeigt einmal mehr, dass die amerikanische Regierung nicht in der Lage ist, für die Lösung des Konflikts im Nahen Osten mit Verstand vorzugehen. Die meisten Politiker besitzen keine eigene Meinung, keine individuelle Position. Auch Bush nicht, dessen Blauäugigkeit gefährlich ist."

Am 7. Mai 2004 folgte der vorläufig letzte Eklat. Der Musiker wurde im israelischen Parlament, der Knesset, mit dem Wolf-Preis ausgezeichnet und nahm sich kein Blatt vor den Mund. In seiner Dankesrede rief Barenboim den Politkern die Unabhängigkeitserklärung Israels ins Gedächtnis, die einst eine Quelle der Inspiration für die Ideale, die aus Juden Israelis machten, gewesen sei und in der es heißt:

„Der Staat Israel wird sich der Entwicklung des Landes zum Wohle aller seiner Bewohner widmen, er wird auf Freiheit, Gerechtigkeit und Frieden im Sinne der Visionen der Propheten Israels gestützt sein. Ohne Ansehen der Unterschiede von Religion, Rasse oder Geschlecht garantiert er all seinen Bürgern die gleichen sozialen und politischen Rechte. Er sichert ihnen Religions-, Meinungs- und Sprachfreiheit, Bildungs- und Kulturfreiheit zu. Die Unterzeichner der Unabhängigkeitserklärung verpflichten sich im Namen aller zu Frieden und guter Nachbarschaft. Mit allen angrenzenden Staaten und ihre Völkern."

Mit den folgenden Sätzen sorgte Barenboim dann für einen Eklat, nach dem ihm die israelische Bildungsministerin unterstellte, Israel anzugreifen:

„Ich frage heute mit tiefem Schmerz: Ist die Besatzung und Herrschaft über ein anderes Volk mit der Unabhängigkeitserklärung vereinbar? Gibt es eine Logik zwischen der Unabhängigkeit eines Landes und der Verletzung fundamentaler Rechte eines anderen? Kann das jüdische Volk, dessen Geschichte von Leid und Verfolgung geprägt ist, sich erlauben, gleichgültig zu sein gegen die Grundrechte und das Leid in einem Nachbarstaat? Kann der Staat Israel sich den wirklichkeitsfremden Traum einer ideologischen Beilegung des Konflikts erlauben, statt nach einer pragmatischen humanitären Lösung zu suchen, die auf sozialer Gerechtigkeit gegründet ist?

Ich habe immer geglaubt, es könne keine militärische Lösung für den Konflikt geben – weder in moralischer noch in strategischer Hinsicht. Da absolut klar ist, dass eine Lösung gefunden werden muss, frage ich: Warum soll ich warten, bis sie sich von selbst findet? Deshalb gründete ich zusammen mit meinem verstorbenen Freund Edward Said einen Workshop für junge Musiker aus allen Ländern des Nahen Ostens, für Juden und Araber.

Musik kann durch ihr Wesen die Empfindungen und die Vorstellungskraft der Israelis und der Palästinenser zu ungeahnten Sphären emporheben. Deshalb habe ich beschlossen, den Geldbetrag, der mit diesem Preis verbunden ist, für Musikerziehung in Israel und Ramallah zu spenden. Ich danke Ihnen!"

Der israelische Staatspräsident Katzav meinte später, Barenboim verdiene eine Verurteilung nicht nur wegen der „unpassenden" Ansprache, sondern auch dafür, dass er sich nicht bei Holocaust-Überlebenden für eine frühere Aufführung von Wagner-Musik in Israel entschuldigt habe.

Tatsächlich verdient Barenboim aber Achtung ob seines Muts, an eigentlich selbstverständliche Umgangsformen sittlichen Handelns zu erinnern. Er war bereit, sich seine Finger zu verbrennen, nicht aber durch die gegenseitige Zuweisung von Schuld, sondern durch seinen Bezug auf die israelische Unabhängigkeitserklärung wie auch die Erklärung der Menschenrechte an sich.

Mit seinem unbeirrbaren und mutigen Engagement für den Frieden signalisiert Daniel Barenboim der Weltöffentlichkeit jene unüberbrückbare Kluft, die sich zwischen den militanten Machthabern und den friedliebenden Bürgern Israels immer mehr öffnet und schließlich zur Zerreißprobe für das Land werden könnte.

Israels Ansehen auf Talfahrt

Den Mut leistete sich der anderswo umjubelte Preisträger aus gutem Grund. Denn in den letzten Jahren befand sich das Ansehen Israels in der Welt auf rasanter Talfahrt. Die gewaltsame militärische Wiederbesetzung der palästinensischen Selbstverwaltungsgebiete mit unverhältnismäßig grausamen Methoden, der Bau der „Apartheid-Mauer" mitten durch die Wohngebiete der Palästinenser im Westjordanland, Missachtung des Völkerrechts, Vorwürfe internationaler Organisationen wegen Kriegsverbrechen, Zerstörung tausender palästinensischer Wohnhäuser, Tötung einer Vielzahl von Zivilisten (darunter Hunderte Mütter und Kinder), Abriegelung des Gazastreifens zu einem riesigen Gefängnis für 1,4 Millionen Menschen und vieles mehr hatten das Bild Israels seit dem Amtsantritt Ariel Sharons als Regierungschef im März 2001 getrübt.

Aber auch viele Israelis blickten inzwischen zweifelnd auf ihre Heimat. Befürchtungen über einen Bürgerkrieg, Morddrohungen gegen den Ministerpräsidenten, Sorgen um einen möglichen Ausschluss aus der UNO, Diskussion um Völkermord, Vergleiche mit den Nazis, wirtschaftliche Stagnation, Budgetprobleme, steigende Armut, Arbeitslosigkeit, explodierende (z. T. aus Russland importierte) Kriminalität mit Geldwäsche, Frauenhandel, Prostitution und Drogenhandel – das waren jene Themen, die im nahöstlichen Judenstaat für Diskussionen sorgten.

Schließlich erhielt die öffentliche Diskussion eine neue Dimension, als Israels prominentester TV-Nachrichtenmoderator Haim Yavin am 31.5.2005 den ersten Teil seiner fünfteiligen Dokumentations-Serie „Das Land der Siedler" über die Fernsehschirme seiner Landsleute laufen ließ, die er während der letzten zweieinhalb Jahre mit einer tragbaren Videokamera in der Westbank und im Gazastreifen mit Interviews von Siedlern, Palästinensern und Soldaten gefilmt hatte. Das Ergebnis war eine knallharte Verurteilung der israelischen Besatzungspolitik in der Westbank. „Seit 1967 sind wir brutale Eroberer und Besatzer gewesen, die ein anderes Volk unterdrücken", sagte Yavin. Er zeigte das Leiden der Palästinenser durch Siedler und Soldaten auf und forderte eine mentale Kehrtwendung, ein Aufwachen aus dem Traum von der Inbesitznahme des Palästinenserlandes.

Der Film richtete sich eindeutig gegen die Siedlungspolitik, die Besatzungs-Siedler und die Besatzungssoldaten. Prompt forderten Siedlervertreter die Entlassung des Kanal-1-Moderators, dem die Sendung auf diesem Kanal untersagt wurde. Yavin verkaufte daraufhin den Film an den kommerziellen Kanal 2.

Die Sendung war insofern von besonderer Brisanz, als der populäre Haim Yavin seit der Gründung des israelischen Fernsehens 1968 der dominierende Moderator der Kanal-1-Sendungen war und gleichsam den „Mr. Israel“, die „Stimme Israels“ und die israelische Seele verkörperte.

Doch die von Yavin beschriebene Aggression, die von Israel in die besetzten Gebiete geschwemmt wurde, schwappt längst schon nach Israel zurück. Die fanatisch-radikalen Kräfte demonstrieren zunehmend ihre Bereitschaft zur Gewalt auch gegen jüdische Mitbürger.

Der gefährlichste Staat des Westens

Israel befindet sich, so scheint es, auf dem Weg in eine Sackgasse seiner Existenz.

Denn von Jahr zu Jahr häufen sich immer mehr Probleme an, so dass die Weltbank in einem ihrer Berichte Israel als das Land mit den größten Problemen unter den entwickelten Staaten reihte – und sogar als den gefährlichsten Staat der westlichen Welt. „Wenn nicht überhaupt der gefährlichste weltweit – und zwar nicht wegen seiner äußeren Feinde, sondern wegen seiner Feinde im Inneren“, wie der Knesset-Abgeordnete Yossi Sarid von der Meretz-Partei ergänzt.[3]

Nach dem „Regierungsleistungsindex“ steckt Israel in einem tiefen Loch:

Der durchschnittliche Index von entwickelten Staaten liegt bei 89,7 %, während er für Israel mit 80,8 % ausgewiesen wird. Der durchschnittliche „Gesetzes-Durchsetzungsindex“ liegt bei 90,3 %, bei Israel sind es 74,45; der durchschnittliche „politische Stabilitätsindex“ liegt bei 83,5 %, in Israel liegt er nur bei 15 %.

„Der Regierungskorruptionsindex ist der letzte Sargnagel des zionistischen Unternehmens“, kommentiert denn auch der israelische Parlamentarier weiter. „Die Note, die uns da gegeben wird – 80,8 % verglichen mit dem Durchschnitt von 91,4 % –, platziert uns gleich hinter Italien, das für seine Korruption bekannt ist und das die Ränge mit 74,9 % anführt.“

Yossi Sarid ergänzt konsterniert mit dem Hinweis auf lokale offizielle Berichte: „Israel nimmt den 1. Platz ein, wenn es um die Kluft zwischen Armen und Reichen geht und hat den 1. Platz bei der Prozentzahl der Kinder, die in Armut leben: eines von dreien.“

Schaute sich Israel in den Spiegel, würde es Mühe haben, die eigene Gestalt wieder zu erkennen. Das Volk von Israel sei zwar noch immer bestrebt, sich dabei einen 2000 Jahre alten Traum zu erfüllen – hat sich dabei aber einen unstabilen, ineffizienten, diskriminierenden, ungesetzlichen, unverantwortlichen und vor allem einen korrupten Staat aufgebaut.

Schon Theodor Herzl war bei den Anfängen des zionistischen Unternehmens bange. Er kannte die Seele seines Volkes und seine Geschichte. „Der jüdische Genius hat keinen guten Namen, wenn es darum geht, politisch einen souveränen Staat zu regieren. Dieses Volk lässt sich besser auf kurzfristige Geschäfte ein als auf die Staatskunst. Als wir zweimal versuchten, ein Reich zu gründen, endete es sehr schlecht. Nun versuchen wir es ein drittes Mal – und es sieht nicht gut aus", sagt sich Sarid ahnungsvoll.

Yossi Sarid schöpft aus dem Schaden, den der Weltbankbericht verursachen wird, aber auch Hoffnung: „Wenn dieser Weltbankbericht Investoren abschreckt und wenn er die Luft aus unserer aufgeblasenen Aktienbörse herauslässt, werden die Aktien abstürzen, die Bankkonten schrumpfen und die Arbeitslosigkeit wird nicht nur die Unterdrückten treffen, sondern auch die zufriedenen Klassen. Vielleicht kommen wir dann zur Besinnung und retten uns vor weiterer Zerstörung. Bis dahin wird das Verheißene Land, in dem alle Hoffnungen erfüllt werden, als eines erscheinen, das nicht in Zion erneuert wurde, sondern in einem metaphorischen Uganda. Und das Amerika von Bush und Cheney wird weiter ‚Amerika' sein, der Hauptwohltäter, der das große Mahl aus der Küche der verhungernden und ausgebeuteten Welt serviert."

Doch noch ein anderes Problem bedroht die Existenz des rassistisch orientierten Zionistenstaates. Es ist jenes, das die israelische Friedensaktivistin Nurit Peled-Elhanan, deren junge Tochter 1997 durch einen Selbstmord-Attentäter ums Leben kam, in ihrer Rede zum Internationalen Frauentag vor dem Europäischen Parlament am 8. März 2005 so umriss: „... das groß-jüdische Israel hat Angst vor der muslimischen Gebärmutter, die für seine Minister eine demographische Bedrohung darstellt ..."

Was das genau heißt, hat wenige Tage davor am 28. Februar 2005 die US-Regierung in ihrem neuesten Menschenrechtsbericht über Israel/Palästina im Jahr 2004 präzisiert: Die Juden haben im früheren britischen Mandatsgebiet Palästina zwischen Jordan-Fluss und

Mittelmeer keine Mehrheit mehr. Der Behauptung von Israel als der „einzigen Demokratie im Nahen Osten“ wurde von der US-Regierung der demokratische Boden entzogen. Den 5,2 Millionen Juden in Israel stehen nämlich in Israel/Palästina bereits 5,34 Millionen Palästinenser und weitere 0,3 Millionen anderer Araber gegenüber: im eigenen Land 1,3 Millionen palästinensische Israelis plus 240.000 Palästinenser im annektierten Ost-Jerusalem ohne Bürgerrechte sowie 290.000 Einwohner anderer Minderheiten wie Drusen und Beduinen, die aber gleichfalls Araber sind. Hinzu kommen in den besetzten Gebieten, die sich Israel nur allzu gerne einverleiben würde, weitere 3,8 Millionen Palästinenser – darunter 1,4 Millionen im Gazastreifen und 2,4 Millionen in der Westbank.

Diese Zahlen „schönen“ die Mehrheitsverhältnisse aber noch, weil unter der einen Million russischer Einwanderer, die vor allem aus wirtschaftlichen und politischen Gründen ihre alte Heimat verlassen haben, auch zwischen 200.000 und 300.000 nichtjüdische Russen waren. Diese leben ziemlich isoliert und halten sich nicht an jüdische Traditionen, feiern das christlich-orthodoxe Weihnachtsfest und essen Schweinefleisch. Mit ihnen wurde auch Antisemitismus importiert, der sich in zwei israelischen Internetseiten in russischer Sprache offenbart wie jene von der „Union der weißen Israelis“. Die Anzahl der Opfer antisemitischer Handlungen steigt ständig an. In Tel Aviv wurde daher sogar ein Zentrum zur Hilfe für Opfer des Antisemitismus (Israeli Information and Assistance Center for the Victims of Anti-Semitism) gegründet.[5]

Jede israelische Regierung hat sich bisher in der Falle einander widersprechender Wünsche verfangen: Ein jüdischer Staat mit einer auf ewig gesicherten klaren Mehrheit der Juden; die zeitgemäße Staatsform einer Demokratie; und gleichzeitig eine Ausdehnung auf die palästinensischen Gebiete, durch deren einheimische Bevölkerung eine demokratisch regierende Mehrheit der Juden zur unrealistischen Utopie wird.

Streiflichter verschiedener Ereignisse in den Jahren 2004/05 vermitteln Eindrücke von jener problembeladenen Bürde, mit der das Land und seine Bevölkerung inzwischen belastet ist.

Gründungsmythen Israels als Fälschung entlarvt

Den ersten Schatten warf der Historiker Benny Morris in seinem Buch „The Birth of the Palestinian Refugee Problem Revisited“, mit dem er noch mehr Massaker der jüdischen Kampfeinheiten 1947/48 als in der Erstauflage und erstmals auch Mehrfachvergewaltigungen arabischer Mädchen dokumentierte und viele der Gründungsmythen Israels als Fälschung entlarvte. (Siehe auch Kapitel 6)[6]

Dann löste der Autor eine Diskussion über die Akzeptanz von Völkermord aus – als Ultima Ratio, wenn Einsperren und Vertreiben zu keiner endgültigen Lösung des Palästinenser-Problems führen würden. (Siehe Kapitel 15).

Im Mai 2004 entsetzten die blutigen Angriffe auf die palästinensische Zivilbevölkerung während der Operation „Regenbogen“ in der südlichen Gaza-Grenzstadt Rafah die ganze Welt, bei denen u. a. von israelischen Panzern und Helikoptern Granaten und Raketen auf jugendliche Demonstranten abgefeuert sowie 180 Wohnhäuser zerstört wurden. Rund 60 Tote, hunderte Verwundete und mehr als 1.000 Obdachlose war die Schreckensbilanz der sechstägigen Angriffe.

Am späten Abend des 19. Mai 2004 verabschiedet der UN-Sicherheitsrat in seiner 4972. Sitzung einstimmig bei Enthaltung der USA die Resolution 1544 (2004), in der „die jüngste Zerstörung von Wohnhäusern durch die Besatzungsmacht Israel“ als Kollektivbestrafung und die Tötung von palästinensischen Zivilisten verurteilt wurde. Es war eine Verdammung wegen des Tatbestands des Kriegsverbrechens. Davor hatte Washington am 24.9.2002 zum letzten Mal eine UN-Resolution passieren lassen, die Israel kritisierte. Meist legt Washington sein Veto ein, wodurch in der Vergangenheit bereits unzählige Resolutionen gegen Israel verhindert wurden.

UN-Generalsekretär Kofi Annan verlangte, die „unangemessene und wahllose Anwendung von Gewalt“ einzustellen. Der irische Außenminister Brian Cowen schrieb in einer namens der EU veröffentlichten Erklärung, die israelischen Truppen hätten mit der „völlig unverhältnismäßigen“ Offensive Menschenleben rücksichtslos missachtet. Der EU-Außenbeauftragte Javier Solana erklärt in Brüssel: „Was gegenwärtig in Gaza vorgeht, müssen wir verurteilen, sehr scharf verurteilen."

Das Außenministerium in Jerusalem reagierte auf die Aufforderung zur Beendigung der Gewalt auf seine Art: Es nannte diese Kritik an Israel in einer befremdlichen Entgleisung „ekelerregend". Israels Justizminister Tommy Lapid dagegen kritisierte selber die Ereignisse und meinte in der Regierungssitzung entsetzt, die Fernsehbilder vom Einsatz der israelischen Armee und das Bild einer älteren Palästinenserin, die in den Trümmern ihres Hauses nach wertvollen Medikamenten suchte, erinnerten ihn an seine Großmutter während der Nazi-Herrschaft. „Die Demolierung von Häusern in Rafah muss aufhören", sagte er. „Sie ist nicht menschlich, nicht jüdisch und fügt uns großen Schaden in der Welt zu ... Am Ende wird man uns aus der UNO ausstoßen, die Verantwortlichen vor das Internationale Tribunal nach Den Haag zitieren und keiner will mehr mit uns sprechen."[7]

Die an sich durchaus Israel-freundliche „Frankfurter Allgemeine Zeitung" schrieb in einem Kommentar, man könne auch bei wohlwollender Betrachtung nicht sagen, dass Israel sich in den letzten Jahren optimal darum bemüht habe, das Abgleiten in terroristisches Handeln zu vermeiden. Was jetzt in Rafah mit systematischer Zerstörung von Häusern und Inkaufnahme gewaltsamer Tötung von Zivilisten geschehen sei, sei Ballung und Steigerung seit Jahren geübter Praktiken gewesen. Die Zahl der (oft in Sippenhaft) verübten Hauszerstörungen und dadurch obdachlos gemachten Palästinenser gehe längst in die Tausende. Die angeführte Befürchtung, vom Gaza-Gebiet könne bald eine Raketenbedrohung für Israel ausgehen, erinnere stark an amerikanische Propaganda im Vorfeld des Irak-Kriegs, so die FAZ.[8]

Die „Süddeutsche Zeitung" begann ihren Kommentar mit dem Satz: „Die Gaza-Offensive Israels hat das Chaos der amerikanischen Nahostpolitik entlarvt."

„Amnesty International" bezeichnete Israels Militäroperation als „Kriegsverbrechen" und als Bruch der Vierten Genfer Konvention zum Schutz von Zivilisten. Israel habe in den Jahren 2002-2003 mehr als dreitausend Häuser, zehn Prozent der landwirtschaftlichen Fläche und mehr als 226.000 Oliven- und Obstbäume, die Lebensgrundlage vieler Menschen, im Gazastreifen zerstört und rund 24.000 Menschen obdachlos gemacht.

Auch die Schweizer „Olivenölkampagne“ verurteilte die Taten auf das Schärfste. In der Gruppe sind palästinensische, jüdische, christliche und andere solidarische Menschen zusammengeschlossen, die sich für einen gerechten Frieden im Nahen Osten einsetzen.

Am 25. Mai 2004 forderte Amnesty International vergeblich die Untersuchung des Todes von zwei 13- und 16-jährigen Geschwistern, die am 18. Mai von israelischen Scharfschützen, die auf anderen Hausdächern lauerten, beim Wäscheaufhängen am Dach ihres Hauses gezielt ermordet wurden.[9] Nach einer Klage mehrerer israelischer Menschenrechtsorganisationen mahnte sogar das Oberste Gericht Israels in einer Entscheidung am 30. Mai 2004 unter Hinweis auf die Menschenrechte eine größere Verantwortung der Armee in den palästinensischen Gebieten an. Die Verpflichtungen eines Kommandeurs würden nämlich, so das Gericht, nicht enden, wenn das Leben von Menschen und deren Würde zu schützen ist.

Doch die Militärs waren von ihren Taten in Rafah wie berauscht und verkündeten, dass die Operation in noch größerem Ausmaß fortgeführt werde. Die Militärkräfte, die sich auf eine Armeedivision verstärkt hatten, wurden zusammengezogen, um Rafah den Gnadenstoß zu geben. Wie Lapid bezeugte, war es die Absicht, 3.000 Häuser zu zerstören. Nur die heftigen internationalen Proteste verhinderten eine noch größere Eskalation.

Dennoch dauerten die Angriffe im Gazastreifen das ganze Jahr 2004 über an. Ende September marschierte die Israelische Besatzungsarmee (IOF – Israeli Occupation Force), die sich immer noch Verteidigungsarmee (IDF – Israeli Defense Force) nennt, zu einer ähnlichen Aktion wie in Rafah in den nördlichen Gazastreifen ein, um palästinensische Raketenwerfer auszuschalten. Mehr als 120 Palästinenser, darunter zahlreiche Kinder, wurden getötet und hunderte verletzt. (Siehe Kapitel 9)

Militär-Geheimdienst verbreitete Märchen

Doch das waren nicht die einzigen Ereignisse, durch die Regierung und Militär ins schiefe Licht gerieten. Denn der frühere Chef des militärischen Geheimdienstes, General i. R. Amos Malka, brachte am 10. Juni 2004 ein Lügengebäude zum Einsturz, auf dem die Politik der Sharon-Regierung bisher aufbaute. Der inzwischen pensionierte General offenbarte, dass der gleichfalls pensionierte Generalmajor Amos Gilad als Leiter der Research-Abteilung – und als solcher die Nummer 2 im Nachrichtendienst – jahrelang gezielt täglich Falschinformationen an Regierung, Knesset-Abgeordnete, hohe Beamte und die Medien geliefert hatte.[10]

Der Militärsprecher behauptete u. a. ab Beginn der Intifada (Oktober 2000) und v. a. nach dem Zusammenbruch der Verhandlungen von Taba im Februar 2001, dass Yassir Arafat die palästinensische Gewalt und den Terror bewusst fördere, weil er keine Absicht habe, mit dem israelischen Volk friedlich zusammen zu leben. Der Oslo-Prozess sei bloß eine Finte im langfristigen Plan gewesen, Israel zu zermürben.

Die tatsächlichen Berichte und Analysen des Nachrichtendienstes hätten Gilads Beurteilungen überhaupt nicht gerechtfertigt. Während er die Nachrichtendienstabteilung zu vertreten schien, machte er in Wahrheit genau das Gegenteil, indem er die Berichte der Fachleute seines eigenen Ressorts unterdrückte oder verfälschte. Nach Malkas Überzeugung hätte Arafat die Gewalt bloß als letztes Mittel zur Unterstützung palästinensischer Interessen eingesetzt, um dann wieder zu versuchen, zum diplomatischen Prozess zurückzukehren.

Dennoch war das Szenario von Amos Gilad dann die Grundlage für die Behauptung von Regierungschef Ariel Sharon und seinen Generälen, dass es auf palästinensischer Seite keinen Verhandlungspartner gebe und insbesondere Arafat dazu nicht geeignet sei, weil er keinen Frieden wolle. Mit diesen Begründungen wurde Arafat auch international ins Abseits gedrängt und als Gesprächspartner ausgeschaltet.

Nicht zur Sprache kam, ob Gilad diese Unwahrheiten auf Bestellung des Regierungschefs oder aus eigenem Antrieb der Öffentlichkeit servierte.

Möglich war dies, weil in Israel Abgeordnete und Minister immer nur auf mündliche Interpretationen angewiesen sind. Der Sprecher des Nachrichtendienstes berichtet dem Ministerpräsidenten jeweils direkt und nimmt an den Kabinettssitzungen teil. Den meisten Ministern ist es verboten, den geschriebenen Bericht des militärischen Nachrichtendienstes einzusehen, und die wenigen anderen dürfen lediglich einen kurzen Blick darauf werfen. Deshalb waren die von Gilad mündlich gelieferten „Zusammenfassungen“ der Untersuchungsergebnisse vor dem Ministerpräsidenten und dem Kabinett von entscheidender Wichtigkeit.

„Vollkommen falsche Berichte“

Amos Gilad versorgte überdies fast täglich die Medien mit Kommentaren zu fast jedem politischen und sicherheitsrelevanten Ereignis. Von den Medien wurde er deshalb schon der „nationale Erklärer“ genannt. Niemand kam selbstverständlich auf die Idee, dass dieser hochrangige Erzähler in Wirklichkeit Märchen servierte.

Die ernsten Beschuldigungen veranlassten im Juni 2004 schließlich andere Mitarbeiter des Nachrichtendienstes, Amos Malka öffentlich zu unterstützen. Darunter auch der damals Verantwortliche im militärischen Nachrichtendienst für palästinensische Angelegenheiten und die Zusammenstellung der entsprechenden Berichte, Oberst Ephraim Lavie.

Der unmittelbare Vorgesetzte (Malka) und sein unmittelbarer Untergebener (Lavie) klagten Amos Gilad somit öffentlich an, seine persönlichen und von keinem Nachrichtendienstmaterial bestätigten Meinungen so präsentiert zu haben, als ob sie die offizielle Einschätzung der Nachrichtendienstexperten gewesen wären.

Als sich die Debatte aufheizte, bestätigte der Orientalist Matti Steinberg, ein früherer Berater für palästinensische Angelegenheiten des Inlandsgeheimdienstes Shabak (auch: Shin Bet), nicht nur öffentlich, dass Gilads Berichte den von seinen Leuten gesammelten Unterlagen des Nachrichtendienstes widersprachen, sondern folgerte auch, dass Gilads Behauptungen die entfesselte militärische Gewalt der Israelis samt der Gegengewalt palästinensischer radikaler Gruppen provozierten.

Im Übrigen zeigten diese Enthüllungen, dass die geheime Einschätzung durch die höchsten Ränge der militärischen wie auch des Inlands-Geheimdienstes praktisch ident waren mit den Einschätzungen der international angesehenen israelischen Friedensbewegung Gush Shalom, wonach die palästinensische Führung mit Arafat an der Spitze niemals von ihrer Bereitschaft abgewichen sei, mit

Israel Frieden zu schließen – und zwar auf der Grundlage der Schaffung eines palästinensischen Staates auf 97 % der Westbank und des Gazastreifens (zusammen ohnedies nur noch 22 % des historischen Palästina) mit territorialer Kompensation für die restlichen 3 % und die Souveränität über Ost-Jerusalem und dem Haram al-Sharif („Tempelberg").

Gilad hat irreversiblen Schaden verursacht. Sein Mantra wurde vom größten Teil der Israelis übernommen und findet sich bis heute auch in einem großen Teil der internationalen öffentlichen Meinung.

Nach Propaganda psychisch geschädigt

Irreversiblen Schaden hat aber auch Amos Gilad selber genommen – wenigstens behauptete er dies im Juni 2004, als er um eine finanzielle Unterstützung ansuchte, wie sie behinderten Armeeveteranen zusteht. Gilad wurde aber nicht in einer Schlacht verwundet, sondern behauptete schlichtweg, dass der durch den schwierigen Propagandajob verursachte Stress bei ihm einen irreversiblen psychischen Schaden angerichtet habe.

Der prominente Friedensaktivist Uri Avnery stellte daraufhin öffentlich die Frage, ob diese Behauptung eine beträchtliche Menge an Chuzpe (hebräisch: Unverschämtheit) einschließe oder gar noch schlimmer sei. Und er hinterfragte, wann Gilad seinen psychischen Schaden bekommen habe, wann die ersten Anzeichen beobachtet wurden und ob es etwa damit begann, dass er ständig fälschlich wiederholte, dass Arafat die Juden ins Meer treiben wolle.

Überraschenderweise wurde diese Affäre in Israel rasch unter den Teppich gekehrt. Alles läuft seither weiter nach Plan.

Offiziere kritisieren unmoralische Armee-Aktionen

Die nächste Ohrfeige für die Regierung kam von vier aktiven Offizieren der Elite-Einheit „Shaldag" (Eisvogel), die in einem von der zweitgrößten Tageszeitung „Haaretz" am 28.9.2004 veröffentlichten Brief an den Generalstabschef und den Oberkommandierenden der Luftwaffe die Operationen der Armee in den Palästinenser-Gebieten kritisierten und insbesondere die Häuserzerstörungen als „unmoralische Kollektivbestrafung" geißelten. Die Offiziere wollten mit dem Schreiben eine interne Debatte über die „Schikanierung unschuldiger Zivilisten" erreichen. Die der Luftwaffe zugehörige Shaldag ist üblicherweise mit geheimen Missionen tief in Angriffe auf die Zivilbevölkerung involviert – sie legt Hinterhalte, verhaftet Menschen und führt ungesetzliche Tötungen aus.[11]

Wenige Tage davor haben ein anderer Soldat und ein Offizier, die in den besetzten Gebieten Dienst machten, unabhängig voneinander gegen die schikanöse Behandlung von palästinensischen Zivilisten durch die IDF Protest bei der Armee eingelegt.

Zionismus als wahrer Feind der Juden

Am 25. Januar 2005 folgte ein weiterer Paukenschlag in dem noblen Londoner Politik-Forum „Intelligence Squared", einer Gründung der britischen Medienunternehmer John Gordon und Jeremy O'Grady. Dort fand eine vielbeachtete Vortrags- und Diskussionsveranstaltung zu der Frage statt, ob der „Zionismus heute der wahre Feind der Juden" sei. Als Redner traten dabei die bekannte Journalistin Jacqueline Rose, der israelische Professor Avi Shlaim von der englischen Universität in Oxford, die international bekannte israelische Journalistin Amira Hass, die „Daily Mail"-Kolumnistin Melanie Phillips, der ehemalige israelische Außenminister Shlomo Ben-Ami und der Geschichtsprofessor Raphael Israeli von der Hebräischen Universität Jerusalem auf. Nach der Debatte bejahte das Publikum mit 355 zu 320 Stimmen bei 40 Enthaltungen die brisante Fragestellung, nachdem es davor mehrheitlich noch eine gegenteilige Einstellung gehabt hatte.[12]

Auch aus Israel hagelte es längst harsche Kritik. Lev Greenberg etwa, Politik-Soziologe an der Ben Gurion Universität, wollte in Israel nicht mehr einen demokratischen Staat mit jüdischem Charakter und Kultur sehen, sondern ein diskriminierendes Regime, das den Juden außerordentliche Rechte zugesteht und den arabischen Bürgern gleiche Rechte verweigert. Tatsächlich hat keine andere Demokratie der Welt ein derartiges System, in dem eine Nation entscheidet, was für die andere Nation gut zu sein hat. Ein derartiges Regime ist von Professor Oren Yiftahel von der israelischen Ben Gurion Universität als „Ethnokratie", Herrschaft einer Ethnie, bezeichnet worden – als Synonym für den Wunsch der

„Nation von Zion", Herrscher über das gesamte Land Palästina zu sein und die andere – palästinensische – Nation zu beherrschen.[13]

Rassistische Verachtung der Araber

Die rassistische Sicht, mit der die Existenz von gleichwertigen Menschen in den besetzten Gebieten bestritten oder diese als minderwertig, wild und gefährlich dargestellt werden, entspricht der Sichtweise von Europäern aus den vergangenen Jahrhunderten, als die Weißen aus Europa Länder und Bodenschätze in Afrika, Amerika und Asien eroberten, die nicht ihnen gehörten. Damit versuchten sie damals Plünderungen, Raubzüge, Unterdrückung und Massenmorde zu legitimieren.

Später wurde diese Sicht auf die „Invasion" der „semitischen Völker" in Europa projiziert. In erster Linie zielte dies auf die Juden, die zu Leidtragenden dieses Rassismus wurden.

Nun hat die Geschichte – oder auch göttliche Fügung – den Juden in Israel eine schwierige Prüfung auferlegt, an der sie vom Rest der Welt gemessen werden.

In dem Versuch, dem Antisemitismus zu entkommen, schufen sie im Heiligen Land eine kolonialistische Realität, die den „Eingeborenen" jegliches Mensch-Sein abspricht. Menachem Begin bezeichnete 1982 sogar die Palästinenser als „Tiere auf zwei Beinen".

Seit der Okkupation 1967 wurde diese Sichtweise so heftig geradezu gepredigt, dass niemand wagte, diese öffentlich zur Diskussion zu stellen. Und jetzt ist es – angesichts der Gewaltbereitschaft der Protagonisten dieser Sprachregelung – geradezu lebensgefährlich geworden, sie anzuzweifeln.

Der stellvertretende Ministerpräsident Shimon Peres bekam den radikalen Fanatismus zu spüren, als er es „wagte", der „alleinigen Wahrheit Gottes" der Torah- und Talmud-gläubigen Juden fundamental zu widersprechen. In einem Interview mit dem Korrespondenten Diego Yanez vom Schweizer Fernsehen hatte der einstige Friedensnobelpreisträger die für den Rest der Welt eher selbstverständliche Behauptung aufgestellt: „Ob Araber, Juden, Spanier – wir sind doch alle Menschen."

Ultra-orthodoxe Rabbiner überlegten daraufhin, ihn für diesen „Frevel" mit dem Todesfluch zu belegen.

Armeechef kritisiert die Gewaltpolitik

Auch der damals noch amtierende und im Juni 2005 abgelöste Armeechef Moshe Ya'alon bekam allmählich Probleme mit der ausufernden Gewaltpolitik. Im Sommer 2004 distanziert er sich öffentlich von der Regierungspolitik und bezeichnete sie als destruktiv, indem er darauf hinwies, dass die mehr als 700 Straßensperren in der Westbank und im Gazastreifen Ressentiments der Palästinenser nähren sowie zu einer Zunahme der Unterstützung für Hamas und andere militante Gruppierungen führen würden. Diese Politik produziere Terrorismus, statt ihn zu liquidieren.

Ya'alon offenbarte damit eine erstaunliche Kehrtwendung, denn er trug zuvor nicht nur den Krieg gegen die Palästinenser aus voller Überzeugung mit, sondern galt zu Beginn seiner dreijährigen Amtszeit als der aggressivste Falke in der Armee, wenn nicht gar im ganzen Land.

Damals machte er sich noch das Credo von Sharon zu Eigen: Schlagt die Araber auf den Kopf, dann werden sie nachgeben. Falls es nicht genügt, schlagt noch härter zu. Macht das Leben jedes einzelnen Palästinensers unerträglich, hindert ihn daran, sein Dorf oder seine Stadt zu verlassen, zerstört den Lebensunterhalt seiner Familie, nehmt ihm das Land weg!

Das klang logisch. Wenn ein militärischer Schlag nach dem andern folgt, müssten die Palästinenser doch dazu zu bringen sein, ihren Widerstand aufzugeben und alles zu akzeptieren, was die Besatzungsmacht ihnen als gut genug anbietet. Dann würden sie auch ihre Kämpfer (in der Sprache der Besatzer „Terroristen", in der Sprache der Besetzten „Nationalhelden" oder „Freiheitskämpfer") ausliefern und in den Enklaven leben, die ihnen Israel zugesteht. Oder sie würden freiwillig das Land verlassen und sich anderswo nach einem besseren Leben umsehen.

Der erste Teil des Planes zur Eliminierung des palästinensischen Volkes und zur endgültigen Lösung des Palästinenser-Problems lief denn auch ab 2001 wie erwartet. In raschen Schritten war das Leben der Palästinenser zur reinsten Hölle geworden und jeder Checkpoint an den Zugangsstraßen in das Westjordanland und in den Gazastreifen ein Tor zur Hölle.

Das „Gewalt-Ranking" für den Zeitraum der Al-Aqsa-Intifada seit 28. September 2000 bis Anfang 2005 spricht für sich:

Die Zahl der Todesopfer auf palästinensischer Seite wurde offiziell mit 3.830 registriert, dürfte aber mangels entsprechender Dokumentationsmöglichkeiten v. a. während der Großoffensive März-Mai 2002 weitaus höher liegen. 210 Palästinenser wurden ohne Gerichtsverfahren und daher illegal hingerichtet. Über 600 palästinensische Tote waren Mitglieder der Sicherheitsdienste der Autonomiebehörde, die übrigen Zivilisten – darunter viele Frauen und zu gut einem Drittel Kinder und Jugendliche unter 18.[14]

Die Zahl der verletzten Palästinenser dürfte damals bereits bei rund 55.000 gelegen haben. Darunter wiederum ein hoher Prozentsatz Kinder.[15]

Die Israelis hatten in den 1.558 Tagen weitaus weniger, nämlich „nur" 1.036 Tote (darunter 715 Zivilisten, darunter Frauen und Kinder) und 7.054 Verletzte zu beklagen.[16]

Seit der offenen Kritik herrschte zwischen Sharon und dem Armeechef fortan ein tiefes Zerwürfnis. Sogar der erzwungene Rücktritt des Armeechefs stand im Raum. Doch erst am 15. Februar 2005 erhielt Ya'alon die Quittung. Sharon und Verteidigungsminister Shaul Mofaz, der Ya'alon einst in die Spitzenposition hievte, eröffneten dem Stabschef der Armee, dass sie nicht die Absicht hätten, seinem Wunsch zu entsprechen und seine dreijährige Amtszeit um das übliche weitere Jahr über den Juli 2005 hinaus zu verlängern.

Einen Beitrag zum Zerwürfnis könnte auch geliefert haben, dass der Stabschef die Generalmajore Udi Shani und Zeev Lavanah mit der Untersuchung von Häuserdemolierungen durch die Armee während der Operation „Regenbogen" 2004 in Rafah und in Khan Yunis beauftragt hatte. Beide Offiziere stellten dabei eine unverhältnismäßige Gewaltanwendung fest. Überraschenderweise waren die Befehle dazu von Offizieren niedrigeren Ranges gekommen.[17]

Die Desavouierung des 54-jährigen Generalleutnants kam jedenfalls einer innenpolitischen Bombe gleich. Denn durch die dominierende Position in Israels militarisierter Gesellschaft hat die Armee enormen Einfluss auf fast alle Lebensbereiche. Ihr Chef gilt hinter dem Premierminister als zweitwichtigster Mann in der Führung des Landes und nimmt folgerichtig an allen Kabinettssitzungen teil, ohne ex lege tatsächlich Regierungsmitglied zu sein.

Die angekündigte Verabschiedung des Armeechefs war ein Indiz dafür, dass Ya'alon dem radikalen Regierungschef politisch nicht mehr verlässlich genug erschien. Und dass Sharon mit dem militärischen Ergebnis des Krieges gegen die palästinensische Zivilbevölkerung nicht zufrieden war.

Kurz zuvor hatte Sharon überraschend schon eine andere Entlassung aus unerklärlichen Gründen angekündigt; er bestimmte mit Yuval Diskin ab Mai 2005 einen Nachfolger für Avi Dichter als Leiter des Inlandsgeheimdienstes Shin Bet – gleichfalls unter Streichung des zuvor üblichen sechsten Jahres.

Am 18. Februar veröffentlichte dann die israelische Friedensorganisation Gush Shalom in der renommierten Tageszeitung „Haaretz" einen vorweggenommenen vorgezogenen „Nachruf" auf den abgehalfterten Armee-General mit vielsagendem Wortlaut:

„Es ist unmöglich, einen Krieg gegen Menschen zu gewinnen, die sich gegen eine Besatzung auflehnen.

Armee-Chef Moshe Ya'alon war genauso erfolglos wie seine Vorgänger.

Unter seiner Führung sind die moralischen Maßstäbe der israelischen Armee weiter zerfallen.

In so einem schmutzigen Krieg gibt es keinen Ruhm."

Schrecklichere Zustände sind kaum vorstellbar

70 Prozent der Palästinenser leben seit Ende 2002 bereits unterhalb der Armutsgrenze, viele von ihnen an der Schwelle zur Hungersnot, mehr als eine Million Menschen konnte nur durch internationale Nahrungsmittelhilfe vor dem Hungertod bewahrt werden.[18]

Hunderttausende von palästinensischen Kindern leiden bereits an Unterernährung und mangelnder medizinischer Versorgung. Jedes Dorf ist – da völlig von Straßensperren umgeben – zu einem Gefängnis geworden, der Gazastreifen wie ein riesiges Konzentrationslager hermetisch abgesperrt. Verkehr ist dort wie auch im Westjordanland seit 2002 nur unter größter Einschränkung möglich. Viele

Palästinenser können ihren Arbeitsplatz, das Krankenhaus, Universität und Schule nicht mehr erreichen. Die Bauern können ihre Produkte nicht mehr auf den Markt bringen.

Israelische Truppen durchstreifen ständig Städte und Dörfer, verhaften oder töten willkürlich angebliche Aktivisten und mit ihnen auch Frauen und Kinder, demolieren Häuser. Das ferne Motorengeräusch eines Flugzeugs genügt seither, dass die gesamte palästinensische Bevölkerung aus Angst vor überraschenden Luftangriffen den Atem anhält.

In dieser Hinsicht sind alle Ziele Ya'alons erreicht worden. Schrecklichere Zustände sind kaum vorstellbar. Nach dem Plan hätten die Palästinenser schon längst aufgeben müssen.

Doch das Unglaubliche geschah – die rund vier Millionen Palästinenser in den besetzten Gebieten zeigten noch immer keinerlei Anzeichen aufzugeben. Irgendwie hatten sie es fertig gebracht, selbst unter den entsetzlichsten Umständen zu existieren. Die gegenseitige Unterstützung aller Mitglieder der arabischen Großfamilie hilft ebenso wie das Engagement der Internationalen Organisationen, die permanent Tonnen von Lebensmitteln an den Soldaten vorbei in die Palästinensergebiete karren.

Hinzu kommen die immer zahlreicheren israelischen Friedensorganisationen und internationalen Aktivisten, die sich unermüdlich und mutig den israelischen Soldaten und terroristischen Siedlern mit ihrem friedlichen Widerstand in den Weg stellen und dabei auch nicht selten ihr Leben riskieren, um die wehrlose Zivilbevölkerung zu schützen. Außerdem unterstützte die große Mehrheit der Palästinenser die militante Gegenwehr („Terrorismus" in der Sprache der Besatzer, „bewaffneter Widerstand" in der Sprache der Besetzten). Die Selbstmordattentäter wurden mit Stolz und voller Bewunderung verherrlicht. Für jeden „Märtyrer", der sich selbst in die Luft sprengte, drängten hundert nach.

Geheimdienstchefs gegen Sharon

Was für dramatische Auswirkungen diese Attentate auf die israelische Gesellschaft hatten, zeigte sich im November 2003, als kurze Zeit nach der Kritik des Armeechefs vier ehemalige Chefs des israelischen Inlandgeheimdienstes Shin Bet in selten dramatischen Stellungnahmen eine Friedensvereinbarung mit den Palästinensern forderten:

„Wir steuern direkt einer Katastrophe entgegen. Wenn nichts passiert und wir weiter mit dem Schwert in der Hand leben, werden wir uns auch weiterhin im Schlamm wälzen und uns selbst zerstören“, warnte Ex-Geheimdienstchef Yaakov Perry in einem Interview in der auflagenstärksten Tageszeitung „Yedioth Ahronot“ und berief sich auf die diesbezügliche Übereinstimmung mit den drei anderen Kollegen Ami Ayalon, Avraham Shalom und Carmi Gillon.

Ayalon, ein linksgerichteter früherer General, der den Inlandsgeheimdienst von 1996 bis 2000 leitete, ergänzte: „Wir sind im Begriff, mit sicheren Schritten in eine Situation zu gelangen, wo der Staat Israel nicht mehr länger eine Demokratie und eine Heimat für das jüdische Volk ist.“ Ayalon fiel bereits als Autor der Friedensinitiative „Stimme des Volkes“ auf, in der er gemeinsam mit dem palästinensischen Intellektuellen und Präsidenten der Al-Quds-Universität, Sari Nusseibeh, auftrat und eine Zweistaatenlösung forderte. Sie soll demokratisch vom Willen der Bevölkerung getragen werden. In kürzester Zeit hatten bis November 2003 rund 150.000 Menschen in Palästina und Israel die Initiative unterschrieben – sie genoss sichtlich eine substantielle Unterstützung. Für einen ehemaligen Geheimdienstler war dies jedenfalls ein bemerkenswertes Engagement.

Yaakov Perry, der den Geheimdienst sieben Jahre leitete – darunter auch während der ersten Intifada von 1987 bis 1993 –, erklärte außerdem im israelischen Radio, dass der einzig gangbare Weg für Israel darin bestünde, einseitige Schritte wie den Rückzug aus dem Gazastreifen zu unternehmen. Damit könnten die Palästinenser für Friedensgespräche und eine Beendigung des Terrors gewonnen werden. Die Folge wäre eine wirtschaftliche Erholung und ein besseres Image Israels in der Weltöffentlichkeit.

Shalom wiederum, der Veteran der Gruppe und Geheimdienstchef von 1980 bis 1986, bezeichnete die Politik der Regierung als dem Wunsch nach Frieden entgegengesetzt. Er äußerte die Überzeugung, dass die palästinensischen „Terroraktionen“ (von den Palästinensern als legitimer Widerstand gegen illegale Besatzer angesehen) das Resultat der Besatzung seien. Shalom ließ besonders aufhorchen, als er öffentlich erklärte: „Wir müssen anerkennen, dass eine andere Seite existiert, dass sie Gefühle hat, dass sie leidet und dass wir schändlich handeln."

Diese Meinungen der vier kamen unerwartet, entsprachen aber genau dem, was das „Friedenslager" Israels schon seit langem artikulierte. Und sie gingen sogar so weit zu fordern, dass sich die Israelis nicht nur aus dem Gazastreifen, sondern auch aus der Westbank zurückziehen müssten. Es werde immer Gruppen geben, für die das Land Israel in den Hügeln von Nablus und in Hebron liege, aber: „Wir müssen den Zusammenstoß mit ihnen riskieren", verlangte Perry schon frühzeitig.

Ayalon erwartete damals, dass nur etwa 10 % der ca. 250.000 Siedler bei einer Evakuierung der Siedlungen Widerstand leisten würden. Und Carmi Gillon beschrieb die Regierung als kurzsichtig: „Sie befasst sich einzig mit der Frage, wie der nächste Terroranschlag zu verhindern ist. Sie ignoriert aber die Frage, wie wir aus dem Schlamassel, in dem wir uns heute befinden, herauskommen."

Regierung mit Glaubwürdigkeitsproblem

Je länger Sharons vorgeblicher „Krieg gegen den Terror" dauert, umso größer wird Israels Glaubwürdigkeitsproblem. Über den rücksichtslosen Umgang mit der Zivilbevölkerung als Besatzungsmacht in den besetzten Palästinensergebieten äußerte sich schon im Jahr 2001 der seit 1987 im englischen Oxford lehrende jüdische Professor Avi Shlaim in seinem Buch „The Iron Wall" konsterniert: „Je mehr ich mich damit beschäftige, umso mehr bezweifle ich die zionistische Version des Konflikts."[19]

Mit dieser Ahnung ist Shlaim nicht allein. Immer mehr Juden in Israel und auch in Europa kritisieren Sharons Gewaltpolitik. In den 18 jüdischen Friedensorganisationen in 12 europäischen Ländern, die in der Organisation „Europäische Juden für einen gerechten Frieden" (EJJP – European Jews for a Just Peace) zusammengefasst sind, werden laufend Aktivitäten gesetzt, um solcherart Druck auf die Sharon-Regierung auszuüben. Als Juden sehen sie sich als Teil der internationalen Solidaritätsbewegung zur Unterstützung der Menschen- und politischen Rechte von Israelis und Palästinensern gleichermaßen und weisen jegliche Unterstützung für Ariel Sharon und seine Regierungspolitik Israels zurück: „Not in our name – nicht in unserem Namen“. Sie präsentieren sich als bedingungslose Gegner der Besatzung, der jüdischen Siedlungen im Palästinenserland, der Kolonisierung dieser Territorien, des Baues der Apartheid-Mauer und der permanenten Verletzung der Menschenrechte. Kurzum: Sie bekämpfen Sharons Credo – so viel Land wie möglich, so wenig Palästinenser wie möglich.[20]

Am 10. Juni 2005 richtete EJJP sogar einen Aufruf an alle israelischen Akademiker, nicht nur still, sondern so lautstark wie möglich gegen die israelische Besatzung zu opponieren: „Wir fordern die israelischen Lehrer- und Hochschulverbände auf, Resolutionen zu verabschieden, in denen sie ihre Opposition zur Besatzung klarstellen und sich verpflichten, sich in ihren Arbeitsbereichen gegen sie einzusetzen.“[21]

Eine entsprechende Unterschriftenliste von europäischen Verbänden und Vereinigungen von Wissenschaftlern und Lehrenden zum Aufruf für das Ende der Besatzung sollte dann im Sommer und im Herbst zur Unterstützung an israelische Verbände, an Knessetabgeordnete sowie an Friedensaktivisten in Israel und Palästina weitergeleitet und veröffentlicht werden.

In Israel selbst gibt es inzwischen mit fast 30 Friedensorganisationen so viele wie in keinem anderen Land der Welt – sie erklären sich solidarisch mit den unterdrückten und gepeinigten Palästinensern und stehen ihnen mit derart dynamischem, friedlichem Aktivismus zur Seite, dass Israels Armee inzwischen begonnen hat, sogar gegen Juden mit aggressiver Gewalt vorzugehen.

2004 wurde die Stimmung gegen den ausufernden Krieg durch eine Meinungsumfrage des privaten israelisch-palästinensischen Instituts „Eine Stimme“ – ein Projekt der „PeaceWorks Foundation“ in New York – bestätigt, an der sich 23.000 Palästinenser und 17.000 Israelis beteiligt haben. Jeweils 76 Prozent der Israelis und Palästinenser favorisierten eine Zweistaatenlösung mit einem eigenen Palästinenserstaat. Die restlichen 24 Prozent waren entweder strikt dagegen oder sogar für die Auflösung des Staates Israel.

Andere Israelis wollen schlichtweg das Land verlassen. Denn: „Kein ehrlicher Israeli kann seinen Kindern in die Augen sehen und sagen: Es wird alle gut. Das verspreche ich dir“, wie der Philosophieprofessor der Universität Haifa, Ilan Gur-Ze'ev, unter dem Titel „Seht ihr nicht, dass die Zeit reif ist für einen neuen Exodus der Juden?“ in einem Kapitel zu seinem neuen Buch schrieb. Er sieht eine verhängnisvolle zionistische Barbarisierung des jüdischen Geistes. Und um Israels Schicksal als eines verdammenswerten Tätervolks zu ändern, müsse ein Ansatz zur Gegen-Erziehung gemacht werden. „Der zweite, freiwillige Exodus des Israelis aus Israel, vorbereitet in der Gegen-Erziehung, bedeutet den Abschied von einer Kultur des verkrampften Umgangs mit der Wahrheit, der manipulativen Politik und der zionistischen Erziehung, die Eroberung und Gewalt impliziert.“[22]

Nach Umfragen der Tageszeitung „Haaretz“ würde bereits jeder dritte Israeli lieber woanders leben. Gut jeder Zehnte tut das bereits, rund eine halbe Million davon in den USA. Gleichzeitig mehren sich die Anträge bei europäischen Botschaften auf Erteilung einer zweiten Staatsbürgerschaft. So wurden im Jahr 2001 rund 1.700, im Jahr danach 2.400 (2.236 Personen übersiedelten tatsächlich von Israel nach Deutschland) und 2003 rund 3.300 Anträge auf die deutsche Staatsangehörigkeit gestellt. Rund 100.000 Israelis besitzen zusätzlich die deutsche Staatsbürgerschaft. Mitte 2004 lebten bereits fast 11.000 israelische Staatsbürger als Emigranten in Deutschland. Erleichtert wird dies durch den Umstand, dass jeder Israeli Deutscher werden kann, wenn er seine Herkunft aus einer Vertriebenen-Familie aus Deutschland nachweist.[23]

Gut verdoppelt hat sich 2003 auch die Zahl der Anträge bei der österreichischen Botschaft. Und die Botschaften osteuropäischer Staaten wie Tschechien, Ungarn und Polen müssen gleichfalls hunderte Anträge jährlich bearbeiten.

Israel kommen die Einwanderer abhanden

Gleichzeitig verebbt der Einwanderungsstrom. 200.000 Juden konnten die Sowjetunion in den siebziger Jahren in Richtung Israel verlassen, weitere 800.000 folgten nach 1986 im Rahmen der Perestroika. Von 2001 bis 2003 verkehrte sich aber der Trend sogar ins Negative. In dieser Periode sind maximal 30.000 Juden aus Russland nach Israel ausgewandert, während über 50.000 den umgekehrten Weg ins „neue“ Russland genommen haben. Nach einer

Studie des Potsdamer Moses-Mendelssohn-Zentrums vom Februar 2004 sind im Jahr 2002 rund 19.200 jüdische Zuwanderer vornehmlich aus Osteuropa in die Bundesrepublik gekommen. Im gleichen Zeitraum wählten nur rund 18.000 Israel als neue Heimat.[24]

Auch 2003 emigrierten mehr Einwanderer aus der GUS nach Deutschland (19.000) als nach Israel (11.000). Im Jahr 2004 war das Verhältnis 20.000 zu 10.000. Grund dafür ist nach israelischer Darstellung die Sorge vor den Auswirkungen des Nahost-Konflikts und die Wirtschaftskrise in Israel.

Angesichts dieser Tendenzen üben seit Jahren die israelische Regierung ebenso wie die für die Einwanderung nach Israel eingerichtete israelische „Jewish Agency" Druck auf die deutsche Bundesregierung aus, den Zuzug jüdischer Einwanderer nach Deutschland zu begrenzen. Der Vorsitzende der Jewish Agency, Salai Meridor, erteilte 2004 der deutschen Regierung in der Sitzung des Einwanderungskomitees der Knesset groteskerweise sogar eine Rüge, weil sie den Juden ermögliche, in ihr Land zu emigrieren, und forderte Maßnahmen gegen Deutschland.[25]

60 Jahre nach dem Holocaust warf also ein jüdischer Funktionär Deutschland vor, dass es Juden einen Zufluchtsort anbietet. Dafür war aber eigens ein deutsches Gesetz mittels eines Abkommens zwischen der Berliner Regierung und der Jüdischen Gemeinde erlassen worden, um „die historische Verantwortung für die Nazivergangenheit zum Ausdruck zu bringen", wie es in dem Gesetz heißt, und den jüdischen Immigranten bei Wohnungs- und Arbeitssuche zu helfen. Der Sprecher der Deutschen Botschaft in Israel reagierte auf die Vorhaltungen in einem Gespräch mit der „Jerusalem Post" auf die Vorwürfe Meridors angemessen: „Wenn wir die Juden nicht willkommen heißen, wird man uns des Antisemitismus beschuldigen. Wenn wir sie mit offenen Armen aufnehmen, wirft man uns vor, wir verführten sie" (nicht nach Israel auszuwandern).

Laut einem Spezialabkommen, das nach der Wiedervereinigung Deutschlands ausgearbeitet wurde, beschloss die Bundesregierung, Juden, die aus der GUS einwandern, einen Sonderstatus zu verleihen, der „Quotenflüchtling" heißt – ein Status, der für Flüchtlinge aus besonders problematischen Gebieten vorgesehen ist. Er wird anderen politischen Asylsuchenden oder Flüchtlingen aus Bürgerkriegsgebieten vorgezogen und genießt die sozialen Bedingungen und Sozialhilfe, die jedem deutschen Staatsbürger zustehen – eine monatliche Zuwendung, die bei 600 € für ein Paar liegt (für jedes Kind gibt es weitere 150 €), Krankenversicherung, kostenloses Wohnen, eine jährliche Zuwendung für den Kauf von Bekleidung und Schuhen, sowie kostenlosen Deutschunterricht – all das ohne Zeitbegrenzung. Nach sieben Jahren kann ein Antrag auf Erwerb der deutschen Staatsbürgerschaft gestellt werden. Langfristig gesehen, erhält ein Einwanderer, der nach Deutschland kommt, sieben Mal so viel, wie Einwanderer nach Israel aus dem dortigen „Einwanderungskorb" erhalten.

Im Juli 2004 hat nun das Forum der Innenminister der deutschen Bundesländer dem Druck aus Israel nachgegeben und beschlossen, die Einwanderungskriterien für Juden aus der ehemaligen Sowjetunion zu verschärfen. Damit hat Israel erfolgreich auf gesetzliche Maßnahmen eines anderen Landes Einfluss genommen.[26]

Kapitel 2

Raub der Westbank als Ziel

„38 JAHRE SPÄTER – und noch immer kein Frieden und keine Sicherheit. Nach dem 6-Tage-Krieg hätten wir Frieden haben können. Wir hätten die eroberten Gebiete den Palästinensern zurückgeben und ihnen die Möglichkeit geben können, ihren eigenen Staat zu bilden. Aber die Gier nach Land hat uns verrückt gemacht. Statt Frieden und Sicherheit zu wählen, haben wir Siedlungen gewählt. Die Besatzung hat einen schrecklichen Preis von beiden Völkern abverlangt: menschlich, sozial, moralisch, politisch und ökonomisch. GENUG!“[1]

Uri Avnery, israelischer Publizist und Friedensaktivist

Als Yassir Arafat, von seinem Volk respektvoll kurz „Rais“, der Präsident, genannt, plötzlich eines rätselhaften und ungeklärten Todes starb, tauchten sofort Gerüchte auf, er sei vergiftet worden.

Doch statt Chaos und Mutlosigkeit regierte binnen weniger Monate ein neuer Palästinenser-Präsident – Mahmud Abbas alias „Abu Mazen“ wurde zum neuen PLO-Chef und wenig später in einer weitgehend korrekten demokratischen Wahl am 9. Januar 2005 zum neuen „Rais“ bestimmt.

Das Spiel mit dem Namen „Friedensverhandlungen“ durfte – zumindest vordergründig – wieder von vorne beginnen. Denn Ariel Sharon konnte nun nicht anders, als wie ein Wolf, der Kreide gefressen hat, plötzlich versöhnliche Töne anzuschlagen. Schließlich war ihm mit Arafat die jahrelange Rechtfertigung, bei den Palästinensern keinen Partner für Friedensgespräche zu haben, abhanden gekommen.

Doch würde Mahmud Abbas für Sharon eher ein willfähriger Partner für einen Frieden sein, der den Palästinensern die Kapitulation vor einem israelischen Ultimatum abverlangt?

Für einen Frieden, der auf Gleichheit und gegenseitigem Respekt beruht, war nämlich auch Arafat zu haben: für einen Staat Palästina innerhalb der Grenzen, die vor 1967 bestanden, mit Jerusalem als Hauptstadt beider Staaten. Ost-Jerusalem mit dem Tempelberg

(Haram al-Sharif) für die Palästinenser, West-Jerusalem mit der Klagemauer und dem jüdischen Viertel für Israel.

Gegenseitige Sicherheit, Austausch von Gebieten, eine moralische und praktische Lösung des Flüchtlingsproblems, Zugang zu Wasser etc. wären dann eine vergleichsweise leichte Übung.

Kurzzeitig überboten sich Sharon und Abbas jedenfalls mit öffentlichen Absichtsbekundungen zu friedlichen Gesprächen. Abbas verkündete das Ende des Krieges. Und Sharon sprach von einer „historischen Chance". Und es war überraschend zu beobachten, wie sich die internationalen Medien sofort geradezu überschlugen und euphorisch von optimistischen Friedensverhandlungen berichteten, als am 8. Februar 2005 erst einmal mühsam eine unverbindliche Waffenruhe in Sharm el-Sheikh ausgehandelt wurde.

War etwa Mahmud Abbas von vornherein bereit, sein Volk zu „verkaufen" und sich von Sharon die Bedingungen diktieren zu lassen? Würden die Palästinenser mit dem Gazastreifen und einigen Enklaven in der Westbank nach Vorbild der südafrikanischen Bantustans für die Schwarzen zur Zeit der Apartheid-Regierung unverhältnismäßig billig abgefunden werden? Und würden sie sich mit einem Vorort von Jerusalem oder gar Ramallah als Hauptstadt begnügen müssen? Würden sie also selber „freiwillig" auf ihre Ansprüche gemäß Völkerrecht und UNO-Resolutionen verzichten, wonach ihnen nicht mehr und nicht weniger als zumindest das gesamte Westjordanland, der Gazastreifen und Ost-Jerusalem zustehen, also das gesamte arabische Gebiet in den Grenzen bis 1967? Lief gar schon ein abgekartetes Spiel, dem lediglich Yassir Arafat lange im Wege gestanden war?

Arafat hatte sich, um überhaupt wieder ins Spiel zu kommen, 1993/94 aus dem Exil in Tunis heraus mit einem Angebot zufrieden geben müssen, das die frühere Knesset-Abgeordnete Tamir Gozanski von der Hadash-Partei als „demokratische Besatzung" bezeichnete: eine Art Outsourcing – die Übertragung der Verantwortung für das tägliche Leben der palästinensischen Bevölkerung an eine externe Entität, einen Subunternehmer gleichsam. Binnen weniger Monate wurden die zivilen Institutionen, die zur Verwaltung einer modernen Gesellschaft nötig sind, in die Hände der Palästinensischen

Selbstverwaltung (Palestinian Authority – PA) übergeben: Erziehung, Gesundheit, Wohlfahrtssystem, Polizei etc.[2]

Israel behielt aber das Kontrollrecht über die Westbank und den Gazastreifen und über die natürlichen Ressourcen – 80 % der Landreserven und 90 % der Wasser-Ressourcen.

Schon die demokratischen Wahlen in den besetzten Gebieten im Januar 1996 waren insofern wichtig, als dadurch der PA eine gewisse Legitimität zugestanden wurde und damit ebenso auch der verlängerten Besatzung. Arafats „Fehler" war, dass er letztlich zum Rebellen wurde, indem er tatsächlich einen eigenen Staat für die Palästinenser anstrebte und damit die Erwartungen jener nicht erfüllte, die in den Palästinensern lediglich die dienenden Untermenschen für die zionistische Herrenrasse sehen wollen. Freiheit verträgt sich eben nicht mit einer Marionettenregierung.

Jetzt von dem alternden Ariel Sharon zu erwarten, dass er bereit ist, unter anderen Bedingungen als einer weiterhin verlängerten Besatzung endgültig Frieden mit den Palästinensern zu schließen, ist wohl eine Illusion. Er wird weder den Großteil der Westbank noch die Kontrolle über das Tempelbergplateau und das arabische und christliche Viertel in Jerusalem an die Palästinenser abzugeben bereit sein.

Es ist auch kaum anzunehmen, dass George W. Bush in seiner zweiten und letzten Amtszeit, obwohl er nun keine Rücksicht mehr auf die Israel-Lobbyisten und potentiellen Wahlspender nehmen muss, seine Israel-Politik ändern wird. Er wird Ariel Sharon nicht in die Schranken weisen.

Die demokratische Wahl von Mahmud Abbas zum Nachfolger von Arafat als Palästinenser-Präsident war der nächste Schritt. Der wichtigste Gegenspieler mit Aussicht auf Erfolg, Marwan Barghouti, wurde sicherheitshalber rechtzeitig in einem israelischen Gefängnis versenkt und bei seinen spärlich ermöglichten Wahlkampfauftritten von den israelischen Sicherheitskräften massiv behindert und sogar körperlich misshandelt.

Yassir Arafat hat den Fehler gemacht, nicht tatsächlich wie ursprünglich angekündigt spätestens im September 2000 den palästinensischen Staat auszurufen. Nach verlässlicher Einschätzung von Diplomaten hätten sofort mehr als hundert Regierungen den Staat Palästina anerkannt.

Mahmud Abbas hat im Wahlkampf den Palästinensern die Ausrufung des eigenen Staates versprochen. Wie soll er sein Versprechen einlösen?

Das Wichtigste ist die eigene Lebensfähigkeit. In der UNO-Resolution 181 vom 29. November 1947 wurde den Palästinensern ein eigener Staat auf 45 % des historischen Palästina zugeteilt. Nach dem Krieg 1948/49 verblieben ihnen nur noch 22 %, also weniger als die Hälfte.

Doch selbst auf diesem kleinen Gebiet will Israel beharrlich die Entstehung eines eigenen Staates verhindern. Und das hat mit „Sicherheit" überhaupt nichts zu tun, sondern lediglich mit der Gier nach Land und der Expansionspolitik der zionistisch-militärischen Machthaber. Sie hängen jenen Phantasien nach, die sich in der überkommenen kolonialistischen Praxis aus dem 19. Jahrhundert und in der Erniedrigung der nativen Bevölkerung offenbaren und für die sich die meisten Amerikaner und Europäer des 21. Jahrhunderts schämen.

Das „Feigenblatt", das Sharon anbieten kann und wird, ist ein winziger palästinensischer Staat mit fünf bis sechs „Kantonen" (nach Diktion von Sharon) auf 40-70 % der besetzten Gebiete, die vollkommen von Israel umgeben und kontrolliert werden. Ein derartiger palästinensischer Staat würde nur 10-15 % des (ursprünglichen) Landes von Palästina umfassen, hätte kaum Souveränität und Überlebenschancen: kein zusammenhängendes Land, keine Bewegungsfreiheit, keine Kontrolle der Grenzen, keine Hauptstadt Jerusalem, keine wirtschaftliche Lebensfähigkeit, keine Kontrolle über Trinkwasser, Meer und den Luftraum, keine Verbindungen nach außen, kein Militär – und nicht einmal das Recht, als souveräner Staat ohne israelische Genehmigung Verbindungen mit anderen Staaten zu knüpfen.[3]

Dem kann keine palästinensische Führung zustimmen.

Weniger Gaza, mehr Westbank

Sharon ist und bleibt ein Meister nicht nur der Provokation, sondern auch der Täuschung. Das bewies er einmal mehr, als er den Zusammenhang zwischen dem lokalen palästinensischen Kampf um Selbstbestimmung – in dem auch Terror gegen die Besatzung ein Mittel war – und der US-amerikanischen Mobilmachung gegen den weltweiten Terrorismus hergestellt hat.[4]

Mit der weit hergeholten Behauptung „Arafat ist Bin-Laden“ nutzte Sharon die bis heute nicht restlos aufgeklärten tragischen Ereignisse vom 11. September 2001 aus. Nach Ansicht israelischer Beobachter und Experten war dieser Vergleich lächerlich und schädlich, aber das Aufgreifen durch die Regierung Bush und die amerikanische Öffentlichkeit bewies wieder einmal Sharons instinktive Schläue.

Diese Schläue könnte auch Sharons Motor für den Gaza-Rückzugsplan gewesen sein.

In dem militärisch seit 1967 besetzten 365 Quadratkilometer großen Küstenstreifen (mit einer Länge von etwa 45 Kilometern und einer Breite von 6 Kilometern im Norden und 13 Kilometern im Süden) konnten sich jahrzehntelang etwa 1.500 fanatisierte Siedlerfamilien den Luxus leisten, auf 40 % des Landes in 21 subventionierten Siedlungen großzügig angelegte Farmen zu betreiben, mit riesigem finanziellen Aufwand von israelischen Soldaten beschützt. Äußerst komfortabel lebten dort statistisch nur 35 Zionisten pro Quadratkilometer. In Israel sind es 303/km^2, wobei 78 % der jüdisch-israelischen Bevölkerung auf nur 15 % des Staats-Landes leben. Vergleichszahl für Deutschland: 230 Einwohner/km^2; Österreich: 99 EW/km^2.

Auf den restlichen 60 % des Gazastreifens drängten sich bis zum Siedler-Abzug im August 2005 1,4 Millionen bettelarme Palästinenser im dichtest bevölkerten Landstrich der Erde – 3.869 Menschen pro Quadratkilometer, eingepfercht wie Vieh in einem riesigen, hermetisch von der Umwelt abgeriegelten Konzentrationslager, aus dem es kein Entrinnen gab, in drei voneinander durch Straßensperren des israelischen Militärs getrennten „Bantustans“. Rundherum zu Lande, Wasser und Luft lauert weiter israelisches Militär, bereit, auf jeden zu schießen, der ohne besondere Genehmigung die Grenzen überschreiten will.

Ein Jahr lang sah der Abzugsplan eher nach einem neuen Angriffsplan aus, weil der Gazastreifen systematisch von Rafah im Süden bis Gaza-Stadt im Norden mit massiven Armeeangriffen einmal mehr in ein Schlachtfeld verwandelt wurde. Mit ausufernder brutaler Gewalt führte die Armee einen Angriff nach dem anderen –

nicht nur gegen die bewaffneten Kämpfer der Widerstandsbewegungen Hamas und Islamischer Djihad, sondern auch gegen die unbewaffnete palästinensische Zivilbevölkerung. Ohne dass ein einziger Quadratzentimeter Boden von den Israelis geräumt worden wäre. Hunderte weitere Israelis und Palästinenser mussten sinnlos ihr Leben lassen.

Am 20.2.2005 beschloss die Regierung dann endgültig mit 17 gegen fünf Stimmen die Auflösung aller Siedlungen im Gazastreifen und von vier Siedlungen im Norden der Westbank – nicht ohne gleichzeitig allerdings die künftige Route eines weiteren Teilstücks der umstrittenen „Apartheid-Mauer" im Westjordanland vorzugeben. Damit bestätigte die Sharon-Regierung unmissverständlich, zwar auf den Gazastreifen, nicht aber auf die besetzten Gebiete im Westjordanland verzichten zu wollen.[5]

Die Minister Benjamin Netanjahu, Natan Sharansky, Danny Naveh, Tsachi Hanegbi und Israel Katz stimmen dagegen.

Die Welt war von diesem Plan angetan. Und niemand fragte: Was kommt danach? Warum ließ Sharon gleichzeitig die jüdischen Siedlungen im besetzten Westjordanland unvermindert weiter ausbauen, wenn er andere zu schleifen befahl?

Dov Weissglas demaskiert den Abzugsplan

Der diplomatische Korrespondent von „Haaretz", Aluf Benn, bezeichnete den Beschluss zwar als den „Anfang vom Ende des israelischen Siedlungsunternehmens". Doch Sharons Plan sah anders aus.

Dies offenbarte eine unbedachte Äußerung von Dov „Dubby" Weissglas, Ariel Sharons Sprecher und intimster Freund, der ihn im Oktober 2004 unmissverständlich interpretierte: Der Abzugsplan ist dazu bestimmt, den Friedensprozess für die nächsten Jahrzehnte „einzufrieren", die Verhandlungen mit den Palästinensern für viele Jahre zu blockieren und jede Diskussion über die Westbank zu verhindern – gleichzeitig aber die israelischen Siedlungen in einer Weise auszudehnen, dass es für einen zukünftigen palästinensischen Staat keine Möglichkeit mehr gebe.[6]

Diese Aussage wurde bestätigt, als Sharon im Mai 2005 verkündete, mit dem Bau von weiteren 3.500 Wohneinheiten den Raum zwischen Jerusalem und der jüdischen Westbank-Siedlung Ma'ale Adumin zu schließen, wodurch ein weiterer tiefer Siedlungskeil durch das Westjordanland getrieben würde – eine weitere Maßnahme, um einen Palästinenserstaat mit vollendeten Tatsachen unmöglich zu machen. Die Proteste der USA waren mäßig.

Damit wären alle Friedenspläne gleichsam in Formaldehyd gelegt, mit dem man üblicherweise Leichen konserviert, wie es Uri Avnery ausdrückte.

Dov Weissglas ist nicht „irgendwer", sondern gilt als „graue Eminenz". Seit langem fungiert er als juristischer Berater und Sharons Sonderbotschafter für sensible Missionen, der auch die US-Außenministerin Condoleezza Rice um den kleinen Finger wickelt. Sein Statement musste jedenfalls jene beschämen, die weltweit monatelang naiv bis einfältig den Gaza-Plan für einen ernsthaften Friedensplan gehalten haben – der abgetretene Colin Powell nannte ihn sogar „historisch". Meinte er damit die endgültige Festlegung, dass Israel den Gazastreifen aufgibt, der 1,3 % des Palästina von 1948 umfasst, um schließlich die Westbank, die 16 mal größer ist, auf Dauer in Besitz zu nehmen und die Annexion mit der (Ab-) Trennungsmauer ein für allemal einzuzementieren?

Soll auch dies Teil des Landtausches sein, den Ariel Sharon zur Diskussion stellt? Das sähe in der Tat nicht nach Frieden aus.

Anfang Februar 2004 hatte Sharon nämlich in den Raum gestellt, entgegen den Vorgaben des internationalen Friedensplans den Palästinensern wenigstens teilweise einen Gebietstausch vorzuschlagen. Der Regierungschef wollte Ortschaften von israelischen Arabern den Palästinensern überlassen, im Gegenzug sollten die jüdischen Siedlungen im Westjordanland Israel zugeschlagen werden. Der Vorsitzende der oppositionellen Arbeitspartei, Shimon Peres, sagte Sharon dafür am 3. Februar 2004 die Unterstützung seiner Partei zu. Und Sharon beteuerte der Zeitung „Maariv" gegenüber, es gehe nicht um die Umsiedlung von Menschen, sondern „um eine Situation, die es den Leuten ermöglicht, in ihren Häusern zu bleiben und ihren Besitz auf ihrem Grundstück zu behalten, aber unter einer anderen Souveränität".[7]

Kolonialkrieg um die Westbank ohne Ende

Mit der Schaffung der abgeschlossenen „Ghettos“ in den besetzten Gebieten hat Sharon die von früheren israelischen Ministerpräsidenten geschlossenen Verträge von Oslo, Camp David und Wye gebrochen. Vorbild für diese von einander getrennten und systematisch abgesperrten Enklaven sind die einstigen „Bantustans“ für die Schwarzen im früheren rassistischen Apartheid-Staat Südafrika. Geschaffen wurden sie mit mehr als 700 Straßensperren und mehr als 60 militärischen Checkpoints in Ergänzung zur „Apartheid-Mauer“ und einem Netz von 400 km Umgehungsstraßen nur für den Gebrauch von Israelis, die das Land zerschneiden.

Sharon hat seit seinem Amtsantritt zu seiner alten Strategie der Vernichtung jeglicher staatlicher Strukturen auf palästinensischer Seite zurückgegriffen. Er forcierte wie eh und je die jüdische Kolonisierung der arabischen Westbank. Ziel: der schleichende „Transfer“ der palästinensischen Bevölkerung – die verharmlosende Umschreibung für völkerrechtswidrige „ethnische Säuberung“ und „Vertreibung“.

Weltweit gibt es mehr als 6 Millionen palästinensische Flüchtlinge, die seit 1947/48 auf die Rückkehr in ihre Heimat hoffen, die ihnen durch internationales Recht und UNO-Resolutionen garantiert ist. Die meisten leben weniger als 100 Kilometer von ihren Heimatorten entfernt – einige so nah, dass sie die einstigen Obstgärten und Felder in Sichtweite beweinen können.

Zwischen 1947 und 1949 vertrieben die bewaffneten zionistischen Verbände im Zuge der Gründung des Staates Israel mindestens 750.000 Menschen und damit mehr als 75 % der eingeborenen Bevölkerung. 1967 erlitten weitere 350.000 Palästinenser ein ähnliches Schicksal. Einige wurden so schon zum zweiten Mal innerhalb einer Generation von den zionistischen Gewalttätern zu Flüchtlingen gemacht.

Viele tausend palästinensische Männer, Frauen und Kinder wurden umgebracht; die genaue Anzahl wird nie mehr eruiert werden können, weil die Israelis bei ihren Panzerfeldzügen alle palästinensischen Dokumentationen gezielt vernichtet haben. Doch schon das bekannte Ergebnis erfüllt bereits Kriterien eines Völkermords. „Der israelische Holocaust gegen die Palästinenser“

nennt denn auch der jüdisch-amerikanische Autor Moshe Lieberman sein gemeinsam mit dem Star-Journalisten Michael Hoffman herausgegebenes Buch über die Ereignisse in Palästina, in dem zwei Kapitel dem „Israelischen Völkermord in Palästina“ im März/April 2002 gewidmet sind.[8]

Systematische Enteignung der Palästinenser

Nach dem Militär kommen dann die jüdischen Siedler – inzwischen sind bereits rund 250.000 von ihnen in den israelischen Landraub in der Westbank involviert. Allein in den letzten vier Jahren konfiszierte Israel weitere rund 227 Quadratkilometer Palästinenserland, dazu vernichtete es 73 Quadratkilometer Ackerland und entwurzelte über 1,1 Millionen Oliven- und Obstbäume.

Die demnächst fertiggestellte „Trennungs“- oder besser Apartheid-Mauer verschlingt weitere 15 % der Westbank und zwängt 600.000 Palästinenser in ein Freiluftgefängnis zwischen Mauer und „Grüner Linie“, der immer noch offiziellen Grenze zwischen Israel und Palästina.

Dass es beim Landraub sogar nach israelischem Recht ungesetzlich zugeht, bewies die frühere Staatsanwältin Talia Sasson, als sie strafrechtliche Schritte gegen Beamte in Ministerien verlangte, die illegale Aktivitäten der Siedler unterstützten. Sie hatte in einem von der Regierung in Auftrag gegebenen und am 8. März 2005 überreichten Bericht über illegale Siedlungsaktivitäten große Kritik an Staatsstellen geübt und damit die Vorwürfe der Friedensorganisationen bestätigt.

Diese Vorwürfe sind nur allzu berechtigt. Denn die Besiedlung der besetzten Gebiete spielte sich seit 1967 stets in einer Grauzone von Politik, Recht, Wirtschaft und Ideologie ab, an deren Schaffung Ariel Sharon als ewiger Antreiber in diversen Staatsfunktionen ursächlich beteiligt war.

Begonnen hat es am 12. April 1968, als einer Gruppe junger Männer unter Leitung des radikalen Rabbi Levinger von der Militärverwaltung gestattet wurde, den Pessach-Sederabend in Hebron feiern zu dürfen, wo sie das Park Hotel bezogen.[9]

Entgegen ihrem Versprechen hatten sie die Stadt nicht wieder verlassen. Minister statteten den Starrköpfigen offizielle Besuche ab. Tränennasse Augen und eine Wolke melodramatischer Rhetorik über die Rückkehr der Juden zu den biblischen Stätten, verbunden mit der Nostalgie nach den Pioniertagen des säkularen Labour-Zionismus, trübten den klaren politischen Blick.

Vorübergehend wurden sie im Gebäude der Militärverwaltung untergebracht, bis in einer Kabinettssitzung beschlossen wurde, die „Siedler“ nicht zu evakuieren. Nach und nach entstand eine Siedlung. Eine Tatsache vor Ort. Die Armee wurde aktiv, um sie zu schützen. Und da die Siedlung nun einmal da war, stimmte im September desselben Jahres eine Regierung, die nie beabsichtigte, irgendwelche besetzten Gebiete zu besiedeln, dem Bau eines jüdischen Viertels in der Stadt zu. Das sollte zu einem festen Muster werden: Es werden Tatsachen vor Ort geschaffen, Armee und Bürokratie rücken nach, und schließlich gewährt die Regierung rückwirkend ihre Zustimmung.[10]

Talia Sasson offenbarte nun auch, dass viele der im Westjordanland ohne Genehmigung und noch dazu vielfach auf privaten palästinensischen Grundstücken aus dem Boden gestampften Siedler-Außenposten, die in der Regel die Vorstufe für Siedlungserweiterungen und für die Gründung neuer Besatzungs-Siedlungen sind, zwar von rechtlichen Instanzen als illegal bezeichnet wurden, trotzdem aber beträchtliche Unterstützung aus öffentlichen Geldern erhielten. Und zwar vor allem aus den Budgets von Wohnungsbau- und Verteidigungsministerium sowie der Jewish Agency (JA).

Die JA wurde 1929 zunächst als Verwaltungsorganisation in Palästina gegründet. Gemeinsam mit der WZO (World Zionist Organization), der 1897 auf dem 1. zionistischen Kongress in Basel gegründeten „Zionistische Weltorganisation“, war die JA vorerst für Einwanderungsfragen zuständig. 1968 entstanden Auseinandersetzungen, da der Staat zusätzlich ein Einwanderungsministerium errichtete. Da in den letzten Jahren die Einwanderung ins Stocken geraten ist, engagierte sich die JA als treibende Kraft für die Besatzungs-Siedlungen in der Westbank.

Dort agiert die JA-Siedlungsabteilung allerdings unter dem Deckmantel der WZO-Siedlungsabteilung, da die Involvierung der Jewish Agency in die direkte Planung in der Westbank ein Verstoß gegen die offizielle US-Politik wäre und die JA in den USA deshalb die Gemeinnützigkeit verlieren würde. Bisher sind die durch die JA-Spendenorganisation United Jewish Appeal eingesammelten US-Spendengelder steuerbefreit – daher die organisatorische Unterstellung der JA-Siedlungsabteilung in die WZO.

Bei den von der JA forcierten illegalen Außenposten ist die Vorgangsweise immer gleich:

Die Militäradministration stellt das Land zur Verfügung, das Wohnbauministerium liefert die Wohncontainer, das Verteidigungsministerium erteilt die Transportgenehmigungen und die Armee trifft die Sicherheitsvorkehrungen. Nach einer Weile werden die Wohncontainer an das Wasser- und das Elektrizitätsnetz angeschlossen, Zufahrtsstraßen werden geteert und die Armee etabliert Wachposten. Wiederum eine Weile später bewerben sich die Siedler um eine rückwirkende Bewilligung der Niederlassung, und während die amtlichen Mühlen mahlen, sind sie vor einer Räumung gefeit.[11]

Wie ungeniert sich die zionistischen Besatzer bedienen, verdeutlichte Anfang März 2005 die Festnahme von mehreren Grundstückshändlern, die dreist Böden im Westjordanland verkauft haben sollen, ohne dass die palästinensischen Besitzer darüber informiert worden wären, geschweige denn ihr Einverständnis gegeben oder einen finanziellen Gegenwert erhalten hätten. Ein Verdächtiger war sogar Oberst der Armee, der als Chef der Infrastruktur in der Ziviladministration im Westjordanland Dienst tat. Nach Angaben der Zeitung „Haaretz“ soll er illegale Genehmigungen unterzeichnet haben, um unautorisierten Siedlungsaktivitäten Vorschub zu leisten.

Das Sittenbild des systematischen Landraubs komplettierte der erst Mitte Januar 2005 veröffentlichte und bis dahin geheime Regierungsbeschluss vom 8. Juli 2004 über die Ausweitung der Enteignung von palästinensischem Grundbesitz in Ost-Jerusalem. Betroffen davon wäre dort mehr als die Hälfte des palästinensischen Grundbesitzes, und darunter vor allem jener, der im Eigentum von Bewohnern des Westjordanlandes steht.[12]

Seit 1967 verdreifachte und annektierte die israelische Besatzungsmacht entgegen der UNO-Resolutionen das Stadtgebiet von Ost-Jerusalem. Bis 2005 wurde allerdings auf Ost-Jerusalem nicht jenes „Gesetz über den Besitz von Abwesenden“ aus dem Jahr 1950 angewendet, das generell die Basis für Enteignungen palästinensischen Landes bietet. Mit diesem wurde Grundbesitz von Palästinensern, die außerhalb des neuen Staates Israel leben (darunter jene 750.000 Flüchtlinge, die zwischen 1948 und 1952, und jene rund 350.000, die ab 1967 gewaltsam vertrieben wurden), zunächst treuhändisch verwaltet und dann einfach in einen jüdischen Nationalfonds eingebracht. Die Nutzung durch Nicht-Juden wurde explizit untersagt. Die Enteignung ging ohne irgendwelche Proteste seitens der internationalen Medien- und Polit-Prominenz über die Bühne.

Den nichtjüdischen Bürgern des Staates Israel ist es übrigens auch nicht erlaubt, auf „Staatsland“ zu leben, es zu mieten oder zu kaufen. Dieses Land, exklusiv nur für Juden, macht jedoch 93 % Israels aus. Das israelische Rückkehrrecht, das so genannte Law of Return, erlaubt jedem Juden und jeder Jüdin die Immigration nach Israel, egal, wo sein/ihr Geburtsland liegt, und gewährt ihm/ihr die Staatsbürgerschaft. Die aus dem Land stammenden arabischen Flüchtlinge jedoch dürfen nicht heimkehren. Ist das nicht eine Form von Rassismus?

Der neuerliche Regierungsbeschluss zur Landenteignung widerspricht selbstverständlich den Friedensvereinbarungen von Oslo und Camp David aus den Jahren 1993-1995, denen zufolge in Ost-Jerusalem keine Veränderungen vorgenommen werden dürfen, bis der Status der Stadt in den Endstatusverhandlungen geklärt ist.

Der frühere israelische Justizminister Jossi Beilin, Chef der linksliberalen Jachad-Partei und Mitinitiator auf israelischer Seite sowohl bei den zunächst geheimen und deswegen auch erfolgreichen Oslo-Friedensgesprächen 1993 wie auch der Genfer Friedensinitiative vom 1. Dezember 2003, bezeichnete die Anwendung des Gesetzes daher schlichtweg als „Diebstahl“ und kündigte die Anrufung des Obersten Gerichts an. Und die Gruppe „Juden für den Frieden“ beschuldigte die israelische Regierung wohl nicht zu Unrecht, „alles in ihrer Macht Stehende“ zu tun, „um die Spannungen mit den Palästinensern zu verstärken“.

Sogar in Europa empörte sich das Exekutiv-Komitee der EJJP (European Jews for a Just Peace) im Januar 2005 über die neuen

Enteignungsabsichten. Der Raub palästinensischen Landes sei nicht neu für Israel. Jetzt gehe es aber darum, den „Diebstahl" von palästinensischen Grundstücken in Ost-Jerusalem, der vorgesehenen Hauptstadt für einen palästinensischen Staat, zu legitimieren. Das Komitee zitierte einen israelischen Spitzenbeamten des Justizministeriums, der kommentierte: „Es ist unrecht, dass jemand als abwesend klassifiziert wird, der von seinem Land ohne sein Zutun ferngehalten wird. Aber Moral ist eine Sache, und was in unseren Gesetzen steht, ist eine andere."[13]

Generalstaatsanwalt bremst die Regierung

Dass die Sharon-Regierung gelegentlich aber doch in die Schranken gewiesen wird, bewies der israelische Generalstaatsanwalt Menachem Mazuz. Er verfügte zunächst am 25. Januar 2005, dass Böden im öffentlichen Besitz ab sofort auch an arabische Interessenten verkauft werden können. Damit geht die Generalstaatsanwaltschaft einem Verfahren vor dem Obersten Gericht aus dem Wege, das im August und Oktober 2004 vom „Arab Center for Alternative Planning", von der „Association vor Civil Rights in Israel" und dem „Legal Center for Arab Minority Rights in Israel (Adalah)", angestrengt worden war.

Der Journalist Akiva Eldar schrieb in „Haaretz" über diese Entscheidung unter der Überschrift „Der Zionismus steht vor Gericht", dass der 1901 begründete „Jüdische Nationalfonds (JNF)" nach dem Junikrieg 1967 allen israelischen Regierungen dazu diente, Ländereien in der Westbank, im Gazastreifen und auf den Golan-Höhen – oftmals über Strohmänner – zu kaufen und Besatzungs-Siedlungen zu finanzieren.

Am 31. Januar 2005 hob Menachem Mazuz dann die Entscheidung des ministeriellen Komitees zu Landenteignung in Jerusalem auf. Mazuz reagierte damit auf eine Anfrage der israelischen Bürgerrechtsorganisation ACRI (Association for Civil Rights in Israel). In einem Brief an den für die Entscheidung zuständigen Finanzminister Benjamin Netanjahu schrieb Mazuz, es liege nicht im Kompetenzbereich des ministeriellen Komitees, die Zuständigkeit des Gesetzes zu interpretieren. Zudem könne eine solche Entscheidung „schwerwiegende diplomatische Konsequenzen" für

Israel darstellen. Zuvor hatte Mazuz gegenüber der ACRI erklärt, die Entscheidung über die Landenteignung sei ohne sein Wissen getroffen worden.

Internationales Recht auf Seiten der Palästinenser

Schon David Ben Gurion, Israels erster Premierminister, war sich bewusst, dass das zionistische Ziel eines Judenstaates auf Unrecht basiert, als er sagte:

„Wäre ich ein arabischer Führer, würde ich nie ein Agreement mit Israel unterzeichnen. Das ist normal; schließlich haben wir ihr Land genommen. Es ist zwar richtig, dass uns Gott dieses Land versprochen hat, aber warum sollte sie das interessieren? Unser Gott ist nicht ihrer. Es gab Antisemitismus, die Nazis, Hitler, Auschwitz – aber war das ihr Fehler? Sie sehen nur eines: wir sind gekommen und haben ihr Land gestohlen. Warum sollten sie das akzeptieren?"

Dementsprechend hat sich Sharon schon immer der Gewalt verschrieben, mit der er nicht nur das palästinensische Volk, sondern auch das internationale Recht in die Knie zwingen wollte. In seinem letzten Anlauf hat er sich mit Panzern und Raketen, mit F-16 Bombern und Apache-Kampfhubschraubern sowie mit Mauern, Zäunen, hunderten Straßensperren und Checkpoints im Westjordanland jene Rahmenbedingungen geschaffen, die seine Überlegenheit bei künftigen Friedensverhandlungen gewährleisten sollen. Zur Seite stehen ihm als „Vermittler" mit George W. Bush und Condoleezza Rice taugliche strategische Verbündete: die stärkste Macht der Welt, die den Israelis zudem grenzenlos Waffen beschafft.

Völkerrecht, Menschenrechtsabkommen, UN-Resolutionen und wohl auch die EU und viele Juden in Israel, Europa und den USA sind zwar auf Seiten der Palästinenser, interessieren aber weder die USA noch die Sharon-Regierung.

Friedensgesprächen nach den Vorstellungen der israelischen Regierung steht jetzt also nichts mehr im Wege. Allerdings auf Basis von gewaltsam geschaffenen Realitäten, die mit den Vorstellungen des palästinensischen Volkes und dem Geist der früher abgeschlossenen Verträge (Oslo I + II) nichts gemein haben:

1. Das Westjordanland ist bereits so zerstückelt, dass die palästinensische „Regierung“ nur noch die Kontrolle über ganze 18 Prozent des eigenen Landes haben könnte, Israel dagegen weiterhin über den Rest.
2. Ost-Jerusalem ist schon jetzt praktisch völlig von der übrigen palästinensischen Welt abgeschnitten.
3. 200 Quadratkilometer Acker- und Weideland wurden den palästinensischen Eigentümern weggenommen, um es für jüdische Siedlungen, Schnellstraßen und Infrastruktur zu verwenden.
4. 80.000 Oliven- und Obstbäume der palästinensischen Bauern wurden gefällt, weil sie den Bauprojekten im Wege standen. Ihre Besitzer wurden dadurch in Armut gestürzt und können sich bestenfalls als Tagelöhner auf dem Arbeitsmarkt anbieten – vorausgesetzt, sie haben überhaupt Zugang dazu.
5. 30 neue Siedlungen, darunter ganze Städte wie Kiryat Sefer und Tel Zion, wurden den Dutzenden hinzugefügt, die schon in den besetzten Gebieten, über die verhandelt wird, bestehen.
6. Ausschließlich für die jüdische Bevölkerung wurden 90.000 neue Wohneinheiten in Ost-Jerusalem, der vorgesehenen Hauptstadt für die Palästinenser, und in den Besatzungs-Siedlungen errichtet.
7. Tausende Häuser jener Leute, mit denen über „Frieden“ verhandelt werden soll, wurden zerstört.
8. Die Zahl jüdischer Siedler jenseits der Grenze von 1949 bis 1967 wurde in der Westbank auf über 250.000 mehr als verdoppelt (inkl. Ost-Jerusalem sind es mehr als 400.000) , von denen 90 Prozent auch nach einem Friedensschluss weiterhin der israelischen Souveränität unterstehen werden, wie längst entschieden ist, ohne dass mit der anderen Seite je darüber verhandelt worden wäre.
9. 480 Kilometer klotziger Schnellstraßen und „Umgehungs-Straßen“ wurden bereits ausschließlich für die Zufahrt zu den illegalen jüdischen Siedlungen auf palästinensischem Boden gebaut, die das künftige Gebiet des Friedenspartners in kleine isolierte Inseln zerschneiden und so das Entstehen einer lebensfähigen konkurrierenden Volkswirtschaft neben der israelischen kaum zulassen.

10. Mit permanenten „Absperrungen“ wird verhindert, dass jene, denen ihr Grund und Boden geraubt wurde, Beschäftigung in Israel finden – schließlich sind ja die Arbeiter aus Rumänien und Thailand billiger und fügsamer.
11. Mit der Einführung von Sondergenehmigungen und Passierscheinen werden die Palästinenser daran gehindert, Jerusalem und damit den Ort ihrer heiligsten Stätten zu betreten.
12. Durch einseitige Willkürakte beutet Israel die natürlichen Ressourcen der Palästinenser aus und hat sich für immer bereits 80 % der Wassernutzung in der Westbank gesichert, obwohl der jüdische Anteil an der Bevölkerung dort nicht einmal 15 % ausmacht. Während die Besatzungsmacht die Swimmingpools der jüdischen Siedler füllt, müssen die Palästinenser Durst leiden.
13. Landschaft und Umwelt im Palästinenserland wurden vernichtet; ihr historischer Boden unter den wuchtigen Siedlungen und Schnellstraßen der Besatzungs-Siedler begraben und in eine Deponie für deren Industrie- und Stadtmüll verwandelt.
14. Die militärische Besatzung ist derart allumfassend, dass sie bereits unumkehrbar erscheint. Die beiden Volkswirtschaften, sofern jene der Palästinenser überhaupt noch funktionsfähig ist, wurden vollständig unter israelischer Kontrolle verschmolzen. Wasser, Stromnetz, Straßennetz und städtische Infrastruktur, eigentlich sogar die gesamte Wirtschaft und Gesellschaft der Palästinenser ist inzwischen von Israels Gnaden abhängig.

Darüber hinaus laufen die Vorbereitungen auf Hochtouren, um zwischen der Mauer und der „Grünen Linie“, der Waffenstillstandslinie von 1949 und zugleich der Grenze bis 1967, auf palästinensischem Boden drei völlig neue weitere jüdische Städte entstehen zu lassen: „Gevaot“ im Etzion Block, „Zufim Nord“ nahe Kalkilya und ein direkt zusammenhängendes bebautes Gebiet, das Jerusalem mit der bereits bestehenden riesigen jüdischen Siedlung Ma’aleh Adumin verbindet. Weitere große Siedlungsprojekte sind östlich von Har Homa und östlich von A-Ram geplant.

Sowohl die Siedlungen als auch die Trennungsmauer wurden von Anfang an so geplant, dass sie die israelische Kontrolle über das

Wasser garantieren. Unter diesem Aspekt führt Israel zugleich einen Krieg um das Wasser. Während in den jüdischen Siedlungen die Swimmingpools randvoll gefüllt sind und Gärten, Obstplantagen und Palmenhaine üppig bewässert werden, müssen die Palästinenser um jeden Tropfen Wasser betteln.

Angesichts dieser Fakten ist schwer vorstellbar, wie je ohne Druck der USA auf Israel zielführende Friedensgespräche geführt werden können, wenn Israel vom Status quo ausgeht, der gewaltsam erzwungen wurde, und die Palästinenser und der Rest der Welt „mit Fragezeichen hinter den USA" jene Verhältnisse wiederhergestellt sehen wollen, wie sie vor dem Angriffskrieg Israels 1967 bestanden haben.

Ariel Sharon hat denn auch im Zusammenhang mit dem Gaza-Abzug klare Worte gesprochen: Die großen jüdischen Siedlungsblöcke im Westjordanland werden bleiben und über den Status von Jerusalem werde ebenso nicht verhandelt wie über eine Rückkehr palästinensischer Flüchtlinge. Damit ist eine Prolongation des Konflikts gesichert.

Kapitel 3

Gratwanderung in den internationalen Beziehungen

„Am Ende fiel das Apartheid-Regime in Südafrika und ebenso kann die Besatzung Palästinas irgendwann enden. Aber der moralische und internationale Druck muss jetzt genauso stark und entschlossen sein, wie er es damals war. Die Anstrengungen, ähnliche wirtschaftliche Boykotte gegen Israel zu organisieren, sind die ersten der dafür notwendigen Maßnahmen. Aber sie dürfen nicht die letzten bleiben."[1]

Erzbischof Desmond Tutu, Südafrika

Mit der Resolution 181 verfügte die UNO-Vollversammlung am 29. November 1947 in einem Mehrheitsbeschluss einen Teilungsplan für Palästina, das seit dem 1. Weltkrieg nach der Zerschlagung des Osmanischen Reichs unter britischer Verwaltung stand. Dadurch sollten zwei neue Staaten entstehen: ein jüdischer und ein palästinensischer. Genaue Grenzen wurden zwar festgelegt, doch der Staat Israel, der am 14. Mai 1948 ausgerufen wurde, hielt sich nicht daran. Eine starke Gruppe in der zionistischen Führungsgarnitur verfolgte stattdessen bis heute expansionistische bis hegemoniale Ziele. Dadurch wurde Israel zu einem ständigen Unruheherd mit erheblichem internationalen Konfliktpotential.[2]

Auf der anderen Seite weigerten sich die arabischen Länder, die Existenz Israels anzuerkennen, solange den Familien der rund 750.000 aus dem israelischen Staatsgebiet 1948/49 vertriebenen Palästinenser, zusammengepfercht in Flüchtlingslagern im Gazastreifen und im Westjordanland sowie in Libanon, Syrien und Jordanien, von Israel jene Rückkehr in ihre Heimat verweigert wurde, die in der UNO-Resolution 194 vom 11. Dezember 1948 gefordert wurde. Diese Resolution spricht den palästinensischen Flüchtlingen das Recht zu, in ihr Zuhause zurückzukehren, sowie das Recht auf Entschädigung für den Verlust von oder Schaden am Eigentum. Seit 1948 ist diese Resolution durch die Weltorganisation alljährlich mit überwältigender Mehrheit in somit 56 Resolutionen immer neu bestätigt worden.

Einen Tag vor dem ersten Beschluss war am 10.12.1948 die „Allgemeine Erklärung der Menschenrechte" in der UNO-Resolution 217 A (III) einstimmig verabschiedet worden, wo es im Artikel 13 u. a. heißt: „Jeder hat das Recht, ein Land zu verlassen, einschließlich sein eigenes, und zu seinem Land zurückzukehren."[3]

Aufnahmebedingungen der UNO nicht erfüllt

Doch Israel lehnte bisher den Vollzug aller Resolutionen ab. Damit manövrierte sich der nahöstliche Judenstaat in eine Außenseiterposition der internationalen Staatengemeinschaft. Denn diese hatte in einer weisen und offenbar hellseherischen Entscheidung in der Resolution 273 vom 11. Mai 1949 Israels Aufnahme in die Weltorganisation von einer expliziten Verpflichtung abhängig gemacht, die Charta der Vereinten Nationen anzuerkennen und UNO-Resolutionen in Bezug auf den arabisch-israelischen Konflikt zu respektieren. Spezifisch erwähnt wurde dabei … die Resolution 194!

Jeder andere Staat wäre vermutlich mit dieser anhaltenden Ignoranz wegen willentlicher und systematischer Verletzung der Bedingungen seiner Mitgliedschaft seit mehr als einem halben Jahrhundert längst aus der UNO ausgeschlossen worden. Ebenso wären konkrete Maßnahmen der internationalen Gemeinschaft zu erwarten, um sicherzustellen, dass auch dieser Staat diese Bedingungen erfüllt.

Aus irgendwelchen bisher nie ausgesprochenen Gründen läuft es zwar bei Israel andersrum, doch die internationale Ächtung der inakzeptablen Vorgangsweise Israels ist nicht zu übersehen und dokumentiert sich in immer neuen UN-Resolutionen. 1967 verabschiedete der UNO-Sicherheitsrat am 29. November die Resolution Nr. 242, die das militärische Vorgehen Israels auf das Schärfste verurteilte, den Erwerb von Territorien durch Krieg für unzulässig erklärte und Israel zum vollen Rückzug aus den besetzten Gebieten aufforderte – im Austausch gegen das Zugeständnis der Araber für sichere Grenzen.

Mit der Resolution Nr. 338 vom 22. Oktober 1973 bekräftigte der UNO-Sicherheitsrat unverändert die Resolution Nr. 242 und rief die Konfliktparteien zu einem gerechten und dauerhaften Frieden auf.

Danach folgten Dutzende weitere (bis heute fast 80) Resolutionen von Sicherheitsrat und Vollversammlung zum Schutz der palästinensischen Zivilbevölkerung, die jedoch von allen israelischen Regierungen mit Ausnahme jener von Yitzhak Rabin schlichtweg ignoriert wurden.

Die Standardformel zur „Entschuldigung" war jeweils der zynische Hinweis, Israel müsse sich „verteidigen". Dass es zu dieser „Verteidigung" mit Waffengewalt das militärisch besetzte Westjordanland völkerrechtswidrig zwangsbesiedelte, war nicht ganz schlüssig. Doch das spielte keine Rolle, solange Kritiker mit dem gebetsmühlenartig vorgetragenen Vorwurf von Antisemitismus niedergehalten werden können.

Zionisten gegen den Rest der Welt

Allein im Jahr 2002, in dem die USA das Recht für den Angriffskrieg auf den Irak letztendlich mit einer einzigen Sicherheitsrats-Resolution, der Nr. 1441 vom 8. November 2002, begründete, versuchte die UNO, Israel mit insgesamt fünf Resolutionen von ihren militärischen Exzessen gegen die Zivilbevölkerung in den Palästinensergebieten – vergeblich – abzuhalten:

- Der UN-Sicherheitsrat bekräftigte am 12. März 2002 einstimmig mit der von den USA eingebrachten Resolution Nr. 1397 die „Vision einer Region, in der zwei Staaten, Israel und Palästina, Seite an Seite innerhalb gesicherter und anerkannter Grenzen existieren". Diese Resolution forderte gleichzeitig auch ein „sofortiges Ende jeglicher Gewalt, einschließlich Terror, Provokation, Aufruhr und Zerstörung". 14 der 15 Mitgliedsstaaten hatten angenommen, Syrien enthielt sich der Stimme.
- In der Resolution 1402 vom 30. März 2002 forderte der Sicherheitsrat Israel einstimmig mit Besorgnis „über die entsetzliche humanitäre Lage der palästinensischen Zivilbevölkerung" auf, „unverzüglich" die militärische Gewalt gegen die Palästinenser und v.a. die militärische Besetzung der Palästinenser-Gebiete zu beenden.
- Resolution 1403 vom 4. April 2002 drängte (einstimmig) angesichts der Massaker in Jenin dringend auf die unverzügliche Umsetzung von Nr. 1402.

- Nach den Massakern in Jenin und Nablus beschloss der Sicherheitsrat am 19. April 2002 mit der Resolution 1405 die Entsendung einer Ermittlungsgruppe zur Untersuchung der Ereignisse, da massive Menschenrechtsverletzungen durch die israelische Armee vermutet wurden. Der Untersuchungskommission wurde allerdings von der Besatzungsmacht schlichtweg die Einreise verweigert.
- Mit Resolution Nr. 1435 vom 24. September 2002 verlangte der Sicherheitsrat einstimmig die Beendigung der Belagerung des Arafat-Hauptquartiers in Ramallah und aller übrigen palästinensischen Städte, forderte aber auch gleichzeitig die Palästinensische Behörde auf, Terroristen vor Gericht zu stellen.

Was haben US-Präsident George W. Bush und die Ministerpräsidenten Blair (Großbritannien) und Aznar (Spanien), die sich im Krieg gegen den Irak auf die vergleichsweise junge Sicherheitsrats-Resolution 1441 beriefen, zur Durchsetzung der Israel-Resolutionen getan? Nichts – außer dass Aznar am 2. April 2002 mit einem offiziellen Schreiben als europäischer Rats-Präsident einen eher unterwürfigen Brief an Sharon schrieb und ihn an die UN-Resolutionen „erinnerte". Die Reaktion der USA war überhaupt gleich Null. Warum eigentlich?

USA verhindert als einziges Land Israel-Resolutionen

Mit der 6. Israel-Resolution im Jahr 2002 sollte bei der 4681. Sitzung des Sicherheitsrats am 19. Dezember verlangt werden, dass die Besatzungsmacht Israel ihren Verpflichtungen aus dem Vierten Genfer Abkommen vom 12. August 1949 zum Schutze von Zivilpersonen in Kriegszeiten in vollem Umfang nachkommt und „übermäßige und unangemessene Gewaltanwendungen in dem besetzten palästinensischen Gebiet" unterlässt.

Für die USA war dies offensichtlich eine völlig unakzeptable Zumutung: Den 12 Ja-Stimmen (bei zwei Enthaltungen) setzte die Supermacht mit den angeblich hohen moralischen Ansprüchen ihre Gegenstimme entgegen, womit sie einmal mehr eine Israel-Resolution der UNO zu Fall brachte.

In dem Entwurf wurde immerhin die „große Besorgnis“ darüber ausgedrückt, dass die israelischen Besatzungstruppen mehrere Mitarbeiter der UNO getötet hatten und vorsätzlich ein Lagerhaus des Welternährungsprogramms der UNO bei Beit Lahiya mit 537 Tonnen gespendeter Nahrungsmittel zur Verteilung an bedürftige Palästinenser im besetzten palästinensischen Gebiet zerstörten, das nach dem humanitären Völkerrecht unter besonderem Schutz stand. Die Herbeiführung einer Hungersnot gilt als Kriegsverbrechen.

Am 16. September 2003 stoppten die USA wiederum mit der einzigen Gegenstimme einen Resolutionsentwurf mit der keineswegs unangemessenen Forderung, dass das humanitäre Völkerrecht und insbesondere die Vierte Genfer Konvention geachtet und alle Gewalthandlungen völlig eingestellt werden sollten. Außerdem sollte die „Illegalität der Ausweisung jedweden Palästinensers durch die Besatzungsmacht Israel“ bekräftigt werden, insbesondere jene von Jassir Arafat als gewähltem Präsidenten der Palästinensischen Behörde.

Bis zur Präsidentschaft von Richard Nixon hatten die USA nie von ihrem Veto-Recht im UN-Sicherheitsrat Gebrauch gemacht. Erst der im moralischen Watergate-Sumpf versunkene und vorzeitig aus dem Amt gejagte Nixon hat diese Regel erstmals verletzt, als er zustimmte, am 17. März 1970 Rhodesien unter den Veto-Schutz der USA zu stellen.

Der nächste Nutznießer der schwindenden Moral der USA in der UNO war zwei Jahre später bereits Israel, das am 10. September 1972 für seine Militärangriffe auf die Nachbarstaaten Syrien und Libanon verurteilt werden sollte.

Bei dieser und den immerhin 38 weiteren Fällen, in denen eine Resolution des Sicherheitsrats gegen Israel wegen des Zwangs zur Einstimmigkeit verhindert wurde, votierten die USA mit der einzigen Gegenstimme – Israel und die USA gegen den Rest der Welt.[4]

International benimmt sich Israel somit als einzigartiger Sonderling, was das Verhältnis zur Völkergemeinschaft gehörig strapaziert. Nahtlos in dieses Bild fügt sich die Ablehnung der Ratifizierung des Römischen Statuts des Internationalen Strafgerichtshofes. Auch mit der seit Jahrzehnten beharrlich beibehaltenen Weigerung, die israelischen Atomanlagen und -waffen von der Internationalen

Atomenergiekommission (IAEA) inspizieren zu lassen, wie das Israel und die USA wie selbstverständlich vom Iran einfordern, steht Israel beharrlich im Abseits.

Wie der überwiegende Teil der restlichen Welt damit umgeht, offenbarte sich auf der UNO-Weltkonferenz gegen Rassismus, Fremdenfeindlichkeit und Intoleranz im September 2001 in Durban/Südafrika, als die USA das Milliarden-Dollar-Gewicht ihrer Entwicklungs- und Rüstungshilfe für die 3. und 4. Welt in die Waagschale werfen mussten, um im Abschlussbericht die Gleichsetzung von Zionismus mit Rassismus zu verhindern.

Europa gegen „Sperrwall" zur Landenteignung

In der Meinung der internationalen Völkergemeinschaft bleibt Israel mit dem stetig ausufernden Bau von zionistischen Besatzungs-Siedlungen im Westjordanland eine inakzeptable Besatzungsmacht. Das induzieren die „Römischen Verträge", die internationalen Gesetze für die Tätigkeit des neuen Internationalen Strafgerichtshofs in Den Haag. Dort wird explizit unter dem Straftatbestand „Kriegsverbrechen" angeführt:

„...der unmittelbare oder mittelbare Transfer von Teilen der Zivilbevölkerung einer Besatzungsmacht in die von ihr besetzten Gebiete, oder die vollständige oder teilweise Deportation oder der Transfer der Bevölkerung der besetzten Gebiete innerhalb dieser Gebiete oder aus ihnen hinaus".

Es kam daher nicht von ungefähr, dass die Europäische Union (EU) am 18. November 2003 ihre bisherige Position bekräftigte, indem sie nach dem Treffen des Assoziationsrats Europa-Israel in Brüssel eine entsprechende Erklärung verabschiedete.

Die ohnehin schon unsichere Situation werde durch die anhaltende Ausweitung der Siedlungen noch verschärft, kritisierte die EU. Dies stehe im Widerspruch zum Friedensfahrplan und sei ein Hindernis für den Frieden. Israel solle in einem ersten Schritt alle Siedlungstätigkeiten sofort einstellen und die seit März 2001 errichteten Siedlungen abbauen.[5]

Außerdem forderte die EU Israel unmissverständlich auf, den Bau der Sperranlage in den besetzten Gebieten einschließlich Ost-Jerusalems und Umgebung einzustellen und rückgängig zu machen.

Inkludiert war die Sorge, dass der von der „Grünen Linie" (der Waffenstillstandslinie von 1949) abweichende Verlauf der Sperranlage die künftigen Verhandlungen über den endgültigen Grenzverlauf vorwegnehmen könne, obwohl er einschlägiges Völkerrecht verletze. Eine Zwei-Staaten-Lösung des Konflikts würde dadurch physisch unmöglich gemacht.

Die EU kritisierte auch die Vereinnahmung der Gebiete zwischen Sperranlage und „Grüner Linie" als militärisches Sperrgebiet. Dies sei eine De-facto-Änderung der Rechtsstellung dort lebender Palästinenser, wodurch sich deren Lebensumstände noch verschlechterten.[6]

Postwendend lehnte der israelische Außenminister Silvan Shalom den Abriss der Sperranlage ab. Der Wall sei aber „rücknehmbar" und auch im Verlauf noch änderbar, ließ er in Brüssel gegenüber dem Fernsehsender „Euronews" verlauten. Sollte Israel sich mit den Palästinensern auf ein Friedensabkommen und den endgültigen Status der Autonomiegebiete einigen, könne der Wall verschoben werden. Solange die Verhandlungen diesen Stand aber nicht erreicht hätten, werde die israelische Regierung „alles tun, um unser Volk zu schützen".

„Apartheid-Mauer" zementiert den Landraub

Diese verbale Begründung klingt zwar gut, ist aber nur ein Teil der Wahrheit. Denn in der Praxis …

- … wird dadurch das palästinensische Westjordanland in viele kleine Einheiten zerstückelt,
- … werden die großen palästinensischen Städte durch die Mauer hermetisch wie große Gefangenenlager abgeriegelt,
- … werden palästinensische Bauerndörfer von ihrem fruchtbaren Ackerland, Olivenhainen und Obstplantagen und damit ihrer einzigen Erwerbsquelle abgeschnitten und regelrecht ausgehungert,
- … wird dadurch weiteres palästinensisches Land enteignet und den nach Völkerrecht illegalen israelischen Siedlungsgebieten zugeschlagen,
- … werden dadurch die jüdischen Siedlungen im wahrsten Sinn des Wortes im palästinensischen Boden „einzementiert",

- … wird damit auch die Zerstörung des Friedensprozesses einzementiert, die Israels Rechtsradikale jahrelang betrieben haben.

Israels Regierung ließ die mit einer Länge zwischen 700 und 1.000 Kilometern geplante „Sperranlage“ (oder besser: „Einsperr-Anlage“) mit rasender Geschwindigkeit und riesigem finanziellen Aufwand durch das Palästinenserland in der Westbank treiben. Einige Abschnitte sind aus meterhohem Stacheldraht, der Großteil aber aus 8 bis 10 Meter hohen Betonfertigteilen. Von Sharon & Co. als „Trennungszaun“ verharmlost, wurde sie von den Friedensbewegungen in Israel dagegen als „Apartheid-Mauer“ gebrandmarkt.

Im europäischen Nicht-EU-Land Schweiz äußerte sich der Bundesrat äußerst beunruhigt über das Monster in den besetzten Gebieten. Der Verlauf der Mauer drohe in Verletzung der Resolution des UN-Sicherheitsrates zu einer De-facto-Annexion von palästinensischem Gebiet im Westjordanland durch Israel zu führen, schrieb der Bundesrat in einer am 2. Februar 2004 veröffentlichten Antwort auf einen parlamentarischen Vorstoß. Der Mauerbau stelle ein Hindernis für die Verwirklichung der Vision zweier Staaten dar, die Seite an Seite in Frieden und Sicherheit leben, wie es die einschlägige Resolution des UN-Sicherheitsrates und die „Road map“ vorsähen.[7]

Der Spruch des Obersten Gerichts in Israel vom 30.6.2004, demzufolge der bislang vorgesehene Verlauf der Sperranlage das Leben Tausender Palästinenser erschweren und gegen das Völkerrecht verstoße, bewirkte aber lediglich eine Korrektur der Linienführung im Raum Jerusalem, mehr nicht.

Und das am 9. Juli 2004 veröffentlichte Rechtsgutachten des Internationalen Gerichtshofs (IGH) in Den Haag, das von der UNO im Dezember 2003 angefordert worden war und die Sperranlage für völkerrechtswidrig erklärte, weil sie teilweise über palästinensisches Gebiet verläuft oder dort errichtet werden sollte, blieb vollends ohne Wirkung.

Das gleiche Schicksal teilte auch die darauf basierende Resolution der UNO-Vollversammlung vom 20. Juli 2004 (150 Staaten stimmten für die Resolution, 6 dagegen, 10 enthielten sich der Stimme) mit der Forderung nach vollständigem Abriss der Mauer –

Israel ignorierte sie. Die Regierung Sharon beharrte auf dem Nationalinteresse und definierte sich geradezu als Gegenstück zum globalen Kosmopolitismus. Sie hat sich in einer Position jenseits der Moral eingegraben, mit der sie, politologisch ausgedrückt, der eigenen (zionistischen) Gruppe Vorrang vor allen anderen Interessen, Rücksichten und moralisch-ethischen Normen einräumt.

Wiederum hat sich der Zionistenstaat, wie schon so oft seit der Staatsgründung, ins Abseits der Internationalen Staatengemeinschaft gestellt und einmal mehr die Entscheidung internationaler Institutionen zurückgewiesen.

Massive Kritik vom Roten Kreuz

Auch die weltweit größte humanitäre Hilfsorganisation, das Internationale Komitee vom Roten Kreuz (IKRK), konnte nur selten auf Einvernehmen hoffen. Immer wieder kritisierte es massiv die Weigerung Israels, seiner humanitären Verpflichtung als Besatzungsmacht nachzukommen und für die Sicherung der Lebensgrundlagen der Bevölkerung in gewaltsam besetzten Gebieten zu sorgen, wie es nach internationalem Recht vorgeschrieben ist. Weil sich Israel aber seit 1967 weigert, dieser Verpflichtung nachzukommen, musste die UNO einspringen, um eine menschliche Katastrophe zu verhindern. Seither nimmt die UNRWA (United Nations Relief and Works Agency for Palestine Refugees in the Near East), das besondere Hilfswerk der Vereinten Nationen für die palästinensischen Flüchtlinge, auch in den besetzten Gebieten humanitäre Aufgaben wahr.

Diese große Organisation wurde einst eingerichtet, um das Elend der Millionen palästinensischer Flüchtlinge zu mildern, die von den Zionisten ab 1948 aus ihrer Heimat vertrieben wurden. Inzwischen beschäftigt diese UN-Hilfsorganisation etwa 25.000 Angestellte einschließlich Lehrern, Sozialarbeitern und Ärzten – fast alle von ihnen Palästinenser. Sie versorgt die Flüchtlinge mit Lebensmitteln, Schulen, Gesundheitsdiensten und in Notfällen mit einem Dach über dem Kopf. Doch diese Hilfe verhindert nur, dass die Flüchtlinge in dem Abgrund von Hunger und Verzweiflung nicht dem totalen Hungertod preisgegeben sind und der Völkermord an den Palästinensern in noch größerer Dimension bereits Realität wurde.

Ein anderes Mal forderte das IKRK die israelische Regierung auf, Opfer in der Zivilbevölkerung zu vermeiden und nichts zu unternehmen, was die humanitäre und wirtschaftliche Lage der Palästinenser weiter verschlimmere. Vielmehr sollte den Palästinensern endlich wieder ein normales Leben erlaubt werden. Die Straßensperren im Westjordanland hätten die palästinensische Wirtschaft nämlich praktisch zum Erliegen gebracht, weshalb viele palästinensische Familien auf Hilfen angewiesen seien.

Außerdem verurteilte das IKRK die Praxis von pauschalen Sanktionen, die nicht mit dem Völkerrecht in Einklang stehen – inklusive der außergerichtlichen Hinrichtungen und der Zerstörung von Wohnhäusern.

Das IKRK-Komitee forderte überdies den Abriss der Mauer mit der Begründung, dass sie teilweise gegen bestehendes Völkerrecht verstoße, weil große Teile des palästinensischen Gebietes annektiert und zudem viele Häuser und Ackerland zerstört würden.

Der israelische UN-Botschafter Yaakov Levy sprach daraufhin von einer gefährlichen Position des IKRK. Die Gefährlichkeit bestand aber lediglich darin, dass das IKRK nicht mehr länger die Pflichten der israelischen Regierung wahrnehmen wollte und per Ende November 2003 seine Lebensmittelhilfen für 50.000 palästinensische Familien einstellte. Schließlich ist das Rote Kreuz nur dazu da, um Hilfe in Notfällen, aber nicht als Dauereinrichtung zu leisten.

Während die israelische Armee im Jahr 2004 im Gazastreifen ganze Stadtteile samt ihrer Infrastruktur zerstörte, versorgte die UNRWA auch dort die Not leidenden Palästinenser, die keine Flüchtlinge sind, mit Lebensmitteln, Zelten und Medikamenten.[8]

Obwohl schon jahrzehntelang die Situation dramatisch ist, bekämpfte die Besatzungsarmee sogar die UNRWA, um die Hilfe für die Palästinenser zu torpedieren. Das geschieht durch Verweigerung der Durchfahrt für UNRWA-LKWs mit Lebensmitteln an Checkpoints, den Beschuss von Lebensmittellagern, tätliche Angriffe auf Hilfspersonal und Zerstörung von Büros.

Um die UNRWA zu diskreditieren, veröffentlichte die Propaganda-Abteilung des Außenministeriums Anfang Oktober 2004 sogar ein Armeevideo um zu beweisen, dass die UNRWA angeblich mit

„Terrororganisationen“ zusammenarbeite. Das von einer unbemannten Drohne aufgenommene Video, das am nächsten Tag über alle israelischen Fernsehkanäle lief, zeigte Luftaufnahmen von einer angeblichen Qassam-Rakete, die in einen UNRWA-Ambulanzwagen geladen wurde. Israelische Diplomaten in New York verlangten daraufhin von der UN-Führung sofort, dass der dänische UNRWA-Direktor Peter Hansen gefeuert werde.

Verständlicherweise ließ Peter Hansen die Anschuldigung nicht auf sich sitzen und wetterte in einem Brief an den israelischen Außenminister Silvan Schalom, es sei „schockierend“, dass Israel „absichtlich eine solche falsche, provozierende und bösartige Propaganda“ verbreite, während das UNRWA und weitere Hilfsorganisationen damit beschäftigt seien, den zahlreichen verletzten Palästinensern im nördlichen Gazastreifen zu helfen.[9]

Zwei Tage später musste Israel zugeben, dass der Vorwurf eine „Verwechslung“ war und es sich nicht um eine Rakete, sondern nur um eine gefaltete Krankenbahre handelte.[10]

Vorwurf des UN-Menschenrechtsbeauftragten

Gleich zu Beginn des Jahres 2005 zitierte die französische Nachrichtenagentur Agence France Press (AFP) den südafrikanischen Rechtsgelehrten John Dugard, der zu jener Zeit Menschenrechtsbeauftragter der Vereinten Nationen in den autonomen Palästinenser-Gebieten war. Er äußerte unverblümt Vorwürfe über Kriegsverbrechen in den Palästinensergebieten durch die israelische Besatzungsarmee, weil palästinensische Wohnanlagen nicht in Zusammenhang mit Feindseligkeiten in Hinblick auf den Kampf zerstört würden, sondern als „Bestrafung“.

Zuvor hatte der UN-Sonderberichterstatter der Regierung in Jerusalem vorgeworfen, die Palästinensergebiete mit einem Regime der Apartheid zu kontrollieren. Dieses sei schlimmer als früher in Südafrika, zitiert die israelische Zeitung „Haaretz“ am 24.8.2004 aus einem Bericht Dugards für die UN-Vollversammlung. Israel verletze im Westjordanland und im Gazastreifen die Menschenrechte.[11]

Doch die internationalen Medien und Politiker nahmen wie üblich kaum Notiz von den Berichten. „Man muss vielleicht Bürger Israels sein und mit größerer Sorgfalt die Entwicklung des Vorgehens und der offiziellen Rhetorik dieses Staates beobachten, um … die Mythen der israelischen Politik und die entsprechende Irreführung der israelischen und internationalen öffentlichen Meinung" entlarven zu können, erkannte die französische Zeitung „Le Monde" schon 2002 das Dilemma, als die Friedensaktivistin Tanya Reinhart ihr Buch mit horriblen Details über den damaligen Panzerfeldzug der israelischen Armee in den besetzten Palästinensergebieten der Öffentlichkeit übergab.

Tatsächlich wird das Thema Israel in der Darstellung der tonangebenden internationalen Mainstream-Medien permanent überlagert von den Inhalten der gezielten Public Relations-Kampagne, die seit gut 20 Jahren mit Unterstützung einer der größten amerikanischen PR-Agenturen und der jüdisch-amerikanischen Israel-Lobby AIPAC läuft. In die internationale Berichterstattung aufgenommen werden in erster Linie die Attentate von Palästinensern gegen Israelis, von Moslems gegen Juden, die instrumentalisiert und in die Anti-Terror-Kampagne der USA und in den einseitig verfügten „Kampf der Kulturen" eingeflochten werden, der sich längst zu einer Anti-Islam-Strategie als Ersatz für den „Kalten Krieg" gegen den nunmehr besiegten Kommunismus ausgewachsen hat.

Die ungleich höhere Zahl der getöteten Palästinenser, die Tatsache, dass Israel – sowohl während der letzten 57 Jahre als auch seit Beginn der Intifada im Oktober 2000 – im Gewalt-Ranking gegenüber den Arabern mit großem Abstand führt, bleibt unbeachtet, weil das Armenvolk in Palästina dem ungleichen Krieg der Worte in der internationalen Öffentlichkeit nichts entgegenzusetzen hat – kein Geld, keine Lobbyisten, keine Geschäftemacher und keine Spenden-Milliarden, von denen Vermittler zwischen 20 und 50 % Provisionen absahnen können.

Israel als Gefahr für den Weltfrieden

Kaum Beachtung fand auch, dass die israelische Regierung im August 2002 dem UN-Generalsekretär offiziell mitteilte, dass sie das Statut des Internationalen Strafgerichtshofs nicht ratifizieren werde. Sie entzieht sich damit einer internationalen Strafverfolgung.

Angesichts dieser permanenten Kollisionen mit dem internationalen Recht kann das Ergebnis einer Umfrage in der EU vom Herbst 2003 nicht verwundern, der zufolge eine Mehrheit der Befragten Israel als größte Gefahr für den Weltfrieden ansieht. Das hatte keineswegs mit Antisemitismus zu tun, sondern eher damit, dass die öffentliche Meinung immer auf der Seite der Schwächeren ist. In diesem Kampf sind die Israelis Goliath und die Palästinenser David.

Außerdem kämpfen die Palästinenser in den Augen der Welt einen Befreiungskrieg gegen eine überlegene fremde Besatzungsmacht. Die Israelis halten deren Territorium besetzt, zionistische Eindringlinge bauen Siedlungen in ihrem Land – und nicht umgekehrt. Die Israelis sind als Besatzer die Täter, die Palästinenser ihre Opfer. Das ist die objektive Situation und keine Propaganda kann daran etwas ändern.[12]

Dem pflichten inzwischen auch jüdische Organisationen in Europa bei, die in den letzten Jahren immer schärfer gegen die Gewaltpolitik opponieren und sich von Ariel Sharon distanzieren.

Kapitel 4

Verrat am Verbündeten USA

„Wann hören wir endlich auf, die Gewalttätigkeit des 51. Staates zu sponsern und das auch noch moralisch zu nennen? Mit unserem Geld die weiteren Pläne Israels zu unterstützen, während es palästinensische Familien tötet und mit Bulldozern niederwalzt, ist unakzeptabel. Dies zu sagen ist weder anti-semitisch noch anti-amerikanisch. Ein hart arbeitender US-Bürger darf einfach nicht gezwungen werden, sein Einkommen herzugeben, um die Interessen Israels … zu unterstützen. Diese Unmoral zu fördern macht Amerika und den Rest der Welt zu einem gefährlichen Pulverfass."

Stadtzeitung von Minneapolis/St. Paul (Minnesota, USA)

Drei Ereignisse des Jahres 2005 verdienen insofern besondere Beachtung, als sie das Verhältnis Israels zu seiner Schutzmacht USA in einem besonderen Licht erscheinen lassen.

USA finanzieren die kriegerischen Abenteuer

Israel ist mit seinen kostspieligen Besatzungsabenteuern und der schier grenzenlosen militärischen Aufrüstung noch immer kein lebensfähiger Staat und könnte sich seine kriegerischen Abenteuer nie leisten, würden nicht die amerikanischen Regierungen seit Jahrzehnten alljährlich dem Verbündeten unter die Arme greifen – mit Milliarden von amerikanischem Steuergeld, das von den Sozialleistungen für die eigenen US-Bürger abgezweigt werden muss; es ist z. B wesentlich mehr, als die USA jährlich für Drogenbekämpfung ausgeben.

Einer amerikanischen Berechnung für die Jahre 1949 bis 1998 zufolge summierten sich die Israel-Kosten für die US-Steuerzahler auf 134,8 Milliarden Dollar – mit steigender Tendenz.[1]

Zusätzlich gab es im selben Zeitraum rund 10 Milliarden Dollar Kredithaftungen und etwa 20 Milliarden Dollar Mindereinnahmen durch Steuerbefreiungen für Spenden, die in den 50 Jahren seit der Gründung von amerikanischen Juden an Israel gegeben wurden.

Offiziell hielten sich die Regierungen in Washington immer bedeckt, wenn es um die Veröffentlichung der Zahlungen an Israel ging, und gaben verschämt zunächst (ab 1973) nur 2,5 Milliarden und ab 1984 drei Milliarden als jährliche Israel-Hilfe an (davon 60% für militärische und 40 % für wirtschaftliche Zwecke). Doch die tatsächlichen Summen lagen weit höher; für 1997 allein ließen sich in Summe z. B. 5,5 Milliarden Dollar errechnen; und für die Jahre 1993-1997 waren es in Wahrheit durchschnittlich 6,3 Milliarden Dollar pro Jahr (oder 17 Millionen Dollar pro Tag).

Die Differenz stammt aus anderen budgetären Quellen, Sonderprojekten, Krediten oder Haftungen, die später in Zuschüsse umgewandelt werden, sowie Zinszahlungen für dieselben.[2]

Außerdem ist zu berücksichtigen, dass die permanente Unterstützung Israels in dem Konflikt mit den Palästinensern und den arabischen Nachbarn in den USA einen immensen politischen und militärischen Aufwand verursacht.

Der ehemalige Staatssekretär der Regierungen Kennedy und Johnson und spätere US-Botschafter bei den Vereinten Nationen, George Ball, bezifferte unter Berücksichtigung all dieser Faktoren die jährliche direkte und indirekte Unterstützung für Israel in den 1980er Jahren sogar mit 11 Milliarden US-Dollar jährlich.[3]

Die Differenz derartiger Summen gegenüber den offiziellen Angaben stammt von Sonderzahlungen unterschiedlichster Art. 2003 bekam Israel z. B. mehr als die Hälfte von insgesamt rund neun Milliarden US-Dollar aus einem Sonderbudget zur Unterstützung von Verbündeten im Irak-Krieg.

Diese Relation passt ins sonstige Bild: Die gesamte Auslandshilfe der USA für alle Länder und deren sechs Milliarden Menschen beträgt rund 18 Milliarden Dollar pro Jahr; somit erhält ein Tausendstel der Weltbevölkerung, das in Israel lebt, rund ein Drittel davon.

Rechnet man die Berechnungen aus früheren Jahren mit nur 10 Milliarden US-Dollar p.a. weiter hoch, dann wären die US-Steuerzahler bis 2005 insgesamt mit rund 200 Milliarden Dollar für Israel zur Ader gelassen worden.

Solcherart wurde in früheren Jahren bis zur Hälfte des israelischen Staatshaushalts und damit auch bis zu einem Viertel des israelischen Bruttoinlandsprodukts (BIP) aus amerikanischen Steuertöpfen beigesteuert. Dank der üppigen US-Unterstützung und der gigantischen eigenen Rüstungsindustrie ist das BIP inzwischen auf rund 105 Milliarden US-Dollar im Jahr angewachsen und entsprach damit bereits der Größenordnung Irlands und Portugals. Die Dominanz des Staates wird dadurch deutlich, dass die Staatsausgaben (2001: 51 Milliarden US-Dollar) fast 50 % des BIP betragen (zum Vergleich: Österreich und Deutschland: 19 %).[4]

Das Pro-Kopf-BIP Israels hat nach einer raschen Steigerung um fast 50 Prozent von 11.000 US-Dollar (1990) auf 16.400 (2002) nicht nur europäischen Standard erreicht, sondern ist auch größer als in einigen EU-Mitgliedstaaten. Und weil es den Israelis dabei so gut geht, haben sie bereits eine höhere Lebenserwartung als die Amerikaner. Gleichzeitig ist Israel aber inzwischen weltweiter Spitzenreiter bei der Kluft zwischen Arm und Reich. Wahrlich ein Land der Gegensätze.[5]

Angesichts der immensen Zahlungen der USA sah sich Bob Levigston als republikanischer Sprecher des amerikanischen Repräsentantenhauses schon 1998 bei einem Besuch einer Kongress-Delegation in Jerusalem anlässlich des 50. Jahrestags der Gründung Israels auf einer Pressekonferenz zu der Aussage veranlasst: „Die Israelis müssen verstehen, dass sie nicht der 51. Staat der USA sind, und sie wollen sicherlich nicht als Stiefkind Amerikas behandelt werden. Fortgesetzte wirtschaftliche Hilfe ist ... erniedrigend."[6]

Kein Wunder, dass sich auch Amerikas Steuerzahler allmählich fragen, wie sie dazu kommen. Die Stadtzeitung von Minneapolis/-St. Paul (Minnesota) stellte z. B. die rhetorische Frage:

„Wann hören wir endlich auf, die Gewalttätigkeit des 51. Staates zu sponsern und das auch noch moralisch zu nennen? Mit unserem Geld die weiteren Pläne Israels zu unterstützen, während es palästinensische Familien tötet und mit Bulldozern niederwalzt, ist unakzeptabel. Dies zu sagen ist weder anti-semitisch noch anti-amerikanisch. Ein hart arbeitender US-Bürger darf einfach nicht gezwungen werden, sein Einkommen herzugeben, um die Interessen Israels ... zu unterstützen. Diese Unmoral zu fördern macht Amerika und den Rest der Welt zu einem gefährlichen Pulverfass."[7]

Dass zunehmend internationale Kritik an der Politik Israels laut wird, kann nicht verwundern. Denn wenn ein Land jahrzehntelang mit seiner unstillbaren kriegerischen Aggression die Schlagzeilen der Weltpresse beherrscht und andere Staaten und Völker die Konsequenzen dafür mitzutragen haben, dann ist es nur legitim, dass die Betroffenen die Ereignisse hinterfragen – von der Ölkrise 1973 bis zur Zerstörung von Wohnhäusern und Infrastruktur inklusive des Gaza-Flughafens in den Palästinenser-Gebieten, die u. a. mit Steuergeldern aus Europa finanziert wurden.

Im speziellen Fall der USA tut aber Israel noch einiges mehr, um das bislang innige Verhältnis über die Maßen zu strapazieren.

FBI untersucht Verdacht wegen Israel-Spionage

Am 4. Mai 2005 nahmen Beamte der amerikanischen Bundesbehörde FBI (Federal Bureau of Investigation) Lawrence A. („Larry") Franklin, den Iran-Spezialisten im US-Verteidigungsministerium, wegen des Verdachts fest, geheime Informationen über mögliche Angriffe auf US-Truppen im Irak an Steven Rosen und Keith Weissman vom AIPAC (American Israel Public Affairs Committee) weitergegeben zu haben. Ersterer war dort außenpolitischer Direktor, letzterer Iran-Experte. Beide wurden entlassen, als die Untersuchungen das AIPAC zu tangieren begannen.[8]

Wie die israelische Tageszeitung „Haaretz" in ihrer Ausgabe vom 6. Mai 2005 berichtete, gaben die beiden AIPAC-Mitarbeiter die geheimen Unterlagen an Naor Gilon von der israelischen Botschaft in Washington weiter, die dann den Weg nach Israel fanden.

Die offizielle Israel-Lobby AIPAC stand bereits seit 2001 unter geheimer FBI-Beobachtung. Sie gilt nach der Pensionisten-Vereinigung als die zweitmächtigste Lobby-Organisation in den USA. Rosen und Weissman waren bereits vom FBI observiert worden, als sich Larry Franklin bei einem Mittagessen am 26. Juni 2003 in Alexandria, Virginia, zu ihnen gesellte, der daraufhin gleichfalls überwacht wurde.

Franklin war Mitarbeiter von Staatssekretär Douglas Faith, der zu den „Neocons" im Pentagon zählt. Und genau dieser Kreis der Neo-Konservativen, die im US-Verteidigungsministerium seit Beginn der Bush-Ära nicht gerade geringen Einfluss haben, stand bereits mehrfach im Fadenkreuz von Untersuchungen.

Faith selber war 1982 aus dem National Security Council – dem Nationalen Sicherheitsrat, der unter Leitung des US-Präsidenten zusammentritt, wenn dieser außen- und sicherheitspolitischen Rat braucht – wegen des Verdachts entlassen worden, vertrauliche Dokumente an die israelische Botschaft weitergegeben zu haben. Er wurde aber umgehend von Richard Perle ins Pentagon geholt. Dieser selbst war bereits 1970 vom FBI ertappt worden, als er geheime Informationen mit einem Mitarbeiter der israelischen Botschaft besprach. Ein Weiterer aus dem Kreis der Neo-Konservativen, der bereits einmal ins Visier des FBI geriet, ist Stephen Bryen, der 1979 im Komitee für Auslandsbeziehungen des Senats arbeitete und später Stellvertreter von Richard Perle im Verteidigungsministerium wurde. Er wurde damals abgehört, als er geheime Dokumente einem Mitarbeiter der israelischen Botschaft offerierte.

Faith und Perle arbeiteten darüber hinaus als Berater für den früheren israelischen Premierminister Benjamin Netanjahu und waren Autoren eines Strategiepapiers, in dem Faith vorschlug, den Friedensprozess mit den Palästinensern zu unterbrechen. Netanjahu beherzigte diese Ratschläge aber nicht.

Auch der vormalige neokonservative stellvertretende Verteidigungsminister Paul Wolfowitz stand 1978 unter Verdacht, der israelischen Botschaft via AIPAC ein geheimes Dokument zugespielt zu haben.

Als der inzwischen abgelöste US-Justizminister John Ashcroft im August 2004 versuchte, die FBI-Ermittlungen zu stoppen und die vermuteten Spionageaktivitäten von Franklin zu vertuschen, gaben Regierungsmitarbeiter gezielt Details dieser Ermittlungen an den Fernsehsender CBS weiter, damit der Fall nicht völlig totgeschwiegen wurde. Während CBS am 27. August 2004 das Augenmerk auf Franklin richtete, standen in Wahrheit die Beziehungen zwischen AIPAC und Mitarbeitern der israelischen Botschaft in Washington im Zentrum der Ermittlungen. Die „Washington Post" und die „New York Times" berichteten später, das FBI habe schon seit Jahren gegen AIPAC ermittelt und die damalige Nationale Sicherheitsberaterin, US-Außenministerin Condoleezza Rice, bereits 2002 darüber informiert.[9]

Die FBI-Untersuchungen hinderten Rice aber ebenso wenig wie die Sprecher von Republikanern und Demokraten im US-Senat, Bill Frist und Harry Reid, sowie die Sprecher im Repräsentantenhaus, Dennis Hastert (Republikaner) und Nancy Pelosi (Demokraten) oder Senatorin Hillary Rodham Clinton, auf der diesjährigen AIPAC-„Policy Conference“ in Washington von 22. bis 24.Mai 2005 Reden an die Delegierten zu richten.[10]

Wie es scheint, wurden die Indiskretionen bewusst kurz vor einer großen AIPAC-Werbekampagne zu Beginn der Sitzungsperiode des Kongresses am 7. September 2004 lanciert. Der Schwerpunkt der Lobbyarbeit sollte sich damals nämlich auf die Notwendigkeit einer aggressiveren US-Politik gegenüber dem Iran konzentrieren – ganz im Sinne der israelischen Sharon-Regierung. Angeblich hatte die Enthüllung der israelischen Spionageaktivitäten in Washington den Zweck, einen Militärschlag Israels zu unterbinden. Die Indiskretion wurde von manchen als „institutionelle Intervention“ charakterisiert.

AIPAC mobilisiert inzwischen – sogar mit Spendenaufrufen – alle nur erdenklichen Kräfte, um aus den FBI-Untersuchungen herausgehalten zu werden.

In einem Artikel vom 4. Mai 2005 schrieb denn auch die durchaus Israel-freundliche „New York Times“, dass die AIPAC selber nicht in die Untersuchung einbezogen sei. Nicht beantwortet wurde dabei die Frage, was das FBI denn während der letzten vier Jahre tatsächlich untersucht hatte und warum beim AIPAC-Hauptquartier am Capitol Hill in Washington zweimal eine Hausdurchsuchung stattfand und Dokumente sowie Computerfestplatten konfisziert wurden oder warum hochrangige Mitarbeiter zu einem Verhör vor einem Gericht in Alexandria, Virginia, erscheinen mussten.[11]

Es ist jedenfalls nicht das erste Mal, dass eine Israel-Spionage in den USA aufgeflogen ist. Israel hatte sich nach einem größeren Spionageskandal Ende der 1980er-Jahre verpflichtet, künftig auf Spionage in den USA zu verzichten. John Pollard, ein ehemaliger Mitarbeiter der US-Marine, hatte von Mai 1984 bis zu seiner Festnahme im November 1985 Tausende Geheimdokumente des

Verteidigungsministeriums an Israel weitergegeben. Dabei handelte es sich vor allem um Unterlagen über die Spionagetätigkeit der USA in den arabischen Ländern. Pollard wurde 1987 zu lebenslanger Haft verurteilt.[12]

CIA-Chef vom FBI entlarvt

Mit John Deutch stand sogar ein CIA-Direktor im Mittelpunkt von FBI-Untersuchungen, die auch Israel tangierten. 1998 enthüllte ein interner Bericht an das US-Verteidigungsministerium, dass unter Deutch Hunderte, wenn nicht Tausende von Geheimnissen dem Zugriff fremder Nachrichtendienste ausgesetzt waren. Außerdem kam das FBI dahinter, dass der jüdisch-stämmige John Deutch auffallend engen Kontakt zum damaligen israelischen Botschafter in Washington, Eliahu Ben-Elissar, pflegte – der ein früherer Mossad-Agent war.

Ben-Elissar ist übrigens im Sommer 2000 als israelischer Botschafter in Paris unter mysteriösen Umständen gestorben. Es gab Gerüchte, er wäre vom Mossad ermordet worden, weil er angeblich kurz davor stand, ein Dossier über die wahren Hintergründe und die Rolle des Inlandsgeheimdienstes Shin Bet bei der Ermordung des früheren „Friedens-Ministerpräsidenten" Yitzhak Rabin zu schreiben.

Die israelische Zeitung „Haaretz" berichtete dagegen, er sei an „Umständen, die dem Außenministerium peinlich waren", gestorben. In diplomatischen Kreisen wurde später als Todesort ein kleines Hotelzimmer am Triumph-Bogen mit einem großen französischen Bett genannt, woraus in Journalisten-Kreisen wiederum eine Rotlicht-Story gemacht wurde.[13]

Faktum ist, dass der damalige Ministerpräsident Ehud Barak dem 68-Jährigen zwei Tage vor seinem Tod hatte mitteilen lassen, dass sein Vertrag als Botschafter in Paris nicht verlängert werde.

Bei der Untersuchung gegen Deutch war nachgewiesen worden, dass er entgegen den Vorschriften auf seinem privaten Laptop-Computer streng geheime Informationen gespeichert hatte. Pikant und ein kaum zu glaubendes Sicherheitsrisiko: Mit demselben Computer hatte Deutch auch privat im Internet gesurft und sich zu Hause massenhaft Material von Pornografie-Anbietern heruntergeladen.

Präsident Clinton musste daraufhin Deutch aus dem CIA entlassen, was überraschenderweise ohne große Beachtung der Medien geschah. Deutch wurde anschließend in den Vorstand der zweitgrößten US Bank Citigroup gehievt. Sein Vorstandskollege in der Citigroup, Nord Slatkin, war unter ihm geschäftsführender CIA Direktor gewesen. In der Bank war Deutch u. a. in den Kauf der mexikanischen Bank Banamex involviert, die schließlich unrühmlich bekannt wurde, weil sie in einen Geldwäscheskandal aus dem Rauschgifthandel für den CIA involviert war. Der amerikanische Auslandsgeheimdienst hatte angeblich, wie ehemalige Agenten berichteten, viele Jahre lang Schwarzgeldbestände zur Finanzierung von geheimen, nicht vom Kongress genehmigten Aktivitäten mit Gewinnen aus Rauschgifthandel produziert.

Der Ex-CIA Direktor wanderte schließlich als Professor für Chemie zum Massachusetts Institute of Technology weiter, wo manche Professoren vom Pentagon finanziert werden, wie der international wohl renommierteste jüdische Intellektuelle Noam Chomsky, der selber dort arbeitet, feststellen konnte.

Bill Clinton musste dann noch für Deutch in seiner letzten Amtshandlung als US-Präsident Ende Januar 2001 unter dem Druck israelischer Interventionen eine Begnadigung unterschreiben – ebenso wie für den Milliardär Marc Rich, einen großen Unterstützer Israels, für den sich sogar der israelische Auslandsgeheimdienst Mossad stark machte; beide hatten übrigens einen israelischen Zweitpass.

Dank der Begnadigung durch Clinton war Deutch vor weiteren Nachforschungen sicher. Als Nachfolger wurde am 10. Juli 1997 George John Tenet vom Senat bestätigt, der gleichfalls aus einer jüdischen Familie stammt und im Juni 2004 wegen angeblichen Falschinformationen des CIA zum Irakkrieg und 9/11 zurücktrat. Bei ihm ist allerdings nicht klar, ob er für die gefälschten CIA-Berichte über den Irak mitverantwortlich war oder etwa gar auf Befehl von Bush das unschuldige Bauernopfer abgeben musste.

Schwere Verstimmung wegen China

Noch brisanter als die aufgeflogenen Spionage-Aktivitäten entwickelten sich die israelischen Waffengeschäfte mit China. Als Quittung für einen unverfrorenen Rüstungsschacher mit China, das unter Waffenboykott der USA und Europas steht, wurden 2005 Sanktionen gegen Israel verhängt, indem Verkaufsverträge über Militärwaffen eingefroren und die Kooperation bei Entwicklungsprojekten suspendiert wurden.[14]

Im Weißen Haus und im Pentagon blieben außerdem vorerst für israelische Offiziere die Türen verschlossen.

Israel verfügt im Rahmen seines überdimensionierten Militärapparates über eine ebenso überdimensionierte Rüstungsindustrie, in der ehemalige Generäle jederzeit als Manager unterkommen. Dieser militärisch-industrielle Komplex, vor dessen Dominanz in den USA mit großem Weitblick einst der Ex-General als US-Präsident, Dwight D. Eisenhower, warnte, hat längst Israel erobert und dominiert das Land – es mutiert gleichsam zu einer „Armee, die sich einen Staat hält", wie manche Israelis sarkastisch bemerken.

Diese Waffenindustrie gilt als die fünftgrößte der Welt und beliefert weltweit mehr als 70 Armeen, darunter als einen der wichtigsten Kunden China. Israel liefert vor allem kleinere Waffensysteme und Kontrollapparate. Doch gab es zwischen USA und Israel in den letzten Jahren bereits eine schwere Verstimmung wegen Transportflugzeugen russischer Bauart, die in Israel mit dem dort hergestellten „Phalcon"-Frühwarnsystem ausgerüstet und für 1,25 Milliarden Dollar an China hätten geliefert werden sollen. Weil das System aber auch militärisch sensible US-Bauteile enthält, wurde Israel von den USA gezwungen, das Geschäft zu stornieren. In Washington argwöhnte man darüber hinaus, dass Israel China auch die Technik des erfolgreichen „Patriot"-Raketenabwehrsystems, Boden-Boden-Raketen, Radarausrüstung sowie Lasertechnik zukommen ließ oder zumindest lassen wollte. Auch bei der Produktion des chinesischen J-10-Kampfflugzeuges soll Israel nicht ganz unbeteiligt sein. Internationale Spezialisten vermuten, dass Israel Peking mit Plänen des inzwischen stornierten und von Washington zuvor mitfinanzierten Programms zur Herstellung des „Lavi"-Kampfjets vertraut gemacht hat.[15]

Um China für den geplatzten „Phalcon"-Deal zu entschädigen, bot Israel Kompensationsmöglichkeiten an, ohne sich vorher mit Washington abzustimmen – darunter die „Modernisierung" von unbemannten Aufklärungsflugzeugen, so genannten Drohnen. Was darunter zu verstehen ist, hat Israel im Frühsommer demonstriert, als es erstmals über dem Gazastreifen unbemannte Drohnen für den Raketenbeschuss von zivilen palästinensischen Wohngebieten einsetzte.

Israel löste mit dem neuen China-Geschäft eine der schwersten Krisen im amerikanisch-israelischen Verhältnis aus. Im Kern geht es wohl darum, dass die Amerikaner ein Vetorecht für Waffenexporte nach China beanspruchen, wenn die Lieferungen die Chinesen in sensiblen Bereichen technisch voranbringen und das militärstrategische Gleichgewicht in der Straße von Taiwan gefährden könnten.

Die Israelis mussten dem amerikanischen Druck daher auch diesmal nachgeben, weil sie sich einen Streit mit ihrem wichtigsten Unterstützer nicht leisten können.

Als Israel die USA angriff

Zum dritten für Israel nicht minder brisanten Ereignis gestaltete sich am 8. Juni 2005 die hochoffizielle Überreichung eines Dokuments der „USS Liberty Veterans Association", der Überlebenden der USS Liberty, an den obersten Verantwortlichen der US-Armee, dem direkt Verteidigungsminister Donald Rumsfeld unterstellten „Secretary of the Army", Francis J. Harvey. Es war der Bericht einer hochkarätigen Untersuchungskommission über „Kriegsverbrechen gegen US-Soldaten am 8. Juni 1967". Damals hatte die „verbündete" Kriegsmacht Israel das US-Schiff USS Liberty angegriffen. Die Überlebenden verlangen nunmehr eine offizielle Untersuchung.[16]

Der Vorfall wurde von der US-Regierung bisher vertuscht und von der israelischen Regierung als Verwechslung mit einem ägyptischen Schiff dargestellt. Über den wahren Verlauf mussten die Überlebenden 35 Jahre unter Androhung von Kriegsgericht und Gefängnis schweigen. Regierung, Senat und Repräsentantenhaus weigerten sich aus Angst vor Repressalien der Israel-Lobby bis heute, eine Untersuchung des Falles einzuleiten.

Lediglich 1980 gab es Versuche in diese Richtung. Der damalige US-Präsident Jimmy Carter konnte den israelischen Regierungschef Menachem Begin wenigstens dazu bewegen, 6 Millionen US-Dollar aus den Zuschüssen der USA für eine Wiedergutmachung an die USA zu refundieren, die z. T. den Hinterbliebenen-Familien zugute kam. Und die Senatoren Adlai Stevenson und Barry Goldwater planten ein Senats-Hearing über die Liberty-Affäre. Es sollte ihnen nicht gut bekommen. Als Stevenson im Wahlkampf um den Gouverneursposten in Illinois die Liberty-Affäre zum Wahlkampfthema machte, wurde der republikanische Gegenkandidat Big Jim Thompson mit derart viel Geld unterstützt, dass Stevenson schließlich den Kürzeren zog.

Erst ab 2002 wurde begonnen, die Ereignisse zu dokumentieren und zu veröffentlichen.

Als Erstes schrieb Phillip F. Tourney, Präsident der „USS Liberty Veterans Association", im Juni 2002 einen Brief an Präsident George W. Bush, in dem er ihm die ersten Fakten darlegte und um eine Untersuchung bat. Dann folgten weitere Schritte.

Wie aus dem Dokument vom 8.6.2005 hervorgeht, war 38 Jahre zuvor folgendes passiert:

Das amerikanische Aufklärungsschiff mit 294 Mann Besatzung kreuzte Anfang Juni 1967 in 13 Meilen Entfernung vor der Küste von Gaza und Sinai im östlichsten Mittelmeer und hatte ab 5. Juni den Ablauf des Sechs-Tage-Krieges dokumentiert. Es orientierte sich u. a. am deutlich sichtbaren Minarett der Moschee von El Arish, einer Küstenstadt am Rande der Sinai-Wüste.

Am 8. Juni registrierte die Schiffsbesatzung zwischen 5 Uhr morgens und 12 Uhr mittags insgesamt 15 Beobachtungsflüge von israelischen Flugzeugen in ihrer unmittelbaren Nähe, die eindeutig an ihrem Davidstern identifizierbar waren.

Es herrschten ausgezeichnete Sichtverhältnisse. Die mitgehörten Funkgespräche der Piloten bestätigten, dass Israels Luftwaffe die USS Liberty an Hand der großen amerikanischen Flagge und der 10 Fuß großen Identitätsnummer „GTR5" auf ihrem Rumpf als amerikanisches Schiff identifiziert hatte.[17]

GTR stand für „General Technical Research" und war eine Tarnbezeichnung für die Flotte der Spionageschiffe von Amerikas größter

Abhör-, Entschlüsselungs- und Spionageorganisation „National Security Agency“ (NSA) mit dem Hauptquartier in Fort Meade, Maryland, zwischen Baltimore and Washington, DC.

Um 2 Uhr nachmittags bemerkten die Offiziere auf der Kommandobrücke entsetzt, wie sich plötzlich drei Jets der von Israel verwendeten Type Dassault Mirage IIIC mit den für sie typischen Deltaflügeln – allerdings ohne Hoheitskennzeichen – in einem Angriffsflug auf das ungeschützte Schiff stürzten und mit Raketen, Maschinengewehren und panzerbrechender Munition aus Bordgeschützen das Feuer eröffneten. Der US-Botschafter im Libanon, Dwight Porter, gab später an, dass ihn CIA-Agenten am selben Tag über einen aufgefangenen Funkspruch informierten, in dem israelische Piloten gegenüber ihrer Luftwaffenbasis protestierten, dass sie ein amerikanisches Schiff angreifen sollten. Der Befehl zum Angriff wurde aber von der Basis bestätigt.

Nach dem Angriff der Mirage-Jets kamen Super Mystère Kampfflugzeuge, die 500-Kilo-Bomben und Napalm auf das Schiff warfen. Die oberen Decks wurden schwer beschädigt. Die amerikanischen Funker versuchten einen S.O.S-Ruf zu senden, doch die Frequenzen der Liberty wurden von außen gestört. Besatzungsmitglied Joe Lentini erklärte in der am 17.5.2003 im britischen TV-Sender BBC ausgestrahlten Dokumentation „Dead in the Water“: „Dazu muss man unsere Sendefrequenzen gekannt haben. Und wenn man die Frequenzen kannte, hat man auch gewusst, dass unser Schiff ein amerikanisches Schiff war. Denn die Sendefrequenzen der Flotte waren offen, nicht verschlüsselt.“

Dave Lewis, Research Officer der USS Liberty, erinnerte sich später: *„Die Angreifer waren sichtlich darauf aus, die gesamten Kommunikationssysteme zu zerstören und das Betreten des Decks und damit die Instandsetzung der Antennen und Kommunikationssysteme zu verhindern. Wenn das ein Unfall war, dann war es der best geplante, von dem ich je gehört habe. Schließlich konnten wir doch noch ein S.O.S-Signal senden, weil ein paar verrückte Matrosen noch während des Beschusses die Antennen hinauf kletterten und lange Leitungen spannten.“*

Als die Flugzeuge abdrehten, waren acht Besatzungsmitglieder tot und 75 verletzt. Doch damit war der Angriff noch nicht zu Ende.

Kurze Zeit später näherten sich drei israelische Torpedo-Boote – gleichfalls ohne Hoheitskennzeichen.

Auf der angeschlagenen Liberty schallte es über die Bordlautsprecher: „Bereit für Torpedoangriff auf Steuerbord". Die Männer im Maschinenraum bereiteten sich darauf vor zu sterben: Wenn ein Torpedo den Kessel aufreißt und kaltes Wasser auf den unter Volldampf stehenden Kessel trifft, explodiert dieser nämlich sofort.

Erst der fünfte Torpedo traf und riss ein Loch von der Größe eines Tunnelportals in den Rumpf. 25 amerikanische Soldaten wurden dabei getötet. Maschinengewehrschützen der Torpedoboote nahmen die Feuerwehrleute und Sanitäter mit den Tragbahren an Deck des US-Schiffes unter Beschuss und verletzten und töteten weiter. Das Schiff begann sich langsam um 10° zu neigen. Der Kessel wurde zwar beschädigt, doch er hielt den Belastungen stand. Die Liberty war nun bewegungsunfähig. Sie konnte weder Fahrt aufnehmen, noch war sie manövrierfähig.

Liberty-Kapitän William L. McGonagle befahl, die Aufgabe des Schiffes vorzubereiten, da es in akuter Gefahr war, nach dem Torpedotreffer zu sinken. Die letzten drei intakten Rettungsinseln und einige brennende, aber nicht gänzlich zerstörte Rettungsboote wurden ins Wasser gelassen, um so viele Verwundete als möglich zu bergen. Israelische Maschinengewehrschützen von den Torpedoschiffen beschossen diese jedoch massiv, versenkten zwei Rettungsinseln und zogen die dritte an Bord eines Schiffes, ohne jedoch auch nur einen einzigen verwundeten US-Soldaten aufzunehmen.

Um 14:09 Uhr war das einzige erfolgreich gefunkte S.O.S-Signal vom Flugzeugträger USS Saratoga der 6. US-Flotte, die 600 Meilen entfernt vor Kreta kreuzte, aufgefangen worden. Eine Bestätigung des S.O.S-Notrufs schafften die Liberty-Funker aber nicht mehr.

35 Jahre blieb geheim, dass der Zwischenfall von einem Navy EC-121 Aufklärungsflugzeug der NSA beobachtet wurde, das von Athen aus zu einem Aufklärungsflug gestartet war. Die Dokumentation über diesen Flug bleibt noch immer ein streng gehütetes Geheimnis der NSA. Als die Bänder des Aufklärungsflugzeuges nach der Rückkehr am Stützpunkt in Athen ausgewertet wurden, war klar, dass ein amerikanisches Schiff angegriffen worden war.[18]

Um 14:50 Uhr, 41 Minuten nach dem aufgefangenen Notruf der Liberty, erhielt die USS Saratoga endlich den Befehl, vier bewaffnete Jagdflugzeuge der Klasse A-1 loszuschicken, um das Schiff zu schützen.

Gleichzeitig erhielt der Flugzeugträger USS America Befehl, vier A-4 Skyhawk-Bomber für einen Vergeltungsschlag loszuschicken – allerdings nicht nach Israel, sondern nach Ägypten! Besatzungsmitglied Mike Ratigan berichtete in der BBC-Dokumentation: *„Einer der A-4-Bomber wurde zum ersten Katapult hinaus gerollt. Er hatte so eine Art Tuch unten um den Rumpf und wurde von Wachen eskortiert. Das war etwas sehr Ungewöhnliches, was ich noch nie zuvor gesehen hatte. Die Flugzeuge wurden bereitgestellt und ich glaube sie flogen los, bevor wir in ‚Condition November' übergingen."*

„Condition November" bedeutete, dass mit Atomwaffen bestückte A-4-Bomber eingesetzt werden sollten.

Irgendwer hatte wohl gezielt Falschinformationen an die CIA übermittelt, um die USA zu einem Angriff auf Ägypten zu provozieren. Die Rechnung ging beinahe auf, hätte sich die USS Liberty entgegen den Bemühungen der israelischen Angreifer nicht doch über Wasser halten können. Kairo stand in diesen Minuten kurz vor der Auslöschung. Der damalige US-Konsul in Kairo, Richard Parker, berichtete in BBC: *„Wir erhielten die Nachricht, dass die Navy wegen dem Angriff auf die Liberty einen Vergeltungsschlag auf Ägypten vorbereitete. Man ging davon aus, dass Ägypten der Angreifer war. Im Gegenzug würde man nun Ägypten bombardieren."*

Tony Hart, der 1967 der Funkaufklärung der US-Marine angehörte, berichtete später: *„Wir erhielten eine Blitzmeldung von einem der Flugzeugträger mit der Mitteilung, dass die speziell bestückten Flieger gestartet waren. Gemeint waren mit Atomwaffen ausgerüstete Bomber."*

Unmittelbar darauf übermittelte Tony Hart eine Mitteilung des Pentagons an den Kommandanten der Flotte, Konter-Admiral Lawrence R. Geis: Flieger zurückrufen! Etwa 10 Minuten später war eine Sprechverbindung zwischen der USS America und Verteidigungsminister Robert S. McNamara in Washington hergestellt.

McNamara wies den Flottenkommandanten persönlich an, alle Flugzeuge zurückzurufen, und der Kommandant fragte: Sind Sie sicher? McNamara antwortete: Absolut sicher! Rufen Sie die Flieger zurück!

Der empörte Admiral bat um Erlaubnis, wenigstens ein Hilfsflugzeug zum Schutz der USS Liberty losschicken zu dürfen. Aber McNamara sagte Nein. Kein Flieger durfte mehr starten. McNamara war nicht bereit, der Liberty unmittelbar aus der Luft zu helfen – der Beschuss der Liberty dauerte an, während der Kommandeur der 6. Flotte mit Washington stritt.

McNamara eröffnete Geis schließlich, dass es US-Präsident Johnson egal wäre, wenn die Liberty sinke, sofern dadurch seine Verbündeten geschützt würden. Einflussreiche Politiker in Washington hatten eben ein vorrangiges Interesse daran, dass die Liberty versenkt und Israel davor geschützt werde, ins schiefe Licht zu geraten.[19]

Um 15:05 Uhr Ortszeit war ein entsprechender Funkspruch an die USS Liberty gegangen, dass die Flugzeuge unterwegs waren. Fast zwei Stunden dauerten die unaufhörlichen Angriffe, länger als der japanische Angriff auf Pearl Harbor. Dann brachen die Israelis den Angriff ab. Eines der Torpedoboote näherte sich der Liberty und ein Offizier fragte auf Englisch über ein Sprachrohr mit unverfrorener Scheinheiligkeit: „Braucht ihr irgendeine Hilfe?"

Der verwundete Liberty-Commander Lt. William McGonagle ließ über den Quartiermeister eine angemessene Antwort geben: „Fuck you".[20]

Offenbar hatte das Torpedoboot den Funkspruch der USS Saratoga aufgefangen, die der Liberty nach dem Start der ersten Flugzeuge funkte, dass Hilfe unterwegs sei.

Irgendwann hatte auch ein israelischer Marine-Offizier den Marine-Attaché der US-Botschaft in Tel Aviv informiert, dass Israels Streitkräfte „versehentlich" ein Schiff der US Navy angegriffen hätten, und überbrachte eine Entschuldigung. Gleichzeitig insistierte Israel bei US-Präsident Johnson, den Vorfall zu vertuschen.

Erst 18 Stunden nach dem Angriff, am Morgen des nächsten Tages, erhielt die Besatzung der USS Liberty Hilfe, obwohl die 6.

Flotte nur eine Flugstunde entfernt war. Als schließlich ein amerikanisches Rettungsschiff eintraf, war der Anblick für die Retter schockierend. Die Liberty war ein Schlachtfeld. 34 Amerikaner waren tot, 172 verwundet – 70 % der Besatzung waren Opfer des Angriffs geworden

In der Schiffsseite klaffte ein riesiges Loch. Die Reste von abgeworfenen Napalmbomben waren zu sehen und zu riechen. Leichen, Blut und Körperteile waren über das Deck verstreut.[21]

Die „Liberty" war aber trotz der mehr als eine Stunde dauernden Angriffe nicht untergegangen. Sie konnte in den folgenden Tagen auf See wieder manövrierfähig gemacht und dann schwer beschädigt nach Malta gebracht werden. Notdürftig geflickt kam sie im Juli 1967 zurück in die USA, ging aber nicht mehr in Dienst. 1970 schließlich wurde das einst bestausgestattete Spionageschiff der Welt zum Schrottpreis von knapp 101.666 US-Dollar zum Abwracken verkauft.

US-Präsident Johnson und Verteidigungsminister McNamara hatten in der Liberty-Affäre höchst seltsame Vorgangsweisen befohlen:

- Das Weiße Haus verhängte sofort eine umfassende Nachrichtensperre, die bis heute anhält.
- Der damals schwer verwundete Liberty-Kommandeur Captain William L. McGonagle erhielt die höchste Tapferkeitsauszeichnung der USA, die „Congressional Medal Of Honor", die nur an die „Tapfersten der Tapferen" verliehen wurde – aber nicht wie üblich aus der Hand des amerikanischen Präsidenten oder zumindest im Weißen Haus, sondern in der Abgeschiedenheit einer Schiffswerft in der Nähe von Washington aus der Hand eines Marine-Sekretärs. Denn er war „leider nur" Teil eines Zwischenfalls, den die Regierungen der USA und Israels lieber vertuschen wollten.[22]
- Die übrige Besatzung der Liberty erhielt ebenfalls Tapferkeitsmedaillen – allerdings gleichfalls in heimlichen Zeremonien fernab vom Weißen Haus und dem Präsidenten.
- Nachdem im „Newsweek"-Magazin eine Story über die Ereignisse erschienen war, erteilte Vizeadmiral McCaine auf Befehl des Verteidigungsministeriums den Überlebenden einen

Schweigebefehl, so dass diese während der nächsten 35 Jahre niemandem darüber erzählen durften, was sie erlebt hatten, andernfalls sie vor ein Kriegsgericht gestellt oder im Gefängnis landen würden.

- Die Navy griff zu äußerst seltsamen Maßnahmen, wenn die Schweigepflicht nicht eingehalten wurde. So wurden zwei junge Liberty-Matrosen gegen ihren Willen in einer streng abgeschirmten psychiatrischen Abteilung eines Navy-Spitals interniert, wo sie unter Drogen gesetzt und von einem angeblichen Therapeuten über ihre Erinnerungen befragt wurden. Außerdem erhielten sie Elektroschocks, als sie aus dem Zimmer flüchteten und den kommandierenden Offizier sehen wollten. Als sie endlich nach Hause zurückkehren durften, wurden sie gnadenlos verfolgt und verleumdet, wofür auch das Pentagon als Quelle identifiziert wurde. Außerdem wurden sie als Antisemiten bezeichnet.
- Als eine kleine Stadt in Wisconsin eine Bibliothek im Gedenken an die Opfer nach der USS Liberty benannte, wurde eine Antisemitismus-Kampagne dagegen gestartet.
- Die Überlebenden wurden weit verstreut in alle Himmelsrichtungen versetzt um zu verhindern, dass sie sich miteinander verständigten.
- Die USA akzeptierten sofort die israelische Version, wonach die Liberty von Israel für ein ägyptisches Schiff gehalten worden sei, und gaben sich mit einer mageren Entschuldigung zufrieden. Israel zahlte später lediglich fast 13 Millionen US-Dollar als Vergeltung, wovon ein Teil den Opfern oder deren Familien zugute kam.

In den USA sprachen erst Jahrzehnte später einige Politiker wie der damalige US-Vizeaußenminister Lucius Battle davon, dass das Schiff absichtlich angegriffen worden war. Das bezeichnete auch der ehemalige CIA-Chef Richard Helms in der BBC-Dokumentation als „Faktum“ und „unentschuldbar“. Selbst der damalige US-Präsident Lyndon B. Johnson soll das laut Battle so gesehen haben. In Israel wurden trotz einer diesbezüglichen Forderung von US-Außenminister Dean Rusk die Verantwortlichen nicht vor das Kriegs- oder ein anderes Gericht gestellt.

Später kamen immer wieder brisante Fakten an die Öffentlichkeit, die auf der offiziellen Internet-Website der „USS Liberty Veterans Association“ unter „www.ussliberty.org“ öffentlich einzusehen sind. Dort wird auch – unwidersprochen – der Angriff auf das Schiff als Kriegsverbrechen und vorsätzlicher Mord an den US-Soldaten gebrandmarkt.

Weil weder US-Regierung noch der Kongress in Washington die Hintergründe der Affäre aufdecken wollten, beauftragte die „USS Liberty Veterans Association“ nach Ablauf der 35-jährigen Schweigepflicht eine unabhängige und hochkarätig besetzte Untersuchungskommission. Sie bestand aus dem ehemaligen Generalstabschef Admiral Tomas H. Moorer, dem ehemaligen Chefrichter der Marine, Konteradmiral Merlin Staring, dem General Raymond G. Davis und dem früheren US-Botschafter in Saudiarabien, James Akins. Deren Bericht wurde am 22. Oktober 2003 in Washington öffentlich präsentiert.

Moorer und Staring waren als Vorsitzender bzw. Direktor der „Liberty-Allianz“ bestrebt, so schnell wie möglich die Einsetzung einer unter Aufsicht des US-Kongresses stehenden weiteren Kommission zur Untersuchung des Angriffs auf die USS Liberty zu erreichen.

Ziel war die Vernichtung der Besatzung

Die Kommission kam in ihrem Bericht zu dem brisanten Schluss, dass der israelische Angriff mit dem Vorsatz durchgeführt wurde, das Schiff zu zerstören, zu versenken und die komplette Besatzung zu töten.

Dies hatten frühere Spitzenpersönlichkeiten der Regierungsadministration in Washington im Lauf der Jahre immer wieder mit ihren Aussagen bestätigt, darunter die hochrangigen Politiker Dean Rusk (früher US-Außenminister) und der frühere Staatssekretär George Ball, weiters der frühere CIA-Direktor Richard Helms, der frühere NSA-Direktor Lieutenant General William Odom, Admiral Bobby Ray Inman, der frühere NSA-Vizedirektor Oliver Kirby, US Air Force Major General John Morrison und der frühere US-Botschafter im Libanon, Dwight Porter.

Die Autoren des Berichts gelangten unter Berufung auf den kommandierenden Offizier der USS Saratoga, Captain Joe Tully, und den Divisionskommandanten der 6. US-Flotte, Konteradmiral Lawrence Geis, weiters zu der Ansicht, dass das Weiße Haus die US Navy daran gehindert habe, der Liberty während der Attacke zu Hilfe zu kommen – „Noch nie in der amerikanischen Marine-Geschichte wurde eine Rettungsmission abgebrochen, wenn ein amerikanisches Schiff Ziel eines Angriffs war", so die wörtliche Feststellung.

Weiters erhob die Kommission den brisanten Vorwurf, dass das Weiße Haus unter dem Druck der Pro-Israel-Lobby in den USA den Vorfall bis heute vertuscht hätte. Sie betonte in diesem Zusammenhang, dass sie es als Gefahr für die nationale Sicherheit der Vereinigten Staaten betrachte, wenn gewählte Funktionäre des Staates gewillt sind, die amerikanischen Interessen jenen einer fremden Nation unterzuordnen und im speziellen Fall israelische Interessen zu bevorzugen, wenn diese mit amerikanischen im Konflikt stünden.

Bei der Präsentation des Kommissionsberichts wurde eine eidesstattliche Erklärung des inzwischen verstorbenen früheren Captains Ward Boston von der Justizabteilung der US-Marine veröffentlicht, worin er bezeugte, dass er als hoher Rechtsberater der Marine-Kommission zur Untersuchung „des brutalen Angriffs auf die USS Liberty" zusammen mit seinem Vorgesetzten, dem inzwischen verstorbenen Konteradmiral Isaac Kidd, beauftragt wurde, in nur einer Woche Beweismaterial für die offizielle Untersuchung der Marine über diesen Angriff zusammenzutragen, die der damalige Oberkommandeur der US-Marine in Europa, Vizeadmiral John McCain – der Vater des republikanischen Senators John McCain – angeordnet hatte. Er gab allerdings den strikten Auftrag, den Schaden für das Pentagon möglichst gering zu halten und die Reputation Israels zu schützen. Damit war das Untersuchungsergebnis von vornherein weitgehend festgelegt.

Wörtlich heißt es in Bostons Erklärung:

„36 Jahre lang habe ich zum Thema USS Liberty geschwiegen. Ich bin Soldat, und wenn ich Befehle vom Verteidigungsminister und dem Präsidenten der Vereinigten Staaten bekomme, befolge ich sie. Doch die jüngsten Versuche, die Geschichte umzuschreiben, zwingen mich, die Wahrheit mitzuteilen … Trotz der kurzen Frist, die man uns gesetzt hatte, trugen wir viele Beweise zusammen …

darunter stundenlange und herzzerreißende Aussagen der jungen überlebenden Soldaten … Die Beweislage war eindeutig. Admiral Kidd und ich waren überzeugt, dass dieser Angriff, bei dem 34 Amerikaner getötet und 172 weitere verletzt wurden, ein vorsätzlicher Versuch war, ein amerikanisches Schiff zu versenken und seine gesamte Besatzung zu ermorden."

Boston schloss: *„Ich weiß aus persönlichen Gesprächen mit Admiral Kidd, dass Präsident Johnson und Verteidigungsminister McNamara ihm befahlen, den Fall trotz überwältigender Beweise des Gegenteils als ‚Verwechslung' zu deklarieren."*[23]

Konteradmiral Kidd war per Hubschrauber an Bord der Liberty gekommen und leitete die Untersuchung von Seiten der US-Marine. Sein Verhalten war jedoch höchst merkwürdig: Zu Beginn der Aussagen eines Besatzungsmitglieds nahm er seine Rangabzeichen ab und sagte, dass man ihm frei von seinem Rang von den Ereignissen berichten sollte. Zum Ende steckte er sich seine Abzeichen wieder an und sagte: *„Kameraden, ich will nicht, dass ihr irgendetwas davon erzählt. Gebt keine Interviews, wenn wir in Malta sind. Alles was zu sagen ist, sagt ihr eurem Vorgesetzten. Sprecht nicht mit euren Familien darüber."*[24]

Auch schien für den Admiral das Ergebnis der Untersuchung von vornherein festgelegt zu sein. Er ignorierte entscheidende Beweise. Große Teile der Aussagen, die die Besatzungsmitglieder machten, wurden gar nicht erst zu Protokoll genommen. Sogar an der Aussage des Leitenden Ingenieurs George Golden, der immerhin eine Zeit lang das Kommando während des Angriffs hatte, war Admiral Kidd nicht interessiert.

Das 600 Seiten lange Untersuchungsergebnis wurde von Captain Ward Boston persönlich zur Prüfung durch Marine-Admiral Merling Staring, damals Marineanwalt und oberster Rechtsexperte der Navy, nach London ins europäische Hauptquartier der US-Marine gebracht. Dieser erklärte bei der Präsentation der Untersuchungskommission am 22.10.2003, dass er nach Durchsicht des Berichts erkannte habe, dass die darin enthaltenen Beweise die Behauptung, der Angriff auf die USS Liberty sei „aufgrund einer Verwechslung" erfolgt, in keiner Weise stützten, sondern dieser sogar widersprachen. Am nächsten Morgen wurde ihm der Bericht weggenommen und nach Washington gebracht. Es war dies der einzige Fall in seiner Karriere, in der er niemals aufgefordert wurde, über seine Feststellungen Bericht zu erstatten – was seine Aufgabe als Offizier der Militärjustiz gewesen wäre.

In dem dürftigen Navy-Dokument wurde aber jedenfalls dokumentiert, dass im Rumpf der USS Liberty 821 mehr als handtellergroße Einschüsse von 30 mm Kanonen bzw. mehr als 100 von Raketen und viele tausend Einschüsse von Maschinengewehren gezählt wurden. Außerdem ein Loch in der Größe eines Tunnel-Portals von dem Torpedotreffer.

Dubiose Rolle von US-Präsident Johnson

Nicht einmal drei Monate nach Veröffentlichung des Liberty-Berichts vom Oktober 2003 fand Mitte Januar 2004 eine Konferenz im US-Außenministerium in Washington statt. Anlass war die Freigabe bis dahin unter Verschluss gehaltener Regierungsdokumente, darunter Berichte über die von den USA aufgefangenen und aufgezeichneten Gespräche der israelischen Piloten mit ihrer Feuerleitstelle. Aus denen soll klar hervorgehen, dass die Piloten erkannt hatten, dass es sich bei der „Liberty“ um ein amerikanisches Schiff handelte. Da es jedoch keinen Mitschnitt des direkten Befehls der israelischen Kommandozentrale an die Piloten gibt, das Schiff anzugreifen, bleibe der genaue Hergang des Vorfalls weiterhin im Dunklen, erklärte ein Beamter des US-Außenministeriums. Dennoch bezeichnete er den Angriff als einen „Fall grober Fahrlässigkeit“, für den die Israelis verantwortlich gemacht werden müssten. Bis heute ist dies jedoch nicht geschehen.

Mit dem Hinweis, dass es „Vertuschungen“ gegeben habe, forderte der amerikanische Journalist James Bamford während der Konferenz weitere Untersuchungen. Zur Untermauerung zitierte er die eidesstattliche Erklärung des Kapitäns zur See, Ward Boston, vom militärischen Untersuchungsausschuss zum Fall „Liberty“. Bamford schreibt für Zeitungen wie „New York Times“, „Washington Post“ und „Los Angeles Times“ und hatte 2001 ein Buch über die NSA mit dem Titel „Body of Secrets“ (Titel der deutschen Ausgabe: „NSA – Die Anatomie des mächtigsten Geheimdienstes der Welt“) geschrieben, deren Spionageschiff die „Liberty“ war.

Bis heute nicht geklärt ist die tatsächliche Rolle von US-Präsident Lyndon B. Johnson, der damals den Vorfall herunterspielte. War es lediglich die Angst vor einem Stimmungsumschwung in der Bevölkerung gegen die bedingungslose pro-israelische Politik ihres Präsidenten? Dachte Johnson bereits an den Präsidentschaftswahlkampf im Jahr darauf?

In dem BBC-Dokumentarfilm „Dead in the Water“ und seinem Buch „Operation Cyanide“ schloss der britische Journalist Peter Hounam sogar eine mögliche Verschwörung zwischen den USA und Israel gegenüber Kairo nicht aus. Deren Ziel könnte es von vornherein gewesen sein, die Versenkung der Liberty Ägypten in die Schuhe zu schieben und so die USA auf Seiten Israels in den Krieg hineinzuziehen. Es habe einen gemeinsamen Plan zwischen CIA und Mossad mit dem Code-Namen „Operation Cyanide“ gegeben mit dem Ziel, Ägypten zu überfallen und dessen Präsidenten Nasser zu stürzen.

James Ennes, einer der „Liberty“-Überlebenden, berichtete im BBC-Film von einem Dokument vom April 1967, in dem dieser Plan erwähnt wird, in dem auch ein „Submarine“ in den ägyptischen Gewässern eine Rolle spielt. Es stammt von einer Sitzung des „Committee 303“, eines Gremiums der US-Regierung, das verdeckte Aktionen der USA plante und im Namen des US-Präsidenten entschied. Das geschah, damit der Präsident bei einem Scheitern nicht belastet werden könne, wie Ex-CIA-Chef Richard Helms in dem BBC-Filmdokument erklärte. In die Vorgänge seien auch tatsächlich US-U-Boote verwickelt gewesen, die sich im Juni 1967 im Mittelmeer befanden. Ennes berichtet von einem U-Boot, das in der Nähe des Schiffes war, als es angegriffen wurde. Ein anderer Überlebender, David Lewis, berichtet im Dokumentarfilm von Geheimbefehlen im „Liberty“-Safe für U-Boot-Operationen, die aber infolge des Angriffs nie geöffnet wurden

Im BBC-Film bestätigte der selbst involvierte US-Pilot Greg Reight, dass vor dem Sechs-Tage-Krieg US-Aufklärungsflugzeuge nach Israel verlegt worden waren und samt Piloten während der Kriegshandlungen zum Einsatz kamen. Es gab also eine geheime Zusammenarbeit zwischen Israel und den USA.

Als weiteres Motiv für den Angriff auf das Spionageschiff wurde die Absicht der israelischen Regierung gesehen, ihren Eroberungskrieg in Hinblick auf die Weltöffentlichkeit fälschlich als Akt der Verteidigung darzustellen, wie es auch tatsächlich geschah. Dafür aber – so die These – habe zuerst das amerikanische Spionageschiff, das mit seinen großen elektronischen „Ohren" vor der Küste Ägyptens und Israels in internationalen Gewässern kreuzte, ausgeschaltet werden müssen. Israel wollte um keinen Preis Überlebende hinterlassen, die von dem Angriff und eventuell davon, was die Liberty vom tatsächlichen Ablauf der Kriegshandlungen von 5.6. bis 10.6.1967 mitbekommen hat, berichten konnten.

Außerdem musste Israels Verteidigungsminister Moshe Dayan befürchten, dass die USS Liberty vorzeitig Kenntnis vom geplanten Überraschungsangriff auf Syrien erhalten könnte, mit dem Israel am 9. Juni den vereinbarten Waffenstillstand mit Syrien einseitig unterlief, um die Golan-Höhen zu besetzen und sogleich zu annektieren.

US-Journalist Bamford vermutete überdies, die Liberty sollte versenkt werden, weil sie in El Arish ein Massaker mitbekam, bei dem israelische Soldaten 1.000 ägyptische und palästinensische Kriegsgefangene ermordeten, als die Liberty vorbeifuhr.[25]

Vielleicht ist die Erklärung für den Angriff auf das Schiff aber auch einfacher und lässt sich mit einem Statement der heutigen US-Außenministerin Condoleezza Rice aus dem Jahr 2002 auf den Punkt bringen: „Wir haben eine auf Israel ausgerichtete Außenpolitik."

Kapitel 5

Zionistischer Terror in Palästina

„Es sieht manchmal so aus, als wäre es nützlich, wenn einem ein Massaker nachgesagt wird, um Ministerpräsident in Israel zu werden.“
Israel Shamir, israelischer Publizist

Wer die Politik Israels verstehen will, muss in seine Entstehungsgeschichte und den inzwischen mehr als hundert Jahre andauernden Kolonialkrieg um Palästina zurückblicken.

Schon 1891 berichtete der jüdische Russe Ahad Ha'am (Asher Zvi Ginzberg) nach einem Besuch in Palästina in mehreren Artikeln in der in Petersburg erscheinenden hebräischen Zeitschrift „Hamelitz“ kritisch über die „Ausbeutung des palästinensischen Landvolkes durch die zionistischen Kolonialisten“. Außerdem machte er darauf aufmerksam, dass Palästina kein leeres Land sei und die Existenz einer einheimischen Bevölkerung für eingewanderte Juden zwangsläufig Probleme bereiten würde. Dies umso mehr, als die zionistischen „Pioniere“ glaubten, dass „die einzige Sprache, die die Araber verstünden, die Gewalt sei“.[2]

In fünf „Wellen“ kamen vor allem aus Osteuropa ab 1882 mehr oder weniger große Einwanderer-Gruppen in das gelobte biblische Land in der irrigen Meinung, es sei unbewohnt. Viele wandten sich aber wieder von der neuen „Heimat“ ab und kapitulierten angesichts der nie endenden Probleme in dem winzigen Land.

Die Vision eines eigenen Judenstaates populär gemacht hat 1896 der österreichische Journalist und Schriftsteller Theodor Herzl mit seiner Schrift „Der Judenstaat“.[3]

Herzl ging 1896 die zionistische Idee mit System an. Sein Plan für ein jüdisches Staatsgebilde wurde vor dem Hintergrund der damals entstandenen nationalistischen Strömungen und des grassierenden Antisemitismus in Europa begeistert aufgegriffen und sicherte ihm 1897 auf dem 1. Zionistischen Weltkongress in Basel das Präsidentenamt. In kaum sechs Jahren brachte er es fertig, eine Organisation aufzubauen, der die britische Regierung zunächst

Uganda als einen halbautonomen Staat anbot. In seinen Forderungen immer maßloser, wollte er aber bald, ganz dem imperialistischen Zeitgeist entsprechend, ein jüdisches Kolonialreich in Afrika, das neben Uganda auch Belgisch-Kongo, Mosambik und Libyen umfassen sollte. Auf diesem Kontinent, meinte er, könnten die Juden ihre Eignung als Kolonisten beweisen und in Ruhe die Wiedererlangung Palästinas vorbereiten.[4]

Doch bald machte die Regierung in London Anstalten, ihr Angebot zurückzuziehen, da es Widerstand im eigenen Land gab. Von britischen Kolonisten in Uganda kamen zudem bissige Kommentare, die das afrikanische Judenstaat-Projekt als „Jewganda" verhöhnten. Herzl musste einsehen, dass in Afrika wohl kaum das Gelobte Land zu finden war.

Schließlich stellte Herzl die Frage „Ist Palästina oder Argentinien vorzuziehen?" und gab im nächsten Satz die Antwort: „Die Society of Jews wird nehmen, was man ihr gibt …"

Letztlich schlug das Pendel zugunsten Palästinas aus – jenem „Heiligen Land", das nach den Erzählungen des Alten Testaments schon einmal vom „Volk Israel" vor rund 4.000 Jahren mit blutigen Kriegen erobert worden war; 70 n. Chr. wurden die Juden allerdings von den Römern wieder vertrieben, zerstreuten sich in alle Windrichtungen und lebten seither in der „Diaspora". Das Land war bis dahin jahrhundertelang Bestandteil des osmanischen Reiches und beherrscht von arabischen Großgrundbesitzern, den Effendis, die in den Städten lebten. Sie ließen es von den arabischen Bauern, den Fellachen, landwirtschaftlich nutzen. Die Erzählung, erst die Kibbuz-Bauern hätten die Wüste fruchtbar gemacht, entpuppt sich bei näherem Hinsehen als eine der erfindungsreichen Gründungsmythen um Israel.

Nach der Vertreibung der Türken im 1. Weltkrieg mit Hilfe der Araber unter Anführung des englischen Colonels Thomas E. Lawrence („Lawrence of Arabia") war der Landstrich zwischen Mittelmeer und Jordan ohne echte Regierung und politische Eigenständigkeit und wurde ab 1918 von den Engländern mit Mandat des Völkerbundes verwaltet.

Eine der schillerndsten Figuren der zionistischen Kolonisierung Palästinas war Wladimir „Ze'ev" Jabotinsky, dessen Ideen im heute regierenden Likud-Block allgegenwärtig sind. Als führender Kopf der bürgerlich-revisionistischen Bewegung hatte er 1925 die Ha Tzohar-Partei als Gegenpol zu den stark wachsenden sozialistischen Parteien der „Labour-Zionisten“ gegründet, aus deren Zusammenschluss später die zionistische Sozialdemokratie hervorging.

Jabotinsky wollte einen zionistischen Staat beidseits des Jordan-Flusses und eine Massenkolonisierung „mit Blut und Feuer“. „Groß-Israel“ war sein territoriales wie auch sein ideologisches Konzept mit dem Ziel der maximalen territorialen Expansion und der imperialen Beherrschung der gesamten Nahost-Region.

Die Lösung des „Araber-Problems“ sah Jabotinsky darin, die nationalen Bestrebungen der Araber einfach zu ignorieren, durch gewaltsame Unterdrückung zu kompensieren, und die Palästinenser notfalls aus Groß-Israel zu verjagen, das durch eine „eiserne Mauer“ geschützt werden sollte. Mit Ariel Sharon ist heute sein geistiger Erbe an der Macht, der Jabotinskys längst nicht mehr zeitgemäßer Ideologie endgültig zum Durchbruch verhelfen will.

Diese Strömung wurde anfangs von den linken Labour-Zionisten, denen der erste Ministerpräsident David Ben Gurion angehörte, wegen ihrer rigorosen Missachtung aller rechtlichen Gepflogenheiten und territorialen Gegebenheiten zwar als „faschistisch“ abqualifiziert. Doch letztlich wandelten auch die Labour-Zionisten auf dem mit Terroranschlägen, Massakern und Massenvertreibungen gespickten Kriegspfad. Ihre bis heute existierende Gewerkschaftsbewegung „Histadrut“ gründete 1925 mit der Haganah die erste und größte bewaffnete Untergrundorganisation, die zunächst auf Verteidigung ausgerichtet die Aufgabe hatte, die Siedler gegen die allmählich rabiaten Araber-Gruppen zu verteidigen, die sich in ihrer Existenz bedroht fühlten. Zu Recht, wie sich allmählich herausstellen sollte. Denn ihnen wurde sukzessive nicht nur ihr Land, sondern auch gezielt die Lebensgrundlage entzogen mit dem Ziel, sie aus ihrer Heimat zu vertreiben.

Von der britischen Mandatsverwaltung als illegal betrachtet, führte die Haganah später auch aggressive Terroranschläge gegen Briten und Araber durch. 1941 wurde mit dem Palmach eine jüdische „Elite-Einheit“ der Haganah gegründet.

Von der Haganah abgespalten hat sich 1931 unter Führung von Abraham Theomi die rechts-zionistische militärische Untergrundorganisation Irgun Zwai Leumi (hebr. für: „Nationale Militärische Organisation in Palästina"; die gleichfalls verwendete Abkürzung Etzel ist von den hebräischen Anfangsbuchstaben des Namens abgeleitet), die der Revisionistischen Partei von Wladimir Jabotinsky nahe stand. Diese bekämpfte mit Terroranschlägen und Sabotageakten gleichfalls Briten wie Araber.

In der Zeit zwischen 1937 und 1939 kam es unter der militärischen Führung von Moshe Rosenberg (1937-1938) und dann Wladimir Jabotinsky selber (ab 1938) zu einer weiteren Radikalisierung der Irgun, die nun verstärkt durch Bombenanschläge auf Cafés, Marktplätze und britische Polizeistationen von sich reden machte. Diese Art von Terror ist also keine Erfindung der Palästinenser, sondern wurde schon von den Zionisten vor Jahrzehnten eingeführt. Womit sich der Verdacht aufdrängt, die palästinensischen Untergrundkämpfer hätten sich das Terror-Handwerk von den jüdischen Meister-Terroristen abgeschaut.

In der Nacht vom 31. August auf den 1. September 1939 wurde die gesamte Führung der Irgun, darunter auch der radikale Abraham Stern, von den Engländern unter Arrest gesetzt.

Als Stern im Juni 1940 wieder frei kam, fand er eine völlig neue politische Konstellation vor. Denn der Irgun-Führer Jabotinsky hatte für die Dauer des Zweiten Weltkriegs alle militärischen Operationen gegen die Engländer abgesagt und sich mit ihnen sogar verbündet. Die Irgun kämpfte daher fortan mit den Briten gegen die Deutschen. Viele ihrer Mitglieder traten sogar in die britische Armee ein, wo eine eigene jüdische Brigade formiert wurde.

Wegen der unverträglichen Gegensätze gründete Stern, zunächst unter Gefolgschaft eines großen Teils der Irgun, eine eigene radikalere Gruppierung, die zunächst „Stern-Gang" (Stern-Bande) genannt wurde. Doch als Sterns politische Absichten klarer wurden, kehrten viele wieder zur Irgun zurück.

Abraham Stern hatte trotz der Nöte der von Hitler verfolgten Juden in Europa und des Beginns des 2. Weltkriegs alle Kompromisse mit den Briten zurückgewiesen und die Schaffung eines Groß-Israel propagiert, das alle jüdischen Gegenden der Bibel umfassen sollte. Er sah eher England denn Hitler als den größeren Feind an und opponierte heftig dagegen, dass Juden in die britische Armee eintraten, um gegen die Nazis zu kämpfen, wo sie als Kolonialtruppe behandelt wurden und nicht einmal die für Europäer reservierten Sanitärräume benutzen durften. Einen Kampf gegen Hitler lehnte er ab, solange London die Souveränität eines jüdischen Staates auf beiden Seiten des Jordanflusses nicht anerkennen wollte. Mehr noch als das: im September 1940 bot er Mussolini eine Kooperation an, wenn dieser einen zionistischen Staat unterstützen würde. Seinen Mitstreiter Maftalie Lupentschik sandte er sogar nach Beirut, das noch immer vom französischen Nazi-freundlichen Vichy-Regime kontrolliert wurde, um Gespräche mit Hitler einzufädeln.

Im Januar 1941 traf Lupentschik zwei Deutsche: Rudolf Rosen und Otto von Hentig, der später Chef der Orient-Abteilung im deutschen Außenministerium wurde. Nach dem Krieg tauchte eine Kopie des Vorschlags von Stern für eine Allianz zwischen seiner Bewegung und den Nazis unter den Papieren der deutschen Botschaft in der Türkei auf. Das Ankara-Dokument mit Datum 11. Januar 1941 trug den Titel „Vorschlag der nationalen Militärorganisation (Irgun Zwai Leumi) zur Lösung der Judenfrage in Europa und der Teilnahme am Krieg an der Seite von Deutschland". Zu dieser Zeit hielt sich die Stern-Gruppe für die wahre Irgun. Sein Vorschlag: die Evakuierung der Juden aus Europa, deren Transfer in die Heimat des jüdischen Volkes Palästina und die Etablierung eines jüdischen Staates in seinen historischen Grenzen. Stern bezeichnete die Irgun sogar als sehr verwandt der totalitären Bewegung in Europa hinsichtlich Ideologie und Struktur.

Die „Stern-Gang" war in der Folge für ihre bewaffneten Raubüberfälle, Morde und Terroranschläge gegen Briten und Araber gleichermaßen berüchtigt. Zum Teil wurden von ihr auch Araber als Alliierte im anti-kolonialen Kampf gegen die Briten akzeptiert.

Irgun und Stern-Gang sammelten und versteckten so viele Waffen, wie sie konnten. Ihre kühnen Waffenbeschaffungsaktionen und glorreichen „sliks" (Waffenverstecke) in der Mandatszeit gelten bis heute in Israel als Symbole jener Aktionen, die von den Briten schlichtweg als Terrorakte, von den Zionisten hingegen als „legitime Aktionen eines Volkes, das um sein Leben und seine Freiheit kämpft“, bezeichnet wurden.[5]

Heute wiederholt sich die Geschichte mit umgekehrten Vorzeichen. Doch selbstverständlich weigern sich die meisten Zionisten, aber gewiss nicht alle, den Freiheitskampf der Palästinenser als solchen anzuerkennen, obwohl dieser bei weitem legitimer ist. Schließlich kämpfen die arabischen Eingeborenen Palästinas um ihre tatsächliche Heimat, während die Zionisten ihre altertümlichen Ansprüche auf die „Heimat“ in Palästina als Eindringlinge mit Mythen aus der Bibel rechtfertigen, die nicht unbedingt der Realität entsprechen.

Am 12. Februar 1942 wurde Abraham Stern von Engländern erschossen und seine engsten Anhänger ins Gefängnis gesperrt. Die Gruppe nannte sich ab diesem Zeitpunkt Lehi (Lohamei Herut Israel = Kämpfer für die Freiheit Israels). An der Spitze stand ein Triumvirat mit Yitzhak Shamir (später Herut-Partei, Außenminister und Premierminister), Israel Sheib-Eldad (1967 einer der Begründer der Groß-Israel-Bewegung) und Nathan Yalin-Mor (in den 1970er Jahren einer der energischsten Befürworter eines israelisch-arabischen Ausgleichs auf anti-imperialistischer Grundlage). Auch unter neuer Führung blieb sie aber bei ihren ursprünglichen Zielen und Sterns „18 Prinzipien der nationalen Erneuerung“.

Von September 1942 bis Juli 1946, als Shamir verhaftet und dann nach Eritrea ausgewiesen war, versuchte die Lehi sieben Mordanschläge auf die jeweiligen britischen Hochkommissare in Palästina, Sir Harold MacMichael, Lord Gort und Sir Alan Cunningham.

Ihre berüchtigtste Tat war der von Shamir ein Jahr lang geplante Mord in Ägypten an Walter Edward Guinness – Lord Moyne –, dem britischen Minister für den gesamten Nahen Osten. Am 6. November 1944 wurde Lord Moyne von dem Lehi-Agenten Eliahu Hakim in Kairo erschossen.

Außerdem ermordeten die Stern-Kämpfer immer wieder Juden und unternahmen mindestens vierzehn weitere erfolglose Mordversuche gegen Juden, die angeblich oder tatsächlich für den englischen Geheimdienst arbeiteten. Wenn nötig, sollten auch eigene Bandenmitglieder umgebracht werden.

Obwohl die mit Abstand kleinste der zionistischen Terrorgruppen, war die Lehi für 71 Prozent aller politischen Morde von 1940 bis 1948 verantwortlich. Fast die Hälfte davon war gegen Juden gerichtet.

Terror-Karriere von Menachem Begin

Im Dezember 1943 war der Ende 1942 aus einem sowjetischen Arbeitslager in Polen nach Palästina gekommene spätere israelische Ministerpräsident Menachem Begin Führer der Irgun geworden. Anfang 1944 nahm auch die Irgun den Kampf gegen die Briten wieder auf, sah sich aber sogar jüdischen Haganah-Verbänden gegenüber, da die Zionistische Weltorganisation und die Führung der jüdischen Selbstverwaltung in Palästina ihre Politik gefährdet sahen.

Als im Juli 1945 in London eine Labour-Regierung gewählt wurde und deren Premierminister Clement Attlee die Kontrolle über die Ölressourcen im Nahen Osten als vorrangig und einen eigenen Judenstaat als unwichtig ansah, rief David Ben Gurion von den Labour-Zionisten die Haganah als militärischen Flügel der Labour-Zionisten wieder zum totalen Krieg gegen Engländer und Araber auf – zum „Krieg um unsere Unabhängigkeit", wie er ihn nannte.

Die Haganah unterzeichnete daher im November 1945 mit den anderen Terrororganisationen Irgun und Lehi ein Abkommen zur Gründung der Vereinigten Widerstandsbewegung, um die Briten aus Palästina gemeinsam zu vertreiben. In dem folgenden Terror-Feldzug war den jüdischen Kämpfern jedes Mittel erlaubt, entsetzliche Gräueltaten waren die Folge. Denn obwohl viele Juden auf der Seite der Engländer gegen die Nazis gekämpft hatten, waren die Engländer für die Zionisten danach wieder Feinde.

Jüdische Kollaborateure liquidiert

Britische Soldaten wurden getötet, wann immer sich die Gelegenheit bot. Ihre Kasernen wurden bombardiert, arabische Dörfer in Brand gesetzt. Und der neue zionistische Geheimdienst begann damals mit gezielten Desinformationen Verwirrung und Zwietracht bei Briten und Arabern zu stiften, wie es später auch ein Kennzeichen des Auslandsgeheimdienstes Mossad wurde.

Die von David Ben Gurion initiierte neue Geheimdienst-Einheit der Haganah unter dem Namen Shai (ein Akronym für Sherut Yediot – „Nachrichtendienst“) wurde zwar in erster Linie zur Unterwanderung britischer Mandatsoffiziere, zur Einschleusung von Agenten in arabische Organisationen in Palästina, zur Absicherung des Waffenschmuggels und der illegalen Einwanderungsprogramme der Haganah gegründet, ging aber auch brutal gegen Juden vor, die mit den Feinden Kontakt hatten: jüdische Frauen, die mit englischen Offizieren verkehrten; Ladenbesitzer, die mit den Briten Handel trieben; Cafébesitzer, die sie bewirteten. Die Betroffenen wurden mitten in der Nacht vor ein Standgericht der Haganah gebracht und entweder brutal verprügelt oder durch einen einzigen Schuss in den Hinterkopf ebenso ermordet wie der Kollaboration mit den Briten verdächtigte Juden.

Schließlich planten die zionistischen Terrorgruppen 1946 sogar, terroristische Zellen in London aufzubauen, um den britischen Außenminister Ernest Bevin und Mitglieder des britischen Geheimdienstes zu ermorden.[6]

Bombenanschlag auf das King David Hotel

Doch 1946 kam es zum endgültigen Bruch zwischen Haganah und den Irgun-Terroristen, als Letztere am 22. Juli das englische Hauptquartier im Jerusalemer King David Hotel in die Luft sprengten. Ben Gurion bezeichnete die Irgun sogar als „Feind des jüdischen Volkes“.

Zu dem Attentat hatte sich Menachem Begin entschlossen, nachdem britische Truppen die Jewish Agency am 29. Juni 1946 besetzt und eine große Anzahl von Dokumenten konfisziert hatten. Zur selben Zeit wurden mehr als 2.500 Juden in ganz Palästina festgenommen. Informationen über die Operationen der Jewish Agency und vor allem auch der Geheimdienstaktivitäten in arabischen Ländern wurden in das King David Hotel gebracht. Eine Woche später erreichten die Nachrichten über ein Massaker an 40 Juden in Polen Palästina und erinnerten die Juden daran, dass die restriktive britische Immigrationspolitik Tausende Juden in Europa zum Tode verurteilte.

Menachem Begin selber telefonierte am 22. Juli 1946 in das King David Hotel, um vor dem Bombenanschlag zu warnen, und forderte die Räumung des Hotels. Doch ein britischer Offizier sagte: „Wir nehmen keine Befehle von Juden entgegen.“ Das Ergebnis: 91 Tote (darunter 17 Juden) und 45 Verletzte. Von den Briten wurde schließlich auf Begin ein Kopfgeld von 2.000 Pfund ausgesetzt.

Dieser erklärte allerdings am 26. Juli von seinem geheimen Hauptquartier aus, dass die Haganah den Bombenanschlag auf das King David Hotel geplant und die Irgun ihn lediglich ausgeführt hätte.

Zuvor hatte am 24. Juli die britische Regierung ein Weißbuch veröffentlicht, in dem die Haganah-, Irgun- und Lehi-Banden als „geplante Sabotage- und Gewaltbewegungen“ unter Leitung der Jewish Agency bezeichnet wurden.

Auf das Konto der Irgun ging auch ein Bombenattentat auf die britische Botschaft in Rom am 31. Oktober 1946.

Am 4. Juni 1947 wurden von der Lehi acht Briefbomben, die pulverisiertes Gelatinedynamit enthielten, an hohe britische Regierungsbeamte in London geschickt. Zu den Empfängern gehörten Außenminister Ernest Bevin, Anthony Eden, Premierminister Attlee und Winston Churchill.

Die Liste der begangenen Terrorakte, festgehalten in den Archiv-Meldungen der „New York Times“, enthält alle nur erdenklichen Delikte: Sprengstoffanschläge gegen Schiffe, Ölleitungen, Kraftwerke, Polizeistationen, Kasernen, Bahnlinien; Ermordungen von Soldaten, Polizisten und Zivilisten, darunter Briten, Araber und Juden; Banküberfälle zur Beschaffung von Geldern für die Terroristen, Überfälle auf Diamanten-Fabriken.

Als Palästina verschenkt wurde

Unter dem Eindruck der Judenvernichtung durch die Nazis in Europa forderten einflussreiche zionistische Kreise vor allem aus England immer dringlicher, den Juden in Palästina ein eigenes Land zu „schenken“.

Den Einwänden des saudiarabischen Königs Abd al-Aziz Al Sa'ud („Ibn Saud“), dass die Araber schließlich nicht dafür verantwortlich gemacht werden könnten und man den Juden die besten Länder und Häuser Deutschlands geben sollte, konnte US-Präsident Franklin D. Roosevelt, aus Jalta kommend, bei einem Treffen auf dem amerikanischen Kreuzer „Quincy“ am 14. Februar 1945 im Suezkanal nur entgegnen, die Juden wollten eben nach Palästina und sonst nirgendwo hin.

Auch das Anbot von erheblichen Waffenlieferungen, die Königswürde über die ganze arabische Welt und kolportierte zwanzig Millionen Pfund konnten Ibn Saud nicht umstimmen. Er erwiderte kühl, dass er die Einwilligung für eine jüdische Masseneinwanderung in das arabische Gebiet niemals geben könne, da die Juden im Verlauf der Geschichte nur eine Epoche in Palästina geherrscht hätten, während die Araber vor und nach dieser Periode Jahrtausende in Palästina sesshaft gewesen waren.

In der Tat wurde Jerusalem nach der Revolte gegen Rom im Jahre 70. n. Chr. zerstört und viele seiner Bewohner über das gesamte Römische Reich verstreut und versklavt. Von 132 bis 135 n. Chr. versuchte der jüdische Militärführer Simon Bar Kochba nochmals einen Aufstand. Danach wurde der Tempelberg von den Römern endgültig dem Erdboden gleichgemacht. Jerusalem wurde als heidnische Stadt wieder aufgebaut – unter dem neuen Namen Aelia Capitolina –, wobei Juden der Zutritt verboten war.

Unter den verschiedensten Machthabern – Rom (bis 324), Byzanz (324-614), Persien (614-638), moslemische Araber (638-1099), europäische Kreuzritter (1099-1291), Mamelucken (1291-1516), ottomanische Türken (1516-1917) und durch Großbritannien (1917-1948) – gab es lediglich immer wieder kleinere jüdische Gruppen in Jerusalem.

Nach Roosevelt versuchte noch Winston Churchill sein Glück und lud seinerseits Ibn Saud zu einer Aussprache in die Oase Fayum in Ägypten ein. Doch auch er vermochte Ibn Saud nicht umzustimmen.

Dennoch beschloss die UNO-Vollversammlung am 29. November 1947 mit der Resolution 181 mehrheitlich, Palästina in zwei Staaten aufzuteilen: in einen jüdischen und einen palästinensischen.

Vermutlich wäre der korrekte Vollzug des Teilungsplanes 1948 kein Problem gewesen, wäre er von der UNO besser vorbereitet und von den Engländern überwacht worden. Und hätten sich die Zionisten mit dem begnügt, was ihnen von der UNO zugestanden wurde. Doch die Regierung in London zog am 15. Mai 1948 geradezu fluchtartig Zivilverwaltung und Militär aus Palästina ab, weil es mit der Umsetzung der Beschlüsse nichts zu tun haben wollte, um nicht andere Interessen in Jordanien, Ägypten, Irak, Iran und den anderen Golfstaaten zu gefährden.

Denn der Teilungsplan war damals ein nicht gerade ausgewogenes Zugeständnis. Schließlich waren 1947 erst 5,8 Prozent des Landes in jüdischer Hand. Laut Teilungsplan sollten es dann plötzlich 56 % sein, die allerdings fast zur Hälfte von „einheimischer" arabischer Bevölkerung bewohnt waren (in Palästina lebten damals 1,157 Millionen moslemische Araber und nur 580.000 Juden sowie 146.000 Christen). Doch das wiederum entsprach nicht dem zionistischen Ideal vom Judenstaat.

Es gab zwar seinerzeit keine ausdrückliche schriftliche Anweisung vom designierten Ministerpräsidenten David Ben Gurion. Doch hatte er schon 1937 die Absichten der Zionisten klar ausgedrückt: „Das Land ist in unseren Augen nicht das Land seiner jetzigen Bewohner. Wenn man sagt, dass ‚Eretz Israel' das Land zweier Nationen sei, so verfälscht man die zionistische Wahrheit: Palästina muss und soll nicht die Fragen beider Völker lösen, sondern nur die Frage eines Volkes, des jüdischen Volkes in der Welt ... Wir müssen die Araber hinauswerfen und uns an ihre Stelle setzen."

Schon ab März 1948 begann daher die damals noch als größte Untergrundorganisation operierende Haganah, die Vorläuferin der späteren israelischen Armee, mit ihrem Plan „D" (Tochnit Daleh) zur Zerstörung ganzer Dörfer, der Bekämpfung und Vernichtung der „Feinde" und deren Vertreibung aus dem Staatsgebiet. Es war die erste Doktrin, die man als israelische Militärdoktrin bezeichnen kann. Sie wurde von dem Leiter der Einsatzgruppe der vereinten israelischen Streitkräfte Zahal (offiziell eingerichtet am 31. Mai 1948 aus dem Zusammenschluss der Untergrundorganisationen Haganah, Irgun und Palmach), Generalmajor Yigael Yadin, entwickelt und am 10. März 1948 für seine Organisation in Kraft gesetzt, um dem erwarteten militärischen Konflikt mit den Arabern vorzubeugen.[7]

Am 14. Mai 1948 wurde der Staat Israel proklamiert und gleichzeitig landesweit das Eintreten der „Situation D" erklärt, womit sämtliche Militäreinheiten den Befehl erhielten, „Plan D" auszuführen. Die Zionisten starteten damit die gewaltsame „ethnische Säuberung“ des jüdischen Teilstaates und darüber hinaus einen kriegerischen Raubzug, um sich auch Teile des eigentlich den Palästinensern zugedachten Landes anzueignen.

Ben Gurion ermunterte die überlegen bewaffneten zionistischen Verbände, auch Gebiete mit Waffengewalt zu annektieren, die von der UNO mit der Resolution 181 eindeutig einem palästinensischen Staat zugesprochen worden waren.

Statt 45 % des historischen Palästina im Westen des Jordan-Flusses blieben den Arabern letztlich deutlich weniger. Israel holte sich bis heute statt der 55 % durch Landraub und Annexion bereits 78 %, der den Palästinensern verbliebene Rest der Westbank und des Gazastreifens macht statt der versprochenen 45 % nur noch 22 % des historischen Palästina westlich des Jordan aus. Und der ist von israelischem Militär seit 2001/2002 wiederbesetzt worden.

Von April 1948 weg verbreitete Ben Gurion die Idee von der notwendigen Vertreibung mündlich bei seinen Truppenbesuchen, so dass ein allgemeiner Konsens entstand und das gesamte Offizierscorps verstand, was seitens der politischen Führung erwartet wurde. Der israelische Historiker Benny Morris identifizierte später einen eindeutigen Zusammenhang zwischen diesen „Anweisungen“ und den nachfolgenden Gräueltaten.[8]

Damit gaben sich die Machthaber aber nicht zufrieden. Denn Ben Gurion hatte ein grundsätzliches Prinzip hinterlassen: Der Staat Israel hat keine Grenzen. Denn die würden die jeweils bestehende Situation einfrieren und der Gier nach Land und den Großmachtsträumen entgegenstehen.

Ermordung des UN-Gesandten Graf Bernadotte

Die Lehi (Stern-Gang) ließ sich nicht in die offizielle Armee eingliedern, sondern setzte unter Führung von Yitzhak Shamir auch nach der Gründung des zionistischen Staates ihre terroristischen Aktivitäten fort. Die Splittergruppe Hazit Ha’Moledet (Vaterländische Front) ermordete am 17. September 1948 den schwedischen UN-Nahost-Diplomaten Graf Folke Bernadotte, den Neffen des schwedischen Königs. Dieser sollte ein Friedensabkommen zwischen Israel und den Arabern vermitteln, was die radikalen

Zionisten zu verhindern trachteten. Bernadottes Termine wurden von Stanley Goldfoot aufgezeichnet und offenbar verraten (Goldfoot wurde Jahrzehnte später der Liebling der „judeo-christlichen TV-Evangelisten“ in den USA). Auf einer Fahrt geriet der Konvoi mit Bernadotte in den Hinterhalt eines vierköpfigen Kommandos unter der Führung von Meir Zetler. Yehoshua Cohen erschoss dann den schwedischen Grafen mit einer Schmeisser-Maschinenpistole. Danach wurde die Gruppe von der neuen israelischen Staatsführung verboten und aufgelöst.

Alle Beteiligten wurden später durch eine Generalamnestie der israelischen Regierung vom 10.2.1949 vor Strafe geschützt. Israels erster Ministerpräsident David Ben Gurion sagte später: „So lange Bernadotte lebte, war die UNO gegen uns, ausgenommen die Russen.“[9]

Kapitel 6

Massaker, Vertreibung und immer wieder Krieg

„Ich habe lange nachgedacht über die vielen künstlichen Aktionen und Gewalttaten, die wir uns ausgedacht haben, und über die vielen Zusammenstöße, die wir provoziert haben und die uns so viel Blut gekostet haben, und über die Verletzungen von Recht und Gesetz durch unsere Leute, all das hat zu schwerwiegenden Katastrophen geführt, hat den gesamten Lauf der Ereignisse bestimmt und zu unserer Sicherheitskrise beigetragen."

Moshe Sharett, israelischer Außenminister und Ministerpräsident

Es dauerte allerdings 40 Jahre, bis klar wurde, warum die UNO Stellung gegen die zionistischen Eroberer bezog und die volle Dimension des kolonialen Eroberungskrieges der Zionisten in dem fremden Land offenbar wurde.

Eine Generation überwiegend nach 1948 geborener „neuer Historiker" wie Benny Morris, Avi Shlaim, Tom Segev, Ilan Pappe und Teddy Katz hat es nach der Öffnung der ersten Staatsarchive 30 Jahre „danach" gewagt, die zuvor sorgsam verheimlichten Gräueltaten und Vertreibungen an der palästinensischen Zivilbevölkerung im Zuge der Staatsgründung Israels 1948 aufzuzeigen.

Sie haben ab den späten 1980er Jahren in zahlreichen wissenschaftlichen Arbeiten die Gründungsmythen des Jahres 1948 zerpflückt und die Geschichte Israels umgeschrieben; haben gewagt zu fragen, was keiner wissen wollte. Und wurden dafür als „Anti-Zionisten" und „Gehilfen der PLO" denunziert. Dennoch dienen ihre Erkenntnisse inzwischen in den Universitäten als Lehrbehelfe und werden mehrheitlich als allgemeiner Wissensstand akzeptiert.

Und sie haben die Systematik hinter der israelischen Politik der Vertreibung des Jahres 1948 und den Ursprung des palästinensischen Flüchtlingsproblems enthüllt; mit der von vornherein dominierenden Absicht, den Arabern entgegen dem UNO-Beschluss möglichst viel Land mit Waffengewalt zu rauben. Die Richtung hatte David Ben Gurion, der erste Ministerpräsident Israels, vorgegeben: je weniger Araber, desto besser.

Den ersten Tabu-Bruch beging Benny Morris 1987 mit der Veröffentlichung seines Buches „The Birth of the Palestinian Refugee Problem, 1947-1949“, für das er öffentlich gegeißelt wurde; 2004 folgte die erweiterte Neuauflage. Er hatte das Land mit der wahren Realität konfrontiert – einer Gründungs-Geschichte mit Morden und Massakern an Alten, Frauen und Kindern, Mehrfach-Vergewaltigungen arabischer Flüchtlingsmädchen durch israelische Untergrundkämpfer, der erzwungenen Vertreibung von mehr als 750.000 der damals insgesamt 1,2 Millionen einheimischen Palästinenser – die Schaffung des ersten Teils jenes palästinensischen Flüchtlingsproblems, das bis heute nicht gelöst ist.[1]

In den ländlichen Regionen machten die Israelis 1948 zumindest 472 dörfliche Siedlungen und damit 85 Prozent all jener, die sie unter Kontrolle bekamen, dem Erdboden gleich; an deren Stelle oder nahebei wurden 123 neue jüdische Ansiedlungen errichtet. Von dort stammt der Großteil der palästinensischen Flüchtlinge. Und dort wurden auch die meisten Massaker begangen.[2]

Was die Kommandanten der vormaligen Terrororganisationen Haganah, Irgun und „Stern-Gang“ für notwendig hielten, wurde – oftmals unkoordiniert, aber überaus effizient – erledigt: die ethnische Säuberung ganzer Landstriche.

Im kollektiven Bewusstsein der Palästinenser prägte sich dann der erzwungene eigene Exodus als ein zionistisch-imperialistisches Teufelswerk ein; vorsätzlich begangen nach einem umfassenden Vertreibungsplan.[3]

Benny Morris, der sich selbst gerne als „un-enthusiastischen Zionisten“ bezeichnet, hat mit dieser Neuschreibung der Geschichte in Israel einen Historikerstreit ausgelöst. Nicht wenige nehmen ihm noch immer übel, die ideologische Grundlage des jüdischen Staates befleckt zu haben. Die in den vergangenen Jahren bekannt gewordenen Dokumente, konstatiert er, „haben meine Schlussfolgerungen noch bestärkt und damit die Verantwortung des Jeschuv (Bezeichnung der jüdischen Gemeinschaft im englischen Mandatsgebiet Palästina, Anm.) für das palästinensische Flüchtlingsproblem“.

Die Anzahl der Massaker beziffert Morris in der im Frühjahr 2004 erschienenen Neuauflage seines Buches aus dem Jahr 1987 mit 24, wobei manchmal nur vier oder fünf, in vielen Fällen aber auch 70, 80 oder sogar mehr als 100 Menschen ermordet wurden. Manchmal waren es auch einfach nur Zufallsmorde. So etwa, als Soldaten zwei alte Männer über ein Feld gehen sahen und sie einfach wie Hasen abknallten.

Nicht bekannt ist natürlich, was Morris alles verschweigen musste, weil es der üblichen staatlichen Zensur zum Opfer fiel.

In der israelischen Historikerszene gehört die Arbeit von Morris heute zu den Standardwerken. „Es gibt keinen ernsthaften Wissenschaftler mehr", so Morris, „der behauptet, meine Grundthesen seien komplett falsch." Attackiert werden sie zwar weiterhin von jenen aus der „alten Schule", wie etwa von dem rechten Politologen Ephraim Karsh. Doch dessen Methode, einzelne Zitate herauszupicken, das Gesamtbild aber zu ignorieren, hat wenig überzeugt. Die alte strahlende Heldenversion des Zionismus ist in Israel eben kein Dogma mehr.

Ilan Pappe, Lehrbeauftragter an der Universität Haifa, unterscheidet seither zwischen Israel und Zionismus, stellt wie andere „neue Historiker" das „israelische Narrativ" dem palästinensischen gegenüber, um das „zionistische Narrativ" zu verwerfen. Denn der Zionismus ist in ihren Augen mit einer „Ursünde" behaftet. Als ein archaisches Überbleibsel des westlichen Kolonialismus, das früher oder später verschwinden werde, sei er eine räuberische und aggressive Bewegung, die die palästinensische Tragödie verursacht habe und für die Fortsetzung des Konflikts mit den arabischen Nachbarn verantwortlich sei. „Die Shoah berechtigt nicht die Verwandlung von 750.000 Palästinenser zu Flüchtlingen", deklarierte Pappe. „Wenn der Preis des Zionismus die Entwurzelung eines anderes Volkes ist, dann ist das ein zu hoher Preis und ich hätte auf den Staat verzichtet."[4]

Die „neuen Historiker" sind übrigens überwiegend der Meinung, dass die Bedeutung der Shoah für die Gründung des Staates Israel von nachrangiger Bedeutung sei, und beschuldigen den Zionismus, diese Tragödie auszunützen. Außerdem vergleichen sie das Verhalten mancher Soldaten oder von gewissen Gruppen in Israel mit dem

Verhalten der Nazis und machen aus den Palästinensern die „echten Opfer“ der Shoah. Wenn dem so ist, dann wären die Palästinenser logischerweise zugleich aber auch indirekt Opfer der Deutschen.

Palästinensischer Beifall für die neuen Historiker Israels ist allerdings bislang ausgeblieben. In ersten Reaktionen wurden sie sogar als besonders „raffinierte zionistische Propagandisten“ tituliert. Morris erklärt das als Abwehr einer „dreifachen Enteignung“: Erst die Landnahme, dann die einseitige Siegerversion der Geschichte und nun auch noch die zurechtgerückte Fassung durch israelische Historiker.

Zur eigenen geschichtlichen Aufarbeitung sind die Palästinenser kaum in der Lage. Zum einen, weil die israelische Armee beim Sturm auf West-Beirut und die palästinensischen Flüchtlingslager 1982 die gesamte dort gelagerte palästinensische Geschichtsschreibung samt umfangreichem Filmmaterial geraubt oder vernichtet hat. Zum anderen sind ihnen die israelischen und britischen Archive nur schwer zugänglich. Und außerdem dürfen Bewohner aus Westbank und Gaza und daher auch Wissenschaftler nicht frei nach Israel einreisen.

Umso überraschender war daher eine Veröffentlichung in der deutschen „Frankfurter Allgemeine Zeitung“ (FAZ) am 9. Januar 2001 mit einer ausführlichen Analyse des palästinensischen Historikers Salah Abd el Dschawad von der Bir-Zeit Universität von Ramallah. Einleitend nahm die FAZ auch Bezug auf die israelischen „neuen Historiker“ und kündigte an, die Geschichte des israelischen „Unabhängigkeitskrieges“ müsse zumindest teilweise revidiert und neu geschrieben werden.[5]

Vor allem aber gibt es hunderte von (Zeit-) Zeugen. Und nach einer vergleichenden Studie der Aussagen dieser Opfer mit den offengelegten israelischen Quellen konnten die Historiker eine außerordentliche Übereinstimmung zwischen den beiden Arten von Quellen feststellen. Sie haben außerdem über viele Jahre hinweg den größten Teil der schriftlichen Sekundärquellen und jegliche aufzustöbernde Literatur zum Thema auf Französisch, Englisch, Arabisch und Hebräisch gesammelt und analysiert. Erstmals wurden dabei ab 1999 auch Archive des Internationalen Komitees vom Roten Kreuz (IKRK) in Genf benutzt, dessen

Dokumente über den Krieg von 1948 50 Jahre unter Verschluss waren. Außerdem fand Salah Abd el Dschawad Zugang zu dem in New York befindlichen Archiv der UN-Beobachter, die 1948 nach Palästina entsandt worden waren. Schließlich verarbeitete er auch weitere zionistische Dokumentationen, die aus ideologischen Gründen von den israelischen Historikern nicht benutzt wurden.

Während Benny Morris noch von 24 Massakern schrieb, konnten die palästinensischen Historiker mit der systematischen Befragung von Augenzeugen mehrere Dutzend von Massakern mit tausenden niedergemetzelten Alten, Frauen und Kindern nachweisen, die mit unterschiedlicher Grausamkeit verübt wurden und die in den Arbeiten der israelischen „neuen" Historiker, die nur in den israelischen Archiven stöberten, teilweise nicht zu finden sind. Darunter ist die Ermordung von 50 Palästinensern in Abu-Shusheh, sieben Kilometer südwestlich von Ramleh, schon am 14. Mai 1948. Am Tag davor waren in Breirr bei Gaza bereits Gräueltaten verübt worden. Und am 16. Juli 1948 wurden in Tireh-Haifa 28 bis 30 Palästinenser, die aus Altersschwäche ihre Heimat nicht mehr verlassen konnten, lebendig verbrannt.

Dass aber auch damit die Gräueltaten der zionistischen Söldner noch immer nicht umfassend aufgedeckt waren, bewies der israelische Historiker Theodor „Teddy" Katz, als er in seiner Doktorarbeit an der israelischen Universität von Haifa ergänzend von einem Massaker berichtete, das am 23. Mai 1948 in dem Dorf Tanttura in der Nähe von Haifa verübt wurde. Auch er stützte sich dabei auf palästinensische und israelische Augenzeugenberichte.

Aus all diesen Arbeiten wird u. a. ersichtlich, dass gleich nach Ausrufung des Staates Israel am 14. Mai 1948 und dem überstürzten Abzug der Engländer israelische Truppen in einer sorgfältig geplanten Aktion 11 palästinensische Städte stürmten.

Israel von Anfang an auf Kriegskurs

Seit der Staatsgründung 1948 profilierte sich der Staat Israel als gefährlichster Brandherd im Nahen Osten, der immer wieder die Stabilität nicht nur der Region, sondern der ganzen Welt gefährdete, weil er immer wieder auf Krieg aus war.

Im Mai 1948 instruierte Israels erster Ministerpräsident David Ben Gurion den Generalstab des neugegründeten Staates über die politischen Vorstellungen der Staatsführung:

„Wir sollten uns darauf vorbereiten, in die Offensive zu gehen. Unser Ziel ist es, den Libanon, Trans-Jordanien und Syrien zu zerschlagen. Der schwache Punkt ist der Libanon, weil das moslemische Regime wackelig und für uns leicht ins Wanken zu bringen ist. Wir werden dort einen christlichen Staat etablieren. Und dann werden wir die Arabische Legion schlagen und Jordanien eliminieren. Auch Syrien wird uns zufallen. Dann bombardieren wir Port Said, Alexandria und Sinai, greifen an und erobern alles.“[6]

Im Zuge des ersten Krieges 1948/49 okkupierte Israel Anfang 1949 die Negev-Wüste bis zu jener ägyptisch-palästinensischen Linie, die den Gazastreifen begrenzte. In den Waffenstillstandsverträgen (General Armistice Agreements – GAA), die zwischen Israel und den arabischen Gegnern Ägypten, Jordanien, Libanon und Syrien zwischen Januar und Juli 1949 unter Mithilfe des UN-Vermittlers Ralph Bunche unterzeichnet wurden, erhielt Ägypten die administrative Kontrolle über die Stadt Gaza und Umgebung, wodurch der Gazastreifen kreiert wurde. Die dort lebenden Palästinenser erhielten aber nicht die ägyptische Staatsbürgerschaft. Das Gebiet wurde auch nicht formell Ägypten einverleibt.

Seit damals ist die Region von Flüchtlingen übervölkert, die aus Palästina dorthin geflohen waren in der Hoffnung, nach dem Krieg in ihre Heimat zurückkehren zu können. Da es ihnen vor allem ums eigene Überleben ging, war ihnen ein eigener Staat damals gar kein vorrangiges Anliegen, zumal es die Palästinenser seit Jahrhunderten gewohnt waren, unter fremder Herrschaft zu leben.

Die unklaren Begriffe der GAA trugen aber den Keim für die weiteren Kriege 1956, 1967 und 1973 in sich. Die arabischen Nachbarstaaten behielten sich vor, die Feindseligkeiten wieder aufleben zu lassen, und weigerten sich, Israel anzuerkennen. Israel seinerseits war an einem Friedensschluss gar nicht interessiert.

Es kam daher, wie es kommen musste. Palästinensische Untergrundkämpfer aus den Vertriebenen-Familien drangen aus ihren Elendsquartieren jenseits der Grenze immer wieder nach Israel ein und führten Racheakte durch. Israel antwortete darauf seinerseits mit völkerrechtswidrigen „Vergeltungsschlägen" gegen hauptsächlich zivile Ziele in den Nachbarstaaten, bei denen die israelische Armee in kleineren Feldzügen trainiert wurde und zunehmend militärische Stärke demonstrierte.

Noam Chomsky, der herausragende jüdisch-amerikanische Intellektuelle, offenbarte mit einem Zitat aus dem Tagebuch Ben Gurions vom 1. Januar 1948 eine besondere Überlegung des angehenden Staatsführers:[7]

„... Ein Haus in die Luft zu sprengen ist nicht genug. Notwendig sind auch grausame und heftige Reaktionen. Wir brauchen eine Präzision bezüglich Zeit, Ort und Todesopfern. Wenn wir die Familie wissen, müssen wir unbarmherzig zuschlagen, Frauen und Kinder mit einbezogen. Ansonsten ist die Reaktion uneffizient. Bei der Aktion ist es nicht notwendig zu unterscheiden zwischen schuldig und unschuldig. Wenn es keine Attacke gegeben hat – sollten auch wir nicht angreifen."

Das ist deutlich. Nicht zu unterscheiden zwischen schuldig und unschuldig, zwischen Kämpfern und Frauen oder Kindern – das ist die Sprache der Terroristen. Und es war eben auch die Sprache von Ben Gurion.

Aufschlussreiche Informationen über Ben Gurions Politik eröffneten die Tagebücher von Moshe Sharett, dem früheren Außenminister unter Ben Gurion und später dessen Nachfolger als Ministerpräsident, die nicht gerade schmeichelhaft sind. Sharetts Sohn Yaqov Sharett hatte wichtige politische Fakten aus diesen Tagebüchern 1979 veröffentlicht.[8]

Livia Rokach, die Tochter von Sharetts Innenminister Israel Rokach, hat die Dokumente dann weiter verarbeitet und ergänzt.[9]

Die konstruierte Bedrohung durch die Araber

Demnach machte Ben Gurion systematisch Gebrauch von Terror und Gewalt mit dem Ziel, arabische Gegengewalt zu erzeugen, die dann als die arabische Bedrohung für die Existenz Israels hingestellt wurde. Konsterniert vertraute Moshe Sharett seinem Tagebuch an:

„Ich habe lange nachgedacht über die vielen künstlichen Aktionen und Gewalttaten, die wir uns ausgedacht haben, und über die

vielen Zusammenstöße, die wir provoziert haben und die uns so viel Blut gekostet haben, und über die Verletzungen von Recht und Gesetz durch unsere Leute, all das hat zu schwerwiegenden Katastrophen geführt, hat den gesamten Lauf der Ereignisse bestimmt und zu unserer Sicherheitskrise beigetragen.“

Ben Gurion und die Militärs hatten niemals ernsthaft an eine Bedrohung Israels durch die Araber geglaubt. Tatsächlich waren die arabischen Regierungen ganz im Gegenteil in ständiger Angst vor einem neuerlichen israelischen Angriff und erkannten bald, dass die politische und militärische Führung Israels die arabischen Staaten in militärische Konfrontationen zwingen wollte, da sie annahm, dabei immer zu gewinnen.

Ziel dieser aggressiven Politik war in der Tat, das Kräfteverhältnis in der Region radikal zu verändern und den zionistischen Staat zur größten Macht im Nahen Osten zu machen. Unter der Führung von Ben Gurion entfaltete Israel dabei umfangreiche Aktivitäten, um die nationalistischen Bewegungen in der arabischen Welt zu untergraben und die Regime zu destabilisieren mit dem Ziel, sie durch Marionettenregime zu ersetzen.

Während dieser Zeit führte Israel ständig Militäraktionen gegen die Zivilbevölkerung entlang der Waffenstillstandsgrenze vor allem in den palästinensischen Gebieten der Westbank und im Gazastreifen durch, um eine dauerhafte Destabilisierung und Spannungen zwischen den Bevölkerungen und ihren Führern herbeizuführen.

Militäroperationen gegen arabische Militäreinrichtungen in den Grenzgebieten sollten zudem die Moral der gegnerischen Soldaten untergraben und zur Destabilisierung der Regime über die Militärstrukturen beitragen.

Terror-Hintergrund der Lavon-Affäre

Schließlich entfaltete Israel mitten in der arabischen Welt nicht nur eine intensive Spionagetätigkeit, sondern führte auch verdeckte terroristische Operationen durch, um Angst, Spannungen und Instabilität zu schaffen.

Unter anderem versuchte die Regierung, die nach der Machtübernahme durch Gamal Abdel Nasser verbesserten Beziehungen

Ägyptens zu den USA und Großbritannien zu stören. Gemeinsam mit mehreren Regierungsmitgliedern organisierte der Mossad im Juli 1954 in Kairo und Alexandria eine Welle von Bombenanschlägen gegen amerikanische und britische Regierungs- und Zivileinrichtungen – darunter die Büros der „US Information Agency" in beiden Städten, ein britisches Theater, die Hauptpost von Kairo und ein Kino. Die Anschläge wurden zunächst der „Muslim-Bruderschaft" in die Schuhe geschoben. Bald flog die gesamte Terrorzelle allerdings auf, als eine für ein Kino in Alexandria bestimmte Phosphorbrandbombe in der Tasche eines Agenten vorzeitig explodierte. Die meisten Mitglieder der Terrorgruppe landeten im Gefängnis, zwei wurden sogar hingerichtet. Die Mapei-Partei von Ben Gurion soll sich dabei nicht gerade intensiv um die zumeist arabischstämmigen jüdischen Gefangenen gekümmert haben.

Noch während des Gerichtsverfahrens, das mehrere Monate später stattfand, wies Premierminister David Ben Gurion eine Verantwortung für die Anschläge auf das Schärfste zurück. Letztlich musste Israel aber eingestehen, dass die „Operation Susannah", die später nach dem damaligen israelischen Verteidigungsminister als „Lavon-Affäre" bekannt wurde, auf Anordnung höchster Stellen durchgeführt worden war.

Ben Gurion gab Pinhas Lavon die Schuld, dieser wiederum sagte, Oberst Benjamin Gibli, ein Vertrauter Ben Gurions, habe die Anschläge hinter seinem Rücken organisiert. Eine Untersuchungskommission fand dann heraus, dass der damalige Stabschef Moshe Dayan und der damalige Generaldirektor des Verteidigungsministeriums, Shimon Peres, ein Dokument gefälscht hatten, um die Schuld Lavon zuzuschieben. Letztlich führte diese Affäre zum Rücktritt Ben Gurions.[10]

Wie die israelische Zeitung „Haaretz" berichtete, hat der israelische Präsident Moshe Katzav im April 2005 den drei noch lebenden Terroristen bei einer Zeremonie in Jerusalem Anerkennungsurkunden übergeben, um „unseren Respekt für diese Helden" auszudrücken. Das ist eben der Unterschied: Jüdischer Terror wird bejubelt und belohnt; palästinensischer dagegen lautstark beklagt. Was bleibt, sind verwischte Grenzen zwischen Opfern und Tätern.

Marionetten-Regierung für den Libanon

Im Hintergrund der Politik von Konfrontation und Provokation standen immer angestrebte Gebietsgewinne durch Kriege – obwohl Israel in dem Waffenstillstandsabkommen von 1949/50 bereits ein Gebiet zugesprochen wurde, das um ein Drittel größer war als ursprünglich im UN-Teilungsplan vorgesehen. Doch Ben Gurion wollte mehr: zumindest das gesamte britische Mandatsgebiet Palästina erobern.

Weiters sollten die völkerrechtlich legitimen Ansprüche der 1947/48 vertriebenen Palästinenser auf eine Rückkehr in ihre Heimat abgewehrt werden.

Sharetts Tagebuch lieferte überdies eine anschauliche Dokumentation über den von Ben Gurion entworfenen teuflischen Plan von 1954, den Libanon zu „christianisieren" und in Beirut eine Israel-hörige maronitische Marionetten-Regierung zu installieren. Dafür sollten zunächst innere Konflikte im Libanon ausgelöst werden. Diese Idee mündete dann fünfzehn Jahre später in einem Plan, den Libanon zu teilen und zu unterwerfen, lange bevor die palästinensische Präsenz im Libanon zu einem politischen Faktor wurde.

Ben Gurion verschrieb sich der Idee, dass die Maroniten, als christliche Sekte der Ostkirche mit syrischem Ursprung die größte und eine der ältesten Religionsgemeinschaften im Libanon, neben dem von Moslems dominierten Land einen christlichen Staat ausrufen sollten. Die Taktik dafür hatte General Moshe Dayan rasch bei der Hand: Es müsse lediglich ein Offizier, wenigstens im Rang eines Majors, als „Staats-Chef" gefunden werden.

Sharett notierte:

„Wir müssten entweder sein Herz gewinnen oder ihn mit Geld kaufen, um ihn zu überzeugen, sich selbst als Retter der maronitischen Christen aufzuspielen ... Dann würde die israelische Armee in den Libanon einmarschieren, das notwendige Gebiet okkupieren und ein christliches Regime begründen, das sich mit Israel verbündet ...Das Gebiet südlich des Litani-Flusses wird zur Gänze von Israel annektiert."

Der Plan ging bekanntlich temporär auf. Mit Major Saad Haddad fand sich tatsächlich ein abtrünniger Überläufer als „Regent" für eine von Israel kontrollierte Maroniten-Enklave entlang Israels

Nordgrenze. Die Folge war ein von 1975 bis 1991 dauernder 16-jähriger blutiger Bürgerkrieg mit täglicher Gewalt und Gräueltaten im ganzen Land. Erst mit dem Abkommen von Ta'if vom 30. September 1989 fand auch der Konfessionalismus ein Ende, dem 1991 der definitive Friedensschluss folgte. Die massive Anbindung an Syrien und die Stationierung syrischer Truppen war der Preis für den Frieden.[11]

Einen erkennbaren Nutzen hatte Israel davon nicht wirklich. Im Jahr 2000 holte Regierungschef Ehud Barak schließlich die letzten Besatzungstruppen aus dem Südlibanon zurück, die es auch bis dahin nicht geschafft hatten, die feindliche schiitische Hisbollah-Miliz in die Knie zu zwingen.

Krieg gegen Ägypten in Vorbereitung

1955 startete das israelische Militär einen Überfall auf Gaza, bei dem 40 ägyptische Soldaten und Zivilisten ums Leben kamen und beinahe ebenso viele verletzt wurden. Wenige Monate später traf die Regierung dann die endgültige Entscheidung zum kriegerischen Raubzug nach Ägypten. Dies stieß bei Außenminister Moshe Sharett aber auf heftigen Widerstand, woraufhin seine politische Liquidierung durch die Befürworter des Krieges, allen voran Ben Gurion und Moshe Dayan, beschlossen wurde. Der Angriff auf Gaza war somit ein bewusst vorgenommener erster Schritt hin zum Krieg gegen Ägypten, der von der israelischen Führung schon ab dem Frühherbst 1953 geplant war mit dem Ziel, den Gazastreifen und die Halbinsel Sinai zu erobern. Israel wollte lediglich abwarten, bis die internationalen Bedingungen für solch einen Krieg gegeben sein würden.

Folgerichtig lehnte Ben Gurion hochmütig einen von Ägyptens Staatspräsident Gamal Abdel Nasser auf der Bandung-Konferenz 1955 angebotenen Friedensvertrag als „verschleierte Denunziation" ab.[12]

Diese auf Initiative des indischen Ministerpräsidenten Pandit Jawaharlal Nehru vom 18. bis 24. April 1955 im indonesischen Bandung abgehaltene Konferenz von 23 asiatischen und sechs afrikanischen Staaten symbolisierte, dass sich die asiatischen und afrikanischen Völker von der Herrschaft der Kolonialländer befreiten und als „Blockfreie“ in die internationale politische Arena eintraten.

Auch Nasser hatte dieses Ziel, was schließlich seinen Entschluss zur Verstaatlichung des Suez-Kanals bestärkte. Vorangegangen war eine Ablehnung der USA wie auch Englands auf sein Ersuchen, den Bau des Assuan-Staudamms mit zu finanzieren, was offenbar eine Reaktion auf dessen Annäherung an die Sowjetunion war. Daraufhin erklärte Nasser am 26. Juli 1956 nach dem Abzug der britischen Truppen aus der Kanalzone die internationale Suez-Gesellschaft, die den Suez-Kanal betrieb, für verstaatlicht, um die erwarteten Einnahmen in Höhe von 100 Millionen Dollar jährlich für den Bau des Staudamms verwenden zu können. Zugleich wollte Nasser den ausländischen Einfluss zurückdrängen und Ägypten modernisieren.

Israel überfiel Ägypten das erste Mal

England und Frankreich als enteignete Hauptaktionäre waren darüber erbost. Und das kam den Plänen Israels entgegen, weil es den Boden für eine gemeinsame Militärintervention aufbereitete. Doch entgegen der weit verbreiteten Ansicht, dass die Verstaatlichung der Hauptgrund für den Suez-Krieg gewesen sei – statt von Krieg wird rückblickend übrigens verniedlichend von der „Suez-Kampagne“ gesprochen –, war sie lediglich ein willkommener Anlass für Israel, um die beiden düpierten europäischen Staaten zu einem gemeinsamen Angriff zu gewinnen. Letztlich hätte Israel aber auch ohne die Europäer Ägypten überfallen.

Die israelischen Kriegsziele legte Ministerpräsident Ben Gurion im israelischen Kabinett so dar: Beseitigung der Fedajin-Basen im Gazastreifen und Besetzung der Ostküste des Sinai am Roten Meer zur Sicherung des Zugangs zum Hafen Eilath durch die Schifffahrtsstraße in der Meerenge von Tiran.

Der gegen den Krieg auftretende Außenminister Sharett bewies daraufhin Rückgrat und trat zurück, was endgültig das Ende der zwischendurch moderaten Politik bedeutete. Seine Zurückhaltung sollte sich als berechtigt erweisen.

Am 29. Oktober 1956 griff Israel bei einbrechender Dunkelheit um 17 Uhr an. 400 Fallschirmjäger sprangen 160 Kilometer im Inneren des Sinai, 35 Kilometer vom Suez-Kanal entfernt, über dem strategisch wichtigen Mitla-Pass ab, nachdem zwei Stunden zuvor vier Mustang-Düsenjäger im Tiefflug alle Überlandleitungen am Sinai zerstört hatten. Ariel Sharon trieb damals als Kommandeur einer Fallschirmjägereinheit die Eroberung des Mitla-Gipfels mit einer derartigen Besessenheit voran, dass viele seiner Soldaten unnötig zu Tode kamen.

Eine gemeinsame französisch-britische Invasionsarmee bombardierte unterdes die Suez-Kanalzone und eroberte sodann Ismailia und Port Said.

Am 3. November ergaben sich die im Gazastreifen eingekreisten Einheiten der ägyptischen Armee. An die 2.000 Ägypter und 180 Israelis ließen auf dem Schlachtfeld ihr Leben. 600 israelische Soldaten wurden verwundet. 6.000 Ägypter kamen in Kriegsgefangenschaft.

Am 6. November 1956 stellten die englischen und französischen Truppen die Kriegshandlungen ein.

Die aufwendige Militäraktion stellte sich aber bald als der erste kriegerische Total-Flop der aggressiven zionistischen Machthaber heraus, denen noch mehrere folgen sollten. Denn einen Krieg mit überlegener Waffengewalt zu gewinnen ist eine Sache, den Frieden zu gewinnen ist eine andere. Und bei Letzterem offenbart sich immer wieder bei den zionistischen Führern ein gewaltiger Mangel an Weitblick und politischem Verständnis, gepaart mit einer geradezu verbrecherischen Neigung zur Missachtung von internationalem Recht und jüdischem wie auch – und vor allem – nichtjüdischem Leben.

Die USA rissen jedenfalls die israelische Führungsgarnitur aus ihren expansionistischen Großmachtsträumen. Sie fühlten sich schlichtweg übergangen, in ihren Interessen tangiert und stoppten daher bereits am 31. Oktober alle Hilfsgelder. Am 7. März 1957 mussten sich die Israelis schließlich aus den zuvor besetzten Gebieten wieder zurückziehen.

Nach dem unergiebigen Krieg 1956 stellte Israel vorerst für einige Jahre größere kriegerische Abenteuer zurück, um die Armee weiter aufzurüsten. Doch dann schwenkten unter Ministerpräsident Levi Eschkol die radikalen Politiker – allen voran Verteidigungsminister Mosche Dayan sowie Menachem Begin und Josef Sapir, beide als Minister ohne Portefeuille – zur Freude der Militärs erneut auf Kriegskurs ein.

Weitere Aggressionen gegen Nachbarstaaten

Mitte November 1966 führte die israelische Armee einen überraschenden Militärschlag gegen den schwächsten Nachbarn Jordanien. Dabei nützten die israelischen Strategen die vom Auslandsgeheimdienst Mossad identifizierten Konflikte innerhalb des arabischen Lagers. Denn das militärisch starke Ägypten war damals in erster Linie mit seinen Truppen im Jemen aktiv, wo es dem republikanischen Norden im Bürgerkrieg gegen den von Saudi-Arabien und Jordanien unterstützten Süden militärische Hilfe leistete. Anstatt des mit Saudi-Arabien vereinbarten Friedens kam es dort ab 1966 erneut zu permanenten Kämpfen. Jordanien konnte daher damals keine Waffenhilfe von der stärksten arabischen Militärmacht erwarten.

Eine fast 4.000 Mann starke Panzerbrigade rückte unter der üblichen Begründung „Vergeltungsaktion" gegen die Stadt Samua in den Hügeln der damals unter der Herrschaft Jordaniens stehenden Region um die Stadt Hebron im Westjordanland vor und zerstörte gezielt 125 Wohnhäuser, ein Krankenhaus, eine Schule und eine Werkstatt. 18 jordanische Soldaten und ein israelischer Soldat wurden dabei getötet.

US-Botschafter Arthur Goldberg verurteilte damals den Überfall vor den Vereinten Nationen und entrüstete sich, dass der dabei geforderte Tribut an Menschenleben und die angerichtete Zerstörung bei weitem über die Summe der einzelnen, gegen Israels Grenzen gerichteten terroristischen Akte hinaus ging. Seiner Meinung nach ließ sich die in großem Stil angelegte Militäroperation durch die vorangegangenen Vorfälle, an denen die jordanische Regierung im Übrigen keinerlei Anteil hatte, weder rechtfertigen noch wegdiskutieren oder entschuldigen.

Tatsächlich wurden bis zum Juni-Krieg 1967 mehr Palästinenser bei dem Versuch, nach Israel einzudringen, von jordanischen Soldaten getötet als von den Israelis selbst. Und nur wenige Monate vor dem Angriff auf Samua hatte König Hussein von Jordanien den Großteil des PLO-Personals in Amman verhaften und das dortige Büro schließen lassen.

Da weder das angegriffene Jordanien noch die anderen arabischen Staaten Lust hatten, sich mit Israel auf ein größeres militärisches Kräftemessen einzulassen, fühlten sich die Israelis zu weiteren Großtaten ermuntert.

Anfang April 1967 griffen neue, modernste israelische Kampfflugzeuge überraschend Syrien an und demonstrierten eine überlegene Kampfkraft, indem sie sechs syrische Flugzeuge abschossen, eines davon sogar über Damaskus. Zur gleichen Zeit wurde seitens der israelischen Regierung eine intensive verbale Agitation gegen Syrien entfesselt und behauptet, bedroht zu werden.

Der israelische Außenminister Abba Eban bezeichnete die verbalen Kraftakte später als einen der wirkungsvollsten falschen Alarme der Geschichte. Tatsächlich hätte Israel gar nicht die Absicht gehabt, Syrien schon damals richtig anzugreifen. Das wahre Ziel war ein anderes, größeres. Denn damals stimmten die britischen und amerikanischen Geheimdienste bereits überein, dass Israel in einem allseitigen Krieg gegen die arabischen Nachbarn unzweifelhaft siegen würde. Ende Mai 1967 schätzte der amerikanische Auslandsgeheimdienst CIA dann, Israel werde aufgrund seiner damals bereits bestehenden militärischen Überlegenheit innerhalb von etwa einer Woche einen Krieg gegen jedes beliebige arabische Land oder auch gegen alle zusammen gewinnen, egal, wer als Erster angreifen würde.

Nasser tappte in die Falle

Wie vorauszusehen war, sah sich der ägyptische Staatspräsident Nasser, der im Jahr davor mit Syrien einen Militärpakt geschlossen hatte, nach den Attacken auf Syrien zum Handeln veranlasst, um dem Führungsanspruch Ägyptens in der arabischen Welt gerecht zu werden, zumal die Fortsetzung des Bürgerkriegs im Jemen für Ägypten ein politisches Debakel war. Um sein Image in der arabischen Welt aufzupolieren und wenigstens den Anschein einer Unterstützung Syriens zu wahren, schickte Nasser als Machtdemonstration am 14. Mai 1967 zwei Divisionen über den Suez-Kanal in den Sinai, die aber strikt auf ägyptischem Hoheitsgebiet zu bleiben hatten.

Im Anschluss daran forderte er den Abzug der internationalen Friedenstruppen „UNEF“ aus dem Sinai. Doch UNO-Generalsekretär U-Thant stellte Nasser vor die Wahl, entweder keine oder alle UNEF-Truppen auch aus dem Gazastreifen und aus dem ägyptischen Sharm el-Sheikh am Golf von Akaba, von wo aus man die Straße von Tiran im Roten Meer einsehen kann, zurückzuziehen – was Nasser ursprünglich gar nicht wollte.

Die Stationierung der UNEF-Truppen ging auf eine Resolution der UNO-Generalversammlung im Februar 1957 zurück, die allerdings ohnedies vorsah, die Truppen „auf beiden Seiten“ der ägyptisch-israelischen Waffenstillstandslinie nach dem Suez-Krieg von 1956 zu stationieren. Als U-Thant 1967 Israel daher vorschlug, die Truppen einfach auf die israelische Seite zu verlagern, zumal zehn Jahre lang israelische Patrouillen entlang der Linie ohnedies von Zeit zu Zeit durch Verletzung der Grenze den Nachbarn provozierten, wies Israel diesen Vorschlag bewusst zurück, da es dort freie Hand für den nächsten Angriff haben wollte. Diese Umstände wurden von Israel später selbstverständlich immer verschwiegen.

Wenige Tage nach dem Abzug der UNEF-Truppen stationierte Nasser Truppen in Sharm el-Sheikh. Gleichzeitig verfügte er die Sperre der Straße von Tiran für die Durchfahrt israelischer Schiffe zum israelischen Hafen Eilath.

Der damalige Stabschef der Truppen der Vereinten Nationen im Nahen Osten, Odd Bull, schrieb in seinen Memoiren, Nasser sei zum Handeln gezwungen gewesen, um seinen Ruf in der arabischen Welt zu wahren. Denn er war bereits heftiger Kritik mit dem Vorwurf ausgesetzt, er würde sich hinter der UNEF verstecken. Sogar der israelische General Mosche Dayan räumte später ein, dass die israelischen Militärschläge gegen Syrien und Jordanien Nasser keine andere Wahl gelassen hätten, als seinen Ruf und sein Ansehen im eigenen Land und in der gesamten arabischen Welt mit demonstrativen Maßnahmen zu wahren.

US-Präsident Lyndon B. Johnson warnte beide Seiten öffentlich vor gegenseitigen Angriffen und unterstrich zumindest verbal seine Absicht, für die politische Unabhängigkeit und die Grenzen aller Nationen im Nahen Osten einzutreten. Er versprach, sich gegen jegliche Form von Aggression einzusetzen.

Diese Erklärung gab Washington genau 13 Tage vor Israels Angriff gegen seine Nachbarn bekannt.

In seinen Memoiren behauptete Johnson später, dass Israel ihn hintergangen hätte: Eschkol habe ihm versprochen, mit dem Angriff abzuwarten, bis er mit Ägypten in der Frage der Passage durch die Meerenge von Tiran verhandelt habe, wofür Johnson ein paar Wochen in Aussicht nahm und Präsident Nasser über seine Verhandlungsabsicht informierte.

Nasser gab daraufhin sowohl den USA und den anderen Großmächten als auch UNO-Generalsekretär U-Thant gegenüber das Versprechen ab, Israel nicht anzugreifen. Führende amerikanische Persönlichkeiten aus Militär, Spionage und dem Außenministerium haben später einstimmig bestätigt, dass Ägypten keinen Angriff vorbereitete und dass Israel darüber und über die weitere Vorgehensweise des US-Präsidenten informiert worden sei.

Am 1. Juni 1967 traf der US-Sondergesandte Anderson zu Gesprächen in Kairo ein und gewann den Eindruck, dass Nasser eine klare Präferenz für eine Verhandlungslösung zur Bereinigung der Probleme hatte. Noch im selben Monat sollte daraufhin der ägyptische Vizepräsident Zakaria Muhjeddin mit Präsident Johnson in Washington weitere Gespräche führen.

Überfall auf die Nachbarn im Sechs-Tage-Krieg

Israel musste dabei einen Durchbruch bei den diplomatischen Bemühungen des US-Präsidenten fürchten. Doch genau dies galt es zu verhindern, um die Chance auf einen weiteren bedeutenden Landgewinn mit kriegerischen Mitteln zu wahren. Israels Außenminister Abba Eban reiste nach Washington und informierte Präsident Johnson über die bevorstehende Invasion. Johnson erklärte daraufhin, dass die USA eine derartige Attacke nicht unterstützen könnten.[13]

Eine wichtige Voraussetzung für den folgenden Angriffskrieg hatte der israelische Auslandsgeheimdienst in jahrelanger Vorarbeit geschaffen. Unter seinem Generaldirektor Meir Amit (1963-1968) hatte der Mossad nicht nur über jedes Mitglied der Palästinensischen Befreiungsorganisation (PLO) ein Dossier mit Namen und Adresse sowie zwei Photos (mit und ohne Keffijah, dem Kopftuch der Palästinenser) angelegt. Amit ließ außerdem eine große Zahl arabischer Informanten anwerben, die wegen ihrer Armut meist mit geringen Beträgen zu „kaufen“ waren. Bestochene Araber verrieten bewaffnete Palästinenser und deren Waffenverstecke, Wohnsitze und Reisepläne. Für jeden vom Mossad getöteten Terroristen zahlten die Israelis dem Informanten einen Dollar als Prämie.

1967 verfügte der Mossad außerdem bereits auf jedem ägyptischen Flughafen und in jeder militärischen Befehlszentrale über einen Agenten oder zumindest einen bestochenen Informanten. Im Oberkommando der Streitkräfte in Kairo gab es drei Stabsoffiziere, die für Israel spionierten.[14]

Von jedem ägyptischen Militärflugplatz besaß der Mossad außerdem einen minutiösen Ablaufplan. Er hatte Akten über die ägyptischen Stabsoffiziere, die Piloten und das Bodenpersonal angelegt und wusste genau Bescheid über den Dienstablauf der Piloten – von der Ankunft am Flugplatz über die Dauer des Umkleidens, des Frühstücks, des Toilettenbesuchs und der Zeitdauer bis zum Einstieg in das Cockpit der Flugzeuge. Von letzteren wusste der Mossad exakt die Zeitdauer des Fertigmachens, des Auftankens und Ausrüstens mit Waffen sowie den genauen Zeitpunkt, wann sie zuvor aus dem Hangar herausgerollt wurden. Daher wussten die Israelis auch, dass 15 Minuten danach die Rollfelder mit Tanklastwagen und Munitionstransportern blockiert waren.

Bekannt war im israelischen Hauptquartier außerdem, dass ohne Alarmzustand die ägyptischen Einsatzplaner nicht vor 8:15 Uhr an ihren Schreibtischen waren und ein typischer Stabsoffizier erst kurz vor 8:30 Uhr damit begann, die über Nacht von den Stützpunkten eingetroffenen Funknachrichten zu studieren.

Mossad-Chef Meir Amit informierte die Kommandanten der israelischen Luftwaffe, dass sie mit ihren Maschinen bei einem Angriff zwischen 8:00 Uhr und 8:30 Uhr über ihren Zielen sein müssten, um binnen einer halben Stunde die ägyptische Luftwaffe noch am Boden zerstören zu können.

Und so geschah es auch. Am Montagmorgen, dem 5. Juni 1967, fielen 200 israelische Kampfflugzeuge über das Mittelmeer kommend in einer ersten Angriffswelle überraschend über sechs ägyptische Militärflughäfen her – um genau 8:01 Uhr. In einem Bombenhagel explodierten Tanklastwagen und Munitionstransporter, rund 200 Kampfflugzeuge wurden in dem Flammeninferno vernichtet, 16 Radarstationen zerschossen. Binnen einer halben Stunde hatte sich Israel solcherart die Lufthoheit im Nahen Osten erbombt.[15]

Zwei Stunden später folgte die zweite Angriffswelle auf Ägypten, mit der mehr als 100 weitere Flugzeuge auf 14 anderen Flugplätzen zerstört wurden. Damit war der Großteil der einsatzfähigen ägyptischen Luftwaffe nur noch Schrott.[16]

Noch am selben Morgen demolierten israelische Kampfbomber auch rund 50 Militärflugzeuge auf syrischen Flugplätzen und damit die Hälfte der einsatzfähigen syrischen Luftwaffe.

Jordanien, das damals das Westjordanland und Ost-Jerusalem beherrschte, wurde von den Israelis zum Schein noch mit einem Ultimatum zum Stillhalten aufgefordert, beantwortete dieses aber erwartungsgemäß mit einem Angriff auf Westjerusalem. Schließlich hatte König Hussein, wie den Israelis bekannt war, erst kurz zuvor am 30. Mai in Kairo einen Verteidigungspakt unterzeichnet, der die jordanische Armee unter ägyptisches Kommando stellte. Um zwei Uhr nachmittags griff Israel schließlich auch Jordanien aus der Luft an und bombte dort am Boden fast die gesamte Luftwaffe gleichfalls zu Schrott.

Den Rest besorgten die schon vom Material her überlegenen israelischen Panzerdivisionen.

Dann servierten die Israelis der gutgläubigen Weltöffentlichkeit die Falschdarstellung, die Araber hätten den Krieg begonnen. Via TV und Zeitungen wurden Bilder der in Gefangenschaft geratenen Ägypter ohne Schuhe mit dem zynischen Kommentar präsentiert, die Araber hätten die Schuhe ausgezogen, „um in der Wüste besser laufen zu können".

Ob diese Gefangenen dann überlebten, weiß niemand. Fest steht lediglich, dass israelische Truppen in der Sinai-Küstenstadt Al Arish ungefähr 1.000 ägyptische und palästinensische Gefangene ermordeten.[17]

Die israelische Führung behauptete zwar zunächst, keinerlei Grenzänderungen anzustreben. Doch in einem Zeitungsartikel hatte das einflussreiche Kabinettsmitglied Yigal Allon bereits Tage vor Kriegsbeginn angekündigt, dass im Falle eines neuen Krieges die territoriale Ausweitung des Landes Israel das Hauptziel sein werde.

Der Angriffskrieg hatte also von vornherein den einzigen Zweck, sich einmal mehr mit Waffengewalt arabisches Land anzueignen.

Tatsächlich eroberten die israelischen Panzertruppen von Ägypten die Halbinsel Sinai und den Gazastreifen, von Jordanien das Westjordanland samt Ost-Jerusalem und von Syrien die Golan-Höhen.

Nähere Details über den Feldzug der Israelis sind bisher wegen der noch verschlossenen Archive kaum bekannt geworden. Doch lässt die Schilderung des israelischen Schriftstellers Amos Kenan, der als Soldat im Raum Latrun westlich von Jerusalem diente, Schlimmes ahnen. Er berichtete dem damaligen Knesset-Abgeordneten und Herausgeber des Nachrichtenmagazins Haolam Hazeh, Uri Avnery, von den Gräueltaten der israelischen Armee. Männer und Frauen, Kinder und alte Leute von vier Dörfern (Imwas, Yalu, Bet-Nuba, Dir Ayub) wurden gezwungen, in der erstickenden Hitze von über 30 Grad Celsius zu Fuß nach Ramallah über eine Entfernung von 30 km zu laufen, wo die Familien der Überlebenden noch heute in Flüchtlingslagern leben. Gleich danach begann die Armee, die Häuser mit Bulldozern zu zerstören. Damals dachten die Israelis noch, die internationale Staatengemeinschaft würde sie zwingen, alle besetzten Gebiete zurückzugeben und sie könnten am ehesten Gebiete behalten, in denen keine Spur von Dörfern mehr war.

Ähnliches geschah in Kalkilya, wo die israelische Armee nach der Eroberung der Stadt begann, systematisch den zentralen Stadtteil zu sprengen, nachdem sie die Bewohner vertrieben und auf einen Flüchtlingsmarsch in die 25 km entfernte Stadt Nablus gezwungen hatte.

Gleichzeitig begann auch im benachbarten Tulkarm die Vertreibung. Ra'anan Lurie, ein berühmter israelischer Karikaturist und damals Armeeoffizier, verweigerte den Befehl, den er als illegal betrachtete. Er konnte jedoch nicht verhindern, dass die Einwohner in Busse getrieben, direkt zur Jordanbrücke gebracht und nach Jordanien hinüber gejagt wurden.

Die bei weitem größte Vertreibung fand in Aqabat-Jabr und den anderen großen Flüchtlingslagern von 1948 in der Nähe Jerichos statt. Diese größten Lager im Nahen Osten mit zumindest 100.000

Flüchtlingen wurden vollständig geräumt, die Menschen wie Vieh gleichfalls nach Jordanien getrieben. Geisterstädte blieben zurück.

Einige versuchten nach dem Krieg, nachts heimlich über den Jordan zurückzukommen. Alle wurden aber gefangen genommen und sofort erschossen, wie dies ja auch nach dem Krieg 1948 mit Heimkehrern geschehen war.

Insgesamt wurden rund 260.000 Menschen während der so genannten „kleinen Nakbah“ (als große Nakbah wird die Vertreibung von 750.000 Palästinensern im Krieg 1948 bezeichnet) von den israelischen Angreifern in die umliegenden Nachbarländer vertrieben.

Zwischen 1967 und 1993 ließ die israelische Besatzungsmacht dann mehr als 89.000 weitere Menschen – häufig Intellektuelle und politische Aktivisten – aus den besetzten palästinensischen Gebieten völkerrechtswidrig deportieren oder entzog ihnen die Identitätskarte, an die ein dauerhaftes Residenzrecht geknüpft war.[18]

Bei den Verhandlungen in Oslo 1993 wurde vereinbart, wenigstens diesen Flüchtlingen die Rückkehr nach Palästina zu ermöglichen. Das geplante Komitee zur Repatriierung wurde aber wie so viele andere von den Israelis zunächst unterschriebene Vereinbarungen nie in die Tat umgesetzt.[19]

Die im nunmehr besetzten Westjordanland zurückbleibende Bevölkerung schlitterte in der Folge durch die jahrzehntelange ökonomische und militärische Strangulierung in tiefste Armut.

Kriegsgründe von Israel frei erfunden

Die als Begründung für den Angriff vorgeschobenen Behauptungen über Bedrohungen seitens der arabischen Staaten waren jedenfalls allesamt frei erfunden und dienten lediglich der Legendenbildung und der verfälschenden israelischen Geschichtsschreibung. An der Nordgrenze zu Syrien gab es z. B. in den sechs Monaten vor dem Krieg kein einziges ziviles Opfer.[20]

Abba Eban, Außenminister von 1966 bis 1974, präsentierte dennoch vor der UNO und den internationalen Medien die Bedrohungsversion und verteidigte öffentlich die Besetzung des Westjordanlandes, des Gazastreifens, der Golan-Höhen und Ost-Jerusalems. Im privaten Kreis sprach er sich allerdings für eine Rückgabe der Gebiete nach Verhandlungen aus. Verschiedentlich wurde Eban dafür kritisiert, seinen Ansichten nicht auch in der innerisraelischen Debatte Gehör verschafft zu haben. Er spielte dann auch eine wichtige Rolle bei der gegen die israelische Besetzung der Palästinensergebiete gerichtete Verabschiedung der Resolution 242 des UN-Sicherheitsrates vom Jahre 1967 (sowie der Resolution 338 im Jahre 1973). Nach dem Yom-Kippur-Krieg war Eban an den Verhandlungen über ein Truppenentflechtungsabkommen zwischen Ägypten und Israel beteiligt.

Von ihm stammt auch der zynische Kommentar über jene amerikanischen Glaubensbrüder, die aus dem Holocaust wohl auf ewig Kapital schlagen, ohne womöglich selber davon betroffen gewesen zu sein: „There's no business like Shoa-business" – kein Geschäft ist lukrativer als jenes mit dem Holocaust, mit dem das Leiden der Juden ausgebeutet wird.

Der frühere Außenminister Moshe Sharett hielt in seinem Tagebuch fest, dass die Besetzung des Gazastreifens und der Westbank von Israel schon seit Anfang der 1950er Jahre geplant war. Amerikanische Zionisten wurden über diese Pläne 1954 informiert. Ab 1955 wurden bewusst jüdische und arabische Menschenleben geopfert – in einer Reihe von provokanten Anschlägen, die nur verübt wurden, um einen Vorwand zu provozieren für die Besetzung des jordanischen Territoriums im Westjordanland. Hauptursache für die Verschiebung der Besetzung dieses Gebietes war die britische Präsenz in Jordanien, die den haschemitischen König stützte.[21]

General Mattityahu Peled, einer der Strategen des Juni-Kriegs 1967, bestätigte dies und bezeichnete die israelische Behauptung, bedroht worden zu sein, 1972 als reinen Bluff. Auch der spätere Verteidigungsminister Ezer Weizmann, von Mai 1993 bis Juni 2000 dann israelischer Staatspräsident, der für den Großteil der Einsatzplanung verantwortlich war, äußerte sich ähnlich.[22]

Der damalige Generalstabschef und spätere Ministerpräsident Yitzhak Rabin gab nach dem israelischen Sieg ebenfalls zu, er habe nicht wirklich geglaubt, dass Nasser Krieg wollte.[23]

Gleiches räumte viele Jahre später Ministerpräsident Menachem Begin ein. Die ägyptische Truppenkonzentration am Zugang zum Sinai hätten nicht bewiesen, dass Nasser tatsächlich vor hatte, Israel anzugreifen. Vielmehr hätte Israel damals beschlossen, die Nachbarländer anzugreifen. Er erinnerte sich später, dass die israelischen Befehlshaber in der vorletzten Sitzung des Verteidigungsausschusses vor dem Überraschungsangriff nicht am israelischen Sieg zweifelten. Sie waren sich ihrer technischen Überlegenheit bewusst.

Anwar al Sadat scheiterte an Golda Meir

Die seit Februar 1969 als Nachfolgerin des überraschend verstorbenen Levi Eschkol bis 1974 amtierende Ministerpräsidentin Golda Meir, vom jüdischen Professor Avi Shlaim als „primitive und selbstgerechte Frau" abqualifiziert, lehnte 1971 die Unterzeichnung einer Interimsvereinbarung mit Ägyptens Präsident Anwar al Sadat ab.

Ägypten und Syrien gaben sich damit aber nicht zufrieden. Als Vergeltung für den Überraschungsangriff der Israelis vom Juni 1967 und deren Unwillen, den daraus resultierenden Konflikt einvernehmlich zu lösen, trafen die beiden Länder Vorbereitungen, um sich die Halbinsel Sinai und die Golan-Höhen mit Gewalt zurück zu holen.

Am 6. Oktober 1973 griffen die Armeen der beiden Länder in einem konzertierten Überraschungsangriff am höchsten jüdischen Feiertag Yom Kippur (Versöhnungstag) an. Israels Geheimdienste hatten versagt, indem sie in den Monaten davor trotz eindeutiger Anzeichen der Mobilmachung die Lage falsch einschätzten und in einer geradezu einfältigen Art von Selbstherrlichkeit den Arabern keine militärische Intervention zutrauten.

Die Folgen waren für Israel fatal. So wie im Juni 1967 die Nachbarländer von den Israelis wurden nun die Israelis ihrerseits von Ägypten und Syrien unvorbereitet angegriffen. Militärisch stark unter Druck, griff die israelische Regierung zu der Drohung mit den nuklearen Möglichkeiten, um US-Präsident Richard Nixon und Außenminister Henry Kissinger zu veranlassen, Israel mit einer gewaltigen Menge Kriegsmaterial über eine Luftbrücke zu unterstützen und damit zu retten. Zum Schutz der Araber stellte daraufhin die Sowjetunion den Einsatz von Atomwaffen zur Disposition.

Mit der lebensrettenden amerikanischen Unterstützung gelang es dann israelischen Truppen im Gegenangriff sogar, auf ägyptisches bzw. syrisches Territorium vorzustoßen. Die Ölstaaten verhängten daraufhin am 16. Oktober 1973 als Vergeltung ein Erdölembargo gegen Israel-freundliche Staaten, für das die ganze Welt mit explodierenden Treibstoffpreisen bezahlen musste. Lediglich die amerikanischen Ölmultis machten daraus noch übermäßig Profit – ihre Gewinne erreichten neue Rekordhöhen.

Für den neuerlichen Krieg anstelle der zunächst von Nasser und dann Sadat angebotenen Friedensvereinbarungen musste Israel letztlich einen hohen Preis zahlen, weil viele israelische Soldaten dabei den Tod fanden. Eine Untersuchungskommission in Israel gab der Regierung die Schuld an dem anfänglichen Desaster wegen mangelnder Reaktion gegen den Angriff, dessen Vorbereitungen nachrichtendienstlich erkennbar waren. Golda Meir und Verteidigungsminister Moshe Dayan mussten daraufhin zurücktreten. Yitzhak Rabin und Shimon Peres traten ihre Nachfolge an.

Kissinger erzwang Waffenstillstand

Am 24. Oktober 1973 erzwang US-Außenminister Henry Kissinger einen Waffenstillstand. Am 11. November 1973 begannen bei Kilometerstein 101 in den Wüstenzelten des UN-Checkpoints auf der Straße Kairo-Suez in Ägypten Verhandlungen über eine Beendigung der bewaffneten Auseinandersetzungen.

In seiner ersten Amtsperiode als Ministerpräsident verwaltete Yitzhak Rabin von der Arbeitspartei 1974 bis 1977 die Kriegsbeute. Der Weg zu echten Friedensverhandlungen dauerte aber noch lange. Denn Skandale und Streitereien innerhalb der Arbeitspartei ebneten schließlich bei den Wahlen im Mai 1977 den Weg für den Likud-Block als führende Kraft im Lande. Von da an war die Kontinuität der Radikalität über Jahrzehnte gesichert.

Kapitel 7

Terroristenführer als Regierungschefs

„Wie sich an Begin, Shamir und Lahis illustrieren lässt, werden Ex-Terroristen in Israel geehrt: ihren Mordtaten haftet kein Stigma an ... Das israelische Kabinett hatte eine Briefmarkenserie zur Ehrung zionistischer Helden herausgegeben, zu denen auch Shlomo Ben-Josef zählt, der von den Briten gehängt wurde, weil er auf einen arabischen Bus geschossen hat; ferner die Mörder von Lord Moyne, der 1944 umgebracht wurde ... Da der Terrorismus in Israel als ehrenhafte Beschäftigung gilt, kann es nicht erstaunen, dass die Täter von höchsten Regierungskreisen gedeckt werden. So war ein mutmaßlicher Mörder des UN-Vermittlers Graf Bernadotte ein enger Freund Ben-Gurions, der die Tatsache, dass dieser Freund ihm den Mord gestanden hat, geheim hielt."[1]

Noam Chomsky

Mit Menachem Begin, einst Nachfolger Ze'ev Jabotinskys als Führer der Terrororganisation Irgun, kam der erste direkte politische Erbe Jabotinskys als Regierungschef an die Macht. In der von ihm im Juni 1948 gegründeten Herut-Partei, dem politischen Flügel der Irgun, war 1949 bereits der Großteil der Revisionisten vertreten. Begin blieb für Jahrzehnte ihr unumstrittener Führer. Die Partei gewann jedoch erst an Einfluss, seit sie 1973 in einem Mitte-Rechts-Bündnis den Kern des „Likud-Blocks" bildete, als dessen geistiger Vater Wladimir Jabotinsky auch heute noch gilt.

Mit Begin als Regierungschef fanden erstmals die Vorstellungen der Religiös-Nationalen Eingang in die offizielle Regierungspolitik. In seiner Regierungserklärung setzte der einstige Terroristenführer eindeutige Signale, indem er erklärte, dass es für ihn kein Palästina, sondern nur „Eretz Israel" gebe, das vom Mittelmeer bis zum Jordan reiche. Mit einer exzessiven Siedlungspolitik in der Westbank und im Gazastreifen sollte die Entstehung eines eigenen Palästinenserstaates für immer verhindert werden. Schon damals spekulierte Begin damit, dass die jüdische Israel-Lobby in den USA dafür sorgen werde, dass keine Macht der Welt die Juden wieder aus diesen Siedlungen vertreiben könne. Als Vollstrecker dieser Politik holte sich der Ministerpräsident Ariel Sharon als Landwirtschaftsminister in die Regierung, der sich fortan als Mentor der aggressiven Siedler profilierte.

Als Außenminister setzte Begin den noch radikaleren Yitzhak Shamir ein, einst Führer der terroristischen Stern-Gang. Zu allem Überfluss ehrte er überdies Abraham Stern, den Gründer der Stern-Gang, dadurch, dass er Postmarken mit dessen Porträt und zum Andenken an die Ermordung des englischen Nahost-Ministers Lord Moyne durch Eliahu Hakim im Jahr 1944 ausgeben ließ. Damals gab es auch Diskussionen darüber, ob Shamir von der in Aussicht gestellten Kooperation mit Adolf Hitler gewusst hätte, was allgemein bejaht wurde.

Die Stern-Gang-Splittergruppe Hazit Ha'Moledet fand sich später in der radikalen Moledet-Partei wieder, die für die Vertreibung der Araber aus den besetzten Gebieten eintritt und – wenngleich nur wenige Monate – erstmals 2001 mit zwei Ministern in der Regierung Sharon vertreten war.

Von den Mainstream-Juden in den USA wurden die jüdischen Terroristen zunächst als extremistische und letztlich bedeutungslose Verirrung in der zionistischen Bewegung verharmlost – bis aufgedeckt wurde, dass Außenminister Shamir als Kommandant der Terror-Operationen der Stern-Gang für die Morde an Lord Moyne und dem schwedischen UN-Gesandten Graf Folke Bernadotte verantwortlich gewesen war.

Menachem Begin startet nächsten Krieg

Schon bald nach Beginn seiner Amtszeit ab Mai 1977 kam Menachem Begin unter Druck von Jimmy Carter, der wenige Monate zuvor am 2. November 1976 die Präsidentschaftswahlen in den USA gewonnen hatte und einen Frieden in Nahost vermitteln wollte. Ihre Veto-Politik in der UNO zugunsten Israels behielten die USA aber bei und blockierten 1976/77 gegen eine überwältigende Mehrheit Resolutionen, die einen vollständigen Rückzug Israels ultimativ forderten sowie den Palästinensern legitime Rechte auf Selbstbestimmung zugestehen wollten.

Am 19. November 1977 startete der ägyptische Präsident Anwar al Sadat seinen spektakulären Israel-Besuch und hielt am nächsten

Tag im israelischen Parlament, der Knesset, eine Friedensrede, in der er – wie sich später herausstellen sollte: voreilig – einen Frieden vom Schicksal der Palästinenser abhängig machte.

Im Jahr darauf erklärte sich Menachem Begin zu einem Friedensabkommen mit Ägypten bereit. Im US-Ferienrefugium Camp David im Catoctin-Mountain-Erholungsgebiet (Frederick County, Maryland/USA), das oft als Ort für formelle und informelle Gespräche zwischen den US-Präsidenten und Regierungsoberhäuptern anderer Staaten genutzt wird, wurde ein Friedensvertrag unterzeichnet, der fortan als „Höhepunkt des Friedensprozesses" gepriesen wurde.

Der Ägypter Sadat und der Israeli Begin erhielten dafür 1978 sogar den Friedensnobelpreis.

Beide Seiten verpflichteten sich zu Gewaltverzicht, Ägypten anerkannte die Existenz des Staates Israel. Auf die Rücknahme des Gazastreifens verzichtete Sadat allerdings zugunsten eines späteren palästinensischen Staates. Israelische Schiffe erhielten freie Durchfahrt durch den Golf von Suez und den Suez-Kanal. Ein halbes Jahr später, am 26. März 1979, folgte der israelisch-ägyptische Friedensvertrag. Sadat wurde am 6. Oktober 1981 von radikalen Islamisten während einer Militärparade erschossen.

Alle drei die Palästinenser betreffenden Punkte, die Sadat ursprünglich in seiner Rede vor der Knesset als Friedensbedingungen vollmundig gefordert hatte, blieben bei dem Friedensschluss letztlich unerfüllt:

- Begin funktionierte die Vereinbarung mit Ägypten zu einem Separatfrieden um;
- die Palästinenser blieben dabei auf der Strecke, weil Menachem Begin nicht im Entferntesten daran dachte, die im Zuge der Verhandlungen in Camp David gemachten Zusagen über die Befriedigung der legitimen Rechte der Palästinenser auch tatsächlich in die Tat umzusetzen;
- der Rückzug betraf letztlich nur den ägyptischen Sinai, nicht aber die besetzten Palästinenser-Gebiete.

Israel musste erstmals Siedlungen aufgeben

Mit dem Rückzug aus der Sinai-Halbinsel musste Israel alle dort angelegten jüdischen Ansiedlungen räumen. Ägypten lehnte eine finanzielle Entschädigung für Infrastrukturinvestitionen ab, weshalb der inzwischen zum Verteidigungsminister avancierte Ariel Sharon die am Roten Meer euphorisch errichtete zionistische Stadt Jamit analog zum Ende der altertümlichen Stadt Karthago zur Gänze von der Armee unter dem Kommando von Generalstabschef Rafael Eitan dem Erdboden gleichmachen ließ. So wurden riesige Summen an Fördergeldern der amerikanischen Steuerzahler sinnlos verprasst. Erst danach zog sich im April 1982 die israelische Armee endgültig aus dem Sinai zurück.

Die Eroberung des Sinai 1967 erwies sich somit nach dem Sinai-Krieg 1956 als bereits zweiter Total-Flop der zionistischen Machthaber.

Schon zwei Monate nach der Heimkehr der Armee aus dem Süden schickte Ariel Sharon als Verteidigungsminister im Einvernehmen mit dem Ministerpräsidenten die israelischen Panzer auf den nächsten Monsterfeldzug – diesmal nach Norden in den Libanon. Die Knesset wurde zunächst wegen des zu erwartenden Widerstandes über die wahren Absichten getäuscht, indem Sharon lediglich von einer Sicherung einer 40 km breiten Pufferzone sprach. In Wahrheit jedoch befahl er der israelischen Armee, sich bis zur libanesischen Hauptstadt Beirut vorzukämpfen.

Während er noch mit Ägypten über Frieden verhandelte, hatte Begin ursprünglich schon am 14. März 1978 mit der „Litani-Operation" eine Invasion in den arabischen Nachbarstaat angeordnet.[2] Von mehr als 25.000 israelischen Soldaten wurde der Südlibanon südlich des Litani-Flusses besetzt mit dem Ziel, militante palästinensische Widerstandsgruppen, die seit der Besetzung des Westjordanlandes und des Gazastreifens von dort aus unter Führung der PLO aktiv den Widerstand gegen die Besatzungsmacht betrieben, zu eliminieren und die mit Israel verbündete christlich-maronitische südlibanesische Armee zu unterstützen. An die 2.000 libanesische Zivilisten wurden dabei niedergemetzelt, 285.000 Menschen flüchteten nach Norden. Nur 20 Israelis fanden den Tod. Allerdings wurden danach israelische Soldaten angeklagt, weil sie mehrere

Bauern erwürgt und Gefangene exekutiert hatten. 50 schiitische Moslems wurden in einem Massaker in dem Dorf Khiyam durch libanesische Milizen ermordet. Die PLO zog sich letztlich über den Litani-Fluss nach Norden zurück und setzte von dort ihre Angriffe gegen Israel fort.

In seinen Resolutionen 425 und 426 vom 19. März 1978 forderte der UNO-Sicherheitsrat – allerdings vergeblich – den vollständigen Rückzug der israelischen Armee aus dem Libanon. Die UNO entsandte sogar die UN Interim Force (UNIFIL), ohne aber die Lage stabilisieren zu können.

Beide Libanon-Abenteuer sollten sich letztlich als sinnloser Flop erweisen. Sharons Plan, Yassir Arafat und seine inzwischen nach Beirut geflüchtete PLO zu vernichten, schlug ebenso fehl wie die Installierung einer Israel-hörigen Marionettenregierung.

Menachem Begin trat bereits 1983 freiwillig von der politischen Bühne ab, ohne Gründe dafür anzugeben. Manche erklärten seinen Schritt mit schweren Schuldgefühlen, die die hohen israelischen Verluste im Libanon-Krieg in ihm ausgelöst hätten. Arafat dagegen kehrte 1994 im Triumphzug nach Gaza zurück und steuerte dem Höhepunkt seiner politischen Karriere zu.

Die 18 Jahre währende Besatzung des Süd-Libanons musste schließlich der israelische Ministerpräsident Ehud Barak im Jahr 2000 beenden. Wieder hatte Israel etliche Dollar-Milliarden aus den Hilfsgeldern der amerikanischen Steuerzahler vergeudet. Viele israelische Soldaten, Palästinenser und unschuldige libanesische Zivilisten mussten ihr Leben lassen für die Großmachtsträume einer Handvoll gewalttätiger zionistischer Führer.

Yitzhak Shamir, Terrorführer und Mossad-Agent

Als Yitzhak Shamir ab 1983 Menachem Begin nachfolgte, wurde er der am längsten regierende Premierminister Israels nach David Ben Gurion. Doch auch in diesem Amt konnte er seine Vergangenheit nicht verleugnen. Seine Gangart als Politiker war nicht gerade von besonderem Feinsinn geprägt. Außerdem war er ein absoluter Friedensfeind. Auf die 1. Intifada reagierte er mit einer Politik der „Eisernen Faust“: Ausgangssperren, Massenverhaftungen, Folter und Deportation. Verteidigungsminister Yitzhak Rabin von der Arbeitspartei erließ damals den Befehl, jugendlichen Demonstranten die Knochen zu brechen, was auch geschah.

Die seit den 30er Jahren in zionistischen Kreisen kursierende Idee des „Transfers“ von Palästinensern aus den besetzten Gebieten und sogar aus Israel selbst wurde nun in Regierungskreisen offen unterstützt.

Außerdem lief unter Shamirs Ägide der dem jeweiligen Ministerpräsidenten unterstehende Auslandsgeheimdienst Mossad, dessen Mitarbeiter er davor einige Zeit war, zu bestechender Form auf. Shamir galt als ziemlich gehässig gegenüber der ganzen Welt und verfügte mit dem Mossad über das richtige Instrument, seinen Hass auszuleben. Von einer Wohnung in Libyen aus funkte beispielsweise ein Mossad-Kommando im Februar/März 1986 immer wieder gefälschte terroristische Befehle an libysche Botschaften in der ganzen Welt. Während die französischen und spanischen Geheimdienste diesem Schwindel nicht aufsaßen, glaubte sich der amerikanische CIA in der Ansicht bestätigt, dass Libyen ein terroristisches Land sei. Als am 5. April bei einem Bombenanschlag auf die Diskothek La Belle in Berlin ein Amerikaner getötet und zahlreiche weitere verwundet wurden, war sich der CIA sicher, dass dies das Werk Libyens war. Am 15. April 1986 befahl US-Präsident Ronald Reagan zur Vergeltung einen Luftangriff. 160 amerikanische Kampfflugzeuge warfen, aus England und von Flugzeugträgern im Mittelmeer kommend, über sechzig Tonnen Bomben über Libyen ab.

Damit war für den Mossad das Thema Ghadaffi abgehakt. Als Nächstes begann der Mossad, den irakischen Machthaber Saddam Hussein als Bösewicht aufzubauen.[3]

In die Ära Shamirs fielen auch einige weitere spektakuläre Mossad-Aktionen:

Zunächst wurde der jüdische US-Bürger Jonathan Pollard als Spion angeworben, der an die Israelis Wirtschaftsgeheimnisse verriet, 1986 aufflog und noch immer in einem US-Gefängnis einsitzt.

Der geflüchtete israelische Atomtechniker Mordechai Vanunu, der der englischen Zeitung „Sunday Times“ die Story über Israels geheimes Atombombenprogramm verriet, wurde im selben Jahr von der Mossad-Agentin Cheryl Bentov nach Rom in eine

Wohnung gelockt, von einem Mossad-Team niedergeschlagen, betäubt, gekidnappt und auf einem Schiff nach Israel gebracht, wo er in einem Geheimprozess von einem Militärgericht zu 18 Jahren verurteilt und am 21.4.2004 aus dem Zuchthaus Ashkelon wieder entlassen, aber seither an der Ausreise aus Israel gehindert wird. Kein europäisches Land wagte es bisher wegen der befürchteten Repressalien Israels, dem Verfolgten politisches Asyl zu gewähren.

1987 „entdeckte" der damalige israelische UN-Botschafter Benjamin Netanjahu im UNO-Gebäude in der New Yorker Park Avenue „zufällig" jene in Wahrheit gefälschten Dokumente, mit denen dann die Diffamierungskampagne gegen den früheren UN-Generalsekretär Kurt Waldheim gestartet wurde. Der Grund? Waldheim war den israelischen Aktivitäten im südlichen Libanon kritisch gegenüber gestanden.

Und „zufällig" wurde auch der frühere deutsche Ministerpräsident von Schleswig-Holstein, Uwe Barschel, in einem Genfer Hotel tot aufgefunden, nachdem er sich zuvor geweigert hatte, die Häfen in Schleswig-Holstein für einen Waffendeal mit israelischen Ersatzteilen für Phantom F-4 Kampfflugzeuge des Iran zur Verfügung zu stellen, bei dem der deutsche Bundesnachrichtendienst zur Verschleierung der Herkunftsquelle als Zwischenhändler fungierte. Als Täter bezeichnete später zwar der abgesprungene israelische Geheimdienstagent Victor Ostrovsky ein Mossad-Kommando, trotz der Hinweise wurde die Untersuchung des Mordes aber von der deutschen Regierung unterdrückt.[4]

Im November 1988 wurden durch gezielte Falschinformationen geheime Friedensverhandlungen zwischen dem israelischen Außenministerium, Jordanien und dem Irak unter der Schirmherrschaft Ägyptens und mit dem Segen der Franzosen und Amerikaner torpediert. Der Mossad machte die USA erfolgreich glauben, dass der Irak in Wahrheit andere Pläne hätte, und schob damit Saddam Hussein das Scheitern der Gespräche in die Schuhe. Danach wurden die Medien stetig mit angeblichen Insider-Informationen und Hinweisen aus angeblich zuverlässigen Quellen versorgt. Israel bemühte sich schon damals, die USA dazu zu bringen, die riesige irakische Militärmaschinerie zu zerstören, damit Israel ihr nicht eines Tages an seinen Grenzen gegenüberstehen würde. Die Zerstörung des irakischen Atomreaktors Osirak hatten die Israelis 1981 bereits selber übernommen, indem eine Staffel Kampfflugzeuge über Jordanien in den Irak eindrang und die Anlage in Schutt und Asche bombte.

Attentat auf George Bush sen. geplant

Nachdem Yitzhak Shamir beharrlich die amerikanischen Friedensbemühungen hintertrieb, griff US-Präsident George H. Bush sen. am 12. September 1991 den israelischen Ex-Terroristen massiv an und ließ gegen den Widerstand der erbosten jüdischen Israel-Lobby in den USA alle Darlehensgarantien, die sich auf 10 Milliarden US-Dollar für die nächsten fünf Jahre beliefen, einfrieren. Angesichts der Gründung neuer Siedlungen in den besetzten Gebieten bezweifelte er nämlich die verbale Friedensbereitschaft Israels. Am 16. September 1991 verdeutlichte US-Außenminister James Baker bei einem eintägigen Blitzbesuch in Israel den Ernst der Absichten des Präsidenten.

Da die Likud-Regierung in massiven Geldschwierigkeiten steckte, war dies das wirksamste Mittel. Allerdings wurde der US-Präsident als Revanche von allen jüdischen Vereinigungen in den USA auf die schwarze Liste gesetzt und als größter Feind Israels bezeichnet. In Israel war Bush auf Plakaten zu sehen mit dem Kopfschmuck eines ägyptischen Pharaos mit dem Text: „Wir haben die Pharaonen überlebt, wir werden auch Bush überleben".

Der israelische Auslandsgeheimdienst Mossad sah Bush sogar als existenzgefährdend an und bereitete ein Attentat auf Bush während der geplanten Madrider Konferenz vor. Der inzwischen abgesprungene Mossad-Agent Victor Ostrovsky ließ aber den Plan in den USA durchsickern und somit vereiteln.

Yitzhak Shamir musste schließlich am 30. Oktober 1991 in Madrid zur Eröffnung der Friedenskonferenz antreten. Die Teilnehmer: Israel, Syrien, Jordanien, Libanon und die Palästinenser. Die Schirmherrschaft übernahmen die UNO, die USA und die UdSSR. US-Präsident George Bush sen. und der sowjetische Staatschef Michail Gorbatschow hielten Eröffnungsansprachen.

Am 3. November begannen die ersten direkten bilateralen Gespräche. Gleichzeitig mehrten sich die Anschläge in Israel. Obwohl die PLO in Madrid nicht offiziell vertreten war, nahm eine von der PLO-Führung ernannte Abordnung führender palästinensischer Persönlichkeiten aus den besetzten Gebieten an der Konferenz teil. Der jüdische Rabbiner Moshe Hirsch, ein glühender Antizionist und einer der Führer der jüdischen orthodoxen Gruppierung Neturei Kartha, war als „Botschafter" der Palästinenser vorgesehen, verweigerte aber letztlich die Teilnahme an der Konferenz mit der Begründung, er wolle sich mit Yitzhak Shamir und den anderen Zionisten nicht an einen Tisch setzen. Moshe Hirsch gratulierte 1974 der PLO übrigens zur Anerkennung des palästinensischen Volkes durch die Vereinten Nationen, bat 1988 um Aufnahme ins palästinensische Exil-Parlament und wurde 1994 von Yassir Arafat sogar zum palästinensischen Minister für jüdische Angelegenheiten ernannt.

Yitzhak Shamir und der Maxwell-Mord

Während der Madrider Konferenz wurde bekannt, dass der britische Zeitungszar Robert Maxwell auf mysteriöse Weise im Mittelmeer vor der spanischen Insel Teneriffa ertrunken sei. Der Tote war jüdischer Abstammung, in der Tschechoslowakei geboren und hatte seine englische Karriere Yitzhak Shamir zu verdanken, der ihn direkt in die Mitte des gehassten britischen Establishments einschleuste und regelmäßig mit Insider-Informationen versorgte. Maxwell konnte beim Kauf von englischen Zeitungen auf die fundierte Unterstützung des Mossad zurückgreifen. Zufällig entstanden bei den Kaufobjekten zunächst Arbeitsunruhen und andere Probleme, Banken verfügten Kreditkündigungen und Firmen die Rücknahme von Werbeeinschaltungen – immer waren Personen und Unternehmen involviert, die mit Israel sympathisierten. Sobald die Zeitungsverlage dadurch in ernsthafte Schwierigkeiten geraten waren, trat Maxwell auf, um sie zu einem günstigen Preis mit finanzieller Unterstützung von israelischen Geldgebern zu übernehmen.[5]

So stieg Maxwell in London zu einem Medien-Mogul auf, der im Gegenzug regelmäßig den Mossad mit großzügigen finanziellen Zuwendungen in Millionenhöhe bedachte, wann immer der Geheimdienst Geld brauchte.

Dies war insbesondere 1990 der Fall, als nach der amerikanischen Invasion in Panama die Einkommen des Mossad aus dem Drogenhandel für einige Zeit versiegten und Maxwell nicht nur tief in die Kasse seiner Unternehmen griff, sondern sogar illegal den Pensionsfonds der Verlagsmitarbeiter plünderte.

Maxwells Stern begann allerdings 1991 rapide zu sinken, als er in finanzielle Schieflage geriet und in Bedrängnis kam, weil ihn ein amerikanischer Reporter in einem Buch als Mossad-Agent enttarnte. Zur Rettung seines Imperiums forderte er vom Mossad die Gelder aus den Pensionsfonds zurück.

Die rigoros vorgetragene Forderung landete umgehend auf Yitzhak Shamirs Schreibtisch. Er war damals in Madrid nicht gerade bester Laune, zumal vor seinem Hotel eine Anti-Friedens-Demonstration der amerikanischen Kahane-Chai-Bewegung von Benjamin Kahane stattfand, dem Sohn des rassistischen Rabbi Meir Kahane, der in New York von einem Araber erschossen worden war.

Gleichzeitig war Shamir über den um sich greifenden Skandal wegen der Mossad-Machenschaften in Deutschland informiert worden, wo die Hamburger Hafenpolizei die Verladung von Waffen auf ein israelisches Schiff stoppte. Damit sollten sowjetische Panzer und Flaks, die in großen Containern mit der Aufschrift „Landwirtschaftliche Erzeugnisse“ verstaut waren, ohne Wissen der Bundesregierung und des Verteidigungsministeriums verschifft werden, deren Lieferung aber zuvor (im März 1991) vom Verteidigungsministerium ausdrücklich verboten worden war.

Und zu allem Überfluss war zwei Wochen zuvor das brisante Buch des amerikanischen Star-Journalisten Seymor Hersh über das geheime israelische Atompotential unter dem Titel „Atommacht Israel – Das geheime Vernichtungspotential im Nahen Osten“ erschienen. Das Buch enthielt auch Hinweise, dass der „Sunday Mirror“ und sein Eigentümer Maxwell Verbindungen zum Mossad unterhielten und der in Waffengeschäfte verwickelte „Daily Mirror“-Auslandsredakteur Nicholas Davies den Aufenthaltsort von Mordechai Vanunu an den Mossad verraten hätte, was lawinenartige Folgen hatte. Maxwell hatte bereits rund 100 Verleumdungsklagen gegen Journalisten und Presseeinrichtungen laufen. Der konservative Abgeordnete Rupert Allason und George Golloway von der Labour-Party brachten Anträge auf eine Untersuchung der

Verwicklungen von Davies in die Vanunu-Entführung ein und gaben sich öffentlich besorgt über die möglichen Verbindungen von Maxwell und seiner „Mirror"-Gruppe zum Mossad.

Als Shamir in der israelischen Botschaft den Anruf des alten Freundes aus London erhielt, den er vor 1948 einst in die zionistische Terrorszene eingeführt hatte, sank seine Stimmung auf den Tiefpunkt. Denn Maxwell verlangte wegen seiner finanziellen Nöte sofortige Unterstützung und ließ am Telefon anklingen, dass er Informationen über Gespräche zwischen dem früheren KGB-Chef Vladimir Krjutschkow (der gerade in Moskau im Untersuchungsgefängnis saß) und dem Mossad zum Sturz des sowjetischen Präsidenten Gorbatschow wohl nicht mehr geheim halten könne für den Fall, dass Shamir ihm nicht aus der finanziellen Patsche helfen würde. Eine öffentliche Mitteilung über die Beteiligung des Mossad an dem Putschversuch zur Beendigung des Demokratisierungsprozesses in der Sowjetunion hätte für Israel verheerende Folgen gehabt.

Grabrede nach Auftrag zum Mord

Nach Beendigung des Telefonats kontaktierte Shamir, als Ministerpräsident zugleich Oberbefehlshaber des Auslandsgeheimdienstes, den Mossad-Chef und verlangte die Eliminierung des Zeitungszaren.

Zu diesem Zweck wurde Maxwell zunächst von London nach Spanien gelockt. Mit dem Versprechen, einen nennenswerten Geldbetrag bereitzustellen, bewog der Mossad Maxwell dann dazu, mit seiner Yacht „Lady Ghislaine" weiter nach Madeira zu segeln. Eine Spezialeinheit des Mossad, die in Madrid zur Sicherung der Friedenskonferenz anwesend war, sollte dort die Liquidierung Maxwells erledigen. Da die Agenten am 2. November ein Telefongespräch abhörten, in dem Maxwell seinem Sohn in England von dem Treffen auf Madeira erzählte, änderten sie kurzfristig den Plan, um nicht in Verdacht zu geraten.

Unter dem Vorwand, dass der Geldbote doch in Teneriffa auf ihn warten würde, lotsten sie Maxwell dorthin. In der Nacht vom 4. auf den 5. November 1991 setzten Agenten von einem anderen Schiff in den Gewässern vor Teneriffa über und enterten unbemerkt von der Besatzung die Yacht. Maxwell wurde betäubt, mit einer Luftinjektion in die Halsschlagader ermordet und sodann ins Meer geworfen, wo er erst nach vielen Stunden entdeckt wurde. Selbstverständlich gab es keinerlei Hinweise auf die Todesursache, denn der Einstich war nicht mehr zu sehen.

Shamir sorgte noch dafür, dass Maxwell schließlich auf dem Friedhof für die stolzesten Helden der Nation auf dem Ölberg in Jerusalem begraben wurde. In seiner Totenrede beklagte er scheinheilig den Verlust seines Freundes, der in Wahrheit sein Opfer war.[6]

Beharrliche Arbeit gegen den Frieden

Nach der Madrider Konferenz fanden in Washington insgesamt zehn weitere Verhandlungsrunden statt. Zunächst ergebnislos, weil Shamir in Israel eindeutig gegen den Frieden arbeitete. Sein Ziel blieb unverändert Groß-Israel inklusive der Palästinensergebiete, aber ohne Palästinenser. Dabei versäumte Shamir eine besonders günstige Gelegenheit, weil Arafat nach dem Golfkrieg wegen seiner Unterstützung von Saddam Hussein international isoliert und geschwächt war – bereit zu großer Nachgiebigkeit.

Erst mit der Ablöse Shamirs durch Yitzhak Rabin von der Arbeitspartei im Jahr 1992 kam Bewegung in die Verhandlungen.

Gleichzeitig verfolgte die US-Regierung die Strategie, das in der arabischen Welt tonangebende Ägypten mit einer großzügigen Finanz- und Wirtschaftshilfe von offiziell rund zwei Milliarden US-Dollar pro Jahr aus dem arabisch-jüdischen Konflikt „herauszukaufen“. Einige Jahre später folgte auf ähnliche Weise auch Jordanien.

Beide Länder gelten seither als US-Verbündete, bei denen der US-Auslandsgeheimdienst CIA ungestört alles kontrollieren kann, was für die USA wichtig erscheint. In Gefängnissen beider Länder werden sogar islamische Verdächtige, die vom CIA in aller Welt gekidnappt und in einem Privatjet eingeflogen werden, von brutalen arabischen Verhörspezialisten im Auftrag der CIA gefoltert.

Kapitel 8

Der letzte Exekutor

„Sharon war ein Killer, besessen vom Hass gegen die Palästinenser. Ich hatte Arafat die Zusicherung gegeben, dass seinen Leuten nichts angetan wird, aber dies war für Sharon absolut unwichtig. Sein Wort war nichts wert."

US-Sonderbotschafter Philip Habib 1982

Der israelische Soziologe Baruch Kimmerling bezeichnet die Kontinuität der Gewaltpolitik als „Sharonismus"; denn „wenn man Sharons Leben in den Jahren 1956 bis 1982 etwas näher betrachtet, kann man auch die Entwicklung der israelischen Gesellschaft besser nachvollziehen".[1]

Diese Ansicht vertrat schon 1990 Avishai Margalit in der Rezension zweier Sharon-Biografien im „New York Review of Books": Sharons Vergangenheit und Zukunft zu verstehen bedeute, Wichtiges über Israel zu begreifen.

Ariel Sharon war als Letzter aus der Riege der alten Untergrundkämpfer an die Macht gekommen. Seinen Lebenslauf ziert eine Kette exzessiver Gewaltakte gegen Araber, eine Blutspur durch den Nahen Osten.

Am 26.2.1928 als Ariel Scheinermann mit einem offiziell polnischen, inoffiziell und dem Namen nach aber deutschstämmigen Vater und einer russischen Mutter geboren, wuchs er zunächst in Kfar Malal auf, einer Farm im Negev im Süden Palästinas.

Bereits im jugendlichen Alter von 14 Jahren lernte Ariel ab 1942 bei der Haganah den Umgang mit Waffen. Wenig später wurde er in der radikaleren Terrororgruppe Irgun aktiv. Nach der Gründung des Staates Israel und Vereinheitlichung der paramilitärischen Untergrundorganisationen zur offiziellen israelischen Armee diente er ab 1948 dort weiter und profilierte sich als „Mann fürs Grobe".

Bald machte er mit einer Infanteriekompanie systematisch Jagd auf Araber und befehligte Abteilungen, die darauf spezialisiert waren, hinter den feindlichen Linien zu operieren und arabische

Zivilisten zu töten oder gewaltsam zu vertreiben. Seine Devise lautet dabei: „Maximal killing and damage to property" – möglichst viele Tote und Zerstörung von Häusern.[2]

Lust und Sadismus beim Töten von Arabern

1951 war er mit 24 Jahren Offizier des Geheimdienstes, ab 1952 Bataillons-Kommandant in der Jerusalem-Brigade. Schon damals offenbarte er unverkennbar Lust und Sadismus beim Töten von arabischen Zivilisten. Auf seine Anweisung hin mussten sich beispielsweise eines Nachts vier Soldaten in einen Hinterhalt legen, um zwei Frauen des arabischen Dorfes Katama auf dem Weg zur Wasserquelle umzubringen.[3]

In dem Flüchtlingslager el-Bureij ließ er zum Spaß Palästinenser in ein tödliches Kreuzfeuer zwischen zwei Soldatengruppen locken, wobei 15 Flüchtlinge getötet und viele verletzt wurden.

Als ein junger Soldat bei einer Militär-Operation einen alten Araber quälte und ihn dann aus nächster Nähe erschoss, wurde Sharon von seinen Leuten beobachtet, wie er lauthals lachte. Außerdem registrierten sie seine Gelassenheit, wenn er Operationen so plante, dass dabei möglichst viele Zivilisten getötet wurden. Einmal mussten sie sogar eigens einen komplizierten Plan ausführen, um einen friedlichen Beduinen-Jungen, der seine Schafherde trieb, in eine Falle zu locken.[4]

Mit der Einheit 101 führte Sharon ab August 1953 Spezialaufträge des Generalstabs der Armee aus, d.h. „destroy and kill"-Operationen in arabischen Nachbarländern, die in Israel zumeist als „Vergeltungsschläge gegen Infiltranten" getarnt wurden.

Hintergrund war das Einsickern von Palästinensern in den neu gegründeten Staat Israel. Die meisten davon waren zurückkehrende Flüchtlinge, die während der Eroberung durch die Zionisten 1948 vertrieben worden waren und nun ihr Eigentum wieder haben wollten oder Familienangehörige suchten. Manche kamen aber auch zurück, um Rache zu üben.

Sharon ging bei seinen Aktionen meist weit über das hinaus, was von seinen Vorgesetzten geplant, angeordnet und akzeptiert wurde. Gewöhnlich rechtfertigte er dies mit unerwartetem Widerstand der Feinde, die in Wirklichkeit oft Zivilisten waren, sowie unvorhersehbaren Schwierigkeiten und Hindernissen auf dem Schlachtfeld. Oder er erklärte, er habe versucht, das Leben israelischer Soldaten zu retten und keine Verwundeten oder Toten zurückzulassen.[5]

Eine der ersten Missionen war der Angriff auf das Flüchtlingslager el-Bureij im damals ägyptischen Gazastreifen, um den dort amtierenden ägyptischen Geheimdienstchef Mustafa Hafez, den vermutlich obersten Machthaber im Gazastreifen, zu liquidieren, dem die Verantwortung für gewalttätige arabische Operationen auf israelischem Gebiet zugeschrieben wurde.[6]

Laut einem Bericht des UN-Offiziers Vagn Bennike warfen Sharons Leute Handgranaten in Hütten, in denen Flüchtlinge schliefen; jene, die versuchten zu entkommen, wurden mit Maschinengewehren niedergemäht. Die Zahl der getöteten Opfer wird mit bis zu 50 angegeben, die Zahl der zurückgebliebenen Verletzten ist unbekannt.

Häuser mit den Familien gesprengt

Am 28./29. August 1953 suchte Sharon mit 15 Leuten das Flüchtlingslager el-Bureij neuerlich heim – diesmal als Vergeltungsaktion für die Ermordung eines jüdischen Restaurantbesitzers in Ashkalon durch einen Araber. Dabei wurden 22 Flüchtlinge verletzt und 20 getötet, darunter sieben Frauen und fünf Kinder.

In der Nacht auf den 14. Oktober 1953 führte Sharon mit 130 Soldaten einen Angriff auf das palästinensische Dorf Qibya auf dem damals jordanischen Westufer des Jordan (Westjordanland) als Vergeltung für ein Attentat im Raum Tel Aviv durch, bei dem eine Israelin und ihre zwei Kinder umkamen. Zuvor gab er den Befehl aus, möglichst viele Tote, egal ob Soldaten oder Zivilisten, zu hinterlassen.

Mit insgesamt 700 Kilogramm Sprengstoff wurden in einem dreistündigen Angriff mindestens 45 Häuser in die Luft gesprengt – vielfach „versehentlich" mitsamt den Zivilisten darin.

Diese Untat wurde von der Weltöffentlichkeit scharf verurteilt. Der damalige Außenminister Moshe Sharett schrieb nach dem Massaker in sein Tagebuch: „Eine Vergeltungsmaßnahme dieses Ausmaßes … ist niemals zuvor durchgeführt worden. Ich ging in meinem Zimmer auf und ab, perplex und völlig depressiv; ich fühlte mich hilflos."[7]

Als verantwortlicher Kommandeur sah sich Sharon daraufhin gezwungen, Ben Gurion zu versichern, dass seine Männer keine professionellen Killer seien. Der Premierminister sollte allerdings später in seinen Memoiren schreiben, Sharon hätte das Zeug zu einem vorbildlichen militärischen Führer, wenn er nicht so oft die Unwahrheit sagen würde.[8]

In ihrem Bericht vom 16. Oktober schrieb Jordaniens Armee „Arabische Legion", dass unter den aufgefundenen 70 Opfern 38 Frauen und Kinder waren, die fast alle Verletzungen von Gewehrschüssen oder Granaten aufwiesen. Demnach hätten die israelischen Soldaten systematisch von Haus zu Haus die Bewohner aufgespürt, erschossen und dann mit den Häusern in die Luft gesprengt.[9]

Ein UN-Bericht dokumentierte etwas modifiziert, dass von Kugeln durchsiebte Körper nahe den Hauseingängen gefunden wurden und zahlreiche Einschläge an den Türen darauf hinwiesen, dass die Bewohner durch Schüsse gezwungen wurden, in den Häusern zu bleiben, bis diese in die Luft gesprengt wurden. Der US-Marineoffizier Commander E.H. Hutchison, der mit einer UN-Kommission das Gemetzel inspizierte, schrieb, dass zwischen den Trümmern kleine Hände und Füße hervorragten. Nach dem international scharf verurteilten Massaker untersagte die israelische Führung ausdrücklich direkte Angriffe auf unschuldige Zivilisten.

Sharon behauptete später, er habe geglaubt, die Einwohner hätten das Dorf zuvor verlassen. Er wurde danach von manchen „Der Killer von Qibiya" genannt, aber nie bestraft.

Im Januar 1954 wurde der Einheit 101 nach nur fünf Monaten Existenz die Selbständigkeit entzogen und Sharon mit seinen Leuten einer Fallschirmjäger-Brigade unterstellt. In den folgenden drei Jahren führten sie noch rund 20 Überfälle durch.

Am 11. Dezember 1955 griff Israel unter dem Kommando von Ariel Sharon syrische Militärposten und das Dorf Kursi außerhalb der demilitarisierten Zone (DMZ) nahe dem nordöstlichen Ufer des Tiberias-Sees an. 56 Syrer, darunter auch drei Frauen, wurden getötet. Israel verlor sechs Soldaten. Die USA zeigten sich „schockiert" über den „abscheulichen Bruch" des Waffenstillstandsabkommens durch Israel.

Der letzte Überfall galt einer Stellung der jordanischen Arabischen Legion in einer alten britischen Polizeianlage in Kalkilya, bei dem 18 israelische Soldaten und 100 Legionäre ums Leben kamen.[11]

1956 wurde die Einheit 101 endgültig aufgelöst.

Mit Sharon in Zusammenhang gebracht werden nachfolgende Sprüche, die angeblich 1956 in einem Gespräch mit einem gewissen General Ouze Merham gefallen sind:[12]

„Etwas wie internationale Prinzipien kenne ich nicht. Ich verspreche, dass ich jedes palästinensische Kind, das in diesem Gebiet geboren wird, verbrennen werde. Die palästinensische Frau und das Kind sind gefährlicher als der Mann, weil das Leben des Palästinenserkindes bedeutet, dass Generationen von ihnen folgen werden, wohingegen der Mann nur eine beschränkte Gefahr darstellt."

„Ich gelobe: wäre ich einfach nur ein israelischer Zivilist und begegnete einem Palästinenser, ich würde ihn verbrennen und bevor ich ihn tötete, ließe ich ihn leiden. Ich tötete (1956 in Rafah) mit einem Schlag 750 Palästinenser. Ich ermutigte meine Soldaten, arabische Mädchen zu vergewaltigen, denn die arabische Frau dient den Juden als Sklavin, und wir machen mit ihr, was immer uns passt, und niemand sagt uns, was wir zu tun haben, wir aber sagen den andern, was sie zu tun haben."

Unnötiger Tod eigener Soldaten

Während der Suezkrise 1956 befehligte Sharon als Kommandeur einer Fallschirmjägereinheit die Eroberung des Mitla-Gipfels mit einer derartigen Besessenheit, dass viele seiner Soldaten unnötig zu Tode kamen. Seine ergrimmten Offiziere revoltierten gegen ihn und erreichten wenigstens eine Untersuchung der Affäre.

1958-62 diente er als Kommandeur einer Infanterie-Brigade. 1966 wurde er Chef der Akademie der Israelischen Verteidigungskräfte.

Neben seiner Kampftätigkeit hatte Sharon 1953 ein Geschichtsstudium an der Hebräischen Universität Jerusalem abgeschlossen. 1957 studierte er am Camberley Staff College in Großbritannien. Zwischen 1958 und 1962 erwarb er dann das Jus-Lizenziat an der Universität Tel Aviv.

1967 kommandierte er im Sechs-Tage-Krieg eine Panzerdivision auf dem Sinai. Dabei kam es am 8. Juni 1967 am Rande der Wüstenstadt El Arish auf der Sinai-Küste zu einem grauenhaften Massaker an unbewaffneten ägyptischen und palästinensischen Kriegsgefangenen. In dem Anfang 2001 veröffentlichten Buch „NSA – Die Anatomie des mächtigsten Geheimdienstes der Welt" weist der amerikanische Journalist James Bamford unter Berufung auf den israelischen Historiker Aryeh Yitzhaki indirekt Ariel Sharon die Mitverantwortung für dieses Kriegsverbrechen während des Sechs-Tage-Krieges zu. Bamford zitiert Yitzhaki mit den Worten: „Die gesamte Armeeführung … und die Generäle wussten davon." Verantwortlicher Kommandant für das Gebiet, in dem sich diese Vorfälle ereigneten, war Ariel Sharon.

In einem Zeitungsartikel schildert Bamford später mehr Details, die von dem späteren israelischen Reporter Gabriel Bron als Augenzeuge der Ereignisse bestätigt wurden. Israelische Soldaten ließen die Gefangenen Gruben ausheben, fesselten ihnen die Hände auf dem Rücken und erschossen sie dann mit Maschinengewehren. Auf diese Weise sollen etwa 1.000 Gefangene ermordet worden sein.[13]

Ohne schriftliche Anordnungen, die einmal als Beweis oder Basis für eine belastende Geschichtsschreibung verwendet werden könnten, begann Sharon dann nach dem Krieg, den eroberten Gazastreifen zu „säubern" – auf seine Art: In einer Vielzahl von weiteren militärischen Operationen vertrieb er Tausende Beduinen aus dem nördlichen Sinai und der Grenzstadt Rafah, im Einvernehmen mit Verteidigungsminister Moshe Dayan, um diese Gebiete für die jüdische Besiedlung vorzubereiten. Später, und somit als einzige schriftliche Quelle für die israelische Geschichtsschreibung, wurden diese Maßnahmen zum „Schutz der inneren Sicherheit" gerechtfertigt – eine schon damals äußerst beliebte Erklärung, die in allen Bereichen der politischen Kultur Israels und sogar in der Justiz gern verwendet wird, um Verbrechen des Militärs zu rechtfertigen.

Schreckensregime mit der Rimon-Brigade

1970 erhielt Sharon das Kommando über eine neue Spezialeinheit, die Rimon-Brigade, deren Soldaten als Araber „verkleidet" waren, wie Araber aussahen und Arabisch sprachen. Im August begann Sharon mit systematischer und großer Brutalität, Führungskräfte der Palästinenser in den Flüchtlingslagern im Gazastreifen zu ermorden.

Er ließ buchstäblich jedes Dorf und fast jedes Haus durchsuchen. Seine Brigade verhängte tagelange Ausgehverbote und trieb die gesamte Bevölkerung eines Dorfes oder eines Flüchtlingslagers zusammen, um den Soldaten die Hausdurchsuchungen zu erleichtern. Mehr als tausend angeblich Verdächtige wurden ohne Gerichtsverfahren und ohne Befragung einfach erschossen.[14]

Im Flüchtlingslager „Beach Camp" walzten Bulldozer des Militärs unter dem Schutz von Sharons Rimon-Brigade breite Straßen durch die engen Gassen des Lagers, wobei Hunderte von Häusern zerstört und die Familien obdachlos wurden. Damit sollten Durchfahrtsstraßen für schwere Militärfahrzeuge angelegt werden, um die Menschenjagd zu erleichtern. Allein im August 1971 zerstörten die Truppen von Sharon 2.000 Häuser im Gazastreifen und machten 16.000 Menschen zum zweiten Mal in ihrem Leben nach 1948 obdachlos. Hunderte Palästinenser wurden festgenommen und im Zuge ethnischer Säuberungen nach Jordanien und Libanon deportiert. 600 Familienangehörige von angeblichen Terroristen wurden in den Sinai deportiert.

1972 verließ er neuerlich die Armee, wurde 1973 in der Not des Yom-Kippur-Krieges aber als Kommandierender einer Panzerdivision zurückgeholt. In einer eher abenteuerlichen „Privatinitiative" ließ er seine Panzer den Suez-Kanal überqueren und das Westufer besetzen, was von manchen als kriegsentscheidend angesehen wurde. Sharon ließ sich als siegreicher Held feiern, seine Anhänger begrüßten ihn überschwänglich als „Arik, Melekh Israel" (Arik – König von Israel).

Sharon als Gefahr für die Demokratie

„Taktisches Können" und „außergewöhnliches Draufgängertum" waren dem Oberkommando aber zu wenig, um seinen spektakulären Alleingang und sein demonstrativ befehlswidriges Verhalten ohne scharfe Rüge zu übersehen. Häufige Befehlsverweigerungen und die Negierung von Waffenstillstandsabkommen verhinderten letztlich auch, dass der starrköpfig-gewalttätige Offizier in einen Spitzenrang des Militärs aufsteigen konnte.

Die damalige israelische Premierministerin Golda Meir von der Arbeitspartei erklärte 1973 sogar, dass Sharon zu einer Gefahr für die israelische Demokratie geworden sei. Diese Meinung vertrat später auch Sharons wohlwollender Biograf Uzi Benziman, der in der Biographie andeutete, dass der ehrgeizige Ex-General sogar Israels Demokratie zerstören könnte.[15]

Unter dem Druck der Regierungschefin musste Sharon schließlich aus dem Militärdienst ausscheiden.

Daraufhin wechselte er auf die politische Bühne und wurde als Mitinitiator des Likud-Blocks, der aus mehreren Rechts- und Mitte-Rechts-Parteien gebildet wurde, zum politischen Gegner von Golda Meir und ihrer Arbeitspartei. Im Dezember 1973 in die Knesset gewählt, propagierte er schon damals den Ausbau eines dichten, flächendeckenden Siedlungsnetzes in der Westbank unter Auslassung palästinensischer städtischer Ballungsgebiete bei gleichzeitiger „ethnischer Säuberung“.

1974 wurde Sharon Mitglied der Herut-Partei (Likud-Block) des früheren Irgun-Chefs Menachem Begin. Um seine Karrierechancen zu verbessern, wechselte er dann kurzzeitig die Fronten und verdingte sich 1975/76 als Sicherheitsberater von Ministerpräsident Yitzhak Rabin von der Arbeitspartei.

Nach Differenzen mit diesem gründete Sharon 1977 die Shlomtzion Partei, die bei den im selben Jahr stattfindenden Wahlen zwei Sitze gewann. Mit ihr schloss er sich wieder dem Likud-Block an, so dass dieser die israelische Arbeitspartei nach 29 Jahren an der Macht ablösen konnte. In der Regierung von Menachem Begin wurde Sharon als Landwirtschaftsminister nominiert und übernahm den Vorsitz des Ministerialkomitees für die jüdischen Besatzungs-Siedlungen im Westjordanland und im Gazastreifen.

In dieser Position unterstützte er massiv die radikale Siedlerbewegung Gush Emunim. Mit der Zersiedelung der palästinensischen Landstriche durch viele kleine jüdische Siedlungen, die von der rechten Parteienlandschaft bis heute gefördert wird, verkörpert Gush Emunim seither in Palästina die umfassende Politik eines „Erez Jisrael“ (Land Israel). Dies ist der hebräische Begriff für die Territorien inkludierend das biblische Judäa und Samaria, das heutige Westjordanland, die Bestandteile des Jüdischen Königreichs zur Zeit des Ersten und Zweiten Tempels (bis 70 n. Chr.) waren. Häufig ist damit auch das Palästina während der britischen Mandatszeit gemeint.[16]

Sharon trieb die Bewegung immer weiter an. „Lasst uns mehr Hügel einnehmen“, insistierte er. „Was immer wir besetzen, es wird unser bleiben. Was jedoch unbesetzt bleibt, wird zuletzt in ihren Händen sein.“ Sein Ziel war es, Fakten zu schaffen, die eine Einigung mit den Palästinensern und eine spätere Abtretung der besetzten Gebiete unmöglich machen sollten. Diesem Ziel ist er bis heute treu geblieben.

Gegner der Friedensvereinbarungen

Sharon war ein erklärter Gegner des Friedensabkommens von Camp David vom September 1978, das für die Westbank und den Gazastreifen den Status autonomer Gebiete vorsah und den Weg zum ägyptisch-israelischen Friedensvertrag von 1979 öffnete. Damals erklärte Yassir Arafat am 13.11.1979 vor der UNO-Vollversammlung:

„Wäre die jüdische Einwanderung nach Palästina mit dem Ziel erfolgt, mit uns als Bürger gleicher Rechte und Pflichten zu leben, hätten wir für sie Raum geschaffen im Rahmen der Möglichkeiten unserer Heimat, wie das mit Zehntausenden von Armeniern und Tscherkessen geschah, die immer unter uns als Brüder und Bürger lebten genau wie wir. Wenn aber das Ziel dieser Einwanderung nichts anderes ist als gewaltsame Annexion unseres Landes, unsere Vertreibung und Verwandlung in Bürger zweiter Klasse – und gerade dies ist geschehen –, so kann uns unmöglich jemand raten, dies hinzunehmen oder sich ihm zu beugen. Unsere Revolution fußt deshalb von Anfang an nicht auf Rassismus oder religiösem Fanatismus, sie ist nicht gegen den jüdischen Menschen in seinem Sein gerichtet, sondern sie richtet sich gegen den rassistischen Zionismus und gegen die Aggression …“

Zu dieser Zeit war die PLO bereits von Jordanien in den Libanon vertrieben worden. PLO-Freischärler attackierten vom Südlibanon aus immer wieder israelische Siedlungen in der besetzten Heimat. Israel blieb den Palästinensern aber nichts schuldig, sondern verfolgte in weitaus größeren Dimensionen eine regelrechte Politik der verbrannten Erde.

Dem palästinensischen Terrorangriff auf die israelische Siedlung Ma'alot im Mai 1974, dem 20 Jugendliche zum Opfer fielen, gingen z. B. wochenlange israelische Bombenangriffe mit Phosphor- und Napalm-Bomben auf palästinensische Flüchtlingslager voraus, bei denen mehr als 300 Menschen umkamen. Nur zwei Tage vor Ma'alot wurden im Dorf El-Kfeir im Libanon bei einem israelischen Luftangriff vier Zivilisten getötet.[17]

Die libanesische Armee zeichnete von 1968 bis 1974 mehr als 3.000 Verletzungen des libanesischen Territoriums durch die israelische Armee auf, das sind pro Tag 1,4 Vorkommnisse. 880 Libanesen und Palästinenser wurden damals getötet. 1974-75 erhöhte sich die Zahl der Zwischenfälle auf sieben pro Tag.

UNO-Vertretern zufolge wurden im Libanon, in Syrien und Jordanien insgesamt 3.500 Menschen bei israelischen Bombenangriffen getötet. Es gibt zwar keine gesonderten Zahlen für die Palästinenser, aber man nimmt an, dass ihre Zahl doppelt so hoch war wie jene der Libanesen.

Allein 1975 hatte Israel bei Angriffen jenseits seiner Grenzen bereits etwa zehnmal mehr Palästinenser und Libanesen getötet, als Israelis dann bis 1982 bei palästinensischen Kommandounternehmen umkamen. Tausende Palästinenser wurden verwundet und Zehntausende gezwungen, ihre Häuser im Südlibanon zu verlassen und Zuflucht in der relativen Sicherheit Beiruts und anderer Städte zu suchen, wo Ende der siebziger Jahre bereits 250.000 Palästinenser lebten. Um im Süden des Libanon eine demilitarisierte Zone zu schaffen, vernichtete das israelische Militär 150 palästinensische Lager und Dörfer sowie Olivenhaine und Ernten.

Im Dezember 1975 bombardierten dreißig Kampfflugzeuge palästinensische Flüchtlingslager und angrenzende Dörfer und töteten dabei 57 Menschen.

Diese Angriffe sollten jegliche Lösungsversuche des langjährigen Konflikts torpedieren, die einen palästinensischen Staat vorsahen. Nur zwei Tage vorher hatte der UNO-Sicherheitsrat trotz lauter Proteste Israels eine arabische Initiative für eine Zwei-Staaten-Lösung diskutiert und dadurch den Weg für die Teilnahme der PLO an den Gesprächen geebnet. Die USA brachten mit ihrem Veto den Vorschlag zu Fall.

Als Menachem Begin im Mai 1977 an die Macht kam, intensivierte er die Beziehungen Israels zu den christlichen Maroniten und unterstützte vor allem die Falangisten von Pierre und Bashir Gemayel gegen rivalisierende Parteien. Der israelische Auslandsgeheimdienst Mossad verschaffte der Falange Kanonen, Mörser, Panzer, Sprengstoff und Kommunikationsausrüstungen. Mossad-Offiziere wurden in den christlichen Führungsstab eingeschleust, scheinbar um beim Einsatz israelischer Waffensysteme zu helfen, in Wirklichkeit aber um an Informationen über den seit 1975 tobenden Bürgerkrieg heranzukommen und Angriffe gegen palästinensische Stützpunkte im Libanon zu organisieren. Später wurden die Angriffe auch auf die libanesischen Schiiten im Süden des Libanon ausgeweitet, die mit den Palästinensern verbündet waren.[18]

1977 verständigten sich die libanesische Regierung, Syrien und die PLO zu einer gemeinsamen Lösung des Bürgerkriegs, wobei die grenzüberschreitenden Angriffe der Palästinenser eingestellt werden sollten. Die Palästinenser gaben sogar in der ersten Phase ihr schweres Kriegsgerät ab.

Die Israelis reagierten auf diese Friedensinitiative mit einer provokanten und intensiven Bombenkampagne, die zum Tod von siebzig vorwiegend libanesischen Zivilisten führte. Außerdem eröffnete die von Israel kontrollierte Miliz des abtrünnigen libanesischen Ex-Majors Saad Hadad im Südlibanon eine Offensive, um mit israelischer Hilfe Pläne der libanesischen Regierung zu hintertreiben, die ihre Armee in den Süden entsenden wollte.

Im März 1978 marschierte die israelische Armee im Libanon ein, um Vergeltung für einen Angriff eines Palästinenserkommandos zu üben, das Israel von Beirut aus übers Meer erreicht und 34 Israelis getötet hatte. Die blutige Invasion führte zum Tod von über 2.000

Menschen und zur Vertreibung von über 250.000 Menschen aus ihren Häusern im Süden.

Die israelischen Bombenangriffe wurden 1979 fortgesetzt, wobei im April und August fast tausend libanesische Todesopfer und 224 Verletzte registriert wurden. Die Zahl der palästinensischen Opfer dürfte ein Mehrfaches betragen haben.

Nach seiner Wiederwahl im Juni 1981 ernannte Ministerpräsident Menachem Begin einen neuen Verteidigungsminister: Ariel Sharon. Dessen Priorität bestand darin, wie er später erklären sollte, „das Problem Libanon ein für allemal zu lösen". Uri Avnery, damals israelischer Journalist, berichtete, dass ihm Sharon Ende 1981 gesagt hatte, er wolle die PLO im Libanon zerschlagen, die Falangisten an die Macht bringen und aus dem Libanon eine Art christliches Protektorat machen. Außerdem wolle er die Syrer aus dem Libanon und die Palästinenser nach Syrien vertreiben, in der Hoffnung, dass die Syrer sie weiter nach Jordanien treiben würden, worauf man aus Jordanien einen palästinensischen Staat hätte machen können. Dies sollte sich als ein weiterer der vielen Irrtümer im Leben des Ariel Sharon herausstellen.

Nach zweijährigem Frieden ließ Sharon wieder Ziele im Südlibanon angreifen und provozierte damit Gegenschläge, die ihm dann als Vorwand für ausgedehnte weitere Bombenangriffe dienten. Diese gipfelten am 17./18. Juli 1981 in einem Terrorbombardement Beiruts und anderer ziviler Ziele, was Hunderten Zivilisten das Leben kostete.

Nach Vermittlung der USA wurde am 24. Juli 1981 ein Waffenstillstandsabkommen geschlossen, das bei den Israelis allerdings das Gefühl einer Niederlage verursachte. Doch während Yassir Arafat alles vermied, um Israel einen Kriegsgrund zu geben, und das Abkommen penibel einhielt, behauptete die israelische Propaganda immer das Gegenteil und lieferte Sharon den Vorwand, auch gegenüber den USA mit der Zerstörung der PLO zu drohen. Sein Hass kannte keine Grenzen.

Von August 1981 bis Mai 1982 verletzten die israelischen Streitkräfte 2.125mal den libanesischen Luftraum und 652mal seine Hoheitsgewässer. Arafat hielt an dem von Habib vermittelten Waffenstillstand fest und übte keine Vergeltung, weil er auf Unterstützung der USA für eine Vereinbarung mit Israel hoffte.[19]

Im Dezember 1981 verkündete Sharon gegenüber Philip Habib, dem US-Sonderbotschafter von Präsident Reagan, und Morris Draper, dem US-Sonderbotschafter, er plane, die PLO völlig auszulöschen, wenn diese den angeblich untragbaren Beschuss israelischer Siedlungen nicht sofort einstelle.

Habib war damals über die brutalen Äußerungen Sharons entsetzt und entgegnete ihm: „Die PLO verübt nicht viele Überfälle. Es gibt keine Rechtfertigung für eine solche Reaktion Israels. General Sharon, wir befinden uns im 20. Jahrhundert und die Zeiten haben sich geändert. Sie können nicht einfach andere Länder angreifen, alles in Grund und Boden schlagen und Zivilisten töten."

Sharon konnte. Im Mai 1982 flog er nach Washington, um Präsident Reagans Unterstützung zu gewinnen. Nach einem Treffen mit dem Präsidenten nahm Außenminister Alexander Haig Sharon beiseite und gab ihm den freundschaftlichen Rat, einen „Casus Belli" zu kreieren: „... nichts sollte im Libanon ohne eine international anerkannte Provokation getan werden, und die Verhältnismäßigkeit der israelischen Antwort auf die Provokation sollte gewahrt bleiben." Sharon war zufrieden. Er hatte seine amerikanischen „Zahlmeister" über seine Pläne unterrichtet und sie hatten keine wesentlichen Einwände erhoben. Später versuchte Haig zu leugnen, dass er grünes Licht für die Invasion gegeben habe, schränkte aber ein: „Die Israelis haben deutlich gemacht, dass ihre Geduld erschöpft sei und dass sie bei der nächsten Provokation reagieren würden. Sie haben uns das gesagt. Der Präsident wusste das." Die anfängliche Unterstützung für die erste UN-Resolution, die Israel zur Beendigung seiner Aggression aufrief, zogen die USA rasch wieder zurück.

Sharon ließ vom Generalstab einen Plan ausarbeiten, der die Grundlage für einen Angriffskrieg bildete. Im Vorfeld dienten zahlreiche Provokationen gegen die Palästinenser und den Libanon dazu, den Friedensplan des saudiarabischen damaligen Kronprinzen und späteren – inzwischen verstorbenen – König Fahd von 1981 zu torpedieren, der die Anerkennung des Existenzrechts Israels und einen palästinensischen Staat in den seit 1967 besetzten Gebieten vorsah.

Den Vorwand lieferte dann das (fehlgeschlagene) Attentat auf den israelischen Botschafter Shlomo Argov in London, ausgeführt von der Abu Nidal-Gruppe, die angeblich mit dem irakischen Geheimdienst, aber sicher nicht mit der PLO in Verbindung stand. Menachem Begin rechtfertigte den geplanten Überfall auf den Libanon dennoch mit den Worten: „Sie sind alle PLO, Abu Nidal, Abu Shmidal … wir müssen die PLO schlagen."

Israel bombardierte heftig PLO-Ziele, darunter auch in West-Beirut die Flüchtlingslager Sabra und Shatila und ein Krankenhaus. Mehr als 200 Menschen kamen bei diesen Angriffen ums Leben. Weil Arafat gerade zu Besuch in Amman, Jordanien, weilte, reagierten die Palästinenser mit dem Beschuss israelischer Siedlungen in Galiläa. Sharon nutzte dies, um das Kabinett einige Tage später damit zu konfrontieren, dass es eine kurze, höchstens ein oder zwei Tage dauernde Operation mit dem Namen „Frieden für Galiläa" geben werde. Sie sollte sich darauf beschränken, die Palästinenser 40 bis 45 Kilometer zurückzudrängen, damit sie den Norden Israels nicht mehr beschießen konnten. Die Syrer im Libanon würden nicht angegriffen, es sei denn sie attackierten israelische Truppen. Als er nach Beirut gefragt wurde, wiegelte Sharon ab: „Beirut steht nicht zur Debatte. Das Ziel dieser Operation ist nicht, Beirut einzunehmen." Das entsprach nicht gerade den Fakten.

Der altgediente Militärkorrespondent Ze'ev Schiff, der enge Beziehungen zum israelischen Militär hat, schrieb schon einige Wochen vor der Invasion in der Zeitung „Haaretz": „Es ist nicht wahr, dass wir, wie wir den Amerikanern sagen, nicht in den Libanon einmarschieren wollen. Es gibt einflussreiche Kräfte, angeführt vom Verteidigungsminister, die unter Einsatz von Geheimdiensten und faulen Tricks wohlüberlegte Schritte unternehmen, die uns in eine Lage bringen, in der Israel gar keine andere Wahl hat, als in den Libanon einzufallen, selbst wenn das zu einem Krieg mit Syrien führt."

Begin und Sharon starten Libanon-Krieg

Am 6. Juni 1982 unterlief Sharon die bereits elfmonatige Waffenruhe und begann unter dem euphemistischen Namen „Schlom ha-galil – Frieden für Galiläa" die Invasion des vom jahrelangen Bürgerkrieg geschundenen Libanon, den Israel geschürt hatte. Der Weg führte zügig sofort nach Norden Richtung Beirut.

Dabei zerstörten die israelischen Soldaten palästinensische Lager, trieben die Menschen nach Norden in das überwiegend moslemische West-Beirut und verhafteten viele der männlichen Erwachsenen. Israel nutzte seine totale Luftherrschaft und überlegene Feuerkraft, um alle Hindernisse wegzuschießen. Gelegentlich wurden vorher Flugblätter abgeworfen, welche die Bewohner aufforderten zu fliehen, bevor die Angriffe begannen. Dann wurden Bodentruppen geschickt, um „aufzuräumen“. Die „Jerusalem Post“ schrieb: „Mit tödlicher Präzision machten die großen Kanonen ganze Häuserreihen und Wohnblocks nieder, die für PLO-Positionen gehalten wurden. Die Felder waren mit Kratern übersät … Israels Strategie war zu diesem Zeitpunkt offensichtlich: ein gesäubertes Niemandsland zu schaffen, durch das die israelischen Panzer vordringen und einen Ausbruch der PLO verhindern konnten.“

Entsprechend Sharons weitergehendem Plan, die syrische Armee aus dem Libanon zu vertreiben, griff die israelische Armee am 9. Juni unprovoziert die syrischen Truppen in der Bekaa-Ebene an und zerstörte an einem Tag mehr als 60 Flugzeuge. Danach ging Syrien jeder weiteren militärischen Konfrontation mit Israel aus dem Weg und war für den Rest des Feldzugs neutralisiert.

Am 11. Juni erreichte US-Sonderbotschafter Habib einen Waffenstillstand, der die Straße Damaskus-Beirut als Grenze zwischen den israelischen und syrischen Truppen festlegte.

Am 13. Juni, dem achten Tag des Kriegs, erzählte Menachem Begin der Knesset unverdrossen das Märchen weiter, dass die Kämpfe aufhören würden, wenn die Armee die 40-Kilometer-Linie erreicht hätte. Zu diesem Zeitpunkt hatten die israelischen Truppen West-Beirut schon umzingelt und standen in Ba'abda oberhalb der Stadt, die jetzt 500.000 Menschen beherbergte. Die folgende Belagerung dauerte 70 Tage.

In dieser Zeit wurde die Stadt unter anderem mit Splitter- und Phosphorbomben heftig bombardiert. Damit sollten nicht nur die PLO und ihre militärischen Einrichtungen, sondern ihre gesamte soziale Basis und ihr soziales Netzwerk zerstört werden: ihre Gesundheits- und Bildungseinrichtungen, ihre politischen und gesellschaftlichen Organisationen und vor allem die verwahrlosten Elendsquartiere am westlichen Stadtrand von Beirut, die hunderttausenden Palästinensern im Libanon zum Zufluchtsort und zur Heimat und die wichtigste Unterstützungsbasis der PLO geworden war.

Nicht einmal die Krankenhäuser wurden verschont, obwohl sie deutlich gekennzeichnet waren. Am 6. August standen dem Roten Kreuz zufolge in West-Beirut nur noch 30 Krankenhausbetten von vorher 1.400 zur Verfügung. Die Flüchtlingslager wurden ständig bombardiert, was schon in den ersten Wochen des Krieges zur Flucht von mehr als der Hälfte der 125.000 Bewohner von Sabra und Shatila führte, obwohl keine schwere Artillerie oder stark befestigte Positionen gefunden wurden. Palästinenser, die versuchten, West-Beirut zu verlassen, wurden von in der Stadt patrouillierenden israelischen Soldaten daran gehindert.

Die UN schätzte, dass allein in West-Beirut 13.500 Wohnungen schwer beschädigt wurden, die Palästinenserlager nicht mitgerechnet. Die Strom- und Wasserversorgung wurde ständig unterbrochen, die Lebensmittel- und Medikamentenversorgung brach zusammen. Internationalen Hilfsorganisationen wurde der Zugang verwehrt.

Ende Juni war der Süden des Libanon verwüstet. Zehntausend Menschen waren von den Israelis getötet worden, 350.000 bis 400.000 Palästinenser waren vertrieben, die israelische Armee hatte 15.000 Gefangene gemacht und nur weniges war noch intakt. Ein israelischer Journalist schrieb: „Die schockierenden Szenen der zerstörten Lager beweisen, dass die Zerstörungen systematisch angerichtet wurden." Viele Personen wurden nie wieder aufgefunden. Die Überlebenden wurden für weitere Massaker den Falange-Milizen und den Truppen Haddads überlassen, den Handlangern Israels im Südlibanon.

Mit der Vertreibung oder Vernichtung der PLO hofften Sharon und Begin, die Palästinenser im Westjordanland und im Gazastreifen in die Knie zu zwingen und sie völlig von Israels Gnaden abhängig zu machen. Dazu gehörte auch die Vorstellung, eine neue Ordnung im Nahen Osten schaffen zu können, indem in Beirut ein pro-israelisches christliches Marionettenregime installiert, die PLO endgültig besiegt und aus dem Libanon vertrieben werde. Doch auch dies sollte sich als ein weiterer der vielen Irrtümer im Leben des Ariel Sharon herausstellen.

Im Hintergrund dieser Überlegungen stand schon damals die Angst der Juden, eine Minderheit im eigenen Lande zu werden. Diese wurde zu einem der Hauptfaktoren für die aggressive israelische Sicherheitsdoktrin.[20]

Während sich die israelische Armee vor Beirut eingrub und damit erstmals eine arabische Hauptstadt bedrohte, nahm in Israel der Widerstand gegen „Sharons Krieg“ zu, für den immer mehr Israelis nicht bereit waren, das eigene Leben oder das ihrer Söhne zu opfern. Hatten Linksgruppen in der Bevölkerung vom ersten Tag an gegen den Krieg protestiert, so trat jetzt auch die parlamentarische Opposition energisch gegen eine Eskalation ein. Heimkehrende Reservisten, die vor Beirut gekämpft und die Gräuel miterlebt hatten, wurden zu Anführern der Antikriegsdemonstrationen.

Sogar Regierungsmitglieder äußerten sich kritisch über die Art und Weise, wie sie von Sharon und Begin falsch oder gar nicht über die wahren Absichten informiert wurden. Im Übrigen gab es weder die erforderlichen Beschlüsse des Kabinetts noch der Knesset über eine derartige Ausweitung des Krieges. Dennoch sollte das militärische Abenteuer letztlich drei Jahre andauern und sich damit zum längsten Krieg auswachsen, den Israel je führte.

Mit Unterbindung der Wasserversorgung und einem Lebensmittelembargo kesselten die Israelis in West-Beirut neben 800.000 libanesischen und palästinensischen Zivilpersonen die Kämpfer der PLO und syrische Verbände ein. Ab 12. August 1982 folgten Beschuss und Bombardierung des Stadtgebietes, wodurch bereits am selben Tag 300 Menschen zu Tode kamen. Auch nach ihrem Einmarsch in Beirut setzten die Israelis trotz der Proteste der USA Artilleriebeschuss und Luftwaffenangriffe fort.

Begin lobte in alter Terroristen-Manier: „Gesegnet sei das Land, dessen Verteidigungsminister Ariel Sharon ist.“

Wochenlang machten israelische Soldaten Jagd auf Arafat, um ihn zu töten – erfolglos. Als US-Sonderbotschafter Habib zwischen Arafat und Sharon über einen Abzug der PLO aus Beirut verhandelte, schickte Sharon Dutzende Kampfjets, die Hunderte Tonnen Bomben auf die Flüchtlingslager Sabra und Shatila sowie panzerbrechende Splitterbomben auf Wohnblocks in West-Beirut abwarfen.

Auf Druck der USA musste Sharon schließlich am 18. August 1982 einwilligen, dass die PLO Beirut verlassen könne und zugleich den USA Sicherheitsgarantien für die zurückbleibenden Zivilisten in den Flüchtlingslagern Sabra und Shatila am Rande von West-Beirut geben. Doch selbst dann gingen die Bombenangriffe weiter – das Flüchtlingslager Bourj al Barajneh wurde beispielsweise mit einem regelrechten Bombenteppich belegt.

Am Samstag, dem 21. August, verließ das erste Kontingent der 13.000 PLO-Kämpfer Beirut per Schiff. Arafat selbst ging am 30. August 1982 als Letzter an Bord. Die USA hatten mit Präsident Bourguiba vereinbart, dass er in Tunis Aufnahme finden würde. Weitere 10.000 PLO-Kämpfer blieben im Osten und Norden des Libanon in Gebieten unter syrischer Kontrolle.

Die in Beirut stationierten syrischen Truppen verließen auf dem Landweg die Stadt in Richtung Damaskus.[21]

Während des Abzugs der PLO wurde der von Israel unterstützte reaktionäre Bashir Gemayel am 23. August 1982 zum libanesischen Staatspräsidenten gewählt. Er war Israels maronitisch-christliche Marionette und verfügte dank dieser Unterstützung mit der Falange-Miliz über die größte Privatarmee des Landes. Diese hielt sich während der Kämpfe wohlweislich hinter den israelischen Linien, um eigene Verluste zu vermeiden. Am 15. September zitierte Menachem Begin den Libanesen zu einem Treffen nach Israel und verlangte die Unterzeichnung eines vorbereiteten Friedensabkommens, was Gemayel aber aus innenpolitischen Gründen ablehnte. Ähnlich ablehnend reagierte er auf die Forderung Begins, in einem 45 km breiten Streifen im Südlibanon eine Militärpräsenz unter der Kontrolle der anderen israelischen Marionette Saad Haddad zu akzeptieren.

Außerdem verlangte Begin, dass Gemayels Falange in die Flüchtlingslager Sabra und Shatila eindringen und die angeblich verbliebenen 2.000 PLO-Kämpfer vertreiben sollte. Ab 3. September umzingelte die israelische Armee unter Bruch des Waffenstillstandsabkommens die Lager und richtete Beobachtungsposten ein.

Am 11. September zogen die USA vorzeitig ihre Truppen ab, die den Schutz der Palästinenser übernommen hatten.

Am 14. September wurde Bashir Gemayel durch eine Bombe mit riesiger Sprengkraft im Falange-Hauptquartier in Beirut ermordet. Es war das bestbewachte Gebäude in Beirut, was den Schluss nahe legt, dass die nie identifizierten Attentäter über Unterstützung in der hoffnungslos zerstrittenen Falange verfügten.

Die Massaker von Sabra und Shatila

Unmittelbar danach befahl Ariel Sharon am 15. September der israelischen Armee, in West-Beirut einzumarschieren. Dabei wurden nach offiziellen Angaben weitere 88 Menschen getötet und 254 verletzt. Am 16. September um 11:20 Uhr gab Israel bekannt, West-Beirut und die Flüchtlingslager zu kontrollieren. Nach internationalem Recht war Beirut ab diesem Zeitpunkt israelisch besetztes Gebiet und die israelische Armee daher für die Zivilisten und alles, was dort geschah, verantwortlich.

Und wieder einmal hielt sich Ariel Sharon nicht an ein Versprechen. In der Nacht vom 15. auf den 16. September 1982 ließ er die von seinen Soldaten hermetisch abgeriegelten Flüchtlingslager Sabra und Shatila für die schwer bewaffneten Falange-Milizen unter Führung des Kommandeurs Eli Hobeika, der schon damals als „notorischer Massenmörder" apostrophiert wurde, öffnen. „Israel wandte sich an die Falangisten mit der Bitte, in die Flüchtlingslager in Westbeirut einzudringen", so der Stellvertreter von Generalstabschef Rafi Eitan, Mosche Levi. Sie sollten angeblich nach Terroristen Ausschau halten. In Wahrheit wollte Sharon die Schergen von Hobeika die Drecksarbeit erledigen lassen. Getreu seiner Überzeugung, dass Frauen und Kinder wegen deren künftiger Vermehrung gefährlicher seien als alte Männer, sollten sie dezimiert werden. Da die Falange nicht wirklich mit Gegenwehr rechnete, wurden nur rund 100 Milizionäre in die Lager geschickt.

Mit dabei waren auch 50 Soldaten der von Israel unterstützten südlibanesischen maronitischen Miliz des libanesischen Deserteurs Saad Hadad, die dann für den Großteil der Morde verantwortlich waren. Alle ranghohen israelischen Offiziere, die mit dem Libanon zu tun hatten, wussten, dass die Falangisten schon in anderen palästinensischen Lagern abscheuliche Verbrechen begangen hatten und die Palästinenser im Interesse Israels aus dem Libanon vertreiben wollten. Als das israelische Kabinett von der Absicht der Armee, die Falangisten hineinzulassen, informiert wurde, warnte Minister David Levy, der aus Marokko stammt, vor den Folgen. Doch niemand hörte auf ihn.

Hobeika durfte dann das Geschehen vom Dach eines israelischen Divisions-Kommandopostens am Rande der Lager überblicken. Die Offiziere des Divisions-Kommandeurs General Amos Yaron hörten dort zufällig, wie Hobeika seine Leute über Sprechfunk instruierte, auch Frauen und Kinder zu töten. Sie informierten schnell Yaron, der diese Botschaft aber ungerührt zur Kenntnis nahm. Während der Nächte des 72 Stunden andauernden bestialischen Massakers befahl der israelische Generalstabschef General Raphael Eitan der Armee, der Forderung der Falangisten nachzukommen und die Gegend mit Scheinwerfern zu beleuchten. Er stellte den Falangisten auch Bulldozer zur Verfügung, um hunderte Leichen zu verscharren.

Ein junger israelischer Soldat, der schreckliche Geschichten von geschockten Frauen gehört hatte, denen die Flucht aus dem Lager gelungen war, lief von einem Offizier zum anderen und bat sie, einzuschreiten. Alle weigerten sich. Die Frauen wurden wieder zurück getrieben. Ganze Familien wurden abgeschlachtet.

Der israelische militärische Nachrichtendienst hatte gleich nach Beginn des Massakers Kenntnis davon, dachte aber nicht daran, dieses zu stoppen.[22] Die christlichen Milizen wüteten bestialisch, vergewaltigten Frauen und Mädchen, bevor sie sie umbrachten, töten und folterten wahllos Menschen mit Messern und Gewehren, darunter auch schwangere Frauen. Viele der aufgefundenen Leichen waren fürchterlich verstümmelt.

Waffen oder Kämpfer, wie von Menachem Begin behauptet, wurden jedenfalls nicht gefunden.

Hunderte Männer wurden während und nach den Massakern zusammengetrieben und auf Lastwagen in israelische Konzentrationslager im Südlibanon geschafft. Die meisten wurden nie wieder gesehen.

In einer Untersuchung stellte der israelische Journalist Amnon Kapeliuk fest, dass zwischen 3.000 und 3.500 Zivilisten, hauptsächlich Frauen und Kinder, ermordet wurden. Seither gilt Sharon als Todfeind der Palästinenser, die ihm den Beinamen „Schlächter von Beirut" gegeben haben. Er bedauerte nie das Massaker, sondern lediglich, dass er Yassir Arafat unter dem Druck der USA ausreisen ließ, statt ihn umbringen zu lassen.[23]

US-Sonderbotschafter Philip Habib wies in einem Interview verbittert auf die Verantwortlichkeit Sharons hin: „Sharon war ein Killer, besessen vom Hass gegen die Palästinenser. Ich hatte Arafat die Zusicherung gegeben, dass seinen Leuten nichts angetan wird, aber dies war für Sharon absolut unwichtig. Sein Wort war nichts wert."[24]

So „nebenbei" zerstörten die Israelis auch das palästinensische Kulturerbe. Die gesamte, 25.000 Bände umfassende Bibliothek des PLO-Forschungszentrums wurde gestohlen, ebenso Mikrofilme, Archivmaterial, Manuskripte. Alles Übrige wurde zerstört. Das gehörte zur Strategie der alten Terroristen, der Erben des Ze'ev Jabotinsky: Jegliche Erinnerung an das palästinensische Volk muss aus der Geschichte gelöscht werden!

Die Londoner „Sunday Times" berichtete später über die blinde Zerstörungswut der Israelis, dass bereits in den ersten beiden Monaten des Krieges fünf UNO-Gebäude, 134 Botschaften bzw. Botschafterresidenzen, sechs Krankenhäuser, die Zentralbank, fünf Hotels, der Sitz des Roten Kreuzes und unzählige Privathäuser zu Schutt gebombt wurden.

Im Dezember 1982 veröffentlichte die libanesische Polizei die Zahl von 19.085 (libanesischen) Toten, davon allein in Beirut 6.775, bei einem Zivilistenanteil von 84 %. 30.000 weitere wurden schwer verletzt. Nicht mitgezählt sind die vielen in Massengräbern Beigesetzten, über die die libanesischen Behörden nicht informiert wurden, hieß es. Die genaue Zahl der getöteten Palästinenser ist daher nicht nachvollziehbar.[25]

Auch Israel musste den Feldzug mit einem hohen Blutzoll bezahlen: Von Juni bis Ende November 1982 wurden 486 junge israelische Soldaten getötet. 117 von ihnen fielen im Kampf um Beirut.

Die Überlebenden fragen sich heute: Wofür? Denn rückblickend war das gesamte Libanon-Abenteuer für Israel ein glatter Fehlschlag: der dritte siegreiche Krieg, der wie 1956 und 1973 im Frieden wieder verloren wurde. Die euphorischen Großmachtsträume, denen zufolge die erwartete Hegemonie Israels eine koloniale Umgestaltung des Nahen Ostens ermöglichen würde, platzten so wie im Sinai schließlich auch im Libanon. Sogar die Besetzung des Südlibanon, die noch 18 Jahre unter weiteren großen Opfern aufrecht erhalten wurde, musste im Jahr 2000 aufgegeben werden, ohne dass Israel einen erkennbaren Vorteil daraus gezogen hätte. Im Gegenteil: Die einst vertriebene PLO hielt unter dem Druck der Weltöffentlichkeit 1994 erst recht wieder in Palästina Einzug.

Letztlich hinderten den engstirnigen Sharon zwei Umstände an der Umsetzung seiner Vorstellungen, die ihm zuvor gar nicht in den Sinn gekommen waren – amerikanischer Druck und die öffentliche Meinung der eigenen Bevölkerung in Israel. Diese wurde nicht nur durch die grausamen Geschehnisse in Sabra und Shatila beeinflusst, sondern auch durch die zahlreichen eigenen Kriegsopfer und durch den Eindruck, dass die Regierung das ungeschriebene Gesetz verletzte, dass die Armee nur einen Krieg führen durfte, der durch einen Mehrheitsbeschluss in der Knesset abgesichert war.

US-Präsident Reagan kam Sharon in die Quere, indem er zur gleichen Zeit einen Friedensplan vorstellte, der eine Annexion, Beherrschung oder dauerhafte Kontrolle von Westbank und Gazastreifen durch Israel ausdrücklich ausschloss. Schon der Reagan-Plan forderte damals, vor mehr als 20 Jahren, einen Baustopp der Siedlungen in der Westbank und eine „Selbstregierung der Palästinenser der Westbank und des Gazastreifens in Konföderation mit Jordanien“, eine so genannte Konföderationslösung. Doch schon damals war Ariel Sharon strikte dagegen und kündigte umgehend die Gründung neuer Siedlungen an.

Trotz dieser Widerspenstigkeit erhöhte Reagan 1983 die Militärhilfe für Israel und schlug vor, sie 1984 auf demselben Niveau zu halten, worauf sie vom Kongress unter dem Einfluss der Israel-freundlichen Lobby sogar weiter erhöht wurde.

Unfähig als Verteidigungsminister

Unter dem Druck starker Proteste im In- und Ausland und der bisher größten Demonstration mit 400.000 empörten Israelis musste Menachem Begin schließlich sogar eine Untersuchung einleiten. Die damit betraute „Kahan-Kommission“, die vom Richter des Obersten Gerichtshofes, Yitzhak Kahan, geleitet wurde, wies 1983 die unmittelbare Verantwortung dem Falange-Kommandanten Elie Hobeika zu und war sichtlich bemüht, die Schuld der israelischen Regierung möglichst herunterzuspielen. Sie stellte aber fest, israelische Beamte hätten bei geheimen Treffen von Mossad-Agenten mit Baschir Gemayel „Dinge gehört, die keinen Zweifel an den Absichten der Falange-Führung ließen, das Palästinenser-Problem zu eliminieren, wenn er an die Macht komme – selbst wenn das den Einsatz außergewöhnlicher Mittel gegen die Palästinenser erfordere“. Außerdem gaben israelische Generäle zu, dass sie die Falange-Miliz gezielt einsetzten, weil sie ihr Befehle geben konnten, die sie der libanesischen Armee nicht hätten geben können.

Die Kommission wies Israel letztlich eine gewisse „indirekte Verantwortung“ und Sharon eine persönliche Verantwortung für die Massaker zu und erwirkte seine Entlassung als Verteidigungsminister; er durfte aber als Minister ohne Geschäftsbereich im Kabinett bleiben.

Generalstabschef Rafael Eitan wurde überhaupt verschont, weil er in Kürze in Ruhestand gehen sollte. Er wurde dann Parlamentsabgeordneter und gründete eine ultrarechte Partei.

General Yaron sollte für drei Jahre suspendiert werden, erhielt aber die Leitung von Rekrutierung und Ausbildung der Armee übertragen und 1986 sogar den Spitzenjob des Militärattachés in Washington. Die Kommission empfahl, den Direktor des militärischen Geheimdiensts zu entlassen, und wies General Drori einen großen Teil der Verantwortung zu, „ohne das mit einer Empfehlung zu verbinden“.

Richard Falk, Professor für Internationales Recht an der Princeton University (USA), der in einer internationalen Juristen-Kommission eine unabhängige Untersuchung der Massaker leitete, bezeichnete Sharon als „Kriegsverbrecher“, der juristisch zur Verantwortung gezogen werden müsste. Richter Richard Goldstone, Leitender Staatsanwalt im UN-Kriegsverbrechertribunal 1994-1996, gab ebenso wie Morris Draper, 1982 US-Sonderbeauftragter für den Nahen Osten, Sharon die Hauptschuld an dem Massaker und bedauerte indigniert in einem TV-Interview, dass es keine strafrechtliche Verfolgung von Sharon gegeben hatte.

Marsch an die Likud-Spitze

Von 1984 bis Juni 1990 zog Sharon in der Regierung der Nationalen Einheit von Arbeitspartei und Likud als Minister für Handel und Industrie die Fäden. Er bezog 1986 als permanente Provokation der Araber unweit des Damaskus-Tores mitten im arabischen Viertel der Jerusalemer Altstadt das Wittenberg-Haus. Seine Wohnung im mittleren Geschoß dient inzwischen dem Vernehmen nach dem Inlandsgeheimdienst Shabak als Stützpunkt, Sharon erscheint dort kaum noch. Am Haus hängt, bewacht von einer der 500 im arabischen Viertel angebrachten israelischen Überwachungskameras, die israelische Fahne vom Dach bis zum 1. Stock herunter. Darüber ließ Sharon weithin sichtbar einen riesigen siebenarmigen jüdischen Kultleuchter (hebr. Menora) anbringen – als Symbol der jüdischen Dominanz. Dies war mit ein Grund für den Beginn des ersten Palästinenseraufstandes, der ersten Intifada 1987.

Nach dem Bruch der Koalition und dem Ausscheiden der Arbeitspartei aus der Regierung holte ihn der neue Likud-Ministerpräsident Yitzhak Shamir von 1990 bis 1992 als Minister für Wohnungsbau in die Regierung. Der von ihm begonnene „Sieben-Sterne-Plan" sah eine demographische Veränderung in dem mit arabischen Dörfern übersäten Westjordanland durch eine intensivierte jüdische Besiedlung vor. Mit der Errichtung von Fertigteilhäusern in entlegenen Gebieten, die letztlich unbewohnt blieben und den Staat viele Millionen kosteten, erlitt Sharon allerdings Schiffbruch.

Nach dem Wahlsieg des Likud besetzte Sharon von 1996 bis 1998 das Amt des eigens geschaffenen Ministers für Nationale Infrastruktur im Kabinett von Netanjahu mit der Aufgabe, den Siedlungsbau in den Palästinensergebieten weiter voranzutreiben. Als Außenminister forcierte Sharon danach die Beziehung zu Russland auf Kosten der strategischen Allianz mit den USA.

Sharons Kampf gegen den Frieden

Nach der Wahlniederlage Netanjahus und des Likud im Mai 1999 wurde Sharon an Stelle des über eine Finanzaffäre gestrauchelten parteiinternen Rivalen im September 1999 zum neuen Parteivorsitzenden gewählt. Damit diktierte ein über Jahrzehnte in seiner Haltung gefestigter ultrakonservativer Hardliner die Politik dieser radikalen rechten Partei, dessen Leben beherrscht war von dem Ziel, Araber zu töten und aus Palästina zu vertreiben.

Im Likud bekämpfte er aus der Opposition heraus schon Mitte der 1990er Jahre die Friedenspläne eines Ministerpräsidenten der Arbeitspartei – damals Yitzhak Rabin. 1999/2000 tat er dasselbe. Diesmal hieß der Gegner Ehud Barak. Den Ministerpräsidenten der Arbeitspartei trieb Sharon im Jahr 2000 mit einer wahren Flut von Misstrauensanträgen in der Knesset vor sich her. Der letzte Antrag vor der Abreise Baraks nach Camp David im Juli 2000 galt allein dem Umstand, dass Barak an den Friedensgesprächen mit Yassir Arafat und US-Präsident Bill Clinton teilnahm. Unter diesem Druck wartete Barak unversehens mit Bedingungen auf, die als unannehmbar für Yassir Arafat bekannt waren. Das israelisch-palästinensische Gipfeltreffen in Camp David (USA) war damit von vornherein zum Scheitern verurteilt.

Strafverfahren gegen Sharon in Belgien

1983 noch als unfähig für das Amt des Verteidigungsministers erklärt und zum Rücktritt gezwungen, befehligte Sharon ab 2001 als Regierungschef de facto wieder die Armee. Der ehemalige Divisions-Kommandant in Beirut, Amos Yaron, wurde zum Generaldirektor im Verteidigungsministerium befördert. Letztlich sind all jene, die vom Kahan-Bericht 1983 schuldig gesprochen wurden, befördert worden. Und das Wichtigste: Nicht einer der für das Massaker Verantwortlichen wurde jemals vor ein Strafgericht gestellt.

Doch im Juni 2001 holte Sharon die Vergangenheit ein. Zwei Gruppen von Überlebenden der Massaker von Sabra und Shatila klagten vor einem belgischen Gericht Ariel Sharon wegen Völkermordes an. Mit einem Gesetz von 1993 hatte sich Belgien selbst das Recht gegeben, Kriegsverbrechen zu verfolgen, gleichgültig wo, wann und von wem sie begangen wurden.

Die belgische Staatsanwaltschaft warf schließlich Sharon im Namen von Angehörigen einiger der Opfer vor, für die Ereignisse verantwortlich zu sein, weil er damals Verteidigungsminister der Besatzungsmacht war, die nach internationalem Recht die Gesamtverantwortung für die Sicherheit der Bevölkerung trug und einem Abkommen gemeinsam mit den USA zum Schutz der Palästinenser zugestimmt hatte. Sie hielt Sharon auch unmittelbar dafür verantwortlich, dass die israelische Armee bei den Massakern und der darauf folgenden Internierung, Folterung und dem Verschwinden vieler Lagerbewohner eine zentrale Rolle spielte.

Israel übte daraufhin Druck auf Belgien aus, seine Gesetze zu ändern, und erhob den üblichen, reflexartigen Vorwurf des Antisemitismus, um die Eröffnung eines Verfahrens gegen seinen Ministerpräsidenten zu verhindern. Wie sich herausstellen sollte, funktionierte die „Antisemitismus-Keule" auch diesmal, als es darum ging zu verhindern, völkermordähnliche Massaker aufzuklären und die Schuldigen zu bestrafen.

Sharons ehemaliger Komplize und späterer libanesische Minister Elie Hobeika war bereit auszupacken und erklärte im Juli 2001, er hätte bei einem solchen Gerichtsverfahren Beweismaterial wie Videoaufnahmen einzubringen, wodurch die IDF und Ariel Sharon schwer belastet würden. Seit diesem Zeitpunkt wurde Hobeika nach eigenen Aussagen massiv persönlich bedroht. Am 24.1.2002 wurde er in Beirut mitsamt den Leibwächtern in seinem Auto in die Luft gesprengt. Zwei Tage davor war Hobeika noch von einem belgischen Abgeordneten besucht worden, demgegenüber er seine Bereitschaft bekräftigte, vor Gericht auszusagen.[26]

Mit dem nie aufgeklärten Anschlag wurde der israelische Auslandsgeheimdienst Mossad in Zusammenhang gebracht, der Ariel Sharon als regierendem Premierminister unterstand.

Libanesische Politiker, darunter auch Präsident Emile Lahoud, schlossen sich öffentlich der Meinung an, dass der israelische Auslandsgeheimdienst Mossad hinter dem Attentat auf Hobeika steckte. Die Israelis hätten Hobeika getötet um zu verhindern, dass er vor Gericht gegen Sharon aussage. Auch Syrien machte Israel für den Mord verantwortlich.[27]

Tatsächlich deutet einiges darauf hin, dass eine systematische Beseitigung von Zeugen, die Sharon belasten könnten, stattgefunden hat. Jean Ghanem, zur Zeit der Massaker in Sabra und Shatila ein Mitarbeiter des Falangistenführers Elie Hobeika, fuhr aus ungeklärter Ursache gegen einen Baum und starb kurz darauf. Michael Nasser, ehemaliger libanesischer Milizenführer, wurde keine zwei Monate später in Brasilien erschossen.

Friedensgruppen befürworten Anklage

Hätte es einen Prozess gegen Sharon gegeben und wäre dieser tatsächlich für seine Verbrechen verurteilt worden, hätte nicht nur er, sondern der gesamte israelische Staat einen gewaltigen internationalen Imageverlust hinnehmen müssen. Sharon wurde daher von allen wichtigen Parteien in Israel unterstützt, als es darum ging, das belgische Verfahren zu hintertreiben.

Neun israelische Frauen-Friedensgruppen dagegen haben im September 2002 den in Beirut lebenden palästinensischen Überlebenden der Massaker einen erstaunlichen Brief geschrieben, in dem sie mitteilten, dass sie deren Bemühungen um eine Anklage gegen Sharon wegen der an den Palästinensern 1982 verübten „Kriegsverbrechen" unterstützen wollten. Wörtlich schrieben sie:

„Unser Herz schmerzt, wenn wir an jenes schreckliche Massaker zurückdenken, das vor 20 Jahren … stattfand und das israelische Führer ermöglicht haben … Wir verurteilen die brutalen Mörder eurer Lieben und wir verurteilen die Führer, sie gehören für diese Kriegsverbrechen zur Verantwortung gezogen – allen voran Ariel Sharon."[28]

Der Internationale Gerichtshof in Den Haag beugte sich schließlich mit einem höchst seltsamen Urteil dem Druck Israels und seiner mächtigen Unterstützer und erklärte, dass ehemalige und gegenwärtige Regierungsmitglieder wegen ihrer diplomatischen Immunität nicht für Kriegsverbrechen in einem anderen Land vor Gericht gestellt, sondern nur in ihrem eigenen Land zur Verantwortung gezogen werden können.

Dabei sahen sich die Richter bemüßigt, zusätzlich eine nicht weniger peinliche Erklärung abzugeben: Das Urteil habe keine Auswirkungen auf den Prozess gegen den früheren jugoslawischen Präsidenten Slobodan Milosevic, weil dieser von einer internationalen Organisation, der UNO, angeklagt worden sei, und nicht einfach von irgendwem. Recht und Gerechtigkeit hängen neuerdings davon ab, ob der „Richtige" Anklage erhebt. Und wer das ist, entscheiden die wahrhaft Mächtigen in Washington und New York auf Zuruf per Telefon hinter den Kulissen. Opfer werden so zu unwesentlichen Schachfiguren degradiert – rechtlos, hilflos, komplizenlos.

Dementsprechend entschied der Oberste Gerichtshof in Brüssel schließlich am 12. Februar 2003 gleichfalls, einen Prozess in Belgien gegen Sharon während dessen Amtszeit nicht zuzulassen, bestätigte die Immunität Sharons und wies einen Berufungsantrag einer Gruppe Palästinenser zurück, die gegen das Urteil eines untergeordneten Gerichts geklagt hatten. Der Gerichtshof ließ aber die Möglichkeit neuer Ermittlungen nach dem Ende von Sharons Amtszeit und dem Verlust seiner Immunität offen.

Zugleich entschied das Gericht, dass die Ermittlungen gegen den ehemaligen israelischen Militärkommandanten Amos Yaron fortgesetzt werden können. Dieser war neben Sharon in der Klage der belgischen Staatsanwälte als Beschuldigter genannt worden. Ein untergeordnetes Gericht sollte dann klären, ob genug Beweise für einen Prozess gegen Yaron vorlägen.

Die Reaktionen in Israel nach dem Urteil des belgischen Gerichts fielen deftig aus. Außenminister Netanjahu rief den belgischen Botschafter zu sich. Der israelische Präsident Katsav schrieb einen Brief an König Albert, in dem Belgien jegliches moralisches Recht abgesprochen wurde, „israelische Führer und Offiziere der israelischen Armee vor Gericht zu stellen".

Im israelischen Fernsehprogramm wütete ein Moderator wie üblich mit der Antisemitismus-Keule, um wieder einmal Stimmung gegen Europa zu machen: „Das antisemitische Belgien wünscht Offiziere von einem anderen Land für Verbrechen, die in einem dritten Land begangen wurden, zu verurteilen, während die Angeklagten keinerlei Verbindung zu Belgien haben, sich nicht auf belgischem Territorium befinden und die ganze Sache nichts mit Belgien zu tun hat. Das ist Größenwahn, wirklich eine Sache für Psychiater!"

Der prominente israelische Friedensaktivist Uri Avnery sah die Affäre allerdings differenzierter:

„Es waren Juden, die nach dem 2. Weltkrieg verlangten, dass alle Länder Nazi-Kriegsverbrecher und ihre Verbündeten vor Gericht bringen. Eichmann wurde in Israel nach dem israelischen, keine Grenzen kennenden Gesetz, Nazis und ihre Helfer vor Gericht zu bringen, verurteilt. Es ist noch nicht so lange her, dass die Knesset ein anderes Gesetz verabschiedet hat, das israelischen Gerichten

ermöglicht, Täter, die Verbrechen gegen Juden irgendwo in der Welt begangen haben, zu verurteilen.

Nach dem Erlass des belgischen Gesetzes einer universalen Gerichtsbarkeit verklagen Überlebende des Massakers Sharon und die Offiziere in Brüssel. Dies ist die Ursache des gegenwärtigen Tumultes. Keiner bezweifelt die Integrität des belgischen Rechtssystems. Wenn Sharon und seine Leute von ihrer Unschuld überzeugt wären, warum sollten sie nicht vor Gericht stehen und dies beweisen? Immerhin hat die israelische Regierung für sich ihre ranghohen Anwälte zur Verfügung gestellt, die vom Staat bezahlt werden. (Natürlich könnte man fragen, warum sollte ich für die rechtliche Verteidigung von Leuten zahlen, die wegen vermeintlicher Kriegsverbrechen vor Gericht gestellt werden? Aber lassen wir das so stehen.) All dies hat nichts mit Antisemitismus zu tun. Die Anwendung dieser Diffamierung gegen jeden, der Sharon und seine Kollegen zu kritisieren wagt, erinnert mich an Dr. Samuel Johnsohns Ausspruch: ‚Patriotismus ist das letzte Refugium eines Schurken.'“[29]

In seiner Autobiographie brüstete sich Sharon, Henry Kissinger habe ihm in den siebziger Jahren einmal jovial gesagt: „Ich höre, Sie sind der gefährlichste Mann im Nahen Osten.“ Sharon ist es immer noch. Zumal George W. Bush ihm seinen schärfsten Widersacher Saddam Hussein aus dem Weg geräumt hat. Syriens Assad und die iranischen Ajatollahs verblassen dagegen, weil ihnen weder das gigantische Waffenarsenal des Ariel Sharon noch dessen menschenverachtende Brutalität zu Eigen ist, mit der er diese Waffen auch tatsächlich einsetzt.

Der israelische Autor Uzi Benzimann charakterisiert ihn in seiner Sharon-Biographie „An Israeli Caesar“ als „hinterlistig, verschlagen, grobschlächtig, … mit wenig Interesse an demokratischen Werten“.

Wie zur Bestätigung klingt ein Interview in dem Buch „In the Land of Israel“ von dem Goethe-Preis-Träger 2005, Amos Oz, in dem der Gesprächspartner des Schriftstellers zwar nur mit „Z“ bezeichnet wird. Es wird aber allgemein davon ausgegangen, dass es das Gespräch mit Ariel Sharon aus der Wochenend-Beilage der israelischen Zeitung Davar vom 17. Dezember 1982 ist, als der

Libanon-Krieg voll im Gange war und Sharon bemerkenswerte Aussagen machte, die geeignet sind, das Bild über seine Gedankenwelt zu ergänzen.[30]

Nachfolgend einige Zitate von „Z“:

„Auch heute biete ich Israel an, die Drecksarbeit zu machen und so viele Araber wie nötig zu töten, zu deportieren, zu vertreiben, zu verbrennen, damit uns alle hassen und den Diaspora-Juden den Boden unter den Füßen wegziehen und sie veranlassen, schreiend zu uns zu kommen. Auch wenn es dazu führt, dass ein oder zwei Synagogen da oder dort gesprengt werden, stört es mich nicht. Und es stört mich überhaupt nicht, wenn ihr mich, wenn dieser Job getan ist, vor ein Nürnberger Tribunal stellt und dann für den Rest meines Lebens einsperrt. Hängt mich meinetwegen als Kriegsverbrecher auf. Dann könnt ihr euer jüdisches Gewissen aufpolieren und den ehrbaren Club der zivilisierten Nationen betreten, von großen und gesunden Nationen. Was ihr nicht versteht ist, dass die schmutzige Arbeit des Zionismus noch weit davon entfernt ist, beendet zu sein. Sicher, sie hätte schon 1948 erledigt sein können, aber ihr habt sie unterbrochen, gestoppt. Und das wegen eures Jüdisch-Seins in euren Seelen, wegen eurer Diaspora-Mentalität …“

„Sie können mich nennen was Sie wollen – Monster oder Mörder. Aber nehmen Sie zur Kenntnis, dass ich die Araber nicht hasse. Im Gegenteil. Ich fühle mich mit ihnen, vor allem den Beduinen, behaglicher als mit Juden. Diese Araber, die wir noch nicht verdorben haben, sind stolze Menschen, sie sind unvernünftig, grausam und freigebig. Es sind die Juden, die alle unredlich sind. Um sie gerade biegen zu können, musst du sie aber zuerst ordentlich in die andere Richtung beugen. Das ist in Kürze meine Ideologie.“

„Wir werden nichts mehr von dem Unsinn über die einzigartige jüdische Moral hören, der moralischen Lehren aus dem Holocaust oder über die Juden, die aus den Gaskammern rein und rechtschaffen aufgetaucht sind. Nichts mehr von all dem. Die Zerstörung von Eyn Hilwe (es ist schade, dass wir dieses Hornissennest nicht zur Gänze ausgerottet haben), das gesunde Bombardement Beiruts und dieses winzige Massaker (kann man 500 Araber ein Massaker nennen?) in deren Lagern, das wir besser mit unseren eigenen feinfühligen Händen begangen hätten, als es den Falangisten zu überlas-

sen – all diese guten Taten wischen das blöde Gerede weg, dass wir einzigartige Menschen und ein Licht über den Nationen sind. Keine Einzigartigkeit mehr und keine Lieblichkeit und kein Licht mehr. Was für ein Glück."

„Ich persönlich will nicht besser sein als Khomeini, Breschnjew, Ghadaffi, Assad oder Mrs. Thatcher oder auch nur Harry Truman, der eine halbe Million Japaner mit zwei feinen Bomben getötet hat. Ich möchte lediglich geschickter sein als die, schneller und effizienter, nicht besser oder schöner. Sagen Sie mir: Haben die Bösewichte dieser Welt eine schlechte Zeit? Wenn irgendjemand versucht, sie zu berühren, schneiden ihm die Bösen Hände und Füße ab. Sie jagen und fangen was immer sie auch essen wollen. Sie kriegen keine Magenschmerzen und werden nicht vom Himmel bestraft. Ich möchte, dass Israel dazu gehört. Vielleicht wird mich dann die Welt beginnen zu fürchten, anstatt mich zu bedauern. Vielleicht fangen sie dann an zu zittern, meine Verrücktheit zu fürchten, anstatt meine Anständigkeit zu bewundern. Gott sei Dank! Lass sie zittern, lass sie uns einen bösen Staat nennen. Lass sie verstehen, dass wir ein wildes Land sind, gefährlich für unsere Umgebung, nicht normal, weil wir verrückt werden, wenn eines unserer Kinder ermordet wird – nur eines! Dann werden wir wild und zünden all die Ölfelder im Nahen Osten an! Wenn irgendetwas unseren Kindern passiert, Gott möge abhüten, dann reden Sie so wie ich. Lass sie sicher sein in Washington, Moskau, Damaskus und China, dass wir einen Dritten Weltkrieg beginnen wie diesen Krieg, wenn auch nur einer unserer Botschafter erschossen wird, oder auch nur ein Konsul oder ein einfacher Botschaftsangehöriger."

„Lassen Sie mich sagen, was das Wichtigste ist, die süßeste Frucht des Libanon-Krieges: Ab nun werden sie nicht nur Israel hassen. Dank uns werden sie nun auch all diese Feinschmecker-Juden in Paris, London, New York, Frankfurt und Montreal hassen … letztlich hassen sie alle diese netten Juden, die sagen, sie unterscheiden sich von uns, dass sie keine israelischen Strolche sind, sondern andere Juden, sauber und anständig. Wie die assimilierten Juden in Wien und Berlin die Anti-Semiten baten, sie nicht zu verwechseln mit den schreienden, stinkenden Ost-Juden, die sich selber in das kulturelle Milieu außerhalb der schmutzigen Ghettos in

Polen oder der Ukraine schmuggelten. Ich werde ihnen nicht helfen, diesen sauberen Juden, so wie es ihnen nicht geholfen hat in Wien und Berlin. Lass sie schreien, dass sie Israel verurteilen, dass sie alle Recht haben, dass sie es nicht wollten und keiner Fliege etwas zu Leide tun wollen, dass sie sich lieber abschlachten lassen als zu kämpfen, dass sie es selber in die Hand genommen haben, die Nichtjuden zu überzeugen, gute Christen zu sein, indem sie immer die andere Wange hinhalten. Es wird ihnen nichts Gutes bringen. Nun kriegen sie es wegen uns und ich sage Ihnen, es ist ein Vergnügen, das zu beobachten."

Kapitel 9

Endkampf um Palästina – die „2. Hälfte von 1948"

„Jahrelang habe ich von Frieden geträumt. Aber jetzt löschen unsere Flugzeuge die Araber aus und die Araber löschen die Juden aus. Danke, Ariel Sharon. Sharon, ich liebe Dich. Jetzt können wir in diesem Land wirklich keine Kinder mehr aufziehen."[1]

Liron Taani, israelischer Radio-Moderator

Nachdem weder Großdemonstrationen noch die Misstrauensanträge weitere Friedensgespräche zwischen Ministerpräsident Barak und Yassir Arafat im September 2000 hatten verhindern können, griff Sharon auf seine Erfahrungen als „agent provocateur" zurück und erklärte öffentlich, jeder Jude habe das Recht, den Tempelberg im arabischen Viertel Ost-Jerusalems zu besuchen. Um dies zu unterstreichen, setzte Sharon am 28. September 2000 die finale Provokation zur Verhinderung des Friedensschlusses – mit seinem „Spaziergang" auf den Tempelberg vor die Al-Aqsa-Moschee, um die Macht der Juden über die Moslems zu demonstrieren. „Begleitet" wurde der „Spaziergänger" von mehr als tausend schwer bewaffneten Polizisten und Grenzsoldaten.

Es war ein provokanter Tabubruch, den seit der Verfügung von Moshe Dayan im Jahr 1967, trotz der Eroberung Jerusalems die heiligen Stätten der Moslems zu respektieren, niemand gewagt hatte.

Als Draufgabe bekräftigte Sharon in einem Zeitungsinterview danach den ewigen Anspruch der Juden auf den Tempelberg, der allerdings seit dem 7. Jahrhundert n. Chr. neben der Al-Aqsa-Moschee mit dem Felsendom das drittwichtigste Heiligtum des Islam beherbergt.

Schon damals war von ihm in Vorbereitung seiner Kandidatur bei den nächsten Wahlen als Spitzenkandidat des rechtsradikalen Likud-Blocks zu hören: „Der Unabhängigkeitskrieg ist noch nicht zu Ende. Nein. 1948 war nur ein Kapitel …"

Für etliche Israelis war dies eine geradezu furchterregende Ankündigung. Denn Sharon kündigte damit an, was später folgen sollte: weitere Massaker und Vertreibungen analog zur blutrünstigen Vorgangsweise 1948. Die militärische Eroberung allein ist Sharon aber zu wenig. Sharon und die militärische Führungsgarnitur bezeichnen daher diesen Krieg als „2. Hälfte von 1948".[2]

Die ethnische Säuberung analog zu 1948, als 750.000 Palästinenser aus dem heutigen Staatsgebiet Israel vertrieben wurden, ist aber vorerst nicht mit Gewalt angestrebt, sondern mit weniger spektakulären Methoden: der Vernichtung der Lebensbasis durch administrative Maßnahmen wie das Aussperren von Arbeitsplätzen, Schulen, Universitäten und medizinischer Versorgung sowie Zugangssperren zu den agrarischen Anbauflächen (Olivenhaine, Obstplantagen, Ackerland) bzw. deren weitgehende Zerstörung.

UNO-Bericht widerlegte die Angaben der Armee

Auslöser für den Beginn der 2. (Al-Aqsa-) Intifada – von zunächst unbewaffneten und Steine werfenden palästinensischen Jugendlichen – war aber nicht nur diese Provokation Sharons, sondern vor allem das am nächsten Tag erfolgte nochmalige Vordringen von israelischen Soldaten zur Al-Aqsa-Moschee. Als sie von Jugendlichen mit einem Steinhagel „begrüßt" wurden, eröffneten die eindringenden Soldaten mit scharfer Munition das Feuer. Die internationale Menschenrechtsorganisation „Amnesty International" registrierte an diesem Tag insgesamt fünf tote und mehr als 200 verwundete vorwiegend jugendliche Palästinenser.

Innerhalb von fünf Tagen waren ab 29. September 2000 bereits mindestens 45 palästinensische jugendliche Demonstranten und Steinewerfer von Israelis erschossen und mehr als 1.400 durch Schüsse verletzt worden. Auf israelischer Seite kamen drei Soldaten und ein Zivilist ums Leben.

Mit diesen Gewalt-Exzessen leitete das israelische Militär die lange geplante „Operation Dornenfeld" ein. Weitere Aufstände waren die Folge.

Bei der 5. Sondersitzung der UN-Menschenrechtskommission rief „Amnesty International" schon am 20. Oktober 2000 in einer mündlichen Stellungnahme die israelische Regierung auf, die

Anwendung exzessiver tödlicher Gewalt durch ihre Sicherheitskräfte abzubrechen. Auf gleiche Weise hatte „Amnesty" bereits im März die israelische Regierung aufgefordert, die Folterungen im Khiam-Haftzentrum zu beenden. Die UN-Menschenrechtskommission verurteilte Israel schließlich wegen der „massiven und systematischen Verletzung fundamentaler Menschenrechte, der Massentötung, der Tötung von Kindern und der kollektiven Bestrafung". Im Ton etwas gemäßigter prangerte auch die UN-Vollversammlung die „übertriebene Anwendung von Gewalt" durch die israelischen Sicherheitskräfte an.[3]

Außerdem setzte die UN-Menschenrechtskommission einen Untersuchungsausschuss zur Untersuchung von in Israel und den besetzten Gebieten begangenen Menschenrechtsverletzungen ein.

In ihrem Untersuchungsbericht vom November 2000 verurteilte die UN-Menschenrechtsbeauftragte Mary Robinson das Vorgehen der israelischen Armee als „exzessiv und unangemessen", weil diese zunehmend mit scharfer Munition in die demonstrierenden palästinensischen Menschenmassen und mit Panzergranaten und Raketen auf zivile Ziele schoss. Die Menschenrechtssituation in den besetzten Gebieten sei erschreckend, die zivile Bevölkerung fühle sich ohnmächtig von einer viel stärkeren Macht besetzt, die bereit ist, ihre weit überlegene Feuerkraft gegen Demonstranten und Steine werfende Jugendliche einzusetzen.[4]

Zur Untermauerung dokumentierte der Bericht, dass seit dem Ausbruch der Unruhen am 28. September binnen weniger Wochen über 280 Menschen getötet und an die 9.000 (zum Teil schwer) verwundet worden sind – fast ausschließlich Palästinenser. Der Bericht hielt auch fest, dass fast ein Drittel der toten Kinder jünger als 16 Jahre war.

Mary Robinson gab außerdem ihrer besonderen Sorge über jüngste Meldungen Ausdruck, wonach israelische Soldaten mit Waffengewalt „Rettungswagen davon abhalten, verwundete Palästinenser zu versorgen". Sie war während ihres Besuchs im Gazastreifen selbst Zeuge davon geworden, wie israelische Soldaten zwei Rettungswagen daran hinderten, den Verwundeten Nothilfe leisten zu können.

„Operation Dornenfeld" jahrelang geplant

Israels Militär konnte bei seinem neuerlichen Eroberungsfeldzug in die Palästinensergebiete auf die Analysen und Simulationen des amerikanischen Nahost-Experten Anthony H. Cordesmann vom einflussreichen Zentrum für Strategie und internationale Studien (CSIS) in Washington zurückgreifen, der in dem Institut mit starker Anbindung an den US-Auslandsgeheimdienst CIA schon jenen Plan durchgespielt hatte, den ein Sprecher der israelischen Armee 1996 unter dem Namen „Operation Dornenfeld" veröffentlicht hatte. Dieser Plan sah schon zu Beginn des Abkommens von Oslo vor, die seit 1994 tätige Palästinensische Autonomiebehörde (PA) wieder zu eliminieren, die Selbstverwaltungsgebiete Westbank und Gazastreifen zurückzuerobern und die Israelis von den Palästinensern zu separieren. Cordesman hatte am Computer simuliert, mit welcher Strategie den Palästinensern unter geringsten israelischen Opfern am besten beizukommen war, um deren Weg zum eigenen Staat zu blockieren.[5]

Schon während der Verhandlungen in Camp David im Juli 2000 änderte die Armee, die ab 1967 zur reinen Besatzungsarmee verkommen war und von den Friedensorganisationen inzwischen IOF – Israeli Occupation Army – genannt wird, ihren Übungsplan von einer polizeilichen Sicherheitsoperation zu einer ausgewachsenen Militärmission, in der alle Einheiten den Sondereinsatz von Aufstandsunterdrückung trainierten. Der Code für ein Konfliktszenario geringer Intensität hieß „Zauberlied", jener für den schlimmsten Fall (den „worst case") liefen unter dem Code „Ferne Welt". Dieses sah die gewaltsame Einnahme palästinensischen Territoriums durch die israelische Armee und die Einrichtung einer Militärverwaltung vor, wenn die Situation einen solchen Schritt rechtfertigen würde.[6]

Die „Jerusalem Post" schrieb 1997 über die geplante Operation „Dornenfeld": „Sie ist das Szenario für ein Blutbad. Israelische Panzer rollen in palästinensische Städte ein und sind mit Jugendlichen konfrontiert, die mit Steinen, Molotow-Cocktails und Gewehren bewaffnet sind. Israelische Soldaten und palästinensische Polizei bekriegen sich im Häuserkampf; israelische Kampfhubschrauber greifen haargenau strategische palästinensische Ziele an. Die Opfer sind immens."[7]

Klar war von vornherein, dass im Rahmen einer großen Militär-Operation nicht nur palästinensische Opfer, sondern auch der Tod hunderter Israelis und weiterer tausender Verwundeter einkalkuliert werden musste. Verhindert hätte dies nur werden können, wenn die Palästinensische Autonomiebehörde (PA) wie seit 1994 weiterhin die kämpferischen Palästinenser-Organisationen Hamas und Islamischer Djihad auch im Zuge der Al-Aqsa-Intifada „ohne übertriebene Rücksicht" auf Menschenrechte rücksichtslos und effektiv unterdrückt hätte – mit exzessiver Gewaltanwendung. Doch das war genau das, was Yassir Arafat zwar sechs Jahre lang exerzierte, diesmal nach den wenig ergiebigen Verhandlungen in Camp David aber verweigerte. Im Gegenteil: Die mehr als 40.000 Bewaffneten seiner Sicherheitskräfte engagierten sich sogar in der Intifada.

Nach den Simulationen und Übungen der IDF sollte die Eroberung palästinensischer Gebiete zwischen einigen und 24 Tagen dauern. Dies hing von der israelischen Taktik ab. „Wenn du z. B. ein Gebäude hast, aus dem 20 Palästinenser auf dich schießen, stellt sich die Frage, sie anzugreifen oder zu warten, bis sie müde und hungrig sind", erläuterte etwa Zvi Shtauber, von 1992 bis 1995 der Chef der strategischen Planungsabteilung der IDF. Die renommierte Militärzeitschrift „Janes Intelligence Review" schrieb in ihrer Ausgabe vom 1. 3. 1997, dass aus der Sicht Israels die militärischen Kosten der Rückeroberung direkt proportional zur israelischen Zurückhaltung sind: Je größer sie ist, desto länger die Opferliste der IDF.[8]

Die „Dornenfeld"-Strategie lautete daher: maximaler Einsatz von schweren Waffen, rücksichtlose Vorgangsweise mit hohen Verlusten des Gegners. Sharon dürfte diese Variante bereits in sein Hirn eingemeißelt gehabt haben, als er im März 2001 die Regierungsgeschäfte übernahm. Denn binnen kurzer Zeit entfesselte er in den Palästinensergebieten ein nie zuvor da gewesenes Inferno.

Dass die Armee genau nach diesem Plan vorgegangen ist, zeigt sich darin, dass alle von Cordesman in seiner Studie aufgezählten Maßnahmen inzwischen – großteils im Jahr 2002 – auch tatsächlich umgesetzt worden sind:

- Massive IDF-Truppenverstärkung an Konfliktpunkten;
- Einsatz weiterer Kräfte zum Schutz von Siedlungen, Haupt-

straßen und Geländepunkten;

- Einsatz von Kampfhubschraubern und Heckenschützen, um Bewegungen vorzubereiten und Kämpfe zu unterdrücken;
- Einsatz von Handfeuerwaffen, Artillerie und Panzern zur Ausschaltung von Heckenschützen und Steinewerfern sowie zur Verhinderung von Demonstrationen;
- Bombardierung von bedeutenden Stellungen der Palästinenser durch Einsatz von Artillerie und Hubschraubern sowie die Bestrafung von aufmüpfigen Palästinensern;
- Festnahmen und Überfälle in den palästinensischen Wohngebieten von Westbank und dem Gazastreifen;
- Selektive Zerstörung bedeutender palästinensischer Verwaltungs- und sonstiger Einrichtungen und Beseitigen von wichtigen Positionen in der Nähe palästinensischer Städte;
- Brechen des organisierten Widerstandes durch Festnahmen oder Tötung von Schlüsselpersonen;
- Mobilisierung und Einsatz gepanzerter und anderer Landstreitkräfte im Fall massiver palästinensischer Erhebungen;
- Einsatz schwerer Panzer und Artillerie zur Isolierung größerer palästinensischer Wohnbereiche und hermetische Abriegelung palästinensischer Gebiete, einschließlich vieler Bereiche der Selbstverwaltungs-Zone A;
- Einführung parallel verlaufender ökonomischer Blockaden mit selektiven Unterbrechungen des Finanzverkehrs, der Arbeitserlaubnisse und der Lieferungen von Nahrungsmitteln;
- Ausnützen der israelischen Kontrolle über Wasser, Strom, Fernmeldeeinrichtungen und Straßen, um Größe und Dauer palästinensischer Aktionen zu begrenzen;
- Regulierung und Kontrolle des Zugangs zu den Medien und Leitung einer umfassenden Informationskampagne zur Beeinflussung der israelischen Bevölkerung und der internationalen Weltmeinung;
- Einsatz von im Städtekampf trainierten Truppen zum Eindringen in Städte, insbesondere in jene mit jüdischen Enklaven wie Hebron;
- Verhaftung von PA-Beamten und Einsetzen einer neuen israelischen Militärverwaltung.

Nur ein einziger Punkt aus dem Operationsplan „Dornenfeld" wurde bisher noch nicht realisiert: Die gewaltsame „Evakuierung" von Palästinensern aus „sensiblen Gebieten". Was immer darunter einmal subsumiert wird – gemeint war wohl ein weiteres Kriegsverbrechen: die großflächige „ethnische Säuberung" von Ost-Jerusalem und dem Westjordanland.

Andere Hinweise deuten gleichfalls darauf hin, dass das höchstwahrscheinliche End-Szenario die Massenvertreibung der palästinensischen Bevölkerung ist. Diese Deportation wird in Israel euphemistisch als „Transfer" bezeichnet.

Wird das der nächste Schritt nach der Räumung des Gazastreifens sein? Der zwangsweise Transfer von Palästinensern aus dem Westjordanland in den Gazastreifen?

Israels damaliger Generalstabschef Moshe Ja'alon verglich jedenfalls die Palästinenser mit einem Krebsgeschwür, das man am besten mit dem Mittel der Vertreibung ausmerzen sollte.[9]

Und der israelische Militärexperte Martin van Creveld bezeichnete später in der deutschen Tageszeitung „Die Welt" vom 26. 4. 2002 ethnische Säuberungen als sehr realistisch. Über den Deportationshergang schrieb van Creveld: „Für die Vertreibung der Palästinenser braucht man nur einige Brigaden. Sie werden die Menschen nicht einzeln aus ihren Häusern schleppen, sondern schwere Artillerie einsetzen, damit sie von selbst weglaufen. Jenin wird im Vergleich zu dieser Zerstörung wie ein Nadelstich aussehen."[10]

Bewaffnete Gegenwehr erst ab November 2000

In der ersten Etappe von Oktober 2000 weg war das Vorgehen des israelischen Militärs von zunehmender Offensivität gekennzeichnet.

Dies provozierte wiederum tägliche Demonstrationen in den besetzten Gebieten. Dabei begann die israelische Armee oft schon gezielt auf Demonstranten zu schießen, noch ehe sich irgendein bewaffneter Palästinenser blicken ließ oder von einer Schusswaffe Gebrauch machte.

Die israelische Journalistin Amira Hass von der Tageszeitung „Haaretz" klagte entsetzt:[11]

„Eine der frustrierendsten und niederschmetterndsten Erfahrungen für eine Journalistin – keine neutrale Journalistin, muss ich zugeben, denn schließlich bin ich Israeli – war es, zu diesen Demonstrationen zu gehen, wo Jugendliche von weit entfernt stehenden israelischen Soldaten verwundet und getötet wurden, und unfähig zu sein, der eigenen Seite rechtzeitig klar zu machen, dass ein derart exzessiver Gebrauch der eigenen Macht auf einen selbst zurückfällt, dass Steine werfende Jugendliche keine so fürchterliche Gefahr für die Soldaten sind, dass die Armeesprecher Halbwahrheiten und Lügen verbreiteten, wenn sie behaupteten, dass die Soldaten auf ‚Feuer' reagierten. Hätte es nicht einen politischen Plan gegeben, eine politische Unterwerfung zu erzwingen, hätte die Armee sich auch nicht berechtigt gefühlt, einen Aufstand von Zivilisten zur Eskalation zu bringen und zu militarisieren."

Israels Luftwaffe und Marine bombardierten mit Kampfhubschraubern, Panzern und Kriegsschiffen ganze Gebiete, von denen aus bewaffnete Palästinenser das Feuer eröffnet hatten. Auch bei „Strafaktionen" gegen Einrichtungen der PA setzten die IDF schwere Waffen ein.

Spätestens seit den Raketenangriffen auf mutmaßliche Kommandozentralen palästinensischer Extremisten und dem Auffahren schwerer Panzer an den Straßensperren hat sich als Erstes für die 1,4 Millionen Einwohner im Gazastreifen der Charakter des Konflikts mit den Israelis gravierend verändert. „Das ist jetzt ein Krieg, wie es ihn hier noch niemals gab", meint Bayan Abeid, ein Pharmaziestudent. „Ich habe nie zuvor solche Panzer gesehen. Früher, während der ersten Intifada, ist höchstens ab und zu einer am Horizont entlang gefahren – eine Drohgebärde, mehr war das nicht."

Mit einiger Zeitverzögerung beantworteten dann bewaffnete palästinensische Untergrundkämpfer die exzessive Gewalt der IDF mit Überfällen auf israelische Soldaten und Zivilpersonen. Die Spirale der Gewalt begann sich immer schneller zu drehen.

Am 2. November 2000 trugen Untergrundkämpfer schließlich die Auseinandersetzungen aus den besetzten Gebieten hinaus und verübten erstmals seit langer Zeit einen Bombenanschlag unweit des Jerusalemer Marktes Mahan Yehuda auf israelischem Boden. Zwei israelische Zivilisten fanden dabei den Tod. Die palästinensische bewaffnete Oppositionsgruppe Islamischer Djihad (Heiliger Krieg) übernahm die Verantwortung.

Im Dezember rückten israelische Soldaten massiv in praktisch alle Palästinensergebiete des Westjordanlands ein.[12]

Bis Ende 2000 kamen nach Dokumentation des palästinensischen Informationszentrums 325 Palästinenser ums Leben, 12.000 wurden verletzt, darunter 6.000 Mittel- bis Schwerverletzte. 23 Prozent der Opfer waren jünger als sechzehn Jahre.[13]

Bei der Mehrheit der Getöteten und Verletzten handelte es sich um Demonstranten, die Steine geworfen oder Schleudern eingesetzt hatten. In den meisten dieser Fälle handelte es sich zudem um ungesetzliche Tötungen gemäß Definition von Kriegsverbrechen laut Genfer Konvention.[14]

Nach Angaben der israelischen Armee verloren gleichzeitig 23 ihrer Soldaten das Leben, 284 wurden verletzt. Die Zahl der zivilen Opfer belief sich auf 22 Tote und 244 Verletzte.

Mehr als 2.500 Palästinenser und israelische Araber wurden unter Berufung auf politische Gründe festgenommen, viele von ihnen sahen sich Misshandlungen ausgesetzt. Die israelischen Behörden hielten mindestens 25 Palästinenser überdies ohne Gerichtsverfahren in Verwaltungshaft. Hunderte Palästinenser wurden in den besetzten Gebieten vor nicht näher benannte Gerichte gestellt, die internationalen Standards der Fairness nicht entsprochen haben.[15]

Dennoch „servierte“ die israelische Armeeführung von Beginn der Intifada weg den Medien und der Öffentlichkeit eintönig immer die gleiche offizielle Darstellung über die eigenen Gewaltakte: Entweder hätten Soldaten von ihren Waffen nur in für sie lebensgefährlichen Situationen Gebrauch gemacht und „nur zurück geschossen“; oder es habe sich bei den massakrierten Palästinensern pauschal um „Terroristen“ gehandelt, die womöglich gerade auf dem Weg zu einem Terroranschlag waren. Der Phantasie waren bei den monoton gleichen Erklärungen sichtlich enge Grenzen gesetzt.

Doch die internationalen Organisationen dokumentierten unbestechlich genau das Gegenteil.

US-Ärzte beschuldigten Israel

Bereits im November 2000 berichtete die amerikanische Ärztegruppe „Physicians for Human Rights“ von der exzessiven Gewaltanwendung der israelischen Besatzungsarmee in den besetzten Gebieten. Demnach haben israelische Soldaten auch Ambulanzen mit schwer verwundeten Palästinensern so lange aufgehalten, bis diese verblutet waren; oder sie haben die Evakuierung verwundeter Palästinenser absichtlich verzögert, so dass die anschließende Behandlung der Verwundungen im Hospital zusätzlich erschwert wurde.

Diese Vorgangsweise wurde auch von Teilen der israelischen Presse verurteilt. Die israelische Zeitung „Haaretz“ berichtete außerdem, dass israelische Soldaten immer wieder sowohl verwundete Palästinenser als auch die Sanitäter, die sie bergen wollten, unter Feuer nehmen würden.

Die Aktionen der Armee waren sichtlich auf exzessive Brutalität mit eindeutig offensivem Charakter angelegt.

Als Reaktion gab es zahlreiche Gewaltakte bewaffneter palästinensischer Widerstandsgruppierungen, die sich im Zuge des Aufstands gegen die Besatzungsmacht nicht mehr nur auf die besetzten Gebiete beschränkten. Doch diese forderten auf der israelischen Seite weit weniger Opfer, wie die Bilanz der Toten und Verletzten belegt.

Angesichts der ausufernden Armee-Gewalt sah sich der israelische Soziologie-Professor Baruch Kimmerling von der Hebräischen Universität in Jerusalem veranlasst, öffentlich das palästinensische Widerstandsrecht gegen die israelischen Besatzer in den eigenen Gebieten als moralisch gerechtfertigt zu qualifizieren. Denn seit 1967 leben Millionen von Palästinensern unter militärischer Besatzung, ohne jegliche Bürgerrechte und zumeist auch ohne die grundlegendsten Menschenrechte. Die andauernden Umstände der Besatzung und Unterdrückung würden ihnen das Recht geben, gegen diese Besatzung unter Anwendung jedweder Mittel, die ihnen zur Verfügung stehen, Widerstand zu leisten und unter Gewaltanwendung gegen die Besatzung aufzustehen. Dieses moralische Recht sei sowohl dem Naturrecht als auch dem Völkerrecht inhärent.[16]

Ariel Sharon am Schalthebel der Macht

Der hohe Zuspruch des israelischen Wahlvolkes für Ariel Sharon und seine radikalen Ansagen bei der Wahl im Februar 2001 zeigte, was für ein gewaltbereites politisches Klima sich im Land ausgebreitet hatte. Sharon war der Auserwählte nicht nur von Fanatikern und Radikalen für die Umsetzung der „2. Hälfte von 1948", wie die führenden Militärs den Plan nannten. Ziel war und ist nach dem Vorbild von 1948 eine groß angelegte ethnische Säuberung von jenem Westjordanland, das die fanatischen Zionisten nur noch mit den biblischen Namen „Judäa und Samaria" bezeichnen und das Israels Führer dem Staat Israel einverleiben wollen.

Demgegenüber ergab Anfang 2001, vor dem Machtwechsel in Jerusalem, eine von der israelischen Tageszeitung „Ma'ariv" in Auftrag gegebene Gallup-Umfrage, dass 55 Prozent der Israelis für den Vorschlag wären, im Austausch für einen Waffenstillstand den Ausbau der Siedlungen zu stoppen. Nur 39 Prozent lehnten dies ab. Mitglieder und Abgeordnete der liberalen Meretz-Partei und des linken Flügels der Arbeitspartei hatten sogar in einer Zeitungsanzeige den Stopp des Siedlungsbaus gefordert. Vergebens.

Bei seiner Regierungsbildung köderte Ariel Sharon als „Feigenblatt" für seinen künftigen radikalen Kurs die Arbeitspartei mit zwei Ministerposten. Der schon von sich aus in die Regierung drängende Shimon Peres wurde Außenminister und Benjamin Elizer Verteidigungsminister. Empörte Mitglieder des Nobelpreis-Komitees forderten Shimon Peres angesichts der Massaker in Jenin und Nablus im Jahr darauf dann sogar auf, seinen Preis wieder zurückzugeben, den er gemeinsam mit Rabin und Arafat wohl etwas voreilig erhalten hatte. Sein Rückgrat hatte nicht ausgereicht, um den Friedenskurs auch gegen Ariel Sharon zu verteidigen. Erst im Oktober 2002 verließ die Arbeitspartei dann nach vollbrachter Tat wieder die Regierung, kehrte aber 2004 mit Peres als stellvertretendem Regierungschef zurück, um für Sharon wieder die Rolle als politischer Steigbügelhalter zu übernehmen.

Sharon startet den finalen Countdown

Nach Bildung seiner Regierung ließ Sharon mit unverhältnismäßigem Waffeneinsatz geradezu Jagd auf Palästinenser machen. Scharfschützen, Panzersoldaten und Luftwaffenpiloten übten sich im Zielschießen auf die Masse der unbewaffneten palästinensischen Zivilisten. Von September 2000 bis Juni 2001 wurden bereits mehr als 600 Todesopfer und 22.000 Schwerverletzte registriert.

Noch im April 2001 veröffentlichte jene Untersuchungskommission ihren Bericht, die im Oktober 2000 auf dem Gipfeltreffen zwischen Arabern und Israelis in Sharm el-Sheikh eingerichtet worden war. Der nach dem Kommissionsvorsitzenden Mitchell benannte Bericht enthielt Empfehlungen wie das Einstellen der Siedlungstätigkeit, die Aufhebung der Abriegelungen der Palästinensergebiete sowie Maßnahmen, die gewährleisten sollten, dass die israelischen Sicherheitskräfte keine weiteren palästinensischen Häuser mehr zerstören und auf Vorfälle von Schusswaffengebrauch durch Palästinenser in einer Weise reagieren sollten, die die Gefahr für Leben und Eigentum palästinensischer Zivilisten so gering wie möglich hält. An die Palästinensische Autonomiebehörde erging die Empfehlung, Schützen daran zu hindern, von palästinensisch besiedelten Gebieten aus israelische Ziele unter Beschuss zu nehmen. Außerdem wurde eindringlich gefordert, die für solche Anschläge Verantwortlichen festzunehmen.[17]

Doch der Israel-kritische Bericht verschwand in Washington rasch in den Schubladen. Und in Israel/Palästina konnten die Sharon-Regierung und das Militär ungehindert beginnen, den bereits gebremsten „Oslo-Friedensprozess" vollends zu zerstören.

Koloniale Arroganz als Besatzungsmacht

In der deutschen Tageszeitung „taz" erschien am 22. Dezember 2001 ein Gastkommentar des israelischen Sozialwissenschaftlers Lev Grinberg, in dem er in ungewöhnlich offener Form die israelischen Besatzerallüren kritisierte.

Der Direktor des Humphrey Institute for Social Research an der Ben Gurion-Universität in Negev/Israel zerpflückt dabei die offizielle Propaganda der Sharon-Regierung:[18]

„... Arroganz und Paternalismus liegt jeder Besatzung zugrunde; die israelische Okkupation bildet keine Ausnahme. Europäische Kolonialherren verhielten sich ähnlich. Die einheimische Bevölke-

rung galt als minderwertig und primitiv und besaß keinerlei individuelle oder kollektive Rechte auf ein eigenes Heimatland. So sah es auch in Israel/Palästina seit dem Beginn der Kolonisierung des Landes aus. Auch durch das Osloer Friedensabkommen war keine wirkliche Veränderung erkennbar. Das Land gehört uns, den Israelis, wir sind seine Herren; die Palästinenser müssen mit dem zufrieden sein, was wir ihnen anbieten. Man ‚überließ' Arafat Jericho und Gaza und gewährte ihm eine Probezeit. Sollte er den Test bestehen, würde er mit zusätzlichem Land belohnt – wenn nicht, würde der Prozess angehalten, wie Rabin öffentlich verkündigte. Von Arafat wurde erwartet, das zu gewährleisten, was die israelische Armee nicht zu Stande brachte: Sicherheit für Israel. Von der Sicherheit und Unabhängigkeit des palästinensischen Volkes allerdings war keine Rede. Arafats Macht basierte nicht so sehr auf dem Willen seines Volkes und dessen legitimen Rechten, sondern auf Israels Einwilligung.

Was hat Israel im Zuge des Oslo-Prozesses als Gegenleistung gebracht? Einige größere palästinensische Städte wurden freigegeben – und ein wenig Land in deren unmittelbarer Nachbarschaft. Gerade so, wie es Israel passte. Man gestattete Arafat, Regierungsbeamte einzusetzen und Polizisten aufzustellen, verweigerte ihm aber zusammenhängende Gebiete und territoriale Souveränität. Weder verzichtete Israel auf militärische Kontrolle, noch ermöglichte es die Schaffung eines palästinensischen Staates oder gewährte wirtschaftliche Unabhängigkeit. Man zog sich nicht zu den Grenzen von 1967 zurück und trug nichts zu einer Lösung der besonders schwierigen Probleme bei – wie etwa Jerusalem oder die palästinensischen Flüchtlinge. Nicht einmal den Siedlungsbau in den besetzten Gebieten hat Israel beendet oder auch nur zeitweilig unterbunden.

Wenn wir, die Israelis, unsere Arroganz und unsere Position als Besatzungsmacht nicht überdenken, wird sich die gegenwärtige Spirale des Blutvergießens nur noch schneller drehen – mit oder ohne Arafat. Europa, das einst gleichsam zum Zeugnis für die Arroganz der Besatzung bzw. Kolonialisierung wurde, sollte nicht den Fehler begehen und diese Haltung aufs Neue einnehmen – selbst dann nicht, wenn es sich um den jüdischen Staat handelt. Eine internationale Intervention, um Sharon Einhalt zu gebieten, ist dringend nötig um beider Völker willen, der Palästinenser genauso wie der Israelis.“

Derart kritische Appelle verhallten natürlich ohne Echo.

Bush und Sharon in konzertierter Aktion

Zufällig geschah am 11. September 2001 der Terrorangriff auf New York und das Pentagon.

Und zufällig marschierte plötzlich George W. Bush mit der US-Armee Seite an Seite mit Ariel Sharon im „Kampf gegen den Terror“.

Zufällig zog die Bush-Armee gemeinsam mit einem Heer von privaten Söldnern nach dem Probegalopp in Afghanistan mit 150.000 Soldaten weiter westwärts in den Irak.

Zufällig erwiesen sich später die vorgeschobenen Argumente für den Irak-Krieg als ziemlich frei erfunden.

Und zufällig war der ehemalige US-Freund und urplötzliche Hauptfeind Saddam Hussein auch der weltweit stärkste Widersacher Israels.

Und ebenso zufällig stand die allmächtige US-Armee dann mit dem Einmarsch in den Irak im März 2003 zugleich an den Grenzen zu den beiden nächsten großen Feinden Israels. Iran und Syrien werden seither als „Schurkenstaaten“ laut US-Definition mit scharfen verbalen Drohgebärden in Schach gehalten.

Wie weit das geht, offenbarte die „Los Angeles Times“, als sie 2002 das geheime Dokument des US-Verteidigungsministeriums (Pentagon) „Nuclear Posture Review“ veröffentlichte. Demnach hat das Pentagon unter George W. Bush nukleare Angriffsziele auf sieben Länder erweitert, darunter zufällig Israels Feinde Irak, Syrien, Iran und Libyen. Alle Länder waren keine Gefahr für die USA. Atomwaffen sollten aber dann eingesetzt werden, wenn Israel vom Irak angegriffen werden sollte. Taktische Waffen waren dabei zum Einsatz gegen Städte und Truppen vorgesehen. „Mit dem Zionismus auf dem Kriegspfad wechselt Bush von der Strategie der nuklearen Abschreckung zum offensiven (Angriffs-) Einsatz von Atombomben“, schrieb Moshe Lieberman in seinem Buch „The Israeli Holocaust Against the Palestinians“.[19]

Irak-Krieg als Katalysator zur Gewaltlösung

Wie der frühere US-Sicherheitsberater Ramsey Clarke nach seinem Rücktritt aufdeckte, hatte Bush schon bald nach Amtsantritt eine „Lösung" für den Irak ins Auge gefasst. Die Israel-Lobby in den USA, an deren Spitze das mächtige AIPAC (American Israel Public Affairs Committee) steht, machte zusätzlichen Druck. Den Grund vertraute das Knesset-Mitglied Benny Elon vor dem Irak-Krieg in einem Interview mit dem rechtsextremen Wochenblatt „Makor Rishon" der israelischen Öffentlichkeit an, als er von geheimen Gesprächen zwischen Israel und USA berichtete, wonach im Rahmen der von den USA geplanten neuen Ordnung im Nahen Osten nach dem Krieg im Irak hunderttausende Palästinenser dorthin zwangsumgesiedelt werden sollten.[20]

Der Rabbiner und Vertreter der Nationalen Union in der Knesset hat wiederholt geäußert, dass der Transfer – also die Vertreibung – nicht nur eine machbare Option und eine notwendige Voraussetzung für das Überleben des jüdischen Staats sei, sondern auch eine humane Lösung. Was gegenüber der Alternative eines Völkermords tatsächlich stimmt.

Sharon zerstörte die Friedensbasis von Rabin

Wie von dem israelischen Friedensaktivisten Uri Avnery vorausgesagt, benützte Ariel Sharon den Countdown zum Irak-Krieg und die amerikanische Rechtfertigungsformel vom „Krieg gegen den Terror", um der Gewaltorgie eine zusätzliche Dynamik zu verpassen – als wäre das Zusammenspiel mit den USA ein lange vorbereiteter Plan gewesen. Er ordnete schon Anfang 2002, als die Welt auf das Kriegstrommeln der Amerikaner fixiert war, erneut den Generalangriff auf die Palästinensergebiete an. Ein weiterer großer Schritt zur endgültigen Auslöschung des palästinensischen Volkes.

Die Begeisterung, mit der Israel und seine amerikanische Lobby den Bush-Krieg gegen den Irak unterstützten, war nach Ansicht führender Israelis daher ein Mittel, um die palästinensische Frage einfacher und mit drastischeren Maßnahmen angehen zu können. Mit ethnischen Säuberungen, Vertreibungen … oder gar noch Schrecklicherem?

Ariel Sharon hat seit seiner Wahl zum Ministerpräsidenten im Februar 2001 die Friedensbasis endgültig zerstört, die Yitzhak Rabin einst aufbaute. Der von ihm begonnene 6. Kolonialkrieg Israels um Palästina (nach 1948, 1956, 1967, 1973 und 1982) richtet sich erstmals seit 1949 nicht gegen eines der Nachbarländer, sondern so wie 1948 wieder ausschließlich gegen die Palästinenser. Er trägt ganz offensichtlich nicht die Merkmale eines Verteidigungskrieges, sondern eines lebensraumorientierten Aggressionskrieges gegen eine Zivilbevölkerung – mit Facetten eines Religionskrieges, da es auch darum geht, den Staat mit jüdischer Religion gegen eine drohende Mehrheit mit islamischer Religion abzusichern.

Das israelische Staatsgebiet soll endgültig um die Westbank erweitert werden, das arabisch-christliche Ost-Jerusalem und die syrischen Golan-Höhen wurden bereits regelrecht annektiert.

Ab 2001 ist die israelische Armee in Permanenz in Gebiete eingedrungen, die entsprechend dem Taba-Abkommen von 1995 unter rein palästinensischer Kontrolle sein sollten. Bereits vor den großen Militärangriffen im März/April und Juni 2002 wurden viele palästinensische Städte probeweise zunächst temporär wieder besetzt: darunter Bethlehem (10 Tage), Jenin (40 Tage), Ramallah und El-Bireh (20 Tage), Tulkarm, Kalkilya und die Ortschaften Beit Rima, Deir Ghassana und Beit Lahia. Außerdem verfügte die Armee in Dörfern und Städten immer wieder verlängerte Ausgangssperren, unterbrach die Wasser- und Stromzufuhr und verhinderte die medizinische Versorgung, was große humanitäre Probleme zur Folge hatte.

Schließlich wurden die städtischen Ballungszentren allmählich von der israelischen Armee abgeriegelt. Um die acht größten Städte der rein palästinensischen „Zone A" im Westjordanland, wo die große Mehrheit der Palästinenser der Westbank lebt – Hebron, Bethlehem, Ramallah, Jericho, Nablus, Jenin, Tulkarem und Kalkilya – wurden Erdwälle und Stacheldrahtzäune gezogen.

Die Bewohner der Ortschaft Al-Mawasi erhielten Identitäts-Nummern aufgestempelt, wodurch die israelische Armee ihnen generell nur eine minimale Bewegung innerhalb und außerhalb der Zone erlaubte.

Am Eingang der Ortschaft Sifa errichteten die Soldaten elektrische Barrieren, so dass die Bewohner danach nur noch zwischen 7 und 9 Uhr am Morgen und zwischen 3 und 5 Uhr am Nachmittag den Ort betreten oder verlassen konnten.

Die gewaltsame Zerstückelung der Westbank

Ab der israelischen Militäroffensive im März 2002 wurden die Palästinensergebiete Westbank und Gazastreifen letztlich vollkommen vom Rest der Welt abgeschnitten. Durch den Sperrwall, Straßensperren, elektrische Zäune, Erdwälle und militärisch kontrollierte Checkpoints auf den wichtigen Straßen, die kein Mensch und kein Auto ohne Sondergenehmigung passieren dürfen, wurde das Westjordanland in kleine Ghettos zerstückelt und unter militärische Zwangsverwaltung gestellt. Im Mai 2002 zwang das israelische Militär überdies der palästinensischen Zivilbevölkerung ein System mit Passierscheinen auf und machte dadurch den Verkehr zwischen den Orten in der Westbank zu einem fast unlösbaren Problem. Die „Bantustanisierung" der palästinensischen Gebiete wurde damit administrativ fixiert.

Der internationale Flughafen von Gaza ist schon seit Februar 2001 geschlossen, das Rollfeld zerbombt, die „geschützte Durchfahrt", die Verbindungsstraße zwischen dem Gazastreifen und der Westbank, unterbrochen. Die Übergänge nach Jordanien (Allenby-Brücke), Ägypten (Rafah) und nach Israel (Al-Mintar, Beit Hanun) wurden seither immer wieder gänzlich geschlossen.

Die administrative Schlinge um den Hals der Palästinenser zur ökonomischen Strangulierung wird so von Tag zu Tag enger gezogen.

„Die versuchten eindeutig, uns zu töten"

Das Westjordanland und insbesondere der Gazastreifen wurden solcherart für den Rest der Welt zu weitgehend uneinsehbaren Regionen. Gezielte Angriffe auf Journalisten ebenso wie die Mitarbeiter internationaler Hilfsorganisationen sollten eine unabhängige Berichterstattung über das Vorgehen der IDF verhindern.[21]

Als die israelische Armee ab Januar 2002 begann, in den Palästinenser-Gebieten Radio- und TV-Stationen sowie Büros von Nachrichtenagenturen und Zeitungen zu zerstören oder zu besetzen, sah sich UNESCO-Generaldirektor Koichiro Matsuura am 24. Januar 2002 zu dem Protest veranlasst, dass es inakzeptabel sei, dass Medien und Journalisten als Ziele in einem bewaffneten Konflikt benutzt würden. Doch Israels Armee setzte in den folgenden Monaten ihr Werk ungeniert vor den Augen internationaler Berichterstatter fort, zerstörte deren Computer und Kameras, „konfiszierte" Mobiltelefone und Filme und tat auch sonst alles, um eine objektive Berichterstattung über die nachfolgenden Gräueltaten an der palästinensischen Zivilbevölkerung zu verhindern.

In den ersten drei Jahren der Intifada wurden 12 Reporter mit von der palästinensischen Behörde ausgestellten Presseausweisen erschossen, darunter ein Italiener und ein Brite. 295 Journalisten wurden verwundet, mindestens 167 Journalisten wurden von israelischen Soldaten angegriffen, geschlagen und verhaftet, deren Ausrüstung und Material konfisziert oder zerstört.

Fast 100 Pressezentren wurden bombardiert, verwüstet oder beschädigt.

Kein Wunder, dass Israel/Palästina jahrelang als einer der weltweit gefährlichsten Arbeitsplätze für Journalisten geführt wurde. Und zwar nicht wegen der Palästinenser, sondern wegen der Brutalität der IDF gegenüber nichtjüdischen Berichterstattern, die Gräueltaten dokumentieren wollen. In der Liste der internationalen Organisation „Reporter ohne Grenzen" fand sich Israel/Palästina daher 2002/03 unter den gefährlichsten Gebieten der Welt für die journalistische Arbeit.[22]

Als am 31. März 2002 Ramallah und El-Bireh zu militärischen Zonen erklärt und hermetisch abgeriegelt wurden, durften Journalisten nicht mehr vor Ort recherchieren und berichten und wurden aufgefordert, das Gebiet sofort zu verlassen. Im April 2002 erklärte die Journalisten-Vereinigung die Westbank nach Afghanistan sogar zur weltweit zweitgefährlichsten Region für Journalisten und begründete dies damit, dass seit Beginn der militärischen Wiederbesetzung der palästinensischen Gebiete ab März 2002 zahlreiche Journalisten brutal getötet, bedroht, festgenommen oder ausgewiesen und Verstöße gegen internationale Abkommen registriert worden waren.[23]

Gideon Levy, Kolumnist der israelischen Tageszeitung „Haaretz" über die besetzten Gebiete („Twilight Zone"), wurde gemeinsam mit seinem Kameramann Miki Kratsman am 11. August 2002 so wie viele andere Medienmitarbeiter in diesem Jahr von israelischen Soldaten beschossen, als er in einem israelischen Taxi während der über die Stadt verhängten Ausgangssperre nach Tulkarm im Westjordanland fuhr. Sein Kommentar später:

„Was mir passierte, geschieht jeden Tag in den besetzten Gebieten mit dem einzigen Unterschied, dass diesmal ein israelischer Jude und Journalist betroffen war: das waren keine Warnschüsse, sondern sie versuchten eindeutig, uns zu töten."

Im Mai 2003 wurde der britische Journalist James Miller in Rafah von einem israelischen Soldaten durch einen Genickschuss ermordet.

Doch die Militärzensur garantierte eine einseitige Berichterstattung, so dass diese Umstände kaum publik wurden. Hinsichtlich der Pressefreiheit befand sich Israel daher in der Einschätzung von „Reporter ohne Grenzen" im Jahr 2002 auf Rang 92 von 139 Ländern in unmittelbarer Nachbarschaft des Bürgerkriegslandes Angola geführt – 10 Plätze hinter der Palästinensischen Autonomiebehörde. Für ein Land mit Anspruch auf Anerkennung als demokratischer Staat und Zugehörigkeit zum zivilisierten Westen nicht gerade eine Empfehlung.

In den folgenden Jahren änderte sich das Ranking Israels – zumindest hinsichtlich der Berichterstattung über die besetzten Gebiete – nur unwesentlich: Rang 146 von 166 im Jahr 2003 und 116 von 167 ein Jahr später – Israel blieb im untersten Drittel der internationalen Rangliste.

Entgegenkommenderweise differenzierte die Organisation ab 2003 und führte die Inlandsberichterstattung von Israel auf Rang 44. Was zu dieser Maßnahme führte, ist nicht näher bekannt.

Gelenkte Berichterstattung in Israel

Die von Israels Militär herausgegebenen Erklärungen entsprachen in den Jahren der Intifada kaum den tatsächlichen Gegebenheiten, sondern waren reinste Kriegspropaganda. In den israelischen und internationalen Medien fanden sich dementsprechend nur rudimentäre Berichte über die tatsächlichen Ereignisse, überwiegend wurden israelische Opfer von Selbstmordattentätern in nationalen und internationalen TV-Kanälen dargestellt, da sofort israelische TV-Teams an den Schauplatz des Geschehens bestellt wurden. Die Opfer der israelischen Gewalt blieben dagegen namenlos und vor der Weltöffentlichkeit verborgen.

Die israelische Presse verhielt sich weitgehend linientreu. Als Ministerpräsident Ariel Sharon im April die Medien aufrief, patriotischer zu sein, gab es keinen Widerspruch. Sein Büro und das zuständige Ministerium wiederholten diese Forderungen gegenüber den öffentlichen Rundfunk- und TV-Anstalten immer wieder. Der Nachrichtenchef der wichtigsten öffentlichen TV-Station wurde scharf gerügt, weil er es gewagt hatte, dem UN-Sondergesandten Terje Roed-Larsen Sendezeit zu widmen – er machte sich in Israel mit seiner deutlichen Kritik an den Massakern nach dem Besuch des Flüchtlingslagers in Jenin unbeliebt.

Schon seit Oktober 2000 bemühte sich die Regierung durchzusetzen, dass die Journalisten der staatlichen Medien nur noch bestimmte unverfängliche Ausdrucksweisen verwenden – so z. B. statt der Bezeichnung „jüdische Siedlungen in den besetzten palästinensischen Gebieten“ nur noch Begriffe wie „Örtlichkeiten“ oder „Dörfer“. Die Tageszeitung „Haaretz“ veröffentlichte eine Dienstanweisung mit anzuwendenden Formulierungen für die Journalisten der arabischsprachigen Sendungen des staatlichen israelischen Senders „Kol Israel“ (Stimme Israels). Demnach sollten tote Palästinenser nicht als „Opfer“, sondern mit dem neutralen Wort „Tote“ bedacht werden. Und während die israelische Armee den Ausdruck „gezieltes Töten“ in Bezug auf Palästinenser verwendete, durften die Journalisten nur noch von „getötet“ sprechen. Wenn ein Knesset-Abgeordneter dem Premierminister klar widersprach, dann durfte das nicht mehr so genannt werden, sondern musste mit „Bedenken äußern“ umschrieben werden.

Der „Haaretz“-Medienspezialist Aviv Lavie registrierte eine deutliche Polarisierung der Berichterstattung. Demnach entwickelten manche Kommentatoren eine klare nationalistische Linie. Und nicht nur die israelische Gesellschaft vollzog einen scharfen Rechtsruck, sondern auch viele Journalisten, was sich in deren

Arbeit zeigte. Eine objektive Berichterstattung war nicht mehr gegeben. Statt die in Kriegszeiten notwendige ausgewogene Darstellung unter Berücksichtigung beider Seiten zu wahren, offenbarten viele Journalisten Selbstzensur und vorauseilenden Gehorsam. So kam es zu der geradezu grotesken Situation, dass ausgerechnet die Armee-Radiostation „Galei Tsahal" die meisten kritischen Sendungen brachte. Allerdings statuierte der Senderchef Avi Benayahu am 22. Februar 2002 mit der Entlassung von Liron Taani, dem Präsentator des beliebten Musikprogramms „Essek Shahor", ein Exempel. Dieser hatte tags zuvor ein frustriertes Statement gesendet:[23]

„Jahrelang habe ich von Frieden geträumt. Aber jetzt löschen unsere Flugzeuge die Araber aus und die Araber löschen die Juden aus. Danke, Ariel Sharon. Sharon, ich liebe Dich. Jetzt können wir in diesem Land wirklich keine Kinder mehr aufziehen."

Vierte Genfer Konvention als massgebliches Kriterium

Angesichts der eskalierenden Gewalt der IDF bestätigten am 5. Dezember 2001 während einer Konferenz in Genf 114 Vertragsstaaten der Vierten Genfer Konvention, dass das humanitäre Völkerrecht „zum Schutz von Zivilpersonen in Kriegszeiten" vom 12.8.1949 in den besetzten palästinensischen Gebieten, einschließlich Ost-Jerusalem, anwendbar sei. Zuvor wurden aktuelle Berichte von François Bugnion vom IKRK, Peter Hansen als Generalkommissar der UNRWA und der UN-Hochkommissarin für Menschenrechte, Mary Robinson, vorgetragen.

Mit dem Ziel, die Zivilbevölkerung zu schützen, wies die Erklärung nochmals auf die allgemeinen Verpflichtungen aller Mitgliedstaaten, die jeweiligen Verpflichtungen der Konfliktparteien und die spezifischen Pflichten der Besatzungsmacht hin. Ihr Ziel war somit ein humanitäres Anliegen und bezog sich auf die aktuelle Dringlichkeit, d.h. die Art und Weise wie die Zivilbevölkerung durch universelle Regeln bis zum Ende der Feindseligkeiten und der Besetzung zu schützen ist.

Sie riefen Israel als Besatzungsmacht auf, militärisch nicht gerechtfertigte schwere Verstöße gegen die Genfer Konventionen, die international als Kriegsverbrechen gelten, zu beenden.

Israel hat wenige Wochen nach seiner Gründung 1948 die Genfer Konventionen zwar unterzeichnet, weigert sich aber sichtlich, diese einzuhalten.

De facto war die Erklärung eine klare und unmissverständliche Verurteilung der Vorgangsweise Israels. Doch die Massenmörder der Menschheitsgeschichte haben sich noch nie durch friedliche Appelle von ihren Gräueltaten abhalten lassen.

Die Menschenrechtsorganisation „Amnesty International" (AI) verwendet seit der Genfer Erklärung bei ihren Dokumentationen über den Krieg eine eindeutige Nomenklatur, die den internationalen Kategorien von Kriegsverbrechen, Verbrechen gegen die Menschlichkeit oder gar Völkermord entspricht. In den „AI"-Berichten wörtlich angeführt werden insbesondere:

- Angriffe auf die Zivilbevölkerung,
- ungesetzlichen Tötungen,
- rücksichtsloser Schusswaffengebrauch,
- unverhältnismäßige Gewaltanwendung,
- extralegale Hinrichtungen,
- die Versagung oder Behinderung ärztlicher Hilfe und Anschläge auf medizinisches Personal,
- Folterungen sowie grausame und unmenschliche Behandlung von Gefangenen,
- widerrechtlicher Freiheitsentzug durch „Verwaltungshaft" ohne Anklage,
- Militärgerichtsverfahren, die nicht internationalen Standards der Fairness entsprechen,
- der Einsatz von gefangenen Palästinensern als menschliche Schutzschilde,
- Bomben- und Granatenangriffe auf zivile Wohngebiete,
- die verbreitete und mutwillige Zerstörung von Eigentum, insbesondere von Wohnhäusern, Wirtschaftsbetrieben und riesigen landwirtschaftlichen Anbaugebieten.

Palästinenserpräsident Yassir Arafat klagte kurz vor seinem Tod noch Mitte Oktober 2004 Israel an, Munition aus abgereichertem Uran gegen die Palästinenser einzusetzen. Damit wolle man, so Arafat, die Fruchtbarkeit der palästinensischen Frauen zerstören und die „demographische Zeitbombe“ entschärfen, die den Palästinensern bereits die demokratische Mehrheit im Gebiet Israel/Palästina in die Hände gespielt hat.[24]

Wenn Arafat Recht hat, dann haben die USA an die israelische Armee jene Munition für den Einsatz gegen die Palästinenser geliefert, die sie auch in beiden Irak-Kriegen und im Kosovo verwendet haben. Die Geschossreste haben eine langfristige Strahlenwirkung auf die Umgebung – mit vorerst unabsehbaren Folgen.

Angriffskrieg auf breitester Front

Ab dem Jahr 2002 arteten die Angriffe der Besatzungsarmee in eine regelrechte Gewaltorgie aus. Wegen der hermetischen Abriegelung der Palästinensergebiete war ein Entkommen nicht möglich. Die – vermeintliche – Lösung des Palästinenserproblems hatte begonnen.

Der Feldzug war, wie schon im Januar 2002 in der Zeitung „Haaretz“ zu lesen war, lange und sorgfältig vorbereitet. Die Armeeführung hatte dazu historische Präzedenzfälle studiert. Der „Haaretz“-Militärkorrespondent Amir Oren schilderte seine Gespräche mit israelischen Offizieren, bei denen ihm die Haare zu Berge gestanden sein müssen: Um die nächsten militärischen Operationen vorzubereiten, war der Armeeführung jedes nur mögliche Vorbild recht. Wer etwa ein überfülltes Flüchtlingslager oder die Kasbah von Nablus einnehmen wolle, müsse nun einmal aus der Militärgeschichte lernen – auch, so skandalös es klinge, aus der Taktik der Deutschen bei der Niederschlagung des jüdischen Aufstandes im Warschauer Ghetto.[25]

Eine Milliarde Dollar aus dem mit offiziell mehreren Milliarden US-Dollar jährlich direkt aus US-Steuergeldern gefüllten Staatssäckel sollte der Regierungschef des notorisch unter Geldmangel leidenden Judenstaates letztlich für die Eroberung der Palästinenser-Gebiete im Jahr 2002 aufwenden. Für einen zweifelhaften „Erfolg“.

Die Inhaftierung von palästinensischen Intellektuellen war der Auftakt für das entfesselte Inferno, das mit der „Operation Schutzwall“ endgültig über die palästinensische Zivilbevölkerung hereinbrechen sollte.

Im Februar/ März 2002 ordnete Sharon erste schwere Angriffe auf die palästinensischen Flüchtlingslager in der Westbank an. Balata bei Nablus war das Ziel eines besonders gewalttätigen Angriffes mit großen Zerstörungen, bei dem 180 Palästinenser innerhalb von zwei Wochen zwischen 28.2. und 12.3.2002 getötet wurden.

Gleichzeitig drang die Armee gewaltsam in das Flüchtlingslager von Jenin ein. Diese Stadt unterhielt bis zur 2. Intifada engste Verbindungen zu Israel. Nur 12 km von der „Grünen Linie“ entfernt, die das 1948/49 gewaltsam in Besitz genommene israelische Staatsgebiet von der Westbank trennt, stammen viele der Flüchtlingsfamilien in den Lagern am Rande der Stadt aus jenen nur wenige Kilometer entfernten Dörfern jenseits der „Grünen Linie“, aus denen sie 1948/49 von den Zionisten vertrieben wurden. Viele Familien, die in Jenin leben, haben Verwandte in Israel. Und viele Palästinenser aus Jenin haben in Israel gearbeitet, umgekehrt haben viele Israelis in Jenin billige Waren eingekauft.

Schon im Jahr 2001 hatte die IDF massiv Verwaltungs- und Polizeigebäude in Jenin bombardiert, darunter sogar das Gefängnis. Im Dezember 2001 sperrte die IDF außerdem für 27 Tage sämtliche Zufahrtswege, so dass die Stadt von der Umwelt total abgeschnitten war. Danach war das Leben in Jenin von der Angst vor Gewalttaten israelischer Sicherheitskräfte und Ausgangssperren geprägt.

Schließlich wurde die bis dato „befreundete“ Stadt als Feindgebiet behandelt. Gewalt und Gegengewalt ersetzten die ökonomischen Beziehungen. Die Israelis gaben später als Grund für die Invasion und die Massaker im Frühjahr 2002 an, dass aus den Flüchtlingslagern in Jenin viele Selbstmord-Attentäter kamen und 90 ermordete Israelis bei 28 Attentaten in den 18 Monaten bis Mai 2002 auf dem Gewissen hätten. Doch damit ist der Angriff als „kollektive Bestrafung“ nicht zu rechtfertigen.

Umgekehrt wies der Gouverneur der Palästinensischen Autonomieverwaltung für Jenin im Gespräch mit einer „AI“-Delegation im Januar 2002 darauf hin, dass die Zahl der Selbstmord-Attentate auf Israelis direkt korreliere mit der Anzahl von Menschen aus Jenin, die im Zuge der 2. Intifada von Israelis ermordet worden sind – jeder Tod eines Freundes oder Verwandten war eine Motivation für Rache und Vergeltung.

Tatsächlich geschah das erste Attentat eines Selbstmörders (er kam aus Jenin) erst viele Monate nach Beginn der Intifada, als bereits hunderte Palästinenser getötet worden waren.

Ab 28. Februar 2002 wurden die Stadt und viele angrenzende Dörfer zu militärischen Sperrgebieten mit totaler Abschottung zur Umwelt erklärt.

Die Art der weiteren Offensive veranlasste den syrischen Außenminister Faruk Sharaa bei seinem Besuch in Wien am 14. März 2002 zu der empörten Feststellung, das Vordringen der israelischen Armee in den Palästinensergebieten sei „ungeheuerlich – Massaker werden verübt, und die Grausamkeiten geschehen in den palästinensischen Gebieten, nicht in Israel!"

Nach ungeduldigem, wochenlangem Warten bot sich der IDF-Führung mit einem arabischen Anschlag in Netanja am 27. März 2002 ein Vorwand für den Start der sorgfältig geplanten Großoffensive.

Friedensangebot der Arabischen Liga zurückgewiesen

Ausgesprochen ungelegen kam Sharon das kurz vorher übermittelte neuerliche Friedensangebot der 22 Mitglieder des Rates der Arabischen Liga, in dem „... the Kings, Presidents, and Emirs of the Arab States" in der „Erklärung von Beirut" vom 28. März 2002 einmal mehr Israel den Frieden auf der Grundlage der „Beschlüsse 242, 338 und 425 des Sicherheitsrats (der Vereinten Nationen)" und des Prinzips „Land gegen Frieden" anboten. Sogar der damals noch regierende Todfeind Israels, Saddam Hussein, hatte dem zugestimmt.

Die Bedingungen der Araber waren nicht neu und entsprachen lediglich den Forderungen der UNO während der letzten Jahrzehnte:

A. Kompletter Rückzug aus den besetzten arabischen Territorien inklusive der syrischen Golan-Höhen auf die vor dem 4. Juni 1967 geltenden Grenzen sowie aus den noch immer besetzten libanesischen Gebieten.

B. Ausarbeitung einer „gerechten Lösung" für die palästinensischen Flüchtlinge von 1948 in Übereinstimmung mit der UN-Resolution Nr. 194.

C. Gründung eines unabhängigen Palästinenserstaates innerhalb der seit 4. Juni 1967 besetzten Gebiete in der Westbank und dem Gazastreifen mit Ost-Jerusalem als Hauptstadt.

Im Gegenzug boten die Araber die endgültige Beendigung des israelisch-palästinensischen Konflikts, einen umfassenden Friedensvertrag aller arabischen Staaten mit Israel, Sicherheitsgarantien und „normale Beziehungen“ an.

Doch Sharon & Co. schlugen auch dieses Angebot aus und halten seither unbeirrt an dem Ziel von Groß-Israel fest, das die endgültige Vertreibung der meisten Araber aus dem „biblischen Land Judäa und Samaria“ – dem heutigen palästinensischen Westjordanland – zur Voraussetzung hat. „Tot oder lebendig“ steht dabei offenbar nicht einmal mehr zur Diskussion.

Höhepunkt der Brutalität mit „Operation Schutzwall“

Das offiziell vorgeschützte Ziel der „Operation Schutzwall“ ab 29. März 2002 war, die „Basen des Terrorismus“ zu entwaffnen und diejenigen zu liquidieren oder gefangen zu nehmen, die in den bewaffneten palästinensischen Widerstand verwickelt waren. Alle palästinensischen Sicherheitskräfte sollten entwaffnet und somit ihrer Fähigkeit beraubt werden, sich gegen Israel zu wehren.

Gleich zu Beginn der Großoffensive des israelischen Militärs im Gazastreifen und im Westjordanland sollte die Autorität der PA untergraben werden. Eines der ersten Angriffsziele war daher der Amtssitz von Palästinenserpräsident Yassir Arafat in Ramallah. Stromzufuhr und die Kommunikation mit der Außenwelt waren ab diesem Zeitpunkt gekappt. Der größte Teil der nationalen und öffentlichen Infrastruktur in den besetzten Gebieten fiel der Zerstörungswut der Israelis zum Opfer. Ministerien, Zivilbehörden sowie andere Büros und Einrichtungen der PA wurden gestürmt, verwüstet, manchmal auch geplündert oder demonstrativ in Schutt und Asche gebombt – als Zeichen dafür, dass die Palästinenser ab sofort wieder Untertanen der Militärmacht Israels zu sein haben.

Damit wurden nicht nur alle existierenden Dokumentationen über die Bevölkerung wie z.B. jene vom Palästinensischen Büro der

Statistik vernichtet, sondern auch jene über die von Israel begangenen Gräueltaten. Sharon sorgte solcherart dafür, dass allfällige auf ihn zukommende Klagen beim Internationalen Strafgerichtshof in Den Haag kaum auf palästinensische Quellen zurückgreifen können. „Ohne klare Feststellung über die Verbrechensopfer kann kein Prozess gemacht werden, ja leistet man Leugnern der Tat ungebührlichen Vorschub", wird beispielsweise im „Lexikon der Völkermorde" gewarnt.[26]

Auch das gehört zur völkermord-gerechten Auslöschung des palästinensischen Volkes.

Und die israelischen Archive bleiben infolge entsprechender israelischer Gesetze mindestens 30 Jahre verschlossen und könnten den heute 77-jährigen Regierungschef Sharon wohl nur noch posthum gefährden.

Darüber hinaus wurden in den gesamten besetzten Gebieten in einem bislang beispiellosen Ausmaß kollektive „Strafmaßnahmen" gegen die Zivilbevölkerung in Form von systematischen Abriegelungen und Ausgangssperren ausgeführt. Die Gebiete um Bethlehem, Tulkarm, Kalkilya, Jenin und Nablus wurden zu „militärischen Sperrzonen" erklärt und hermetisch abgeriegelt, sodass nur wenig Einzelheiten des Geschehens nach außen dringen konnten. Die Bewohner mussten strikte Ausgangssperren einhalten.

Gleichzeitig wurden in jeder Stadt und in jedem Dorf, wo die Truppen hinkamen, die Einrichtungen der palästinensischen Sicherheitsdienste systematisch zerstört, das Personal entwaffnet und massenhaft inhaftiert.

Die Versorgung der Städte mit Wasser und Strom wurde weitgehend unterbrochen, überall die medizinische Versorgung unterbunden, was allein schon zu vielen Todesopfern führte. Die Soldaten stürmten außerdem die Krankenhäuser und Kliniken, holten Patienten aus ihren Betten, nahmen sie fest und verwüsteten die Einrichtungen. Medizinisches Personal und Ambulanzwagen wurden gnadenlos unter Beschuss genommen.

Damit sorgte die IDF für den weitgehenden Zusammenbruch der Versorgung der Zivilbevölkerung in den Palästinenser-Gebieten, der öffentlichen Verwaltung und des wirtschaftlichen Lebens.

Massaker in Jenin und Nablus

Ab 3. April 2002 erstürmte die Besatzungsarmee gleichzeitig von allen Seiten die Städte Jenin und Nablus. Über die Menschen in den Flüchtlingslagern am Rande von Jenin und in der Kasbah von Nablus brach damit das schrecklichste Inferno herein, das sich Menschen in der zivilisierten Welt gar nicht vorstellen können.

Wer sich vor die Tür wagte, lief Gefahr, ohne Vorwarnung von Scharfschützen erschossen zu werden.

In Jenin war ein Zentrum des palästinensischen Widerstandes. Die „Fedajin“ hatten das Lager mit Sprengfallen und Hinterhalten gespickt. 23 israelische Soldaten wurden getötet, 13 von ihnen allein in einem einzigen Hinterhalt. Am Ende brachen Fallschirmjäger und Spezialeinheiten den erbitterten Widerstand der Intifada-Kämpfer. Dabei wurden erstmals taktische Vorgehensweisen eingesetzt, die auch für die US-Truppen in Bagdad von Bedeutung gewesen sein dürften.

Um Scharfschützen des Gegners den Sichtkontakt zu verwehren, drangen die Israelis nicht in dem Gewirr der engen Straßen und Gässchen innerhalb des Lagers vor, sondern operierten im Inneren der Häuser, indem sie die Wände zum Nachbarhaus einschlugen und sich so Raum für Raum innerhalb der Häuser vorarbeiteten. Eine weitere israelische Taktik in Jenin war der Einsatz gepanzerter und mit Waffen bestückter Bulldozer. Diese räumten ganze Hütten und Häuser beiseite und verschafften so den vorrückenden Truppen freie Sicht und freies Schussfeld.

Palästinensische Männer, Frauen und Kinder wurden im Zuge ihrer militärischen Operationen von den Soldaten oftmals gezwungen, als „menschliche Schutzschilde“ die Verrichtung von Arbeiten durchzuführen, die ihr Leben gefährdeten. Beispielsweise wurden Palästinenser in Häuser geschickt, um deren Bewohner zu vertreiben, sie mussten Häuser nach Sprengstoff durchsuchen, potenzielle Gefahrenquellen ausschalten und den Soldaten Deckung geben, wenn diese das Feuer auf andere Palästinenser eröffneten. Wie viele Menschen dabei ums Leben kamen, wird wohl nie mehr festzustellen sein.

Internationale Proteste blieben erfolglos. Der Sonderbeauftragte der UNO erklärte, dass die Vorgänge vor allem bei den Militäraktionen in Jenin „unglaublich schrecklich“ und „moralisch abstoßend“ gewesen seien. Um der Weltöffentlichkeit diese Massaker möglichst vorzuenthalten, wurden Medien und Vertreter internationaler Nichtregierungsorganisationen (NGOs) von den betroffenen Gegenden ferngehalten.

US-Beobachter lernten bei den Massakern

Mit dabei waren im Flüchtlingslager Jenin US-Militärbeobachter, die sich vor allem für Israels Taktik im Häuserkampf interessierten. Und das nicht ohne Grund: Israels Armee hat sich, bedingt durch einen jahrzehntelangen Kampf mit palästinensischen Milizen und Terrorkommandos, zu einer der weltweit besten Armeen für Guerillakriegsführung und Antiterrorkampf entwickelt.

Schon im Februar 2002 waren amerikanische Beobachter zusammen mit israelischen Soldaten durch die engen Gassen der Kasbah von Nablus gegangen, der größten palästinensischen Stadt in der Westbank – es war eine zweiwöchige Einweisungstour in mögliche Szenarien eines Häuserkampfes. Anfang des Jahres 2003 waren dann auf Befehl des Pentagon bereits 1.000 US-Elitesoldaten in Israel. Zusammen mit den IDF wurden Manöver durchgeführt. Im Negev bauten Pioniere z. B. ein arabisches Dorf perfekt nach. Darin wurde der Kampf Haus um Haus, Straße um Straße trainiert.

In Vorbereitung auf den Kampf um Bagdad haben die US-Marines auf den Rat ihrer israelischen Kollegen hin ein Jahr später ihre Einheiten auch mit gepanzerten Bulldozern ausgestattet, um bei Bedarf Schneisen durch enge Straßen schlagen und den Panzern und gepanzerten Transportwagen den Weg bahnen zu können. Unter militärtaktischen Aspekten, so israelische Experten, verringerte der Einsatz der „Räumfahrzeuge“ eigene Verluste und ersparte zum Teil das Vorrücken Haus um Haus. Der Einsatz von Helikoptern schaltete Scharfschützennester auf den Dächern aus. Auch haben neuere technologische Entwicklungen den Truppen das Vordringen in städtischen Großräumen erleichtert: Radarsysteme und Hitze suchende Sensoren können feindliche Kämpfer orten und zum Beispiel ihre Positionen in einem Tunnel entdecken.

Und noch etwas haben Israels Militärexperten ihren US-Kameraden mit auf den Weg in den Irak gegeben. Brigadegeneral Schlomo

Brom vom Jaffee Center für Strategische Studien in Tel Aviv drückt es so aus: „Wenn der Krieg vorbei ist, sollte eine siegreiche Armee nicht länger in der Stadt oder in dem Land bleiben als absolut notwendig.“ 1982 hätten die israelischen Truppen nach ihrer Invasion im Libanon diese Lehre nicht beherzigt: „Unser Fehler war, dass wir viel zu lange dort geblieben sind.“[27]

Grausamkeiten schockten Armee-Offiziere

Mit extremer Grausamkeit richteten die israelischen Soldaten Massaker unter den ohnedies schon Ärmsten der Armen an. Die Flüchtlinge in den Lagern waren überwiegend schon 1948 während des ersten israelischen Eroberungskrieges aus Haifa und Umgebung vertrieben worden und hatten auf dem etwa einen Quadratkilometer großen Grundstück innerhalb der Stadt Jenin eine neue Bleibe gefunden. 55 Jahre später sollten sie neuerlich von jüdischen Soldaten angegriffen werden, was diesmal viele nicht mehr überlebten.

Elf Tage lang tobten schwere Kämpfe zwischen palästinensischen Milizen und israelischen Soldaten. Die Gegenwehr der bewaffneten Freiheitskämpfer war zwar hartnäckig und angesichts des gigantischen Waffeneinsatzes der IDF geradezu todesmutig, doch in der Wirkung verschwindend gering.

Tausende Männer im Alter zwischen 15 und 45 Jahren wurden ohne Nahrung, Wasser, hygienische Vorrichtungen oder Decken in Zelten gefangen gehalten. Viele berichteten über Folter und Misshandlungen in der Haft. Die meisten wurden letztendlich wieder freigelassen, aber immerhin 1.500 ohne Anklage oder Prozess auf Dauer inhaftiert.

Schon ab dem zweiten Tag wurde der Zugang zum Jenin City Hostpital, das am Eingang zum Flüchtlingslager steht, bis zum 15. April blockiert, so dass keine Verletzten oder Toten gebracht werden konnten. Dies war erst wieder möglich, als die beiden israelisch-arabischen Hilfsorganisationen Adalah und LAW am 14. April eine Petition beim Israeli High Court einbrachten und dem Internationalen Roten Kreuz (IKRK) der Zugang zum Camp erlaubt wurde. Das IKRK entdeckte, dass die meisten Opfer noch auf den Straßen lagen. Einige andere waren in die Häuser gebracht und einige von ihren Familien in Gräbern oder Gärten begraben worden. Nur vier Opfer konnten in das al-Razi-Hospital gebracht werden.

„Massaker“, entfuhr es dem israelischen Außenminister Shimon Peres zunächst, als er über Details informiert wurde. Nach Informationen von Politikern zeigten sich schon am sechsten Tag der Invasion in Jenin sogar Offiziere der israelischen Armee geschockt über die Vorgänge.

Doch das war noch vor der mörderischen Schlussoffensive, bei der die Angreifer in beiden Flüchtlingslagern rund 15.000 Männer, Frauen und Kinder, die auf engstem Raum zusammengedrängt waren, zunächst sieben Tage und Nächte mit Artilleriegeschossen und Raketen aus Cobra-Hubschraubern beschossen.

Riesige US-Bulldozer als Horrorwaffen

Dann begann das endgültige Zerstörungswerk mit dem Angriff von Panzerfahrzeugen und eigens für Israel konstruierten und aus amerikanischen Steuergeldern finanzierten riesigen D-9-Bulldozern des US-Herstellers Caterpillar. Dabei handelt es sich um gepanzerte Planierraupen von der Größe eines Hauses, die an der Rückseite riesige Klauen haben, mit denen sie Straßen und Gebäude zerreißen können, um Platz für nachfolgenden Panzer zu schaffen. Die Windschutzscheiben dieser Geräte sind aus dunklem Panzerglas, sodass der Fahrer unsichtbar und total geschützt ist.

Vom Einsatz der F-16-Jagdflugzeuge wurde abgesehen, um nicht eigene Soldaten zu gefährden.

Weitere Details veröffentlichte die größte israelische Tageszeitung „Yediot Ahronot“ in einer ausführlichen Reportage. Demnach erhielten die Soldaten am 9. April 2002 den Befehl zum rücksichtslosen Einsatz der D-9er mit der Anweisung, alle Häuser in dem fußballfeldgroßen Zentrum des Flüchtlingslagers in Jenin vollständig dem Erdboden gleichzumachen – ungeachtet der vielen Menschen darin. Vor diesem Befehl, den sie erst im Cockpit erhielten, war davon noch keine Rede gewesen.

Die zwölf riesenhaften Bulldozer wurden auf jene vier Einheiten aufgeteilt, die das Gebiet umstellt hatten, und begannen systematisch alles in Trümmer zu legen. Da die Straßen von palästinensischen Untergrundkämpfern mit Bombenfallen drapiert worden waren, bahnten sich die riesigen Planierraupen einfach parallel zu den Straßen den Weg durch die Häuser, eine Spur der Verwüstung mit einer wohl nie aufgeklärten Anzahl von lebendig niedergewalzten Bewohnern hinterlassend.

Wie sich das Wüten der Besatzungsarmee abspielte, beschrieb der israelische Bulldozer-Soldat Moshe Nissim, der im Militärfunk mit dem Namen „Kurdi Bear" angesprochen wurde, in einem Interview in der Samstags-Beilage von „Yedioth Ahronot" am 5. Mai 2002. Er galt als einer der rasendsten und auch rücksichtslosesten Fahrer.[28]

„Kurdi Bear" saß 75 Stunden lang, also drei Tage und drei Nächte, ununterbrochen in seinem fahrenden Monster und nahm sich ein Haus nach dem anderen vor. Selbst die Sprengstoffladungen, die rund um ihn immer wieder explodierten oder über die er drüber fuhr, konnten der riesigen Planierraupe nichts anhaben.

Die Müdigkeit war für ihn kein Problem, denn er betrank sich die ganze Zeit mit Whiskey. Die Flaschen hatte er sich vorher in seine Tasche gesteckt anstatt der Kleidungsstücke, wie es die anderen machten.

Den Reportern Tsadock Yehezkeli und Anat Tal Shir erzählte er:

„Die Leute wurden über Lautsprecher gewarnt, das Haus zu verlassen, bevor ich komme, aber ich gab keinem eine Chance. Ich wartete nicht … ich rammte einfach mit voller Kraft gegen das Haus, um es so schnell wie möglich zum Einsturz zu bringen … mir waren die Palästinenser scheißegal … in den Häusern, die wir abzureißen begannen, waren oft Leute … ich bin sicher, dass Leute in diesen Häusern umgekommen sind, aber das war schwer zu sehen, weil überall eine Menge Staub war und wir oft in der Nacht arbeiteten … ich freute mich über jedes Haus, das zusammenfiel, weil ich wusste, dass es den Palästinensern nichts ausmachte zu sterben, während ihre Häuser ihnen wichtig sind … wenn man so ein Haus abriss, hat man vierzig oder fünfzig Leute über Generationen hinweg fertiggemacht … wenn mir irgendwas Leid tut, dann nur, dass wir nicht das ganze Lager abgerissen haben."[29]

Der israelische Staat zeichnete „Kurdi Bear" und andere „tapfere" Soldaten am 5. Juni 2002, als Sharon die UN-Untersuchungskommission bereits erfolgreich verhindert hatte, für ihren Einsatz in Jenin mit einer Medaille für „ausgezeichnete Leistungen im Kampf“ aus.

UNO DURFTE MASSAKER IN JENIN NICHT UNTERSUCHEN

Es gibt nur wenige Zeugenaussagen von Überlebenden und es ist auch nicht mehr festzustellen, wie viele Menschen tatsächlich bei diesen Massakern umgebracht wurden. Denn die Kommunikation aus diesen Gebieten nach außen ist seither fast unmöglich, die Überlebenden sind in alle Windrichtungen auf die verschiedensten Dörfer verstreut, die palästinensischen „Behörden“ sind nur mehr Fragmente.

Die wenigen Überlebenden, von denen Zeugenaussagen den Weg in internationale Zeitungen gefunden haben, schildern grauenhafte Details. So wurde in der englischen Zeitung „The Independent“ am 21. April 2002 (Autoren: Justin Huggler und Phil Reeves) von einem Mann namens Fathi Shalabi berichtet, der gemeinsam mit seinem Sohn mit erhobenen Händen auf der Straße stand, als die israelischen Soldaten auf sie das Feuer eröffneten. Shalabis Sohn Wadh und ein dritter Mann starben sofort, der 63-jährige Vater überlebte. Eine Stunde lang lag er im Blut seines Sohnes auf dem Boden und stellte sich tot.

UN-Generalsekretär Kofi Annan zeigte sich am 18. April 2002 entsetzt vom Bericht über schreckenerregende Verwüstungen, den zwei hohe Beamte der UNO vorlegten, nachdem sie Teile des Flüchtlingslagers Jenin inspiziert hatten. Vor einer Sitzung des Sicherheitsrates berichtete Kofi Annan, der UN-Koordinator für den Friedensprozess im Nahen Osten, Terje Roed-Larsen und Peter Hansen, der Commissioner-General der UNRWA (UN Relief and Works Agency for Palestine Refugees in the Near East = UN-Hilfswerk für Palästina-Flüchtlinge) hätten Szenen der massiven Vernichtung beschrieben, die eine verheerende Auswirkung auf die Zivilbevölkerung haben würden.

„Sie sahen Menschen, die mit bloßen Händen Körper aus dem Schutt gruben“, berichtete Annan. „Dennoch wurden von den Israelis keine wesentlichen Rettungsarbeiten erlaubt ...Viele Fragen wurden bereits gestellt, was in Jenin vorgefallen ist, und mehr werden noch gestellt werden."

Sein Vorschlag an den Sicherheitsrat, eine multinationale Friedenstruppe im Nahen Osten zu stationieren, wurde von den USA indes abgeblockt. Als mageres Ergebnis der komplizenhaften US-Politik blieb daher Annan lediglich der unverbindliche Appell an die Regierung in Israel, ihre Verantwortung im Sinne der internationalen Menschenrechte voll wahrzunehmen und unverzüglich den internationalen Hilfsorganisationen den Zutritt freizugeben.

Noch im April wurde auf der Grundlage der Resolution 1405 des UN-Sicherheitsrats eine Delegation unter Vorsitz der UN-Hochkommissarin für Menschenrechte ernannt, die den Vorgängen im Flüchtlingslager von Jenin nachgehen sollte. Nachdem die israelische Regierung anfänglich dem Besuch einer solchen Delegation zugestimmt hatte, zeigte sie sich im weiteren Verlauf unkooperativ und verweigerte von vornherein – unterstützt durch die USA – den Zugang zu den besetzten Gebieten, so dass UN-Generalsekretär Kofi Annan am 3. Mai die Delegation wieder auflöste, ehe sie noch nach Israel abgereist war.

Der prominente jüdische Labour-Abgeordete des britischen Parlaments, Gerald Kaufmann, bezeichnete einem Bericht des „Guardian" vom 19. 4. 2002 zufolge Ariel Sharon nach den Massakern in Jenin als „Kriegsverbrecher".

Die israelische Autorin Tanya Reinhart klagte später an: „Während dieser Invasion beging Israel Tag für Tag Kriegsverbrechen …"[30]

Leichengeruch aus zerstörten Häusern

Amnesty-Delegierte fanden nach dem Rückzug der Armee am 17. April Ruinen von zerstörten Häusern mit beißendem Leichengeruch vor, aus deren Trümmern Körperteile ragten.

Das UN-Hilfswerk für palästinensische Flüchtlinge, UNRWA (United Nations Relief and Works Agency), bezeichnete nach einer ersten Inspektion die Lage im weitgehend zerstörten Flüchtlingslager von Jenin im Westjordanland als „schreckliche humanitäre Katastrophe". Mehr als 800 der zwei- bis dreitausend Unterkünfte in dem Camp waren von der israelischen Armee zerstört worden.

Nur noch 8.000 der ehemals 14.000 Flüchtlinge befanden sich danach noch in dem Lager. Nach ersten Schätzungen von UNRWA-Mitarbeitern waren 150 bis 200 Palästinenser in Jenin von den israelischen Soldaten getötet worden.[31]

Die Besatzungsarmee verhängte eine anhaltende Ausgangssperre. Den Hilfsorganisationen wurde von der Armee lange der Zugang zum Camp verwehrt. Betroffen davon waren auch deutsche Rettungsmannschaften und Experten aus der Schweiz mit Erfahrung bei Erdbebenkatastrophen und der Beseitigung nicht explodierter Sprengstoffe. Rene Kosirnik, Delegationsleiter des Internationalen Komitees vom Roten Kreuz (IKRK) in Israel, wandte sich nach erfolglosen Aufforderungen an Israel an die internationalen Medien und erklärte, dass „nach den Regeln des Völkerrechts die israelischen Behörden den Einwohnern des Lagers ärztliche und humanitäre Hilfe zukommen lassen und gewährleisten müssen, dass Hilfsmannschaften sicher arbeiten können“.

Mit 23 Tonnen Lebensmittel konnte das Rote Kreuz bis zum 27. Mai nur ein Viertel dessen verteilen, was als Erste Hilfe überhaupt notwendig gewesen wäre, weil die Israelis die Hilfsorganisationen massiv behinderten. Danach sah sich das IKRK veranlasst, das Budget für seine Aktivitäten in Israel und den palästinensischen Gebieten von 35 Millionen auf 79 Millionen Franken mehr als zu verdoppeln. Die Zahl der ausländischen Delegierten wurde von 50 auf 100 und die Zahl der lokalen Mitarbeiter von 110 auf 170 erhöht, um die Verteilung von Nahrungsmitteln stark auszubauen, wobei bis zum Ende des Jahres 12.000 Tonnen zur Verteilung eingeplant wurden.[32]

Ähnlich schwierig war die Situation in Nablus. Dort wurde dem IKRK zwei Wochen lang der Zugang zu den Flüchtlingslagern verwehrt. Es herrschte Mangel an Lebensmitteln und Medikamenten. Außerdem gab es Probleme mit den Sanitäreinrichtungen.

In Bethlehem war der Bevölkerung in der gesamten Gegend um die von der Armee belagerte Geburtskirche, in der sich rund 200 zumeist bewaffnete Palästinenser verschanzt hatten, wochenlang verboten worden, Häuser und Wohnungen zu verlassen. Bei Nichtbefolgung wurde von den Soldaten sofort geschossen.

Totaler Zusammenbruch der Palästinenser

Die monatelangen Kämpfe, die Abriegelung und Besetzung palästinensischer Städte durch die israelische Armee und die Zerstörung großer Teile der Infrastruktur und privaten Eigentums haben zum sozioökonomischen Zusammenbruch der palästinensischen Gesellschaft und zu gravierender Not unter der palästinensischen Zivilbevölkerung geführt. Insbesondere die Zahl jener Familien hat stark zugenommen, die nicht mehr über die Mittel verfügten, um die für das Überleben notwendigen Güter kaufen zu können. Auf den Märkten waren zwar genügend Waren vorhanden, die meisten Palästinenser konnten sich diese aber einfach nicht mehr leisten. Die direkte Nahrungsmittelhilfe des IKRK in Dörfern des Westjordanlandes und des Gazastreifens wurde daher von 10.000 auf 30.000 Familien ausgedehnt. In den Städten wurden zudem etwa 20.000 Familien mit Gutscheinen zum Erwerb von Nahrungsmitteln und andern Artikeln des täglichen Gebrauchs ausgestattet.[33]

Das Ausmaß dieser von Israel verursachten Katastrophe erreichte im Jahresverlauf 2002 dramatische Ausmaße. Die internationale Lebensmittelhilfe musste von 11.000 auf rund 220.000 palästinensische Familien ausgedehnt werden, berichtete das UN-Flüchtlingshilfswerk UNRWA Mitte November 2002 in Jerusalem. Jedes fünfte Kind war inzwischen unterernährt. Nach Angaben von UNRWA-Direktor Peter Hansen lebten 70 Prozent der Palästinenser mit weniger als zwei Dollar pro Tag unter der Armutsgrenze, die in den Palästinensergebieten mit 340 Euro monatlich für eine sechsköpfige Familie definiert ist.[34]

Das Flüchtlingshilfswerk hatte in der Vergangenheit wiederholt die Abriegelung palästinensischer Städte und Dörfer sowie die von Israel verhängten Ausgangssperren für den Niedergang der palästinensischen Wirtschaft sowie wachsende Arbeitslosigkeit und Armut verantwortlich gemacht.

Hinzu kam eine erniedrigende Behandlung an Kontrollposten oder die Tatsache, dass Kranke und schwangere Frauen daran gezielt gehindert wurden, Krankenhäuser zu erreichen. Zehntausende von Kindern konnten nicht am Schulunterricht teilnehmen. Die Hilfsarbeiten der 12.000 palästinensischen UNRWA-Angestellten wurden gezielt erschwert, weil diese nur eine beschränkte Anzahl von Bewilligungen erhielten.

Um die Auswirkungen der Schikanen der Besatzungsarmee zu minimieren, arbeitete das UNRWA noch enger mit dem Internationalen Komitee vom Roten Kreuz (IKRK) und dem Welternährungsprogramm (WFP) zusammen. Das IKRK seinerseits intensivierte die Zusammenarbeit mit dem Palästinensischen Roten Halbmond (PRCS), weil die israelischen Behörden auch diese Organisation massiv bei ihren Einsätzen im Kriegsgebiet behinderten und als Vorwand behaupteten, der PRCS hätte Waffen, Munition und Bomben mit Ambulanzen befördert. Diese üblichen Vorwürfe haben sich aber schon wiederholt bei Untersuchungen als unwahr herausgestellt.[35]

Nach der israelischen Offensive wurden seitens des IKRK in der Krisenregion auch die Gefangenenbesuche forciert, um die menschenrechtswidrige Behandlung von Gefangenen und die Untersuchung von Foltervorwürfen zu dokumentieren. Die Zahl der von den israelischen Behörden gefangen gehaltenen Palästinenser hatte sich im Zuge der Offensive auf etwa 6.600 dramatisch erhöht.[36]

Am 19. Juni ließ die israelische Regierung zum zweiten Mal binnen kürzester Zeit in großem Ausmaß Panzer und Truppen in palästinensische Städte und Dörfer eindringen, was einer totalen Wiederbesetzung der palästinensischen Gebiete gleichkam. Rund zwei Millionen Palästinenser lebten einen ganzen Monat lang 24 Stunden täglich unter willkürlich erlassenen Ausgangssperren.

Immer wieder blockierte die Besatzungsarmee den Zugang der Zivilbevölkerung zu Medikamenten und sonstiger medizinischer Versorgung; Ärzten und ihren Teams wurde die Hilfe für Verwundete und Kranke verwehrt. Dennoch gibt es bis heute keine Verurteilung für Verbrechen gegen die Menschlichkeit. Von wem denn auch?

Die Opferbilanz 2002

Für das Jahr 2002 dokumentierte „Amnesty International" mindestens 1.000 weitere getötete palästinensische Opfer, darunter mehr als 150 Kinder. Hunderte unbewaffnete Zivilisten blieben als Leichen im Schutt der Dörfer zurück. Mehrere hundert weitere Palästinenser kamen bei bewaffneten Zusammenstößen mit israelischen Einheiten zu Tode.[37]

Bei 35 gezielten ungesetzlichen Tötungen ausgewählter Personen starben oftmals auch unbeteiligte Passanten. Einige Palästinenser kamen in den Trümmern ihrer Häuser ums Leben, als diese von den israelischen Streitkräften zerstört wurden.

Palästinensische Untergrundorganisationen hatten der Übermacht der IDF mangels schwerer Waffen nur vergleichsweise wenig entgegenzusetzen. Dennoch wurden auf israelischer Seite laut „AI"-Bericht mehr als 420 tote Israelis, unter ihnen mindestens 265 Zivilisten und 47 Kinder, registriert. Auch etwa 20 ausländische Staatsbürger kamen bei Anschlägen bewaffneter palästinensischer Gruppen ums Leben, wobei nicht näher differenziert wurde, ob es sich um Zivilisten oder militärische Berater und Helfer aus den USA handelte.

Kriegsverbrechen der israelischen Armee auch 2003

Im Jahr 2003 wurden die wahllosen und von großer Rücksichtslosigkeit geprägten Angriffe der israelischen Armee unter anderem mit Granaten und Bomben sowie der Anwendung unverhältnismäßiger Gewalt fortgesetzt.

„Amnesty International" subsumierte weiterhin ungesetzliche Hinrichtungen ohne Gerichtsverfahren, das Verweigern ärztlicher Hilfe, Anschläge auf medizinisches Personal, die verbreitete und mutwillige Zerstörung von Eigentum, Folterungen sowie den Einsatz menschlicher Schutzschilde unter dem Begriff „Kriegsverbrechen".[38]

Die von palästinensischen bewaffneten Gruppen verübten vorsätzlichen Anschläge auf Zivilisten werden von „AI" mit dem Begriff „Verbrechen gegen die Menschlichkeit" in Zusammenhang gebracht.

Auch mehrere ausländische Mitglieder der Internationalen Solidaritätsbewegung (International Solidarity Movement – ISM), Journalisten und Angehörige medizinischer Berufe wurden von israelischen Soldaten ermordet oder verletzt.

Gemäß Auswertung der offiziellen Statistiken durch die französische Organisation „Civimed Initiative" hatte sich bis zum 23. August 2003 die Zahl der palästinensischen Todesopfer binnen

Jahresfrist um weitere 89 % und damit seit Ende September 2000 bereits auf 2.589 erhöht – davon 254 durch Kriegsverbrechen der außergerichtlichen Hinrichtungen durch israelische Soldaten. Unter den Opfern waren dabei auch 119 zufällig in der Nähe befindliche Menschen, davon 29 Kinder und 23 Frauen. 475 der Opfer oder 19 % waren unter 18 Jahre alt. 85 % waren eindeutig Zivilisten. 538 wurden durch schwere Waffen, 1.575 durch Explosivgeschosse umgebracht.

Die Zahl der verwundeten Palästinenser ist bis August 2003 auf mehr als 41.000 angewachsen und hat sich damit binnen einem Jahr mehr als verdoppelt. In der Westbank waren 35,7 % der Opfer Kinder. 32,4 % wurden durch scharfe Munition getroffen, 64,9 % im oberen Teil des Körpers. 39 % haben mittlere bis schwere Verletzungen bei 16.673 Vorfällen ab dem 28.2. 2002 erlitten.

Im Gazastreifen waren etwa 20 % der Opfer Kinder. 37 % wurden durch scharfe Munition, 60 % im oberen Teil des Körpers getroffen.

Massive Attacken auf den Gazastreifen

Das bevorzugte Angriffsziel der israelischen Armee war in den letzten Jahren (so wie in den Jahrzehnten davor) der Gazastreifen. Seit er 2001 hermetisch von der Außenwelt abgeriegelt ist, weiß die Weltöffentlichkeit aber kaum, was dort passiert. Und das wenige, das nach außen dringt, ist ein Report des Schreckens. Denn der dichtest besiedelte Landstreifen der Welt war schon immer ein Exerzierfeld für die israelische Rüstungsindustrie.

Entsprechend den internationalen Gesetzen ebenso wie im Sinne der Oslo-Abkommen ist die Besatzungsarmee zugleich die oberste Verwaltungsmacht. Die Präsenz der IDF war erdrückend. Sie kontrollierte Gaza durch ihre festungsartigen Stellungen, die dichtbevölkerte Wohngebiete beherrschten; durch die darüber fliegenden ferngesteuerten Aufklärungs-Drohnen (unbemannte Kleinflugzeuge), durch die Bulldozer, die nicht aufhörten, Häuser zu zerstören, Felder einzuebnen, Bäume zu entwurzeln; mit Helikoptern, die gezielt Raketen abschossen; mit Militärbefehlen, die den Zugang zu Straßen, Feldern und der halben Küste für Palästinenser verboten, und wenn jemand dies ignorierte, wurde er erschossen; mit Befehlen, die alle Zufahrten nach Gaza sperrten; mit Panzern, die in die Stadtteile der zivilen Bevölkerung mit Panzerraketen und anderen Arten von Munition bis hin zu den berüchtigten Flechette-Granaten in einer Häufigkeit schossen, dass es unmöglich war, sie zu zählen – im Gegensatz zu den palästinensischen Qassam-Raketen, die eine nach der anderen abgefeuert und auch eine nach der anderen gezählt werden können.

Auch nach der Großoffensive 2002 startete die IDF immer wieder regelrechte Feldzüge gegen die dortige Zivilbevölkerung.

Im Juni 2003 drangen israelische Soldaten in einer groß angelegten Aktion in den Norden des Gazastreifens ein und zerstörten dort zahlreiche Häuser sowie Brücken, Straßen und andere Infrastruktureinrichtungen. Die Fliesenfabrik Abu Ghaliun, die größte und modernste in den besetzten Gebieten, wurde ebenfalls zerstört. Die Soldaten vernichteten den gesamten Maschinenpark sowie alle auf dem Gelände gelagerten Fliesen und verursachten damit einen Gesamtschaden von umgerechnet rund 4,8 Millionen Euro.

Am 11. Mai 2004 wurden sechs israelische Besatzungssoldaten in Gaza-Stadt mit einem Sprengstofftransport getötet, als sie auf eine Sprengfalle auffuhren. Die Besatzungstruppen hatten zuvor mehrere Werkstätten und eine Spielzeugfabrik zerstört.[39]

Danach belegte die israelische Armee die Stadt zwölf Stunden lang mit Beschuss aus Maschinengewehren, Panzern und Hubschraubern, darunter auch Raketen. Mindestens drei Palästinenser wurden getötet, mehr als 120 weitere zum Teil lebensgefährlich verletzt, darunter viele Kinder.

Wenige Tage später griffen die Besatzungstruppen die Stadt Rafah im südlichsten Gazastreifen an der Grenze zu Ägypten an. Als die Menschen mit einem Demonstrationszug in Richtung des besonders betroffenen Viertels Tel Sultan gegen die Offensive protestierten, feuerte die Armee vier Panzergranaten und vier Raketen in die Menge. Aufnahmen der TV-Nachrichtenagentur APTN zeigten eine gewaltige Explosion in der Mitte der Demonstration. Unter den 23 Toten und mehr als 50 Verletzten seien auch Frauen und Kinder gewesen, berichtete die Zeitung „Jedioth Ahronoth".[40]

Insgesamt wurden im Zuge der sechstätigen „Operation Regenbogen" mehr als 60 Menschen, darunter viele Kinder, getötet und Hunderte verletzt.

Im übervölkerten Rafah ist seit Jahren ersichtlich, wie die Lebensumstände der Palästinenser durch die Maßnahmen Israels immer mehr eingeschränkt werden – eine sukzessive gesellschaftliche und ökonomische Strangulierung der gesamten Bevölkerung. Immer wieder dringen Panzer und Bulldozer der israelischen Armee unter zusätzlichem Schutz von Kampfhubschraubern ein, um vor allem an den Rändern der Stadt ganze Häuserzeilen der Reihe nach dem Erdboden gleichzumachen und die Bürger auf einem immer schmäleren Stück Land zusammenzudrängen. Wenn sie könnten, würden wohl viele bereits geflüchtet sein.

Die Not leidende Bevölkerung lebt daher in bitterster Armut. Seit einigen Jahren wird sie nur noch durch die Lebensmittelhilfe der internationalen Organisationen am Leben erhalten, weil Israel dieser Verpflichtung als Besatzungsmacht nicht nachkommt. Immer wieder werden die Einwohner daran gehindert, zu ihrer Arbeit jenseits der Grenze im ägyptischen Teil von Rafah zu kommen. Oder sie können abends nicht mehr zurück. So war es z. B. Mitte Juli 2004. Am 6. August 2004 berichteten die internationalen Medien dann, dass Israel den Grenzübergang Rafah erst nach knapp dreiwöchiger Blockade wieder geöffnet hatte. Rund 3.400 Palästinenser waren z. T. wochenlang auf der ägyptischen Seite festgesessen und konnten nicht nach Hause.[41]

Durch Straßensperren würde der Zugang zu den größeren und kleineren Städten im Gazastreifen regelmäßig eingeschränkt. Immer wieder drang die Besatzungsarmee mit Panzern und Bulldozern unter zusätzlichem Schutz von waffenstarrenden Kampfhubschraubern in die Stadt ein, um Häuser zu zerstören, Familien obdachlos zu machen und zu vertreiben.

Die internationalen Medien gaben danach üblicherweise jene stereotypen Rechtfertigungen der Besatzungsarmee wieder, wonach die Armee in Rafah nach Tunneln suchen müsse, die von Militanten und Schmugglern benützt werden. In Wahrheit verfügt heute Israel wie kein anderes Land der Welt über ausgefeilte Technologien wie Radargeräte und Hitze suchende Sensoren, mit denen Tunnels und Menschen darin sofort geortet und ausgegraben werden könnten, ohne dass ein einziges Haus zerstört werden müsste.

Seit dem Camp-David-Abkommen 1978 gehört eine Hälfte der Stadt zu Ägypten. Seit dieser Zeit sind entlang der Küste israelische Siedlungen entstanden, die zusätzlich in die geteilte Stadt einschneiden. Die Stadt könnte als Grenzstadt zu Ägypten eine vitale Bedeutung für den ganzen Gazastreifen haben. Doch das verhindert die israelische Regierung mit System in dem Bestreben, Rafah gänzlich von Ägypten zu trennen. Aus diesem Grund hat die IOF bereits rund 1.500 Häuser vernichtet, immer wieder werden massenhaft Einwohner mit gnadenloser Willkür zu Flüchtlingen und Obdachlosen gemacht – im September 2004 waren es rund 15.000 Personen.

Die palästinensische Hälfte Rafahs ist eine zusammengewürfelte Ansammlung schmutziger Camps – eingesäumt von einem Ring aus Stahl. Die Infrastruktur der Stadt wurde von den Israelis Stück für Stück zerstört, die sanitären Zustände in den Lagern sind entsprechend erbärmlich, die Menschen leben in tiefster Armut und Hoffnungslosigkeit.

Die Arbeitslosigkeit in der Region liegt über 50 %, die Armutsrate laut Weltbank-Definition bei 75 % – überleben mit weniger als 2 Dollar am Tag.

Offensive im nördlichen Gaza

Am 29. September 2004 marschierte die israelische Armee in einer der größten Militäraktionen seit Jahren in den nördlichen Gazastreifen ein. Schon am ersten Tag kamen 25 Menschen ums Leben. Unmittelbarer Auslöser für die Operation „Tage der Buße" war der anhaltende Beschuss der südisraelischen Siedlung Sderot mit Qassam-Raketen vom nördlichen Gazastreifen aus. Dabei kamen am 29. September zwei israelische Kleinkinder ums Leben.

Nach israelischen Medienberichten waren während der Aktion[42] 2.000 Soldaten und 200 Panzer im Einsatz. Für einen unangemessenen Luftangriff auf das Flüchtlingslager Dschabalia setzte das Militär sogar erstmals eine unbemannte Drohne für einen Luftangriff ein. Derartige „Feindeinsätze" benützt die riesige israelische Rüstungsindustrie, die mehr als 70 Armeen der Welt beliefert, üblicherweise bei Verkaufsgesprächen für Neuentwicklungen als Tauglichkeitsbeweis: Made in Israel, erfolgreich getestet an der palästinensischen Zivilbevölkerung.

Im Verlauf der Angriffe wurden bis zum 4. Oktober 2004 mehr als 120 Palästinenser, darunter zahlreiche Kinder, getötet und Hunderte verletzt.

Das Flüchtlingslager Dschabalia wurde in der dritten Woche der Militär-Operation mit Luftangriffen teilweise zerstört. Rund 15.000 Palästinenser waren im Inneren des israelischen Belagerungsrings im nördlichen Gazastreifen eingeschlossen. Seit Beginn der israelischen Offensive hatten sie keinen Zugang zu Nahrungsmitteln und Krankenhäusern. Auch Strom- und Wasserversorgung waren unterbrochen.

Unter den Toten waren neben fünf israelischen Soldaten und palästinensischen Kämpfern auch viele zivile Opfer. Die israelische Armee zerstörte darüber hinaus wie üblich auch Häuser und Plantagen, wodurch 675 Menschen obdachlos wurden.

Beim zeitgleichen Armeevorstoß in das palästinensische Flüchtlingslager Rafah wurden drei Bewohner von israelischen Soldaten getötet, darunter ein 70-jähriger Mann. Bulldozer zerstörten 32 Häuser. Die Besatzungstruppen sprachen von einem Routineeinsatz.[43]

Ein palästinensisches Mädchen wurde an seinem Pult in einer UN-Schule von einer Kugel der israelischen Armee getroffen. Am selben Tag erschossen israelische Soldaten im Flüchtlingslager Rafah einen 16-jährigen Palästinenser. Zwei weitere Jugendliche wurden verletzt.

Am 6. Oktober wurde die Suspendierung eines Offiziers der israelischen Armee bekannt, der ein palästinensisches Mädchen ermordete. Die 13-Jährige war am 5. Oktober in der Nähe eines Armeepostens im südlichen Gazastreifen von einer Kugel getroffen worden und zu Boden gegangen. Nach Darstellung mehrerer israelischer Soldaten ging ihr Vorgesetzter daraufhin zu dem Kind und feuerte aus nächster Nähe sein Magazin leer. Palästinensische Ärzte berichteten später, in dem Körper der Kleinen seien 15 Kugeln gefunden worden. Die Familie berichtete, das Mädchen sei auf dem Weg zur Schule unweit des Flüchtlingslagers Rafah gewesen. Eine Sprecherin der israelischen Armee erklärte später nach einer Untersuchung, der Offizier hätte nichts falsch gemacht.

So und ähnlich ging es auch 2005 weiter. Am 16.1.2005 berichteten z. B. Palästinenser, dass israelische Artillerie von Gush Katif aus auf das Khan-Younis Flüchtlingslager im Gazastreifen feuerte. Auf dem Dach der Familie Aram brach daraufhin Feuer im dort liegenden Holz aus – ca. 300 Meter von der israelischen Militärstellung entfernt. Die Feuerwehr konnte den Brand löschen. Später gingen die Hausbewohner aufs Dach, um den Schaden zu prüfen.[44] Und dann feuerten die israelischen Scharfschützen gezielt: die 50-jährige Fada Aram wurde in Hals und Brust getroffen und starb im Krankenhaus; ihr 30-jähriger Sohn Abdullah starb durch eine Kugel im Kopf. Der Vater Suleiman wurde schwer im Rücken verletzt und der Neffe Khaled durch Splitter am Bein. Die israelische Armee leugnete den Vorfall.

Absichtliche Politik der Eskalation

Die Besatzungsarmee betrieb seit dem ersten Tag der Intifada eine absichtliche Politik der Eskalation. Sie befahl den Soldaten, auf Demonstranten und Steinewerfer scharf zu schießen, in der irrigen Annahme, dass eine intensive Unterdrückung den zivilen Aufstand in seinem Anfangsstadium zu einem schnellen Ende bringen würde. Stattdessen gerieten beide Seiten in einen schwindelerregenden Wettbewerb der Waffen: verletzen, abschrecken, töten, rächen.

Natürlich bleibt die hochgerüstete israelische Armee letztlich gegenüber den bewaffneten palästinensischen Organisationen Sieger. Aber die israelischen Zivilisten zahlen genauso dafür wie die palästinensischen. Die Bewohner der israelischen Siedlung Sderot erlebten z. B. im Januar 2005 mit dem Beschuss durch Qassam-Raketen aus dem Gazastreifen heraus, was die Bewohner von Gaza seit Jahren täglich durchmachen: die Trauerfälle, die Angst, die schlaflosen Nächte, die Flucht aus den Häusern. Und dann der zynische Höhepunkt: Wenn die Palästinenser aus Angst ihre Häuser verlassen, nennt die Besatzungsarmee sie „verlassene Häuser“ und rechtfertigt damit deren Zerstörung.[45]

Kapitel 10

Grausamkeiten eines einseitigen Krieges

„Ariel Sharon, Israels Premierminister, ist ein Kriegsverbrecher, der ins Gefängnis gehört, nicht ins Büro. Israels eigene Kahan-Kommission erkannte, dass Sharon Mitverantwortung hatte für die Massaker in Sabra und Shatila. Sharon organisiert weiterhin Terror. Mehr als dreimal so viel Palästinenser als Israelis wurden im gegenwärtigen Konflikt getötet. Mehr als 7.000 Palästinenser sind in Haft."[1]

Ken Livingstone, Bürgermeister von London

Die Grausamkeiten, mit denen die israelische Besatzungsarmee seit 29. September 2000 gegen die palästinensische Zivilbevölkerung vorgeht, verdienen auch im Detail jene Beachtung, die ihnen von den westlichen ebenso wie von den israelischen Medien bisher weitgehend verwehrt wurde. Bei der Erklärung dieses Mankos muss allerdings berücksichtigt werden, dass die IDF viele Angriffs- und Vernichtungszonen bei Bedarf einfach zu militärischen Sperrgebieten erklärte und Reportern den Zutritt – nicht selten auch mit Waffengewalt – verwehrte.

Militärzensur lenkt die mediale Berichterstattung

Inländische Medien und Auslandskorrespondenten unterliegen bei ihrer Berichterstattung über die Geschehnisse in den besetzten Palästinensergebieten überdies der peniblen Militärzensur. Diese und der bedingungslos verordnete Patriotismus sind auch die Ursache dafür, dass Politiker wie Parteien in Israel davor zurückschrecken, über Kriegsverbrechen zu diskutieren. Außerdem verbieten grundsätzlich israelische Gesetze, etwas zu veröffentlichen, was eine noch lebende Person in Schwierigkeiten bringen oder das Bild Israels beflecken könnte.

Doch auch die geringen Informationen, die Eingang in die internationale Berichterstattung gefunden haben, offenbaren eine historische Brisanz. Denn die Begriffe für internationale Straftatbestände wie Völkermord, Kriegsverbrechen und Verbrechen gegen die Menschlichkeit müssen natürlich genauso als Maßstab für die militärischen Angriffe israelischer Soldaten in den besetzten Palästinensergebieten Geltung haben wie umgekehrt. Generell sind nämlich absichtliche Angriffe auf die Zivilbevölkerung in dem Bewusstsein, dass sie den Tod oder die Verwundung von Zivilisten oder die Beschädigung von zivilen Objekten verursachen, als internationale Straftatbestände klassifiziert.

Und viele der Gewalttaten, denen die Palästinenser nicht nur durch israelisches Militär, sondern auch durch Geheim- und Sicherheitsdienste ausgesetzt sind, wurden in zahlreichen Dokumenten von internationalen Organisationen wie Generalversammlung und Sicherheitsrat der UNO, der UNO-Menschenrechtskommission (MRK) und „Amnesty International" immer wieder angeprangert.

Diese Untaten kollidieren schon bei oberflächlicher Betrachtung – erst recht aber bei der Untersuchung von Details – mit jenen Definitionen, die sich u. a. in der Völkermordkonvention der UNO-Generalversammlung vom 9. Dezember 1948, den vier Genfer Konventionen des Roten Kreuzes und im „Römischen Statut" zur Errichtung des Internationalen Strafgerichtshofs (International Criminal Court – ICC) vom 17. Juli 1998 finden.

Dazu gehört insbesondere auch die seit dem 2. Weltkrieg weltweit als Kriegsverbrechen geächtete kriegerische Eroberung von Land und ein damit zusammenhängender Bevölkerungs-Transfer in beiden Richtungen – also nicht nur die „ethnische Säuberung", sondern auch die (zwangsweise) Besiedlung des eroberten Landes mit den Volksangehörigen der Eroberer.

Dies trifft auch auf die jüdischen Besatzungssiedler in Ost-Jerusalem, der Westbank, im Gazastreifen und auf den Golan-Höhen zu.

Völkermord gegen ethnische, nationale Gruppen

Die Definition des Verbrechens des Völkermords basiert auf der UNO-Völkermordkonvention. Unter dem Oberbegriff „Demozid" (gr. demos = Volk, lat. caedere = töten) werden generell alle vorsätzlichen oder bewusst in Kauf genommenen menschen- bzw. regierungsgemachten Megatötungen außer Krieg, begangen an ethnischen, nationalen, rassischen und religiösen Gruppen, verstanden. Er wird unterteilt in Genozid im engeren Sinn der Völkermordkonvention, Politizid (Massenmord an politischen Gegnern) und jede andere Art von Massenmord oder auch Massakern.

Im Detail umfasst Demozid folgende Handlungen, die in der Absicht begangen werden, eine nationale, ethnische, rassische oder religiöse Gruppe als solche ganz oder teilweise zu zerstören:

a) Tötung von Mitgliedern der Gruppe;

b) Verursachung von schwerem körperlichem oder seelischem Schaden an Mitgliedern der Gruppe;

c) vorsätzliche Auferlegung von Lebensbedingungen für die Gruppe, die geeignet sind, ihre körperliche Zerstörung ganz oder teilweise herbeizuführen;

d) Verhängung von Maßnahmen, die auf die Geburtenverhinderung innerhalb der Gruppe gerichtet sind;

e) gewaltsame Überführung von Kindern der Gruppe in eine andere Gruppe.

Im Falle der Palästinenser würde ein „Völkermord auf Raten" alle Tötungen betreffen, die von Organen Israels ab der Staatsgründung am 14. Mai 1948 angeordnet und mit dem Ziel durchgeführt wurden, im Zusammenhang mit der UN-Resolution 191 den zionistischen Staat zu errichten bzw. zu erweitern und die Gebiete ethnisch zu säubern – dies vor allem in den Kriegen 1948/49, 1956, 1967, 1973, 1982 und ab Beginn der Intifada Ende September 2000.

Kriegsverbrechen exakt definiert

Unter den Tatbestand von Kriegsverbrechen fallen generell *„schwere Verstöße gegen die Gesetze und Bräuche, die im etablierten Rahmen des Völkerrechts für internationale bewaffnete Konflikte gelten"*, wie sie bereits im internationalen Landkriegs-Abkommen auf der 2. Haager Friedenskonferenz vom 18. Oktober 1907, in den vier Genfer Konventionen vom 12. August 1949 sowie in den auf diese bezogenen Zusatzprotokollen I und II vom 8. Juni 1977 zum Schutz der Opfer bewaffneter Konflikte – und zwar insbesondere von Kriegsgefangenen und Zivilisten (3. und 4. Konvention) – festgehalten wurden. Gemeint sind u. a. Tatbestände, wenn sie als Teil eines Planes oder einer Politik oder als Teil der Begehung solcher Verbrechen in großem Umfang verübt werden.

Allerdings sind im Statut nicht alle Kriegsverbrechen angeführt, die schon nach bestehendem Völkerrecht strafbar sind.

Als *Verbrechen gegen Kriegsgefangene* gemäß Genfer Abkommen werden folgende Taten strafrechtlich verfolgt:

Vorsätzliche Tötung; Folter oder unmenschliche Behandlung einschließlich biologischer Versuche; vorsätzliche Verursachung großer Leiden oder schwere Beeinträchtigung der körperlichen Unversehrtheit oder der Gesundheit; vorsätzlicher Entzug des Rechts eines Kriegsgefangenen oder einer anderen geschützten Person auf ein unparteiisches ordentliches Gerichtsverfahren; rechtswidrige Vertreibung oder Überführung oder rechtswidrige Gefangenhaltung; Geiselnahme.

Als *Verbrechen an Zivilisten* sind u. a. zu ahnden:

Vorsätzliche Angriffe auf Leib und Leben von Zivilpersonen, insbesondere vorsätzliche Tötung, Verwundung, Verstümmelung, grausame Behandlung und Folter; Angriffe auf zivile Objekte, unverteidigte Städte, Dörfer, Wohnstätten oder Gebäude, gegen humanitäre oder friedenserhaltende Hilfsmissionen; Zerstörung oder Beschlagnahme feindlichen Eigentums; die entwürdigende und erniedrigende Behandlung; das vorsätzliche Aushungern von Zivilpersonen als Methode der Kriegsführung; Hinrichtungen ohne vorhergehendes Urteil.

Verbrechen gegen die Menschlichkeit

Als Verbrechen gegen die Menschlichkeit gelten Handlungen, die im Rahmen mehrfacher ausgedehnter oder systematischer Angriffe gegen eine Zivilbevölkerung, und zwar „in Ausführung oder zur Unterstützung der Politik eines Staates“ (oder auch einer Organisation), begangen werden:

Anders als noch im Statut des Internationalen Strafgerichtshofs für das ehemalige Jugoslawien (ICTY) sind diese Tatbestände im Römischen Statut nicht mehr an das gleichzeitige Vorliegen eines bewaffneten Konfliktes gebunden. Dies ist insofern in Palästina von brisanter Aktualität, als darunter auch die von der Sharon-Regierung verfügten administrativen Zwangsmaßnahmen zur ökonomischen Strangulierung der palästinensischen Zivilbevölkerung ohne Waffeneinsatz zu subsumiert werden könnten.

Schielen auf internationale Meinung

Um die Meinung der Weltöffentlichkeit und insbesondere der USA zu manipulieren, ist im Interesse Israels seit Jahren eine der größten PR-Agenturen der USA tätig, die mit einem riesigen finanziellen Aufwand täglich wichtige Journalisten in New York, Boston und Washington im Sinne Israels bearbeitet.

Wie die „Jerusalem Post“ berichtete, verfolgt die israelische Armee schon seit Jahren bewusst die Strategie, den Palästinensern eine massive Zahl von Todesopfern „vorzuenthalten“, die die palästinensische Seite nach Aussagen der Armee erreichen will, um die Welt auf ihre Seite zu bringen und ihren Kampf um Unabhängigkeit zu konsolidieren. Die Strategie lautet daher: „Wir geben uns große Mühe, sie nicht zu töten ...“, wie der Kommandeur und Gründer des Nashon-Bataillons, Oberstleutnant Yoram Loredo, sagte. Nashon ist eines von vier Bataillonen der IDF, die für „Konflikte niedriger Intensität“ in städtischer Kriegsführung in nachgestellten palästinensischen Dörfern, die auf zwei Stützpunkten der israelischen Armee gebaut wurden, speziell ausgebildet werden.

Der Sharon-Vorgänger Ehud Barak hatte als Premierminister die Todesopfer sogar sorgfältig kalkuliert. Durchschnittlich fünf tote Palästinenser pro Tag galten bei ihm als erträglich niedrig, damit die Morde im Bewusstsein der abgestumpften Öffentlichkeit in den westlichen Industriestaaten nicht als Gräueltaten angesehen werden.

Der frühere und dann ermordete Ministerpräsident Yitzhak Rabin hat bei der ersten Intifada angeordnet, den Steine werfenden palästinensischen Jugendlichen eher die Knochen zu brechen. Ein internationales TV-Team hat damals dokumentiert, wie israelische Soldaten zwei Buben fesselten, auf den Boden warfen, ihnen mit Felsbrocken die Beine zertrümmerten und letztlich versuchten, ihnen auch noch den Schädel einzuschlagen.

Diese Strategie erklärt auch die hohe Zahl von mehr als 50.000 Verwundeten in vier Jahren Intifada per Ende 2004, die in den Medienberichten keine Erwähnung finden – so als wären die Schussverletzungen an Kindern und Erwachsenen nicht der Rede wert. Wenn israelische Soldaten gezielt Verwundete „machen“, ist die Auswahl überwiegend rein willkürlich, da es sich ja meist ohnedies um unschuldige und unbewaffnete Zivilisten handelt.

Schon bis Dezember 2001 gab es 25.000 palästinensische Verwundete, von denen viele blind, verkrüppelt oder anderweitig verstümmelt waren. Ihnen ist das Los bestimmt, langsam zu sterben, fernab der Kamera – einige, weil es keine Krankenhäuser gibt, die sich um sie kümmern könnten, andere, weil sie inmitten der von Quasi-Hungersnot und der Zerstörung der Infrastruktur gekennzeichneten Zustände, der ihre Gemeinden unterworfen wurden, als Krüppel nicht überleben können.[3]

Gezielte schwere Verletzungen und Verstümmelungen

Völkermord-Verbrechen: *Verursachung von schwerem körperlichen Schaden an Mitgliedern der Gruppe.*
Kriegsverbrechen: *Vorsätzliches Führen eines Angriffs in der Kenntnis, dass dieser die Verwundung von Zivilpersonen verursachen wird.*

Wie dieses bewusste „nicht Töten" aussieht, offenbarte der Scharfschütze Feldwebel Raz vom Nashon-Bataillon in einem Interview mit der „Jerusalem Post": „Ich habe zwei Personen ... in die Knie geschossen. Das sollte ihnen die Knochen brechen und sie neutralisieren, ohne sie zu töten", bekannte er stolz. „Wie ich mich gefühlt habe? Nun, eigentlich war ich ziemlich zufrieden mit mir", brüstete sich der 20 Jahre alte Soldat. „Ich sah, dass ich tun konnte, wozu ich ausgebildet worden war, und der Gedanke, dass ich in einer echten Kriegssituation im Stande sein würde, meine Kameraden und mich selbst zu verteidigen, gab mir eine Menge Selbstvertrauen."[4]

Diese Aussage offenbart die weltfremde Gedankenwelt der zionistischen Jugend, in die jeder als temporärer Pflicht-Soldat hineingezwungen wird. Sie erinnert nicht nur an historische Beispiele, sondern auch an die Kinder-Soldaten in Afrika, die ebenso zu ungerührten Killermaschinen erzogen werden. Und sich gewissenlos keinerlei Gedanken über die Folgen ihrer Handlungen machen.

Selbst routinierte Ärzte berichteten dagegen immer wieder entsetzt über die Ereignisse.

„Mir wird schlecht, wenn ich daran denke. In den vergangenen drei Monaten habe ich Dinge gesehen und erfahren wie noch nie in meinem Leben", berichtete schon Anfang Februar 2001 der betagte

Mediziner Mouweza Hassanein, der die Notaufnahme im El-Shifa-Hospital von Gaza-Stadt leitete. Über seinen Operationstisch gingen 97 Prozent der Opfer, die bei den Konfrontationen mit der israelischen Armee im Gazastreifen verletzt wurden, und auch jene, die starben.[5]

Der Chirurg erhob schwere Vorwürfe gegen die israelischen Soldaten. Gezielt hätten sie auf Gelenke und Muskeln in Armen und Beinen gezielt, ohne Zweifel hätten die Soldaten zuvor während ihrer Ausbildung Unterricht in Anatomie erhalten. „Sie konzentrieren sich eindeutig darauf – zumindest ist das mein Eindruck –, bleibende Schäden und Behinderungen zu verursachen", sagt Hassanein. Von den bislang 7.000 verwundeten Palästinensern in dem seit vergangenen Oktober andauernden Konflikt, also in den ersten vier Monaten, würden mehr als 2.000 für den Rest ihres Lebens Krüppel bleiben.

Dass die israelischen Soldaten bei ihren Heldentaten sich nicht gerade in einer Verteidigungssituation befanden, lässt sich daraus schließen, dass sie in aller Ruhe genau zielen konnten.

Dabei verwendete die Armee jene scharfe Munition, deren Gebrauch sie zunächst leugnete und erst Wochen, nachdem der erneute Aufstand der Palästinenser ausgebrochen war, wirklich zugab. Dazu kamen Hochgeschwindigkeitskugeln, die nur ein winziges Einschussloch hinterlassen, aber zumeist im Körper bleiben und tödliche innere Blutungen verursachen; Munition, die erst im Körper des Getroffenen explodiert und deshalb international geächtet ist; schließlich die so genannten „Gummigeschosse". Dabei handelt es sich um Metallkugeln von einem Zentimeter Durchmesser mit einer dünnen Plastikhaut, die auf kurze Entfernung gefeuert in Auge und Gehirn eindringen können. „Anders als während der ersten Intifada Ende der achtziger Jahre" – so Hassanein – „benutzen sie eben nicht mehr die weniger gefährlichen, nur aus Kautschuk gefertigten Gummigeschosse."

Ein anderes Beispiel der Grausamkeit schilderte die Zeitung „Haaretz":

Im April 2004 hielt in dem Westbank-Dorf Haris in der Nähe der jüdischen Siedlung Ariel ein Militär-Jeep. Ein Soldat warf eine Gasgranate auf das Haus von Issa Suf, einem palästinensischen

Friedensaktivisten. Das Haus war voll mit Kindern und schwangeren Frauen. Am Morgen des 15. Mai 2004 kamen neuerlich Soldaten ins Dorf. Issa Suf ging gerade zum Haus seines Vaters, als er das Tak-tak aus einer automatischen Waffe hörte und zu Boden fiel. Er lag benommen auf dem Boden. Nach wenigen Minuten standen zwei Soldaten über ihm und herrschten ihn an: „Steh auf! Steh auf!". Doch er konnte nicht. „Ihr habt auf mich geschossen und nun sagt ihr mir, ich solle aufstehen?" Seine Stimme wurde schwächer. Die Soldaten standen etwa 20 Minuten neben seinem Kopf und ließen niemanden zu ihm. Sie warfen Lärm-Granaten auf die Menschen, die zu Hilfe kommen wollten. „Seid menschlich, lasst die Leute kommen, dass sie mir helfen, ich sterbe sonst."

Doch Menschlichkeit ist keine Kategorie bei den jungen Soldaten Israels. Als der Schwerverletzte im Krankenhaus wieder aufwachte, hörte er den Arzt sagen, er werde für immer gelähmt bleiben. Ein Dum-Dum-Geschoss hatte die Wirbelsäule verletzt.[6]

12.000 Verletzte, 670 getötete Kinder in vier Jahren

Völkermord-Verbrechen: *Tötung von Mitgliedern der Gruppe; Verursachung von schwerem körperlichen Schaden.* **Kriegsverbrechen:** *Vorsätzlich Angriffe auf die Zivilbevölkerung.*

Kinder zahlen den höchsten Preis für die Eskalation der Gewalt im Nahen Osten. Seit Beginn der Al-Aqsa-Intifada im September 2000 wurden bis Juni 2004 mehr als 670 Kinder getötet. Mindestens 573 kamen aus dem Gazastreifen und der Westbank, 104 aus Israel, zwei Kinder aus dem Ausland. Über 12.000 palästinensische Kinder und Jugendliche wurden verletzt. Das heißt im Klartext: acht bis neun palästinensische Kinder wurden im Durchschnitt täglich Opfer israelischer Gewalt.

Rund 2.500 palästinensische Kinder wurden seit dem Jahr 2000 vorübergehend festgenommen, 377 von ihnen waren im April 2004 in israelischer Haft. Rund die Hälfte der minderjährigen Gefangenen ist jünger als 16 Jahre. Diese Zahlen gab das Kinderhilfswerk der Vereinten Nationen (UNICEF) bekannt und forderte gleichzeitig einen besseren Schutz der Kinder in Israel und den besetzten palästinensischen Gebieten.

Der Alltag von 1,6 Millionen Kindern und Jugendlichen in den besetzten palästinensischen Autonomiegebieten ist geprägt von wachsender Hoffnungslosigkeit. Fast 720.000 Kinder leben in bitterster Armut – mit gravierenden Folgen. Unter dem Druck der Arbeitslosigkeit sparen viele Haushalte an der Qualität des Essens. Immer mehr Kinder sind mangelernährt. Fast jedes vierte Kind leidet heute unter Blutarmut aufgrund mangelhafter Ernährung.

Müdigkeit und Konzentrationsschwächen sind die Folge. Nahrungsdefizite sind außerdem der Grund für Wachstumsstörungen. Eltern können häufig nicht einmal mehr medizinische Behandlungen bezahlen. Transferbeschränkungen erschweren den Zugang zu Krankenhäusern. Zudem sind zahlreiche Gesundheitseinrichtungen geschlossen oder für die Menschen aufgrund von Kampfhandlungen, Ausgangssperren oder Straßensperren nicht erreichbar.

UNICEF unterstützt seit dem Oslo-Abkommen von 1993 den Aufbau einer sozialen Grundversorgung der Kinder in den palästinensischen Autonomiegebieten. Doch das faktische Ende des Friedensprozesses und die Zerstörung von Teilen der Infrastruktur zwingen UNICEF dazu, auch Nothilfeprogramme zur Versorgung mit Medikamenten und Impfstoffen durchzuführen. Ein Schwerpunkt der UNICEF-Arbeit ist heute psychosoziale Hilfe für palästinensische Kinder in Jugendgruppen.[7]

In der Westbank und im Gazastreifen schränken Militäroperationen der israelischen Armee und hunderte Kontrollpunkte die Bewegungsfreiheit so stark ein, dass jeden Tag ein Drittel der Kinder Probleme hat, zur Schule zu gehen. In besonders umkämpften Gebieten wie dem Flüchtlingslager in Rafah sind nach Untersuchungen von Psychologen 70 Prozent der Kinder traumatisiert. Sie sind unruhig und aggressiv, können sich nur schlecht konzentrieren und leiden oftmals unter Albträumen. Viele können dem Unterricht nicht mehr folgen und kommen nicht mehr zur Schule. UNICEF befürchtet, dass sich in der Westbank die Lage der Kinder durch den Bau der umstrittenen Mauer weiter verschlechtern wird.

Kinder als Ziele der Scharfschützen

Für israelische Scharfschützen sind palästinensische Kinder ab Beginn der 2. Intifada zu lebenden Zielscheiben geworden. Das offenbarte ein IDF-Soldat im November 2000 in einem Interview mit der Zeitung „Haaretz". Soldaten hätten schon damals von ihren Vorgesetzten die Anweisung bekommen, auch Kinder zu be- und erschießen, die älter als 12 Jahre sind. Die Feststellung des Alters wurde natürlich den – praktisch nicht möglichen – Schätzungen der Soldaten überlassen. Polizei, Grenzpolizei, Sondereinsatztruppen und Armee benützten dabei gummiummantelte Geschosse ebenso wie scharfe Munition und sogar Hochgeschwindigkeitsgeschosse.

Die amerikanische Tageszeitung „The Boston Globe" berichtete am 4.Novmeber 2000 über eine systematische Ärzte-Untersuchung der Schusswunden jugendlicher Palästinenser. „Das Muster der Verwundungen deutet darauf hin, dass die israelischen Soldaten auf unbewaffnete Menschen schießen", wird Dr. Robert Kirschner von der University of Chicago Medical School zitiert. „Die Tatsache, dass vielen Palästinensern in den Kopf oder die Beine geschossen wurde, deutet darauf hin, dass die Soldaten genügend Zeit hatten, genau zu zielen und sie sich somit nicht in einer Situation befanden, in der ihr eigenes Leben bedroht gewesen wäre."[8]

In der britischen „Sunday Times" wurde der gezielte Beschuss von zwei palästinensischen Kindern und einem Jugendlichen in dem kleinen Dorf Hizma unweit von Jerusalem beschrieben. „Der Tathergang straft alle jene Lügen, die behaupten, dass israelische Soldaten nur schießen, wenn ihr eigenes Leben in Gefahr ist", schrieb die „Times" und betonte, dass das Dörfchen Hizma immer noch unter israelischer Kontrolle war und dass es dort „no Palestinian gunmen", also keine Bewaffneten, gab. Stunden, nachdem die Jugendlichen in Hizma aufgehört hatten, Steine auf eine israelische Patrouille zu werfen, wurden sie plötzlich von israelischen Soldaten aus dem Hinterhalt beschossen. Ein Kind wurde am Bein verwundet, der 19-jährige Mahmoud Sayeed und der 15-jährige Rami Amtaweh wurden erschossen.

Gezielte Schüsse in die Augen der Kinder

Schon am 11. Oktober 2000 teilte das diagnostische Krankenhaus El Mizan in Hebron mit, es habe an einem einzigen Tag 11 Palästinenser mit Schussverletzungen der Augen behandelt, darunter drei Kinder. Im ophtalmologischen Krankenhaus El Nasir in Gaza wurden 16 Personen wegen Augenverletzungen behandelt, darunter 13 Kinder. Neun von ihnen verloren ein Auge.

Unter den Getöteten und Verletzten befanden sich schon im 4. Quartal 2000 mindestens 1.000 palästinensische Kinder im Alter von weniger als 18 Jahren. Es waren Demonstranten, die Steine geworfen oder Schleudern eingesetzt hatten und von israelischen Scharfschützen mit den verschiedensten Munitionsarten gezielt beschossen wurden. Gängige Praxis im „Scharfschützen-Wettbewerb“ war es, mit gummiummantelten Metallgeschossen Präzisionsschüsse direkt ins Auge von Kindern und Erwachsenen abzugeben. Daher rührt auch die große Zahl von Augenverletzungen.[9]

Die Augenklinik St. John in Jerusalem behandelte vom 29. September bis zum 25. Oktober 2000 rund 50 Patienten, bis Mai 2001 bereits 200.[10]

Man muss sich das vorstellen: Da zielen junge israelische Soldaten aus sicherer Entfernung auf wehrlose Kinder, um ihnen die Augen aus dem Kopf zu schießen. Und das wird sogar intensiv trainiert.[11]

Damit nicht genug, wird auch die physische Wiederherstellung der Menschen, die für den Betroffenen ohnedies schmerzhaft genug ist, von den israelischen Machthabern torpediert. Zum einen gibt es nur zwei professionell ausgebildete Rehabilitationsspezialisten für einige Tausend schwer verletzte Palästinenser und zum anderen schneiden die israelischen Blockaden rings um den Gazastreifen und das Westjordanland die Verletzten von einer sofortigen und umfassenden medizinischen Versorgung ab.

Allein während der Invasion im März bis April 2002 erschossen israelische Soldaten insgesamt 132 palästinensische Schüler und verletzten 2.500 weitere auf dem Schulweg.

185 Schulen wurden bombardiert oder zu Zielen von israelischen Scharfschützen. 11 Schulen wurden dabei völlig zerstört, 9 Schulen ausgeplündert, 15 in militärische Haftzentren und 8 Schulen in Militärlager umgewandelt.

54.730 Unterrichtsstunden pro Tag waren wegen völliger Schließung aller Klassen verloren gegangen. Zuvor sind zwischen 28. 9. 2000 und 17.1.2002 wegen israelischer Angriffe 1.135 Schultage durch zeitweilige Schließung von 850 Schulen ausgefallen.

Am 1. Oktober 2002 berichtet „Amnesty International" (AI), dass seit Beginn der Intifada am 29. September 2000 binnen knapp zwei Jahren schon rund 250 palästinensische und 72 israelische Kinder ums Leben gekommen waren.

Der UN-Ausschuss für die Rechte des Kindes forderte Israel im Oktober 2002 auf, endlich die gezielten Übergriffe gegen Kinder einzustellen. Er führte weiters aus:

„Die illegale Besetzung von Palästinensergebieten, die Bombardierung ziviler Ziele, extralegale Hinrichtungen, der Einsatz unverhältnismäßiger Gewalt durch die israelischen Verteidigungskräfte, die Zerstörung von Häusern, die Vernichtung der Infrastruktur, Einschränkungen der Bewegungsfreiheit und die tagtägliche Erniedrigung der Palästinenser, dies alles trägt zu einem Kreislauf der Gewalt bei."

Tötung von Kindern und Jugendlichen

„Amnesty International" führt in seinen Jahresberichten immer wieder detailliert Fälle an, die ein signifikantes Bild über die tatsächlichen Gegebenheiten vermitteln und die Toten aus ihrer Anonymität herauslösen.

Im Oktober 2000 killten z. B. israelische Scharfschützen bei einer Demonstration in der südlichen Gaza-Grenzstadt Rafah, in deren Verlauf Steine geworfen worden waren, vor laufenden TV-Kameras den elfjährigen Sami Abu Jazzar mit mehreren gezielten Schüssen in den Armen seines in einen Hauswinkel gekauerten Vaters. Die Soldaten befanden sich während des Vorfalls in einem etwa 100 Meter entfernten Blockhaus, wo sie außerhalb der Gefahrenzone waren. Die TV-Bilder dieser gezielten Ermordung eines unschuldigen Kindes gingen um die ganze Welt.[12]

Im Dezember 2001 starben Mohammed Lubad (17), Ahmed Banat (15) und Mohamed Almadhun (16), als die IDF statt „verdächtiger Palästinenser auf dem Weg, ein Attentat auszuführen" drei Unschuldige killte.[13]

Im August 2002 starben bei einem ähnlichen „Missgeschick" Ruwaida Abu al-Hajin (50), ihre zwei Söhne Ashraf (23) und Nihad (17) sowie deren Cousin Muhammad (20).[14]

Am 21. Juni 2002 wurden der sechsjährige Ahmad Ghazawi und der zwölf Jahre alte Jamil von einer Panzergranate tödlich getroffen, die israelische Soldaten in eine Wohnsiedlung am Rande der Stadt Jenin gefeuert hatten. Der elfjährige Bruder der beiden namens Tareq und ein Nachbar der Familie namens Samer al-Ahmad zogen sich bei dem Anschlag schwere Verletzungen zu. Ein anderer Nachbar hatte zufällig den Vorfall mit seiner Videokamera aufgenommen.

Am 22. September 2002 wurde in Nablus der 13-jährige Baha al-Bahesh von einer Kugel tödlich getroffen, die israelische Soldaten gezielt aus einem gepanzerten Fahrzeug abgefeuert hatten. Die Tat ereignete sich vor den Augen von vier ausländischen Mitarbeitern der Internationalen Solidaritätsbewegung (International Solidarity Movement – ISM), bei denen der Junge stand.

Am 17. Oktober 2002 mussten die Eltern und Geschwister der neun Jahre alten Shaima 'Abu Shammala miterleben, wie das junge Mädchen und fünf weitere Bewohner von einer Granate tödlich verletzt wurden, die israelische Einheiten auf ein Flüchtlingslager in Rafah im Gazastreifen abgefeuert hatten.

Im Jahr 2003 hat die israelische Armee mehr als 100 weitere palästinensische Kinder erschossen. Gleichzeitig kamen 21 israelische Kinder durch Anschläge militanter palästinensischer Gruppen ums Leben.[15]

Israelische Soldaten, die in der Nähe der jüdischen Siedlung Neve Dekalim stationiert waren, töteten in der Nacht des 6. Juni 2004 im südlichen Gazastreifen den 17-jährigen Mohammed Nabhan durch gezielte Schüsse. Sein Leichnam konnte erst in den frühen Morgenstunden geborgen werden.

Verhinderung von Geburten im Spital

Völkermord-Verbrechen: *Verhängung von Maßnahmen, die auf die Geburtenverhinderung innerhalb der Gruppe gerichtet sind.*

Manche Kinder werden schon vor ihrer Geburt Opfer der israelischen Gewalt. Denn mit menschenverachtendem Sadismus wird seit einigen Jahren schwangeren palästinensischen Frauen am

Geburtstermin der Zugang zu Krankenhäusern verwehrt. Rund 50 Frauen mussten seit Oktober 2000 an israelischen Kontrollpunkten ihre Kinder zur Welt bringen. 27 der Babys haben die Geburt nicht überlebt.

Wie viele weitere Kinder ohne Todesfall, aber mit schweren Verletzungen oder dauerhaften Schäden für Mutter und/oder Kind an Checkpoints vor den Augen der Soldaten und hunderter Passanten geboren werden mussten, ist nicht dokumentiert.

Fatima 'Abed Rabbo beispielsweise wurde im Oktober 2000 zweimal an Straßensperren zurückgewiesen, als sie versuchte, von al-Walaja zum Krankenhaus im drei Kilometer entfernten Bethlehem zu gelangen. Erst als sie ihr Baby auf der Straße am Checkpoint zur Welt gebracht hatte, ließen die Soldaten sie die Sperre passieren. Als Fatima 'Abed Rabbo endlich das Krankenhaus erreichte, konnte das Leben des Neugeborenen nicht mehr gerettet werden.

Am 28. August 2003 verwehrten israelische Soldaten der 29-jährigen hochschwangeren Rula Ashtiya die Durchfahrt am Kontrollposten bei Beit Furik. Schließlich war sie gezwungen, ihr Kind auf der staubigen Straße nahe dem Kontrollposten zur Welt zu bringen. Das Neugeborene starb wenig später. Erst danach ließen die Soldaten Rula Ashtiya zu Fuß durch die Kontrolle hindurch, um in der Stadt Nablus ein Krankenhaus aufsuchen zu können.[16]

Die Kindersterblichkeit in Palästina ist mit 29 Todesfällen pro 1.000 Geburten etwa sechsmal so hoch wie in Deutschland und Österreich mit 5 pro tausend (USA: 8 pro tausend).

Zivilisten werden wahllos getötet

Völkermord-Verbrechen: *Akt einer Regierung der darauf abzielt, Menschen zu töten durch direktes Zielen au*f Zivilisten.

Die Angriffe der israelischen Armee beschrieb „Amnesty International" in den letzten Jahren immer wieder als „meist wahllos und von großer Rücksichtslosigkeit geprägt … zumeist handelte es sich bei den Todesfällen um ungesetzliche Tötungen". Die meisten Kinder und Erwachsenen wurden im Verlauf von Demonstrationen, bei der Bombardierung von Wohngebieten oder an Kontrollpunkten getötet, als von ihnen keine unmittelbare Gefahr für das Leben anderer Menschen ausging.

Jedes Jahr begingen die Besatzer außerdem extralegale Hinrichtungen ohne Gerichtsverfahren, bei denen jeweils auch unbeteiligte Menschen zu Tode kamen.

Gleich zu Beginn der Intifada setzte die Besatzungsarmee im 4. Quartal 2000 in großem Stil F-16 Kampfflugzeuge, Kampfhubschrauber, Panzer, Mörser und Granatwerfer ein.[17]

Danach setzten israelische Polizei, Grenzpolizei, Sondereinsatztruppen und Armee ihre exzessive und tödliche Gewalt fort und feuerten Gummigeschosse mit Metallkern und scharfe Munition, darunter Hochgeschwindigkeitsgeschosse, auf Demonstranten. Diese hatten zumeist lediglich Steine und Molotowcocktails entgegenzusetzen.

Palästinensische Opfer der israelischen Besatzungsarmee

	2000	2001	2002	2003	2004
Tote	> 350	> 460	> 1.000	> 600	> 700
Davon Kinder	<100	79	150	> 100	150
Außergerichtliche Hinrichtungen	Mehrere	32	35	90	12
Verwundete	>10.000	n.a.	Tausende	n.a.	Tausende
Darunter Kinder	>1.000	n.a.	n.a.	n.a.	n.a.

Quelle: Amnesty International

Israelische Opfer von palästinensischen Widerstandsgruppen

	2000	2001	2002	2003	2004
Tote	60	187	420	200	> 109
Davon Kinder	0	36	47	21	8
Außergerichtliche Hinrichtungen	0	0	0	0	0
Verwundete	n.a.	n.a.	n.a.	n.a.	n.a.

Quelle: Amnesty International

Die tatsächliche Zahl der ums Leben gekommenen Männer, Frauen und Kinder wird ebenso wie die Zahl der Verwundeten mangels umfassender Dokumentationen wohl nie geklärt werden.

Gewisse Handlungen der IDF entsprachen Kriegsverbrechen und Verbrechen gegen die Menschlichkeit, darunter ungesetzliche Tötungen ohne Gerichtsverfahren, ausufernde und mutwillige Zerstörung von Eigentum, Blockade der medizinischen Versorgung und Folter. Jahr für Jahr zerstörte die IDF systematisch hunderte palästinensische Wohnhäuser, große landwirtschaftliche Nutzflächen und Infrastruktur-Einrichtungen.

Gleichzeitig setzte Israel aber die Expansion illegaler Siedlungen des Mauer-/Zaun-Baus fort, mit dem Palästinenser in isolierten Enklaven von ihren landwirtschaftlichen Flächen und der Versorgung aus nahe gelegenen Städten und Dörfern abgeschnitten wurden.

Israelische Siedler wurden mit ihren Angriffen gegen Palästinenser und deren Eigentum sowie allmählich auch gegen internationale Menschenrechts-Aktivisten von Jahr zu Jahr fanatischer und aggressiver.

Als Beispiel für das Kriegsverbrechen des Missbrauchs als „menschliches Schutzschild" beschrieb AI, wie israelische Soldaten im April 2004 den 13-jährigen Mohammed Badwan während einer Demonstration im Westbank-Dorf Biddu auf die Motorhaube ihres Jeeps vor der Windschutzscheibe festbanden um zu verhindern, dass Demonstranten Steine in ihre Richtung warfen.[18]

In den Jahresberichten über Israel/Palästina griff „Amnesty International" seit dem Jahr 2000 immer wieder Einzelfälle heraus, um Ausmaß und signifikante Merkmale der aufgezeigten Taten anschaulich darzulegen.

Im Januar 2001 wurde z. B. Fatima Abu Jish getötet, als sie sich auf dem Weg von Nablus, wo sie in einem Krankenhaus im Empfang arbeitete, zurück in ihr Heimatdorf Beit Dajan befand. Die junge Frau saß in ihrem Auto und rollte inmitten einer Fahrzeugschlange langsam über einen Feldweg, da die IDF die Straße nach Beit Dajan abgesperrt hatten. Plötzlich wurde sie von IDF-Soldaten unter Beschuss genommen.

Anfänglich hieß es von Seiten der IDF, die Soldaten hätten lediglich Schüsse erwidert, später allerdings räumte man ein, dass an der Straßensperre keine Schüsse gefallen seien. In ihrer nächsten Version erklärte die IDF, ein Soldat, gegen den im Übrigen disziplinarische Schritte eingeleitet worden seien, habe auf die

Räder des Fahrzeugs von Fatima Abu Jish gezielt. Eine Begründung, warum aus einer Wagenkolonne ein einziges Auto herausgegriffen und beschossen wurde, gab es nicht.

Rücksichtlose Gefährdung von Leben

Kriegsverbrechen gem. 4. Genfer Konvention: *Die Verwendung von Waffen, Geschossen, Stoffen und Methoden der Kriegführung, die geeignet sind, überflüssige Verletzungen oder unnötige Leiden zu verursachen …*

Gegen die Steine oder Molotowcocktails werfenden palästinensischen Demonstranten verwendete die IDF unter anderem Bomben, Granaten und Artilleriegeschosse – darunter so genannte Flechettes oder Pfeilgeschosse (flèchette, fr. = Pfeilchen). Deren Einsatz ist aufgrund der fatalen Wirkung an Orten, wo sich Zivilisten aufhalten, international verboten– das erste Verbot stammt aus dem Haager Abkommen von 1907.[19]

Dennoch feuerten israelische Panzer mit 105 mm- und 120 mm-Kanonen diese M494-Granaten mit vorfertigten Splitterelementen, die durch einen Distanzzünder ausgelöst auf ihrer Flugbahn detonieren, immer wieder auf die palästinensische Zivilbevölkerung ab. Der Kopfteil der Granate wird zerstört und ein Bodenteil schießt mit Hilfe eines Treibsatzes die Splitterelemente heraus. Während der Explosion der Granate in der Luft lösen sich rund 5.000 kleine Metallpfeilchen und verletzen oder töten getroffene Menschen in einem Umkreis von rund 300 x 94 Metern.

Die noch immer zu Tausenden auf Lager liegenden Geschosse hatte Israel von den USA nach dem Yom-Kippur-Krieg 1973 erhalten. Sie waren einst während des Vietnamkriegs entwickelt worden und galten als „effizienteste Waffen“ gegen die Vietkong.

Laut dem Palästinensischen Zentrum für Menschenrechte (Palestinian Centre for Human Rights – PCHR) im Gazastreifen dienen Flechette-Granaten dazu, „möglichst viele (Zivil-) Personen in einem möglichst weiten Gebiet zu verletzen oder zu töten. Diese Waffe kann nicht auf ein spezifisches Ziel gerichtet werden und kann deswegen nicht zwischen militärischen und zivilen Zielen unterscheiden.

Nach Angaben der israelischen Menschenrechtsgruppe „Ärzte für Menschenrechte“ (Physicians for Human Rights – PHR) verwendete Israel sie zunächst in der besetzten Zone des südlichen Libanon, welche durch die IDF zur „death zone“ erklärt wurde. Seit Ausbruch der 2. Intifada in Palästina hat sich das südliche IDF-Kommando dazu entschlossen, die Waffe einzusetzen, während das IDF-Central Command sich dagegen sträubte mit der Begründung, dass die Westbank ein „dichtbevölkertes Gebiet“ sei. Interessanterweise ist der Gazastreifen noch viel dichter bevölkert und weist mit 1,4 Millionen Einwohnern auf nur 360 Quadratkilometern eine der größten Bevölkerungsdichten der Welt auf. PCHR dokumentierte, dass zwischen 2. März 2000 und Ende März 2003 mindestens 33 palästinensische Zivilisten durch Flechette-Granaten getötet wurden, davon 29 im Gazastreifen – darunter acht Kinder. Die naturgemäß ein Vielfaches höher liegende Zahl der Verletzten ließ sich mangels entsprechender Dokumentationsmöglichkeiten nicht feststellen.

In einer Klage bei Israels Supreme Court im April 2003 argumentierten die beiden Menschenrechtsgruppen, dass Flechette-Granaten nach internationalem Recht illegal seien, weil sie ihre Ziele „wahllos“ treffen würden und „unnötiges Leid verursachten.“ PCHR und PHR stützten sich dabei auf drei spezifische Fälle:

Im ersten Fall aus dem Juni 2000 handelt es sich um die „Antwort“ der IDF auf einen Angriff palästinensischer Widerstandskämpfer gegen einen illegalen Außenposten der Siedlung Netzarim im Gazastreifen. Eine Granate explodierte neben einem Beduinenzelt und tötete drei Frauen, weitere drei Personen wurden verwundet. Bei den Todesopfern handelte es sich um Salmia Almalalha (37), Hikamat Almalalha (17) und Nassra Almalalha.

Am 14. Mai 2001 wurde ein Beduine in eine Klinik im Gazastreifen eingeliefert, der bei einem Überfall der IDF in der Nähe von Betlaha durch Flechette-Pfeile verletzt wurde.[20]

Im Juni 2001 kamen im Gazastreifen zwei Beduininnen und ein kleines Mädchen ums Leben, auf deren Zelt ein israelischer Panzer ein 120-mm-Geschoss mit tausenden Stahlpfeilen abgefeuert hatte. In derselben Gegend explodierten noch drei weitere Artilleriegeschosse, die mehrere andere Beduinen verletzten und Schafe töteten. Die IDF behaupteten zunächst, Gewehrfeuer erwidert zu haben, gab später jedoch zu, die Tötungen seien „irrtümlich“ erfolgt.

Massive Gewalt gegen medizinische Versorgung

Kriegsverbrechen: *Vorsätzliche Angriffe auf Krankenhäuser und Sammelplätze für Kranke und Verwundete; vorsätzliche Angriffe auf Gebäude, Material, Sanitätseinheiten, Sanitätstransportmittel und Personal, die in Übereinstimmung mit dem Völkerrecht mit den Schutzzeichen der Genfer Abkommen (v. a. das Rote Kreuz) versehen sind.*

In den besetzten Gebieten Palästinas entscheidet die israelische Besatzungsmacht, ob jemand sein Haus verlassen, seine Eltern besuchen, zur Arbeit oder zur Schule gehen, seine eigenen Felder beackern darf, die jenseits des Sicherheitszaunes bzw. der Apartheidmauer liegen. Und sie entscheidet letztlich über Leben und Tod, indem sie medizinische Behandlung ermöglicht oder verhindert und verfügt, ob eine Frau ihr Kind in einem Krankenhaus oder an einem Checkpoint zur Welt bringt. Dies sind Fragen über Leben und Tod, über physisches und wirtschaftliches Überleben – und das für eine ganze Bevölkerung.

Die französische „Civimed Initiative" dokumentierte in einem Bericht über den Zeitraum 29.9.2000–2.8.2003 folgende (unvollständige) Fakten:[21]

Bei gezielten Angriffen auf Ambulanzwagen oder bei Bombenangriffen auf Wohnviertel wurden 15 Diensttuende Ärzte, Sanitäter oder Ambulanzwagenfahrer getötet.

180 Sanitäter des Roten Kreuzes wurden bei Notdiensteinsätzen ebenso verwundet wie zahlreiche Sanitätshelfer des UPMRC (Union of Palestinian Medical Relief Committees – Vereinigung Palästinensischer Mediziner), darunter zwei Ärzte.

25 Ambulanzwagen des Roten Kreuzes wurden von der israelischen Armee gänzlich zerstört, 197 Ambulanzwagen des Palästinensischen Roten Halbmondes (PRCS) beschossen oder von jüdischen Siedlern mit Steinen beworfen.

In 432 Fällen wurde an einem willkürlich eingerichteten Kontrollpunkt Ambulanzwagen die Durchfahrt verweigert, wodurch 81 Personen gestorben sind, weil ihnen die medizinische Versorgung fehlte.

Im Laufe der langen Invasion im März/April 2002 wurden Teams des UPMRC verhaftet oder es wurde ihnen bis zu dreimal pro Tag der Zugang zu Verletzten verwehrt. Seit April 2002 wurde die Bewegung mobiler Kliniken stark beeinträchtigt. 70 Freiwillige des Notdienstes sind seit der Invasion am 29. März 2002 verhaftet worden.

Auch Krankenhäuser blieben von Angriffen der Israelis nicht verschont:

Aus der Luft bombardiert wurden u. a. in Bethlehem das Französische Krankenhaus (geschätzter Schaden: 25.000 USD) sowie das Al-Hussein- und das Al Yammama-Krankenhaus, weiters das Al-Alia-Krankenhaus in Hebron (dreimal), sowie die PRCS-Entbindungsklinik und das Hauptkrankenhaus in Ramallah.

Mit scharfer Munition beschossen wurde das Krankenhaus in Beit Jala, A-Dibs und wiederum das Französische Krankenhaus in Bethlehem.

Jüdische Siedler griffen das Augusta-Viktoria-Krankenhaus in Jerusalem mit Maschinenpistolen an, wobei ein Sicherheitsbeamter angeschossen wurde.

Im März/April 2002 wurde eine große Anzahl von Krankenhäusern und Kliniken in der gesamten Westbank angegriffen. Der Zugang zum Krankenhaus Khalid in Ramallah wurde während mehrerer Tage verhindert.

Terror gegen Ärzte, Spitäler und Hilfsorganisationen

Eine besonders perfide Taktik haben sich israelische Helikopter-Piloten zu Eigen gemacht, indem sie in kurzen Abständen ein und dasselbe Ziel zweimal mit Raketen angreifen und beim zweiten Angriff jene beschießen, die den Verletzten Hilfe bringen wollen.[22]

So geschah es auch am 20.10.2003 im Flüchtlingslager Nuseirat in Gaza. Der palästinensische Arzt Dr. Zain Al-'Abdeen Shaheen, 29, war aus seiner nahe gelegenen Ordination zum Tatort eines Helikopter-Angriffs geeilt, um verwundete Zivilisten ärztlich zu versorgen, als der Helikopter abdrehte. Beim zweiten Angriff nahm die Besatzung des Hubschraubers den Arzt gezielt ins Visier und erschoss ihn. Nach Zeugenaussagen erfolgten die beiden Helikopterangriffe binnen weniger Minuten. Gleichfalls getötet wurde dabei der 12-jährige Muhammad Baroud, der zum Ort des Geschehens gelaufen war. Sein Vater Ziad wurde beim zweiten Angriff verletzt, während er versuchte, seinen Sohn nach Hause zurückzuholen.

Insgesamt wurden an jenem Tage bei fünf Attacken durch israelische Helikopterangriffe in Gaza vierzehn Palästinenser gekillt und über hundert verwundet. In ihrer Protestnote vom 21.Oktober 2003 verlangte PHR-Israel daraufhin von der Armee eine Untersuchung der Angriffe und verglich die Anschlagstaktik, einen Ort binnen weniger Minuten zweimal in Angriff zu nehmen, um jene Menschen zu töten oder zu verletzen, die den Opfern des ersten Anschlags helfen wollten, mit jener von Terroristen. Israel hatte derartige Attacken von Untergrundorganisationen immer verurteilt. Umso entsetzter waren die PHR-Ärzte, dass die eigene Armee sich offenbar selber so verhält.

Am 24. Mai 2003 berichtete die israelische Friedensorganisation „The Other Israel" Details, wie die israelischen Behörden versuchen, die medizinische Versorgung in den Palästinenser-Gebieten zu unterbinden. In Nablus waren am 5. Mai medizinische Mitarbeiter des Palestinian Medical Relief Center (UPMRC) – Nasaif Al Dik, Koordinator der Gemeindegesundheitsprojekte sowie die freiwilligen Helfer Shadi Abu Bakr und Ahmed Badwan – in ihren Häusern festgenommen und ohne Anklageerhebung in israelischen Internierungsabteilungen festgehalten worden.

Als das UPMRC-Personal nach drei Wochen wieder freigelassen wurde, stürmten israelische Soldaten mitten in der Nacht um 2:30 Uhr die UPMRC-Notfallklinik in dem ca. 7.000 Einwohner beherbergenden Al Yasmina-Stadtteil – die einzige in der Altstadt von Nablus. Nicht weniger als 35 Soldaten umzingelten die Klinik, schossen auf ihre Fenster genauso wie auf das Apartment oberhalb, die Wohnung der Arzt-Familie Al Dari, und sprengten die Tür der Klinik auf. Mit Schüssen wurden Einrichtung und Medizinflaschen zerstört, einige Schüsse verfehlten knapp die Sauerstoffflasche, die eine riesige Explosion hätte verursachen können. Dann drangen die Soldaten in die im Obergeschoß liegende Wohnung der Al Daris vor, wobei sie immer noch weiter schossen. Einige Schüsse wurden auf das Sofa abgefeuert, das als Bett für das 10-jährige Kind benutzt wurde, das aber glücklicherweise bereits woanders in Deckung gegangen war.

Die Familie (einschließlich der Kinder) wurde verhört und gezwungen, das Gebäude zu verlassen. Drei Familienmitglieder – Maher (50), Ayman (42) und Nimr (40) – wurden in Handschellen in einen Militärlieferwagen gebracht. Nimrs Auto, welches er als improvisiertes Taxi benutzte, um seinen Lebensunterhalt zu verdienen, wurde beschädigt und zu guter Letzt wurden die Handys der drei Palästinenser von den Soldaten einfach eingesteckt und gestohlen.

Seit Oktober 2002 war die Klinik nicht weniger als viermal heimgesucht worden. Dieses Mal verlangten die Soldaten sogar, dass die Klinik geschlossen werde, um die Versorgung der Bevölkerung endgültig zu unterbinden, die meist völlig von der Klinik abhängig ist.

Im Mai 2001 hatten die israelischen Sicherheitskräfte Samer Fawzi Awartani festgenommen, den Verwaltungschef des Rafidiya-Krankenhauses in Nablus. Seine Verhaftung erfolgte bei seiner Rückkehr von einer Fachtagung in Großbritannien, auf der er die durch die Intifada entstandenen Probleme im Medizinsektor dargestellt hatte. Der Gewalt ablehnende politische Gefangene wurde im Haftzentrum Petah Tikva eingesperrt. Zweimal lehnte der Oberste Gerichtshof Eingaben ab, Samir Fawzi Awartani die Kontaktaufnahme zu einem Rechtsanwalt zu gestatten, mit der Folge, dass er 22 Tage lang von der Außenwelt abgeschnitten in Haft verbrachte, bevor sein Anwalt Zugang zu ihm erhielt. Im Juni wurde gegen ihn mit der Begründung, er gefährde die Staatssicherheit, Verwaltungshaft angeordnet. Nach 51 Tagen im Gefängnis kam Samer Fawzi Awartani schließlich ohne Anklageerhebung wieder frei.

Durchfahrt ins Spital am Checkpoint verhindert

Auch vor Ambulanzen macht die uniformierte Willkür nicht Halt, wie die nachfolgenden Beispiele zeigen:

Am 11. Juli 2004 wurde eine Ambulanz mit einem jungen Nieren-Patienten in Beit Iba 20 Minuten aufgehalten, weil die Soldaten am Checkpoint die medizinischen Papiere nicht lesen konnten.

Am 17. Juli musste in Atara (Ramallah) eine Ambulanz mit einem kranken kleinen Mädchen 40 Minuten warten, weil die Durchfahrt durch eine überraschende Straßensperre behindert wurde.

Am 18. Juli wurde ein Verletzter nach einem Verkehrsunfall in einer Ambulanz transportiert, die unversehens für einen Check des Inlandsgeheimdienstes Shabak aufgehalten wurde.

Am 21. Juli wurde am Checkpoint A-Ram eine Ambulanz mit einem einige Wochen alten Baby mit einer Herzinsuffizienz in einem lebensgefährlichen Zustand auf dem Weg vom Hospital in Nablus zum Mokassed-Spital in Jerusalem aufgehalten. Der Vater des Babys, selber Arzt, war dabei. Die Genehmigung des Fahrers und des medizinischen Personals wurden gecheckt. Dennoch wurde die Ambulanz dann zurückgehalten für eine pingelige Untersuchung mit einer telephonischen Nachfrage beim Koordinator für Gesundheitsprobleme in der Zivilverwaltung. Fahrer, Ärzte und Machsom Watchers baten mehrfach, die Durchfahrt frei zu geben. Der Polizeibeamte reagierte lediglich, indem er den Beobachterinnen unwirsch bekundete, sie würden ihm auf die Nerven gehen. Der Arzt war verzweifelt. Schließlich wurde die Ambulanz gecheckt. Die hintere Tür wurde geöffnet und das Baby war zu sehen – winzig klein, an Maschinen und Schläuche angeschlossen, der Vater an der Seite. Das war den Polizisten denn doch nicht mehr geheuer und sie ließen die Ambulanz passieren. Das Baby machte es möglich …

Am 6. Juli wurde am Checkpoint Beit Iba beobachtet, wie eine Mutter mit ihren Kindern, Baby und Begleitern auf dem Weg ins Spital aufgehalten wurde und letztendlich das Baby nach stundenlangem Warten in der prallen Sonne in einer Einzelzelle für Verdächtige hinter einer brennheißen Stahltüre stillen musste.

Am 18. Juli wurde ebendort eine Studentin zwei Stunden aufgehalten, obwohl sie dringlich darauf hinwies, sie müsse nach Hause eilen, um ihr Baby nähren zu können. Ihr Name war aber angeblich auf einer Liste mit Verdächtigen – bis sich herausstellte, dass es „ein Irrtum“ war.

Am 22. Juli führte der Fahrer eines israelischen Kleinbusses Patienten in ein Hospital, ausgestattet mit allen Genehmigungen. Der Fahrer erklärte, es seien Krebspatienten, die Soldaten dagegen unterstellten, es wären lediglich Spitalsbedienstete. Bei der Durchsuchung des Autos am Checkpoint Beit Iba wurde ein Plastiksack mit einer Jeanshose gefunden. Diese wurde nach langen Diskussionen konfisziert – die Genehmigungen lauteten nur auf Transport von Menschen und nicht von Gütern!

Am 21. April 2005 wurde der 31-jährige Jaber Dalane, Mitarbeiter des palästinensischen Finanzminieriums, mit einer viralen Meningitis nach 5 Tagen aus dem Krankenhaus Nablus entlassen. Am Huwwara-Checkpoint wurde er ab 12.30 Uhr festgehalten und um 22.00 Uhr schließlich verhaftet, als die Soldaten den Checkpoint schließen wollten. Sein Gesundheitszustand hatte sich während dieser Zeit verschlechtert. Seine Frau, mit dem vierten Kind schwanger, war bei ihm und berichtete der internationalen Friedensorganisation IWPS (International Women's Peace Service), dass er nach so vielen Stunden in der Sonne ohne Nahrung und Wasser teilweise im Delirium lag.[23]

Die Armee teilte lediglich mit, dass er in der Haftanstalt Salem intravenös Flüssigkeit bekam. IWPS konnte aber in den nächsten Tagen weder einen Grund für die Verhaftung noch einen genauen medizinischen Bericht von der Armee erfahren – nur so viel: „Der Gesundheitszustand schließt Verhaftung nicht aus."

Nach vielen Telefongesprächen von Organisationen und einzelnen Personen aus aller Welt gab schließlich die Armee zu, dass der Patient schwerer krank sei, und brachte ihn ins Krankenhaus nach Afula im Norden Israels. Dort war zufällig ein palästinensischer Arzt anwesend, der IWPS wenigstens umfassend informierte.

Als eine Amerikanerin und eine Israelin von IWPS nach einigen Tagen das Krankenhaus aufsuchten, hinderten sie zwei bewaffnete Soldaten am Zutritt zum Krankenzimmer. Auf Anfrage verweigerte das zuständige DCO zunächst eine Besuchserlaubnis, um nach einigen Stunden aber doch eine zu geben. Die Willkür der Armeebestimmungen ist eben nur schwer durchschaubar …

Der „Gefangene" war in einem elenden Zustand und hatte drei Tage lang weder gegessen noch getrunken oder geschlafen. In Salem habe man ihn in eine kleine Zelle geworfen, in der schon neun Leute waren, erklärte er den Besucherinnen. Man hätte niemanden zwischen 21 und 8 Uhr 30 rausgelassen, auch nicht auf die Toilette. Er hätte zwei Tage mit Schmerzen auf dem Fußboden gelegen; Betten gab es nicht. Nachts war es extrem kalt. Viermal habe er das Bewusstsein verloren, aber nicht geschlafen. Niemand habe mit ihm gesprochen, als er dort war.

Er hatte noch nichts zu essen oder zu trinken bekommen und war nur intravenös ernährt worden, um eine tödliche Austrocknung zu vermeiden.

Um seine Fußknöchel waren auch im Bett metallene Handschellen, die völlig lächerlich wirkten. Er war zu schwach, um zu sitzen und selbst zu essen. Zwei bewaffnete Wächter saßen vor der Tür – aber er musste gefesselt sein! Einer der Soldaten sagte: „Das ist nicht unsere Entscheidung, wir sind nur Begleitung. Wir haben nicht einmal den Schlüssel für die Handschellen."

Der Arzt fragte die IWPS-Aktivistinnen schließlich nach ihrer Motivation. Die Amerikanerin antwortete: „Mit meinen Steuern wird Israels Besatzung von Palästina bezahlt. Außerdem bin ich jüdisch und in meinem Namen werden die Palästinenser unterdrückt."

Die Helferinnen blieben eine Stunde bei Jaber und fütterten ihn mit Pudding, Wasser und Saft. Als sie um ein zweites Glas Saft baten, sagte einer der Soldaten: „Dies ist ein Krankenhaus und kein Restaurant."

Nach einem internationalen IWPS-Aufruf intervenierten daraufhin die Nacht über Menschen aus der ganzen Welt bei der Armee und dem Krankenhaus.

Ärzte für Menschenrechte (PHR) berichteten am 29.4.2005: „Palästinensischem Verhafteten wird das Recht auf medizinische Versorgung und ein fairer Prozess verweigert." Zur selben Zeit wurde Jaber Dalane gerade vom Krankenhaus in Afula zur Haftanstalt in Salem zurück gebracht.

Am 27.4.2005 war eine Anhörung eingetragen, die im Salemer Militärgericht stattfand. Weder der Anwalt noch der Verhaftete waren anwesend. …

Jaber Dalanes Haft wurde um weitere 15 Tage verlängert.

Angriffe auf internationale Helfer

Mitglieder von internationalen Hilfsorganisationen geraten immer wieder ins Visier der IDF-Soldaten, wenn sie versuchen, Hilfe gegen die fortdauernde brutale Unterdrückung der Armee zu leisten oder das Geschehen zu dokumentieren. Getötet oder verletzt wurden in den letzten Jahren u. a. ausländische Mitglieder der Internationalen Solidaritätsbewegung (International Solidarity Movement – ISM), Angehörige medizinischer Berufe und Journalisten. Nachfolgend einige Beispiele aus dem Jahr 2003:

Im März 2003 zermalmte ein israelischer Soldat die aus den USA stammende 22-jährige ISM-Aktivistin Rachel Corrie, indem er sie in Rafah im Süden des Gazastreifens mit seinem Bulldozer einfach überrollte, als sie versuchte, den Fahrer von der Zerstörung eines palästinensischen Wohnhauses abzuhalten.

Der 22-jährige britische Aktivist Tom Hurndall von der Menschenrechtsorganisation „International Solidarity Movement" (ISM) wurde im April 2003 in Rafah im Gazastreifen von einem israelischen Scharfschützen in den Kopf geschossen, als er versuchte, zwei kleine palästinensische Kinder aus der Schusslinie während eines Feuergefechts zu retten.

Auch Brian Avery aus den USA wurde von einem israelischen Scharfschützen durch einen Kopfschuss ermordet.

Dass dies kein Zufall, sondern Strategie in den besetzten Gebieen war, beweisen jene Informationen, die von der Organisation „The Other Israel" am 24. Mai 2003 veröffentlicht wurden und die sie an diesem einzigen Tag von verschiedenen Gruppen und Organisationen erhalten hatte.

- „International Solidarity Movement" berichtete, dass im Flüchtlingslager Tulkarem zwei amerikanische ISM-Freiwillige, Mike Johnson (52 Jahre) aus Washington, Matteo Berna (22) aus Kentucky sowie der Palästinenser Osama Qashoo (21) aus Kalkilya von den israelischen Streitkräften am Samstagmorgen um 9:45 Uhr festgenommen und in einer winzige Zelle eingesperrt wurden, nachdem sie Schulmädchen zu ihren Häusern begleitet hatten. Die etwa fünfzehn Mädchen zwischen neun und elf Jahren waren auf dem Weg zur Schule in einen planlosen Angriff der Armee mit Sprenggranaten und „Gummigeschossen“ geraten. Johnson und Bernal waren die sechsten und siebenten ausländischen Friedensaktivisten, die von den israelischen Streitkräften binnen zwei Wochen festgenommen wurden.

- Der kanadische „Christian Peacemakers Team“ (CPT)-Aktivist Greg Rollins aus Surrey, British Columbia, sollte am 22. Mai 2002 widerrechtlich und zwangsweise aus Israel abgeschoben werden, weil er Soldaten am Checkpoint in Hebron beobachte.
- Die Menschenrechtsorganisation „Rabbiner für Menschenrechte“ („Rabbis for Human Rights“) berichtete, dass der Inlandsgeheimdienst Shabak Mitglieder des Israelischen Komitees gegen Häuserabrisse vorlade, um Fragen über die Aktivitäten zu stellen und zu warnen, dass der Generalstaatsanwalt entschieden habe, dass das Wiederaufbauen von abgerissenen palästinensischen Häusern in Jerusalem illegal sei.
- Am 24. Mai 2003 rief ein israelischer Offizier vom DCO (Distriktkoordinationsbüro) bei der Organisation Mas'ha Village, Westbank, am Freitagabend an, um – wie er es nannte – „seine letzte Warnung“ für eine Gruppe von insgesamt tausend Palästinensern, Israelis, Internationalen und Journalisten zu geben, die in einer 24-Stundenpräsenz an einem Friedenscamp teilgenommen und gegen die Errichtung der Apartheid-Mauer opponiert hatten.

Zum damaligen Zeitpunkt hatte die Errichtung der Apartheid-Mauer bereits die effektive Annexion von 15 Dörfern mit sich gebracht, Heimat für über 13.000 Einwohner, die seither zwischen der Mauer und der „Grünen Linie“, der Grenze zu Israel bis zum Krieg 1967, gefangen sind. Weitere 20.000 Menschen von anderen 16 Dörfern hatten buchstäblich ihren Landbesitz verloren, seitdem die Apartheid-Mauer direkt zwischen ihren Häusern und ihren landwirtschaftlichen Ländereien gebaut worden war. Häuser wurden zerstört, die Olivenölproduktion der Dörfer westlich der Mauer, die bis zu 2.200 Tonnen pro Saison betrug, wurde zusammen mit der Produktion von 50.000 Tonnen Obst und über 100.000 Tonnen Gemüse vernichtet.

Extralegale Hinrichtungen von prominenten Palästinensern

Kriegsverbrechen gem. 4. Genfer Konvention: *Ermutigter oder gebilligter Mord; illegale Hinrichtungen ohne Gerichtsverfahren.*

Ab dem Scheitern der Friedensverhandlungen im Juli 2000 begann die IDF erneut, prominente Palästinenser vorsätzlich „extralegal hinzurichten" – ohne vorangehende Gerichtsverfahren, in denen die übliche Behauptung einer angeblichen Schuld für Terroranschläge oder für den bewaffneten Widerstand auch tatsächlich geklärt worden wäre.

Kenner der Verhältnisse vermuten, dass die israelische Regierung die Hinrichtungen ausführen ließ, um in zynischer Weise eine Reaktion seitens der Palästinenser zu provozieren und jedem Versuch, die Gewalt einzudämmen, zuvorzukommen. Als Opfer ausgewählt wurden daher seither ganz gezielt Personen des öffentlichen Lebens, die vom palästinensischen Volk bewundert wurden. Außerdem kamen mit den Zielpersonen auch viele andere, unschuldige Menschen, darunter zahlreiche Frauen und Kinder, ums Leben.

In Beit Shahur in der Westbank wurde Hussein 'Abayat, ein örtlicher Anführer der „tanzimat", durch eine Mörsergranate extralegal hingerichtet. Auch zwei neben dem Lieferwagen von Hussein 'Abayat stehende Frauen kamen dabei ums Leben, neun weitere Personen wurden verletzt. Ein Sprecher der israelischen Armee behauptete, gegen Hussein 'Abayat sei man gezielt vorgegangen, weil er angeblich einen Angriff auf die Siedlung Gilo vorbereitet habe.

Der 25-jährige Samah Al Malabi war am 16. Dezember 2000 im Flüchtlingslager Qalandia in Ramallah eines der ersten Opfer, dem keine Terroranschläge, sondern lediglich die Mitgliedschaft zur palästinensischen Führungselite zugeordnet werden konnte.

Im Juli 2001 wurden in Nablus die zwei führenden Hamas-Mitglieder Jamal Mansur und Jamal Samir, die das Palästinensische Informationszentrum leiteten, gezielt von IDF-Soldaten „hingerichtet", die aus Apache-Helikoptern zwei Raketen auf das Gebäude abfeuerten, in dem sich die beiden aufhielten. Bei dem Anschlag kamen noch sechs weitere Personen ums Leben, unter ihnen zwei Kinder.

Im August 2001 tötete die IDF in einer gezielten Aktion den auch unter dem Namen Abu 'Ali Mustafa bekannten Vorsitzenden der

Volksfront für die Befreiung Palästinas (People's Front for the Liberation of Palestine – PFLP), Mustafa Zibiri. Mitglieder der Volksfront töteten daraufhin im Oktober als Vergeltungsmaßnahme den erst kurz zuvor von seinem Amt zurückgetretenen ehemaligen israelischen Tourismusminister Rehavam Ze'evi. Nach dem Attentat besetzten IDF-Truppen erneut sechs Palästinenserstädte.

Bei der ungesetzlichen Hinrichtung von Salah Shehada, dem Gründer des bewaffneten Flügels der Hamas, wurden am 23.7.2002 auch dessen Ehefrau und 14 Zivilisten, darunter neun Kinder und Jugendliche, mit getötet, als eine gewaltige Tausend-Kilo-Bombe (!) auf sein Wohnhaus abgeworfen wurde. Rund 150 weitere Zivilisten wurden verletzt. Diesen Anschlag rühmte Sharon als besonders großen Erfolg.

Am 12. Juni 2003 beschoss die Besatzung eines israelischen Kampfhubschraubers in Gaza-Stadt gezielt das zuvor offenbar von einem Kollaborateur mit einem Sensor markierte Fahrzeug von Yasser Taha. Bei dem Vorfall kamen nicht nur er selbst, sondern auch seine schwangere Ehefrau Islam Taha, die 18-monatige Tochter der beiden sowie vier unbeteiligte Passanten ums Leben. Rund 20 weitere Personen, unter ihnen mehrere Kinder, wurden verletzt. Bereits in den zwei Tagen davor waren bei drei ähnlichen Anschlägen der israelischen Armee elf unbeteiligte Personen massakriert und zahlreiche andere verletzt worden, darunter wiederum mehr als zehn Kinder.

Am 25. Juni 2003 fand die 19-jährige Nivin Abu Rujaila den Tod, als das Taxi, in dem sie unterwegs war, von einer Rakete getroffen wurde, abgefeuert von einem israelischen Kampfhubschrauber. Akram 'Ali Farhan, der Fahrer des Taxis, kam ebenfalls ums Leben. Die eigentliche Zielperson des Anschlags war in einem anderen Fahrzeug unterwegs gewesen.

Zu den prominentesten Opfern gehörte der gelähmte und blinde Hamas-Führer Scheich Ahmed Jassin, der am 22. März 2004 im Alter von 67 Jahren beim Verlassen einer Moschee im Rollstuhl von israelischen Kampfhubschraubern aus mit drei Raketen attackiert und getötet wurde. Ariel Sharon sprach der Armee deswegen ein besonderes Lob aus und kündigte weitere Gewaltakte dieser Art an.

Die EU hingegen verurteilte das Attentat als mit dem Völkerrecht und dem Friedensprozess unvereinbar. Die US-Regierung zeigte sich zwar überrascht, dürfte aber wie üblich bereits zuvor informiert worden sein.

Am nächsten Tag wurde der Kinderarzt Abdel Asis Rantisi zum neuen Hamas-Führer bestimmt. Dieser drohte mit weiteren Anschlägen auf Israel. Dreieinhalb Wochen später wurde auch er bei einem gezielten Luftangriff in Gaza „hingerichtet". UNO und EU nannten Rantisis Tötung illegal, die Arabische Liga sprach von „Staatsterrorismus". UN-Generalsekretär Kofi Annan forderte einen „unverzüglichen Stopp" der „ungesetzlichen Tötungen". Ebenso wie die deutsche Bundesregierung, die EU, Russland und zahlreiche andere Staaten äußerte er die Befürchtung, dass diese Aktion zu einer weiteren Verschlechterung der schon Besorgnis erregenden und brüchigen Lage führen werde.

Straffreiheit für die Täter

Die Straffreiheit, die israelische Soldaten für gesetzwidrige Tötungen und gezielte schwere Verletzungen in der Regel genießen, veranlasste „Amnesty International" bereits am 19. Dezember 2002, eine Denkschrift an den israelischen Verteidigungsminister zu veröffentlichen:

„Angehörige der israelischen Streitkräfte, die schwerwiegende Verstöße gegen die Menschenrechte und Kriegsverbrechen begehen – wie die Tötung von Kindern und anderen unbewaffneten Zivilisten, die rücksichtlose Beschießung dicht besiedelter Wohngebiete oder die Sprengung von Häusern samt ihren Bewohnern, die sie dann unter den Trümmern sterben lassen –, werden nicht vor Gericht gestellt und für ihre Taten zur Verantwortung gezogen. (…) Gleichzeitig werden Rekruten und Reservisten, die den Wehrdienst verweigern, gerade um nicht an solchen Taten teilzunehmen, zu monatelangen Haftstrafen verurteilt. Was für eine Botschaft übermittelt eine solche Politik an die israelische Gesellschaft?"

Die Botschaft hatte Sharon als Verteidigungsminister schon im Dezember 1982 während des Libanon-Kriegs in einem Interview mit dem israelischen Publizisten und Schriftsteller Amoz Oz erläutert:[24]

„Selbst wenn Sie mir mathematisch nachweisen, dass der gegenwärtige Krieg im Libanon ein schmutziger, unmoralischer Krieg ist, es ist mir egal. Selbst wenn Sie mir beweisen, dass wir keines unserer

Ziele im Libanon erreicht haben und auch nicht erreichen werden, dass wir weder ein freundlich gesinntes Regime im Libanon formen können noch die Syrer besiegen können oder auch nur die PLO, auch das stört mich ebenso wenig, wie wenn Galiläa erneut in einem Jahr von Katjuscha-Raketen beschossen wird. Es war es trotzdem wert. Selbst wenn nach einem Jahr wieder Galiläa mit Katjuschas bombardiert wird. Es ist mir wirklich egal. Wir werden dann eben einen weiteren Krieg beginnen, töten und noch mehr zerstören, bis sie genug haben …

Gemeint waren mit „sie" natürlich die Araber. Inzwischen ist der israelische Ministerpräsident bereits hinlänglich bekannt für seine Verachtung arabischen Lebens, das absolute Vertrauen in militärische Gewalt und seine Vision von Frieden durch Vernichtung in einer Welt, in der ausschließlich brutale Macht herrschen soll.

Tatsächlich wurden bisher nur wenige Soldaten wegen Verbrechen belangt – die Spitze des Eisberges. Der Diebstahl von palästinensischem Eigentum im Zuge umfangreicher Plünderungen blieb für die Täter überhaupt meist ohne Folgen. Und in einem der seltenen Fälle von Verfolgung anderer Verbrechen wurden zwei Soldaten zu einer 28-tägigen Freiheitsstrafe verurteilt, als ihnen dezidiert nachgewiesen werden konnte, dass sie einen Palästinenser als „menschlichen Schutzschild" eingesetzt hatten. Ein weiterer Soldat, der eine 95-jährige Palästinenserin getötet hatte, erhielt eine Haftstrafe von ganzen 65 Tagen – die weltweit wohl geringste Strafe für ein derartiges Tötungsdelikt.

Nach Angaben der israelischen Streitkräfte hat die Militärpolizei seit Beginn der Intifada 127 Ermittlungsverfahren gegen Soldaten eingeleitet, die aber nur in zwölf Fällen zur Anklageerhebung und in acht Fällen zur Verurteilung führten. Die allermeisten der in die Tausende gehenden schweren Menschenrechtsverletzungen, die israelische Soldaten seit Beginn der Intifada begangen haben, zogen jedoch weder unabhängige noch unparteiische Ermittlungen nach sich. Die Regierung blieb in diesem Zusammenhang auch die Einlösung ihres Versprechens vom Oktober 2002 schuldig, sämtliche gewaltsamen Todesfälle von Kindern untersuchen zu lassen.

Massenverhaftungen, Folter und Zwangsausweisung

Verbrechen gegen die Menschlichkeit: *Freiheitsentzug oder sonstige schwerwiegende Beraubung der körperlichen Freiheit unter Verstoß gegen die Grundregeln des Völkerrechts; Folter, indem einer im Gewahrsam oder unter der Kontrolle des Beschuldigten befindlichen Person vorsätzlich große körperliche oder seelische Schmerzen oder Leiden zugefügt werden; Verfolgung als völkerrechtswidriger, vorsätzlicher und schwerwiegender Entzug von Grundrechten wegen der Identität einer Gruppe oder Gemeinschaft aus politischen, rassischen, nationalen, ethnischen, kulturellen oder religiösen Gründen; Vertreibung – die erzwungene, völkerrechtlich unzulässige Verbringung der betroffenen Personen durch Ausweisung oder andere Zwangsmaßnahmen aus dem Gebiet, in dem sie sich rechtmäßig aufhalten.*

Verbrechen der Apartheid: *Die oben erwähnten unmenschlichen Handlungen, wenn sie von einer rassischen Gruppe zur Aufrechterhaltung eines institutionalisierten Regimes begangen werden – mit dem Ziel der systematischen Unterdrückung und Beherrschung einer oder mehrerer anderer rassischer Gruppen.*

Kriegsverbrechen: ... *der unmittelbare oder mittelbare Transfer von Teilen der Zivilbevölkerung einer Besatzungsmacht in die von ihr besetzten Gebiete, oder die vollständige oder teilweise Deportation oder der Transfer der Bevölkerung der besetzten Gebiete innerhalb dieser Gebiete oder aus ihnen hinaus.*

Ab Beginn der 2. Intifada verging kaum ein Tag, an dem nicht Palästinenser verhaftet und eingesperrt wurden. An manchen Tagen wurden drei bis fünf neue Gefangene „gemacht“, an anderen Tagen waren es mehrere Dutzend.

Allein die damalige Invasion von Jenin im Jahr 2002 hat eine „Ernte“ von mehr als 160 neuen Gefangenen erbracht. Das ließ den Schluss zu, dass die israelischen Haftanstalten bereits mit vielen Tausenden Palästinensern „voll gestopft“ waren – es dürften zwischen 7.000 und 8.000 PalästinenserInnen gewesen sein, von denen die Mehrheit in der Zeit zwischen der Operation „Verteidigungsschild“ und Mitte April verhaftet worden war.

Die meisten von ihnen wurden vorerst nicht einmal vor Gericht gestellt, während viele andere überhaupt als „Häftlinge im Gewahrsam der Verwaltungsbehörden" bezeichnet wurden, wodurch ein Gerichtsverfahren umgangen wurde.[25]

Ab 2002 kam es zu einer regelrechten Verhaftungswelle ohne Anklage und Begründung.

Viele wurden unter Berufung auf politische Gründe festgenommen und vielfach misshandelt. In den besetzten Gebieten mussten sich tausende Palästinenser in Verfahren vor Gericht verantworten, die internationalen Standards der Fairness nicht entsprochen haben.

Zu Verhörzwecken festgenommene Palästinenser wurden wiederholt für Zeiträume von bis zu 20 Tagen – in einigen Fällen sogar bis zu 90 Tage – von der Außenwelt abgeschnitten in Haft gehalten und durften weder Kontakt zu ihren Rechtsanwälten noch zu ihren Familien aufnehmen. Die Berichte über Polizeibrutalität häuften sich. Zahlreiche Häftlinge berichteten, sie seien unmittelbar nach ihrer Festnahme von Angehörigen der Sicherheitskräfte geschlagen oder während ihrer Vernehmung gefoltert oder misshandelt worden. Die Sicherheitskräfte genossen bei ihren Übergriffen fast ausnahmslos Straffreiheit.

Nidal Daghlas wurde bei dem erfolglosen Versuch israelischer Undercover-Einheiten, Mahmud Abu Hanud gefangen zu nehmen, festgenommen. Er gab später zu Protokoll, er sei in dem Dorf, in dem die Aktion stattgefunden hatte, vier Stunden lang von Angehörigen der Armee und des Inlandsgeheimdienstes Shabak gefoltert worden. Anschließend habe man ihn zur Polizeiwache von Petah Tikvah gebracht. Dort hätten Beamte ihm Steine in den Mund gestopft, Wasser ins Gesicht geschüttet, Fußtritte in die Genitalien versetzt und seinen Kopf gegen ein Steuerrad geschlagen. Die israelischen Behörden hielten ihn 14 Tage lang von der Außenwelt abgeschnitten in Haft und erlaubten ihm erst dann die Kontaktaufnahme zu einem Rechtsanwalt.

Qadr al-Wa'el aus der galiläischen Ortschaft Sh'ab machte geltend, Polizeibeamte hätten ihn nach seiner Festnahme im Oktober auf dem Transport zur Polizeiwache in Misgav mit Gewehrkolben geprügelt. Auf der Wache selbst sei er von zwei Polizisten erneut malträtiert worden. Fünf weitere Polizeibeamte, die sich entweder in oder in der Nähe der Zelle befunden hätten, seien Zeugen der Schläge gewesen.

Vor Gericht informierte er den Richter über die Misshandlungen. Später ließ man ihn gegen Zahlung einer Kaution wieder frei.

Die Lehrerin Muna 'Ubayd, eine in Israel lebende Palästinenserin, wurde im August 2001 festgenommen und 27 Tage lang im Haftzentrum Petah Tikva in Einzelhaft gehalten, weil man sie verdächtigte, Verbindungen zur Hisbollah zu unterhalten. Während ihrer Verhöre wurde sie in Fesseln gelegt oder an einen Stuhl festgebunden. Muna 'Ubayd gab an, man habe ihr die Bluse zerrissen, sie mehrmals gegen eine Wand geworfen und sie immer wieder beschimpft. Außerdem sei ihr gedroht worden, dass man ihre Mutter vergewaltigen werde. Die Lehrerin war in einer ständig beleuchteten Zelle eingesperrt und dort lauten Geräuschen ausgesetzt. Während ihrer Haft musste sie dreimal für jeweils mehrere Stunden in ein Krankenhaus und in eine psychiatrische Klinik eingeliefert werden. Zu ihrem Anwalt durfte sie erst nach zehn Tagen Kontakt aufnehmen. Muna 'Ubayd wurde angeklagt, „Verbindungen zu einer terroristischen Organisation zu unterhalten", und im September gegen Kaution wieder auf freien Fuß gesetzt. Bis Ende 2001 hat noch kein Gerichtsverfahren gegen sie stattgefunden.

Shamai Leibowitz, der bekannte Menschenrechts-Anwalt aus Tel Aviv, Sohn des berühmten und wichtigsten israelischen Philosophen Yeshohua Leibowitz, verteidigt u. a. Palästinenser und israelische Menschenrechtsaktivisten vor israelischen Gerichten und hat sich einer Gruppe von inzwischen bereits 1.400 „Refuseniks" angeschlossen – Soldaten der Reserve, die den Armeedienst in den besetzten Gebieten verweigern. Er diente 1986-1991 als Soldat in den besetzten Gebieten, wurde Zeuge der Folterungen und berichtet rückblickend angewidert:[26]

„Während dieser Periode war ich geschockt und empört über das, was meinen Kameraden und mir wiederholt befohlen wurde, gegenüber palästinensischen Zivilisten zu tun. Um den Aufstand – es ging um Unabhängigkeit und Staatlichkeit – zu zermalmen, bekamen wir den Befehl, sie brutal zu behandeln. In einer unserer Militärbasen gab es einen mysteriösen Raum. Jeden Tag erlebten wir, wie Palästinenser hineingeführt wurden. Nach ein paar Tagen führten unsere Kommandeure sie wieder heraus: sie waren schwarz und blau von Schlägen, ihre Gesichter geschwollen. Sie erinnerten mehr an einen Kartoffelsack als an ein menschliches Wesen.

Später wurde uns klar, dass es sich um eine Folterkammer handelte. An manchen Tagen hörten wir aus diesem Raum Schreie. Es war eine Ekel erregende Erfahrung. Trotzdem nahmen wir weiter an der Besatzung teil, weil die israelischen Politiker uns davon überzeugten, dass wir mitten in einem ‚Friedensprozess' stünden. So überschwänglich waren ihre Reden über ‚Israel wünscht nur Frieden', dass wir so geblendet waren und nicht mehr die Realität sahen, wie der Staat das palästinensische Volk brutal unterdrückt, unterwirft und entmenschlicht."

Am 4. September 2002 wurden die in Nablus beheimateten Geschwister Intisar und Kifah 'Ajuri zwangsweise in den Gazastreifen abgeschoben. Die israelischen Behörden begründeten dies damit, dass die beiden angeblich ihrem Bruder, der am 6. August von Soldaten erschossen worden war, bei Anschlägen auf Israelis behilflich gewesen seien. Die beiden Geschwister hatten sich vor ihrer Abschiebung seit dem 4. Juni beziehungsweise dem 18. Juli ohne Anklageerhebung oder Gerichtsverfahren in Haft befunden.[27]

Auch in den Jahren 2003 und 2004 nahm die israelische Armee Tausende Palästinenser in Haft, von denen die meisten ohne Anklageerhebung wieder freikamen. Hunderte andere hingegen wurden angeklagt, in strafbarer Weise gegen die Sicherheit Israels verstoßen zu haben. Prozesse vor Militärgerichten haben international anerkannten Standards der Fairness nicht entsprochen. Tausende kamen ohne Anklage oder Gerichtsverfahren in Verwaltungshaft. Die Berichte über Misshandlungen palästinensischer Häftlinge hielten an. Außerdem missbrauchten die israelischen Streitkräfte gefangene Palästinenser weiterhin als „menschliche Schutzschilde".

Im November 2001 befasste sich der UN-Ausschuss gegen Folter mit dem „3. periodischen Bericht über Israel". In ihren abschließenden Bemerkungen gaben die Ausschussmitglieder ihrer Sorge über anhaltende Folterungen und das Fortbestehen der Verwaltungshaft ohne Anklage und Gerichtsverfahren Ausdruck. Außerdem vertraten sie die Auffassung, dass die israelische Politik der Abriegelung von Palästinensergebieten und der Zerstörung palästinensischer Häuser grausamer, unmenschlicher oder erniedrigender Behandlung gleichkommt.

Massenverhaftungen von Kindern

Verbrechen gegen die Menschlichkeit gem. Römischem Statut, Art. 7: *Zwangsweises Verschwindenlassen von Personen, d. h. die Festnahme, der Entzug der Freiheit oder die Entführung von Personen gefolgt von der Weigerung, diese Freiheitsberaubung anzuerkennen oder Auskunft über das Schicksal oder den Verbleib dieser Personen zu erteilen, in der Absicht, sie für längere Zeit dem Schutz des Gesetzes zu entziehen.*

Nach dem 29. März 2002 sind in kürzester Zeit rund 15.000 Palästinenser – darunter mehrere hundert Kinder – in allen Gegenden der besetzten Gebiete verhaftet worden, von denen bis Juli 2002 die meisten ohne Anklageerhebung und vielfach auch ohne Vernehmung wieder frei gekommen sind. 6.000 mussten unter unvorstellbaren Haftbedingungen in den überfüllten Gefängnissen bleiben.

Im August 2002 waren noch immer mindestens 350 palästinensische Kinder in israelischen Gefängnissen sowie in Haftzentren in Israel und in der Westbank inhaftiert, 30 davon ohne Begründung in Administrativhaft.[27]

Die meisten palästinensischen Häftlinge durften keinen Besuch von ihren Familien erhalten, nicht einmal dann, wenn nach Einschätzung des Roten Kreuzes ihre Verwandten alle Sicherheitsanforderungen erfüllten. Meist wissen die Familien gar nicht, wo ihre Kinder und anderen Angehörigen eingesperrt sind. Hauptsächlich die Familien jener, die im Anfangsstadium der Intifada oder noch früher eingesperrt wurden (die Veteranen unter den Gefangenen) – haben ihre Söhne/Brüder/Ehemänner/Väter schon seit Jahren nicht gesehen.

Systematische Zerstörung von Häusern und Plantagen

Verbrechen gegen die Menschlichkeit, Kriegsverbrechen gem. 4. Genfer Konvention: *Jegliche Art von Angriff auf und Bombardierung von Städten, Dörfern, Wohnungen oder Gebäuden, die nicht verteidigt werden und keine militärischen Ziele darstellen – u. a. auch in dem Bewusstsein, dass er nebenbei den Tod oder die Verwundung von Zivilisten verursachen wird.*

Seit Oktober 2000 hat Israel binnen vier Jahren mehr als 4.500 Wohnhäuser in den Palästinensergebieten zerstört. Mehr als 40.000 obdachlos gewordene Menschen waren davon betroffen.

Seit 1967 summierte sich die Zahl bereits auf 11.000 zerstörte Häuser und fast 100.000 davon betroffenen Menschen. Die meisten Häuser wurden nicht im Zusammenhang mit Kampfhandlungen demoliert, sondern einfach mit dem Ziel, die Kontrolle über die Palästinensergebiete zu festigen. Tausende unschuldige Familien leben unter der ständigen Bedrohung, dass ihnen das gleiche Schicksal widerfahren könnte.

Im Zuge der diskriminierenden Politizid-Politik wurden den Palästinensern von der Besatzungsmacht in deren eigenen, von israelischem Militär illegal besetzten Land Baugenehmigungen verweigert und zahlreiche neu errichtete Häuser wieder zerstört.

Ab dem Jahr 2001 wurde das großflächige Zerstörungswerk intensiviert – oftmals als kollektive Strafmaßnahme gegen weite zivile Wohngebiete oder Regionen, von denen aus bewaffnete palästinensische Gruppen Anschläge gegen Israel verübt hatten oder deren Operationsbasis dort vermutet wurde. Diese „Sanktionen" richteten sich gegen Wohnhäuser ebenso wie öffentliche Gebäude, die Infrastruktur mit Wasser- und Stromversorgungswerken, Obstplantagen sowie andere landwirtschaftliche Flächen und industriell-gewerbliche Produktionsanlagen. Die Durchführung erfolgte u. a. mit Bomben- und Granatenbeschuss von F-16-Kampfjets, Kampfhubschraubern und Panzern sowie mit Bulldozern.[28]

Beschädigt oder geplündert wurden nicht nur öffentliche Gebäude, sondern auch die Büros von Hilfsorganisationen.

Mit Bulldozern und Panzern wurden unter anderem Zehntausende wertvolle und oft sogar Jahrhunderte alte Olivenbäume entwurzelt, die in großer Zahl von israelischen Geschäftemachern (z. B. Baumschulen) geraubt, illegal auf israelisches Staatsgebiet gebracht und um teures Geld an israelische Personen verkauft wurden.

Die Zerstörung von palästinensischen Häusern erfolgte in der Regel ohne Vorwarnung. Den Bewohnern wurde in der Regel nicht einmal gestattetet, noch rasch ihre Habe zusammenzupacken. Nicht allen gelang es immer, rechtzeitig aus den Häusern zu flüchten, so dass sie entweder getötet oder schwer verletzt wurden. Am 6. April

2002 brachten beispielsweise israelische Soldaten mit einem Bulldozer das Haus der Familie al-Shu'bi zum Einsturz, obwohl sich im Inneren zehn Menschen befanden. Acht der Bewohner wurden getötet, unter ihnen drei Kinder, ihre schwangere Mutter und ihr 85 Jahre alter Großvater. Zwei Mitglieder der Familie konnten eine Woche später unter den Trümmern lebend geborgen werden.

Da die Israelis bei der Sprengung von Häusern gewöhnlich hochexplosives Material verwendeten, wurden häufig Nachbargebäude in Mitleidenschaft gezogen, was in vielen Fällen zur Folge hatte, dass deren Bewohner verletzt oder getötet wurden. Am 3. März 2003 starb z. B. im Flüchtlingslager Bureij im Gazastreifen die zehnfache Mutter und mit einem elften Kind schwangere Noha Makadmeh in ihrem Bett unter den Trümmern ihres Hauses, das zusammengestürzt war, nachdem israelische Soldaten mitten in der Nacht ein Nachbarhaus in die Luft gesprengt hatten. Bei dem Vorfall wurden der Ehemann von Noha Makadmeh und die meisten ihrer Kinder zum Teil schwer verletzt. Der Sprengsatz brachte sechs weitere umliegende Gebäude zum Einsturz und machte rund 90 Menschen obdachlos.[29]

Siedler beschießen Bauern bei der Olivenernte

In den letzten Jahren wurden die jüdischen Siedler in den besetzten Palästinensergebieten immer gehässiger, aggressiver und enthemmter. Obwohl israelische und ausländische Friedensaktivisten im Herbst immer wieder versuchen, die Palästinenser bei der Olivenernte im Westjordanland zu schützen und zu unterstützen, tauchen immer wieder bewaffnete jüdischer Siedler auf, um die Ernte zu verhindern oder ihr willkürlich ausgesprochenes „Eigentumsrecht“ an dem Land zu demonstrieren, indem sie die Dorfbewohner verjagen und die Oliven selbst ernten. Oliven sind ein Hauptagrarprodukt der Palästinenser und bilden die Grundlage für dörfliche Betriebe, die das Öl pressen und Seife, Parfum und weitere Produkte daraus herstellen.

Kapitel 11

Strangulierung der Palästinenser

„Eine sehr kleine Gruppe radikaler Israelis führt die vernünftige Mehrheit in die Katastrophe … „Man kann nicht darauf warten, dass aus 1.000 Wehrdienstverweigerern 10.000 und dann 100.000 werden, weil die Palästinenser in der Zwischenzeit von der israelischen Armee umgebracht werden. Unsere Verweigerung reicht nicht mehr aus. Sie muss von einer starken internationalen Mobilisierung gegen das begleitet werden, was mittlerweile ein Apartheidregime ist."[1]

Jonathan Shapira, Wehrdienstverweigerer, ehemaliger Hauptmann der israelischen Luftwaffe

Seit Oktober 2000 hat Israel als Besatzungsmacht mehr und mehr Restriktionen gegen die Bewegungsfreiheit der Palästinenser in ihren eigenen Wohngebieten verfügt. Die Mittel dazu: der Bau der Trennungs- oder auch „Apartheid"-Mauer, mehr als 700 Straßensperren bestehend aus Stein- und Erdhaufen, Straßengräben oder Betonblocks mit ca. 65 militärischen Checkpoint-Passagen, verstreut über das ganze Westjordanland. Anfang 2005 hatten 2,4 Millionen Palästinenser dadurch nur noch eine minimale Bewegungsfreiheit im eigenen Land.

Im Gazastreifen war das System ähnlich.

Wessen Gehirn diese teuflische Strategie entsprungen ist, blieb bisher unbekannt. Sie trägt aber unverkennbar die Handschrift von Ariel Sharon. Die Auswirkungen auf die palästinensische Zivilbevölkerung sind verheerend und stehen in krassem Gegensatz zu internationalen Regelungen über das Zusammenleben der Völkergemeinschaft.

Am Beispiel von Jubara im Nordwesten der Westbank wird die Absicht des Landraubs und der administrativen Strangulierung der einheimischen Bevölkerung durch die Mauer verdeutlicht. Seit deren Bau ist das Dorf mit seinen 300 Einwohnern, die bei der Versorgung mit Lebensmitteln wie medizinischer Hilfe auf die Verbindung zur Stadt Tulkarem angewiesen sind, zwischen diesem meterhohen Beton-Monster und der „Grünen Linie“, der Begrenzung zwischen Israel und dem Westjordanland, eingeschlossen. Es gibt nur eine einzige Straße, die Jubara passiert und deren südliche Zufahrt ab August 2003 durch ein verschlossenes schweres Metalltor in der Mauer verwehrt wurde. Das nördliche Ende der Trasse in Richtung Tulkarem blockiert ein israelischer Militärcheckpoint. Bevor das Tor im Süden unpassierbar wurde, konnten die rund 90 Schüler des Dorfes bei gutem Wetter zu Fuß in die Schule wandern. Seit der Existenz von Mauer und Metalltor hängt es täglich von der Willkür der Soldaten ab, ob die Kinder das Tor tatsächlich wie versprochen zwischen 6:30 und 7:00 Uhr sowie zwischen 1:00 und 2:00 Uhr passieren können.

Sind die Kinder durch, fällt das Metalltor dumpf ins Schloss und die Soldaten ziehen langsam die Rollen des Rasierklingendrahtes über die Straße – die Leute von Jubara sind wieder mit sich und in ihrem Dorf allein. Gefangene hinter der Mauer, an der Schilder mit der Aufschrift hängen: „Todesgefahr! Jeder, der in die Nähe des Zaunes kommt oder den Zaun zerstören will, bringt sein Leben in Gefahr“ – eine grellgelbe Schrift in Hebräisch, Arabisch, Englisch.

An der Mauer schaut man auf das geschlossene Metalltor mit seinen Elektrosensoren, auf leise patrouillierende Jeeps und fragt sich unwillkürlich, ob das Militär sein Versprechen einhalten wird, die Kinder auf dem Weg in die Schule oder nach Hause ungehindert passieren zu lassen. Und was geschieht morgen und an all den anderen Tagen? Müssen dann die Kinder einen Umweg von mehreren Kilometern in Kauf nehmen und in einer langen Schlange am nördlichen Kontrollpunkt warten ohne zu wissen, ob der Durchgang überhaupt erlaubt wird?

Eingeschlossen durch die Mauer

Jubara ist eine von 16 palästinensischen Gemeinden mit insgesamt ca. 11.500 Einwohnern, die durch die Apartheid-Mauer völlig von der Westbank abgeschnitten wurden. Im August 2003 war Jubara beispielsweise für acht Tage vollständig isoliert, keiner durfte den Ort verlassen, niemand konnte ihn besuchen. Es war unmöglich, Milch, Eier oder andere Lebensmittel zu besorgen –

dem einzigen Ladenbesitzer von Jubara war es nicht möglich, nach Tulkarem zu fahren, um Waren einzukaufen.

Bei Notfällen muss ein Krankenwagen aus Tulkarem gerufen werden, dessen Crew nur hoffen kann, dass die Israelis am Checkpoint die Durchfahrt gestatten. Am Kontrollpunkt liegen Listen mit den Namen aller Bewohner von Jubara, kein Palästinenser sonst darf in den Ort hinein – weder Freunde noch Verwandte. Wer es versucht, erfährt, dass eine Sondergenehmigung benötigt wird. Wer weiter fragt, woher und wie eine solche Erlaubnis zu bekommen ist, erhält als Antwort nur ein Achselzucken der Soldaten.

Bis 2002 gab es in Jubara eine eigene Landwirtschaft – Orangen, Zitronen- und Olivenhaine, Gewächshäuser für den Gemüseanbau, eine Hühnerfarm. Heute umgeben das Dorf verwüstete Felder mit von den Israelis entwurzelten Orangenbäumen, die Skelette leerer Gewächshäuser und eine verlassene Hühnerfarm, deren Besitzer seine Tiere dank der Abschottung weder verkaufen noch versorgen konnte. Man sieht allenthalben die verkohlten Reste von Olivenbäumen, die von den Soldaten verbrannt wurden.

Wie lange werden die Leute von Jubara noch in ihrem Dorf aushalten? Wann ist der Punkt erreicht, dass einer nach dem anderen das Dorf verlässt, um erneut zum Flüchtling zu werden und dem stillen unsichtbaren Transfer der Palästinenser aus ihrem Land zu folgen?

Restriktionen der Bewegungsfreiheit

Unter derart fragwürdigen Umständen werden die Palästinenser zu den wenigen Bezirks-Koordinations-Büros (District Coordination Offices – DCOs) der „Zivilverwaltung“ der Besatzungsmacht gezwungen, um Genehmigungen zu beantragen. Dabei sind die Antragsteller mit der versteckten Gewalt konfrontiert – der Gewalt der Bürokratie.

Bis zum Amtsantritt von Ariel Sharon als Regierungschef war lediglich eine Genehmigung notwendig, um zwischen den nicht unmittelbar zusammenhängenden palästinensischen Gebieten im Gazastreifen und dem Westjordanland zu wechseln oder von diesen beiden nach dem gleichfalls palästinensischen Ost-Jerusalem oder auf israelisches Staatsgebiet. Ein Transfer nach Jordanien über die

Allenby-Brücke und den Jordan-Fluss oder in Rafah nach Ägypten bedurfte keiner besonderen Genehmigung, es sei denn, er war der bestimmten Person aus „Sicherheitsgründen" nicht gestattet.

Seit 2001 ist sogar eine Genehmigung notwendig, um sich innerhalb der Westbank zwischen den einzelnen Gebiets-„Zellen" (so die treffende Bezeichnung durch einen israelischen Staatsanwalt), die durch Checkpoints und Straßensperren abgeriegelt sind, zu bewegen (Bezeichnung: „Genehmigung während einer Blockade"). Die Grenzen dieser „Zellen" werden von den israelischen Besatzungsbehörden definiert.[3]

Gleiches gilt, um in die palästinensischen Enklaven zu gelangen, die durch die „Apartheid-Mauer" in der Westbank geschaffen wurden („Permit for the Seam Zone"). Und natürlich benötigt jeder für einen Wechsel zwischen den drei Palästinensergebieten Gazastreifen, Westbank und Ost-Jerusalem ebenso eine Genehmigung wie für den Übertritt auf israelisches Staatsgebiet.

Ergänzend zu diesen Genehmigungen erlassen die israelischen Sicherheitsbehörden generelle Restriktionen an den Zufahrten zu diesen Passagen.

Fast für jede geographische Bewegung benötigen die Palästinenser also eine Genehmigung. Doch die administrativen Voraussetzungen für die ausreichende Versorgung der Bevölkerung mit diesen nur kurze Zeit gültigen Papierscheinen ist gar nicht gegeben. Die Gesundheitsversorgung, das tägliche Leben wie Familienbesuche, der Weg zur Arbeit oder zur Schule genauso wie der Wirtschaftsablauf sind dadurch empfindlich gestört. Das Leben wird durch die administrativen Hemmnisse künstlich je nach Gutdünken der Besatzungsmacht auf ein niedrigeres Niveau heruntergeschraubt – mit der jederzeitigen Option, durch komplette Sperren jegliche Bewegungsfreiheit gänzlich zum Erliegen zu bringen.

Dargestellt wird seitens der Militärführung aber in der nationalen und internationalen Öffentlichkeit verbal das Gegenteil – so, als hätten die Israelis etwas eingeführt, was das Leben der Palästinenser erleichtert. Die Fakten sehen indes anders aus.

Bis 20. Juli 2004 konnten z. B. Arbeiter, die in der Nordregion der Westbank wohnen und direkt in oder der Umgebung von Tel Aviv und Hadera arbeiten, in das israelische Staatsgebiet über den Irtah-

Checkpoint am Rande von Tulkarm gelangen. Ab 21. Juli durften sie nur noch via Jalama in der Nähe von Jenin nach Israel einreisen. Das bedeutet einen Umweg von zig Kilometern Anfahrtsweg und minderte ihre Arbeitsmöglichkeiten um mehrere Stunden pro Tag. Es wurden also gezielt kilometerlange Umwege willkürlich vorgeschrieben.

Schließlich wird auch noch verlangt, dass Antragsteller Dokumente besorgen, mit denen die Ansuchen begründet werden und die die fast jugendlichen Soldaten zufrieden stellen. Zu guter Letzt wird der Name des Antragstellers auf den Computern der Ziviladministration geprüft um zu sehen, ob er nicht als Sicherheitsrisiko eingestuft ist – denn dann gibt es keine Genehmigung. So ein Sicherheitsrisiko wird z. B. identifiziert, wenn der Bruder eines Palästinensers von israelischen Soldaten erschossen wurde! Wer direkt oder indirekt mit einem Zwischenfall in Berührung gekommen ist, wird also von der Besatzungsmacht ohne nähere Untersuchung vorverurteilt.

Sofern ein Krankheitsfall vorliegt, kann der Antragsteller zur Untermauerung der Notwendigkeit noch eine Überprüfung durch den Gesundheitskoordinator in der Ziviladministration beantragen.

Strangulierung unter dem Deckmantel der „Sicherheit"

Eine überschlagsmäßige Berechnung ergab, dass im Jahr 2003 nur ca. 2,4 % der palästinensischen Bevölkerung eine Genehmigung erhalten haben, weil nur 56.755 ausgegeben wurden – für eine Bevölkerung von 2,4 Millionen Menschen. Damit wird aber auch klar, dass sich viele Menschen ohne offizielle Genehmigung von einem Ort zum anderen bewegen. Das bedeutet: Checkpoints meiden, eher Pfade als Straßen benützen, und das alles zu Fuß. Das bedeutet zusätzliche Strapazen. Und es beeinträchtigt enorm die Möglichkeit der palästinensischen Gesellschaft, ein Leben zu führen, das über dem Niveau der bloßen Existenzmöglichkeit liegt.[4]

Mit anderen Worten: Dieses Zwangssystem stranguliert die gesamte Bevölkerung langsam, aber sicher. Denn es ist ein System des Abwürgens des täglichen Lebens, in keiner Weise gedeckt durch nationales oder internationales Recht. Im Gegenteil: Die internationalen Regeln des Völkerrechts, der Menschenrechte, der Genfer Konventionen und des Römischen Statuts des Internationalen Strafgerichtshofs würden genau das Gegenteil erfordern.

Die israelische Regierung begründet die Einschränkung der Bewegungsfreiheit generell mit dem üblichen „Sicherheits-Bedürfnis". Tatsächlich leisten die Schikanen aber keinen nachweisbaren Beitrag zur Sicherheit, sie beschneiden lediglich die Rechte und Möglichkeiten der unschuldigen Zivilisten bei ihren lebensnotwendigen Wegen im eigenen Land oder auf israelischem Territorium um zu arbeiten, zu studieren, zu beten oder Arzt und Spital aufzusuchen. Die überwiegende Mehrheit der Zivilisten hat nämlich in keiner Weise Beziehungen zu terroristischen Aktivitäten und interessiert sich nur dafür, ein normales Leben zu führen. Aber die absolute Abhängigkeit von Bewegungs-Genehmigungen hat das Leben in einen Albtraum verwandelt.

Aufgrund neuer Vorschriften für den Fastenmonat Ramadan beschloss Machsom Watch zu ergründen, wie man die notwendigen Genehmigungen erhalten könne. Das Ergebnis war der ziemlich empörende Bericht vom 23. November 2003 über die absolute Fehlfunktion des Distrikt-Büros.

Das überprüfte DCO ist für rund 80.000 Palästinenser von Bethlehem und Umgebung zuständig und nächst dem Gush Etzion-Checkpoint in einem Palästinenser-Bezirk etabliert, der bereits dicht mit jüdischen Siedlungen durchsetzt ist. Der Zugang zu dem DCO ist über eine Landstraße möglich, die allerdings uneingeschränkt nur der Benützung von Israelis vorbehalten ist. Palästinenser dürfen diese Fahrbahn nur mittels öffentlicher Verkehrsmittel benützen, die auf einer besonderen Liste angemeldet sind.

Das DCO am äußeren Rand der Etzion-Armee-Basis neben dem Eintrittstor besteht aus einem winzigen „Bürogebäude". Für Anträge und Genehmigungen gibt es fünf nur von außen erreichbare Fenster-Schalter. Auf dem Dach ist ein bewaffneter IOF-Soldat postiert.

Von den fünf Fenster-Schaltern sind zwei für Verkehrs-Genehmigungen der Polizei und besondere Lenker- und Fahrzeugzertifikate reserviert. Von den drei übrigen Schaltern ist einer für Anträge auf Magnetkarten vorgesehen, die dort an Personen ausgegeben werden, die einen besonderen Sicherheits-Check durchlaufen haben. Diese Karten sind die Voraussetzung für andere Genehmigungen.

Im besten Fall waren also zwei Schalter für Passierschein-Anträge geöffnet, im schlimmsten Fall überhaupt keiner. In jedem Fall war keiner mit einem Offizier besetzt, wie es vorgeschrieben war.

Der Schalter öffnete gewöhnlich gegen 08:30 Uhr. Manche Menschen stellen sich schon um 06:00 Uhr Früh an. Dutzende, vielleicht Hunderte Menschen treffen im Laufe des Tages ein, manche werden angesichts der angesammelten Menge und der entnervenden Warterei entmutigt und geben enttäuscht auf.

Offiziell schließt das Büro um 17:30 Uhr, manchmal aber bereits früher. Und immer wieder bleiben Schalter aus unerfindlichen Gründen stundenlang geschlossen, werden kurz geöffnet, wieder geschlossen. Wenn überhaupt, dann werden Antragsteller so langsam abgefertigt, dass sie mehrere Stunden am Schalter warten müssen.

Zu weiteren Verzögerungen kommt es, wenn die Warteschlange z. B. einer 18-jährigen Soldatin nicht ordentlich genug aufgereiht erscheint. Wenn Leute aus der wartenden Menge eine Gruppe an der Spitze der Schlange bilden, schließt das Personal überhaupt sofort den Schalter – „bis sie lernen, wie man sich benimmt", wie ein junger Soldat kundtat.

Zur Zeit des Berichts war ein anderes DCO mit dem Namen Ma'ale Adumin bereits seit langem „wegen Renovierungsarbeiten" geschlossen. Dabei sollte dieses Büro der Versorgung von zehntausenden Palästinensern dienen.

Zeit schinden, um Menschen zu schinden

Im bereits renovierten Etzion-DCO sind die Fenster hermetisch abgeschlossen. Antragsteller werden durch eine Metallsperre auf eine Distanz von 60 cm gehalten und müssen sich entsprechend strecken, um Papiere zu reichen oder durch einen schmalen Schlitz zu empfangen. Das Gespräch mit dem Soldaten hinter dem Fenster wird über Mikrophon und Lautsprecher in hebräischer Sprache abgewickelt. Diese Verbindung ist meistens entweder gestört oder gänzlich unterbrochen. Die Stimmen aus dem Lautsprecher sind verzerrt und unverständlich. Sogar die hebräisch sprechenden Machsom Watcher konnten kein einziges Wort verstehen – wie soll dann ein Palästinenser das, noch dazu auf Hebräisch?

Von den beiden diensthabenden Soldaten am Schalter konnte einer weder Arabisch sprechen noch lesen. Während der Beobachtung kam ein Palästinenser zum Schalter und wurde aufgefordert, das gereichte Dokument nochmals übersetzt in Hebräisch zu bringen. Das zur Diskussion stehende Dokument kam von einem palästinensischen Arbeitgeber, der einen Passierschein für eine Region in der Westbank beantragte – nicht in Israel! „Wenn das Dokument nicht in Hebräisch ist, können wir nichts für Sie tun", erklärte der Soldat.[5]

Für jedermann, der am Etzion-DCO steht, ist der Albtraum von endlosen Warteschlangen und Schikanen ersichtlich. Entstanden durch die kafkaeske Forderung nach mehr und mehr Dokumenten, um eine Genehmigung zu bekommen, die für eine andere Genehmigung benötigt wird – all das ist in keiner Weise zu begründen mit der Sicherheit israelischer Bürger. Wenn überhaupt, dann bewirkt es nur das Gegenteil.

Als die Machsom Watcher am Etzion-DCO das endlose Warten vier Stunden lang beobachtet hatten, waren sie selber bereits gehörig aufgebracht. Aus den gesammelten Eindrücken ist ihnen klargeworden, dass dieses DCO so geplant und strukturiert ist, dass es gar nicht den Anforderungen entsprechend funktionieren kann – oder vielleicht gar nicht soll.

Es ist nicht leicht erreichbar für jene Leute, denen es behilflich sein soll. Außerdem können fünf Service-Schalter einfach nicht den Bedürfnissen von 80.000 Menschen genügen. Noch weniger können die höchstens zwei für die Passierscheine vorgesehenen Soldaten am Schalter die unzähligen Anträge bewältigen, die für so viele Menschen benötigt werden. Diese Unmöglichkeit wird unzählige Male multipliziert, weil diese beiden Schalter nicht einmal die ganze Zeit besetzt sind und das Verhalten der Soldaten verächtlich und demütigend ist. Und als ob dies alles noch nicht genügt, sprechen die Besatzungs-Soldaten kein Arabisch, sie sind ständig ohne Erklärung verschwunden und es gibt keine Möglichkeit, mit ihnen richtig zu kommunizieren.

Mit besonderem Zynismus wird manchmal auch verlangt, das vorgeschriebene Ansuchen bei einem lokalen DCO einzureichen, das ohne die erst angestrebte Genehmigung gar nicht erreicht werden kann, weil es bereits jenseits des Checkpoints liegt. Die Alternative ist, dass Palästinenser die Genehmigung bei der eigenen Palästinenserbehörde beantragen, die diese dann an die israelische Besatzungs-Verwaltung weitergibt, was lange dauert, sofern es überhaupt zum Erfolg führt.

Mit der kollabierenden Organisation der Zivilverwaltung bürdet die israelische Regierung der palästinensischen Bevölkerung eine Last von bürokratischen Hindernissen in Form von vorgeschriebenen Genehmigungen für jeden nur erdenklichen Zweck auf, unter der sie zwangsläufig irgendwann zusammenbrechen muss. Verlangt werden Genehmigungen

- zum Bewohnen des eigenen Hauses, wenn man in der Nähe der Apartheid-Mauer wohnt,
- zum Durchqueren der Apartheid-Mauer oder des Sicherheitszaunes,
- zum Verlassen und Betreten der Ghettos (die „Kaplinsky-Order“ vom Oktober 2003),
- zum Fortbewegen innerhalb der Westbank, zwischen den Dörfern,
- zum Beten während des Fastenmonats Ramadan, usw.

Je mehr Passierscheine und Genehmigungen von der Bevölkerung benötigt werden, umso mehr wird die ganze Struktur von Formalitäten zur Erlangung einer Genehmigung immer unmöglicher und grotesker. Ein Antragsteller muss beispielsweise zunächst schon ein Formular vorlegen von seinem Arbeitgeber, von seiner Schule, ein spezielles Formular für sein Auto, ein Formular für das Spital usw., ehe er überhaupt um eine Genehmigung einreichen kann, die er dann – vielleicht – mit stundenlanger Verzögerung erhält.

Gleichzeitig werden immer mehr Haftstrafen für „illegale Übertritte“ verhängt. Dies betrifft nicht nur Arbeiter, die in Israel festgenommen wurden, sondern auch Palästinenser, die sich „illegal“ in ihrer eigenen Heimat bewegen.

Ähnliche Beobachtungen wie am Etzion-DCO reportierte Machsom Watch auch vom DCO in Beit El.

Extra-Genehmigungen zum Beten auf dem Tempelberg

Ein bemerkenswerter Einfall des israelischen Verteidigungsministeriums war im Herbst 2003 die Einführung einer besonderen Genehmigung für Gebete in Jerusalem während der Ramadan-Feiertage, die am 24. November endeten. Davor war es den Erwachsenen palästinensischer Haushalts aus den besetzten Gebieten immer gestattet, Jerusalem zu besuchen, um an den vier Freitagen im Fastenmonat Ramadan an den islamischen Heiligtümern auf dem Tempelberg zu beten.

Die Neuregelung, veröffentlicht vom IOF-Sprecher am 20.11. 2003, machte das Recht zu beten also von einer Genehmigung abhängig.

Diese Verfügung stellte einen zusätzlichen Verstoß gegen die Menschenrechte und eine bedeutende Verschlechterung für die gesamte palästinensische Bevölkerung in den „Territorien" dar, die vorwiegend religiös ist. „Territories" werden die (besetzten) „Gebiete" genannt, die westlich Jordaniens und des Flusses Jordan ebenso wie der Gazastreifen de facto als militärisches Sperrgebiet behandelt werden.

Der Text der Vorschrift war mit der zynischen Erklärung versehen: „IDF und Zivilverwaltung erleichtern die Möglichkeiten für palästinensische Zivilisten, um an den ‚Leylat-Al-Kader'-Gebeten und den Gebeten am letzten Freitag des Monats Ramadan teilnehmen zu können."

Diese „Erleichterung" sah vor, dass der Zugang zum Tempelberg abhängig ist von einer besonderen Genehmigung des DCO zum Betreten von Jerusalem, die wenigstens an Männer ab 45 Jahren und Frauen ab 35 Jahren ausgegeben werden sollten, die Familien haben. Der Zynismus daran war, dass tatsächlich nur 5.000 Genehmigungen für die gesamte Bevölkerung der Territorien hergegeben wurden – also nur für ca. 0,2 % der rund 2,4 Millionen Einwohner.

Zur gleichen Zeit sprach Ariel Sharon in einer ebenso zynischen wie realitätsfremden Erklärung an die Medien von einer „Lockerung der Beschränkungen für die unschuldigen Teile der Bevölkerung, die nicht in Terror involviert sind". Die Beobachtungen von Machsom Watch deckten allerdings auf, dass es keinerlei Übereinstimmung zwischen dieser Erklärung und den Realitäten des täglichen palästinensischen Lebens gab, weil in Wahrheit neue Restriktionen für Verkehr, Gottesdienste und Religion erlassen wurden.

Die Gebets-Genehmigung war lediglich eine von mehreren Dutzend, vielleicht Hunderten von Anforderungen, Beschränkungen und Vorschriften, die für die Bewohner der besetzten „Territorien" erlassen wurden mit dem Ziel, ihre Bewegungsfreiheit einzuschränken.

Während der Ramadan-Gebetszeiten wurden die aus der Westbank kommenden Busse mit den Gläubigen am Etzion-Checkpoint gestoppt. Die Passagiere wurden aber von Soldaten daran gehindert, zum DCO zu gehen und womöglich einen Passierschein zu holen, den jeder für die Rückkehr braucht und am Checkpoint vorweisen muss. Es musste sich also jeder Gläubige bereits vorher die Mühe des Weges zum DCO gemacht haben, um eine Genehmigung einzuholen.

Gefahr eines totalen Kollapses

Die Machsom Watcher haben hunderte empörende Ereignisse und Zeugenaussagen festgehalten. Es sind Zeugnisse von erniedrigenden Demütigungen, gehässigen Schikanen und unbeschreiblichem Leid einer ganzen Bevölkerung, die nichts anderes will, als ihr Leben in Würde zu leben – und es nicht kann, weil sie die israelische Besatzungsmacht daran hindert.

Unter dem Licht dieser Fakten wird klar ersichtlich, dass die israelische Regierung eine Politik der bürokratischen Schikanierung und Quälerei der Palästinenser bewusst forciert und gleichzeitig völlig die durch internationales Völkerrecht vorgeschriebene eigene Verantwortung für das Leben der Bevölkerung in den besetzten Gebiete ignoriert.

Kapitel 12

Das Tor zur Hölle

„Kein Volk hat das Recht, eine Besatzungsmacht zu sein – und das jüdische Volk als letztes. Wir waren immer stolz, das Volk des Buches zu sein, dessen einziges Kapital ein moralisches ist. Wir müssen die Besatzung beenden, die Siedlungen müssen weg … Die Besatzung ist das Krebsgeschwür der israelischen Gesellschaft."[1]

Daniel Barenboim, israelischer Pianist und Dirigent

Die gezielte Beeinträchtigung des Lebens uferte vor allem nach der militärischen Invasion im Frühjahr 2002 so richtig aus. Die jüdische Friedensorganisation Machsom Watch (hebräisch Machsom = Checkpoint) legt darüber regelmäßig Zeugnis ab. Es ist eine Friedensorganisation von 500 israelischen Frauen, die seit Februar 2001 täglich Misshandlungen und Schikanen von Palästinensern an den israelischen Checkpoints rund um Jerusalem, entlang der Apartheid-Mauer und innerhalb der besetzten Gebiete dokumentieren.

Daraus ergibt sich ein realistisches Bild von Augenzeugen darüber, wie israelisches Militär und Grenzpolizei unter Verletzung der Menschenrechte den Palästinensern in deren eigenen Wohngebieten täglich das Leben zur Hölle machen. Denn die Misshandlungen, Schikanen und Demütigungen von wehrlosen Menschen machen auch vor Alten, Frauen und Kindern nicht Halt.

Nach Abschluss einer Beobachtungs-Schicht wird ein Bericht verfasst und eine monatliche Zusammenfassung auf der Website www.machsomwatch.org veröffentlicht. Die Reports vermitteln anschaulich ein oft schikanöses, selbstherrliches Verhalten von 18- bis 20-jährigen Soldaten und gehen auch als Beschwerden an Regierungsstellen. Das Phänomen dabei: Die Führungskräfte der obersten Ebenen in Militär und Verwaltung geben Machsom Watch zwar immer wieder Recht, heucheln Bestürzung, bestätigen, dass dies oder jenes nicht erlaubt sei – aber de facto geschieht nie etwas.

Als israelische Jüdinnen haben die „Machsom Watcher" sicher keinen einseitigen Blick zugunsten der Palästinenser, sondern berichten wohl nur über die gravierendsten Schikanen und Grausamkeiten. Doch das reicht aus um zu erkennen, was für ein menschenverachtendes System dahinter steckt: ein System der wirtschaftlichen, gesellschaftlichen und politischen Strangulierung eines ganzen Volkes. Der Politizid schlechthin – Völkermord mit politischen Methoden.[2]

Diese bewundernswerten und mutigen Frauen, die vor allem von den Soldaten und den Siedlern angefeindet und manchmal von Siedlerfrauen beschimpft und sogar tätlich angegriffen werden, sehen sich als Teil der israelischen Zivilbevölkerung. Sie fordern im politischen Sinn von ihren Streitkräften Rechenschaft und argumentieren damit, dass sie ja schließlich die Kosten der Militäreinsätze tragen müssten. Außenstehenden erscheinen sie darüber hinaus durchaus auch als moralisch-ethische Aushängeschilder der tief gespaltenen Gesellschaft Israels.

Bei Fällen von eklatanten Übergriffen oder Härte beobachten die Frauen nicht nur, sondern intervenieren auch. Ihre ruhige, besonnene und gewaltfreie Präsenz ist oft imstande, die spannungsgeladene Atmosphäre aufzulockern.

In einem Bericht vom 3. November 2002 hielten drei Machsom-Beobachterinnen beispielsweise fest, warum vier Tage lang eine Ausgangssperre für Tausende palästinensischer Einwohner in der Stadt Hebron verhängt wurde, und zwar vor, während und nach den Feierlichkeiten des „Shabat Chaye Sarah", der wöchentlichen Bibellesung, die von den Siedlern und ihren Besuchern veranstaltet wurde. Die militärischen Maßnahmen zur Absicherung der erfolgreichen Feier dieses Festes erstreckten sich auch auf das benachbarte Gebiet von Bethlehem, wo es von Donnerstag bis Samstag eine verschärfte Abriegelung und erhöhte militärische Präsenz gab.[3]

Es wurde also mit riesigem – auch finanziellem – Aufwand tagelang die militärische Terrorisierung der Zivilbevölkerung einer ganzen Stadt aufrechterhalten, damit ein paar fanatische Siedler eine Bibellesung „entre nous" abhalten können. Was würden wohl die amerikanischen Bürger sagen, wenn sie wüssten, dass mit ihren

Steuergeldern im Ausmaß von mehreren Milliarden US-Dollar pro Jahr, mit denen Israel künstlich über Wasser gehalten wird, auch solche Schikanen finanziert werden?

Im selben Bericht wird detailliert von den Schikanierungen von Taxifahrern berichtet, die zwischen Al-Khader und Ramallah die palästinensischen Arbeiter transportierten. Die Armee und die Grenzpolizei ließen die Taxis bis zu fünf Stunden warten, sodass sie pro Tag nicht mehr als eine Hin- und Rückfahrt absolvieren konnten. Wegen dieser Schikanen musste der Tag der Taxifahrer schon um 1:00 Uhr früh beginnen, damit sie sich für die tägliche Schicht rechtzeitig einreihen konnten. Manche mussten schon sieben, acht oder gar zwölf Stunden auf die eine Fahrt an der vorgesehenen „Haltestelle" warten (öffentliche Verkehrsmittel gibt es ja nicht). Das Monatseinkommen eines Taxifahrers hat sich durch die Schikanen der Soldaten seit Beginn der 2. Intifada im September 2000 von zuvor 1.500 US-Dollar auf dann nur mehr 200 bis 300 US-Dollar verringert.

Weiters dokumentierten die „Machsom Watcher" den Besuch an einer Höheren Schule für Mädchen in Al-Khader, wo ihnen die Schulleiterin von einem Militäreinsatz vom Vortag unweit der Mädchenschule berichtete. Soldaten hätten dort ein geparktes Fahrzeug ohne Grund, ohne Vorwarnung und ohne weiteres Abwarten gesprengt. Unmittelbar darauf hätten sie Tränengasgranaten in die Nähe der Schule abgefeuert. Durch das vom Wind in den Schulhof und später auch in die Klassenzimmer getragene Gas hätten viele Mädchen über Schwindel und Schmerzen geklagt, sodass der Schulunterricht abgebrochen werden musste.

Ein besonders neuralgischer Punkt ist der Checkpoint Kalandia an der wichtigsten Straße von Israel ins nördliche Westjordanland, zwischen Jerusalem und Ramallah gelegen. Es gilt als „Tor zur Hölle". Wer diesen Checkpoint passieren will, wird anschaulich mit dem menschenverachtenden System konfrontiert, wie es in dieser Art nirgendwo anders in der Welt zu finden ist.

Die Schikanen beginnen schon einige Kilometer davor im Jerusalemer Vorort A-Ram. Auch dort ein Checkpoint mit Soldaten, die am Abend die Passage bis zum Morgen selbstherrlich für Autos von Palästinensern schließen, um ungestört im Haus der Wachmannschaften vor sich hindösen zu können. Will etwa der Kaufmann, der seinen Selbstbedienungsladen wenige hundert Meter entfernt betreibt, abends nach seiner Arbeit die Strecke von zwei Kilometern nach Hause fahren, steht er mit seinem Auto oft vor dem geschlossenen Schranken, den zu öffnen sich die Burschen und Mädchen in Uniform dann weigern.

Von A-Ram weg ist Richtung Norden das Unfassbare zu sehen: Mitten auf der Straße haben die Israelis viele Kilometer weit bis zum Checkpoint Kalandia ihre berüchtigte 8 Meter hohe „Apartheid-Mauer" aufgezogen und damit die beiden Fahrbahnen voneinander trennt. Eine Fahrbahn ist für den Verkehr gesperrt. Vor der Einfahrt in die überbleibende Fahrbahn bilden sich regelmäßig lange Staus. Die im Zuge der Bauarbeiten verursachten schweren Straßenschäden werden natürlich nicht repariert, so dass die Straße seither bei Regen in Morast und tiefen Schlaglöchern versinkt. Manche Teile sind überhaupt kaum befahrbar.

Diese Verhältnisse ziehen sich bis zum Kalandia-Checkpoint. Dort herrscht üblicherweise das totale Chaos. Auf der Seite Richtung Ramallah bieten Straßenhändler ihre Waren an, bei Regen in tiefem Morast stehend. Viele verschwinden sofort, wenn israelische Kontrollore auftauchen, um sich der Konfiszierung ihrer Waren wegen Nichtbezahlung der Gebühren zu entziehen.

Machsom Watcher beschrieben die Zustände signifikant in einem Bericht vom 21.4.2005:

„… Jeder, der mehr als einmal in Kalandia war und das unbeschreibliche Chaos, den Lärm, den Dreck, die Verwahrlosung und die Lebensgefahr für die Fußgänger erlebt hat wegen des gänzlichen Fehlens von Ampeln und Warnzeichen, kann die Unverfrorenheit der Jerusalemer Behörden erkennen, die den Straßenhändlern Geld abnehmen für Serviceleistungen, die diese nie bekommen haben."

Nur Autos mit Sondergenehmigung dürfen diesen Checkpoint passieren. Die meisten Autos und Taxis müssen daher umkehren. Das dabei entstehende Verkehrschaos auf engstem Raum auf beiden Seiten ist unvorstellbar.

Dieses Spielchen wiederholt sich an vielen Checkpoints immer wieder, wie z. B. zur Weihnachtszeit 2004 am Checkpoint zwischen Jerusalem und Bethlehem. Weder mit Taxi oder Bus konnte man

Bethlehem direkt erreichen – alle mussten ca. 200 m vor dem Checkpoint wieder umkehren. Ausländer wie Palästinenser mussten also, viele mit Gepäck und Taschen beladen, durch die Sperren und noch ca. 400 m zu Fuß weiter, wo dann wieder andere Taxis und Autos warten durften. Offenbar wollte die israelische Regierung ausländische Besucher zusätzlich schikanieren, die zu den christlichen Stätten des Glaubens wollten. Wie zum Spott hingen dann Transparente beim Checkpoint: „Wie freuen uns, dass Sie das Heilige Land besuchen".

„Machsom Watch" und „Ärzte für Menschenrechte" (Physicians for Human Rights – Israel/PHR-Israel) lehnen so wie die anderen knapp 30 israelischen Friedensorganisationen wie z. B. Gush Shalom die Besatzung ab. Sie kennen sehr genau die Praxis der Restriktionen. Denn Angehörige dieser Organisationen besuchen permanent die besetzten Gebiete, um den unterdrückten Palästinensern Hilfe zukommen zu lassen.

Sie sehen das von Sharon eingeführte System der Checkpoints und Passierscheine und die angeblich „menschenfreundliche" Abwicklung für den Transport von Patienten klar als eine andere „Schicht von Feigenblättern" für das System der Okkupation und der kollektiven Bestrafung. Denn in Wahrheit entpuppt sich schon das Verfahren zur Erlangung eines Passierscheins als eine andere Art der Kontrolle über Leben und Tod der Palästinenser durch die Israelis.

Diese Realität steht in krassem Gegensatz zu der Behauptung der Armee, das tägliche Leben der Zivilbevölkerung ohne Einschränkungen zu ermöglichen.

Selten schreitet der israelische Staat selber gegen die Auswüchse seines Systems ein. Die Tageszeitung „Haaretz" berichtete am 1. Februar 2004 beispielsweise, dass die israelische Armee eine Einheit der Militärpolizei endlich wegen Misshandlung von Palästinensern sogar aufgelöst hat, die am Checkpoint Kalandia immer wieder Palästinenser belästigt, ihre Abfertigung verzögert und Gegenstände wie CD-Spieler, Zigaretten und Nahrungsmittel illegal „beschlagnahmt" hat.[4]

Nach Beschwerden von Machsom Watch schrieb der Kommandant der „Samaria-Brigade", wie sich die zuständige Einheit der Besatzungsarmee biblisch nennt, in einem Brief vom 26.4.2005 u. a.:

„... Unsere Untersuchungen haben tatsächlich ergeben, dass es problematische Vorkommnisse gegeben hat wie etwa die Konfiszierung von ID-Cards entgegen den Befehlen, die Konfiszierung von Autoschlüsseln oder auch Mängel im Ablauf am Checkpoint.“[5]

Ohne ID-Cards (Identitäts-Karten) können sich Palästinenser nicht einmal mehr im eigenen Land bewegen, weil ohne sie kein Passierschein zu bekommen ist. Der Entzug oder gar die Vernichtung einer ID-Card ist allerdings kein Verstoß gegen Befehle, sondern gegen geltende israelische Gesetze. Dennoch ist die Abnahme kein Einzelfall, sondern wird ständig von Soldaten als „Strafmaßnahme“ ebenso wie die Wegnahme der Autoschlüssel praktiziert. Ein permanenter Gesetzesbruch, der weder von Vorgesetzten noch Gerichten geahndet, sondern eher noch gefördert wird.

Und was den Ablauf am Checkpoint betrifft, so hat ein Soldat am Checkpoint Beit Iba am 6.4.2005 eine klare Aussage parat: „Am wichtigsten ist der Checkpoint, und erst danach kommen die Menschen, die durchgehen.“[5]

Bei Vorträgen von Machsom Watch in Europa rufen die Augenzeugenberichte und Filmdokumente über Brutalität und Willkür bei den Zuhörern in der Regel Entsetzen und Abscheu hervor ob des Leides, der Demütigungen und der Qualen, denen die palästinensische Bevölkerung durch die israelische Besatzungsarmee ausgesetzt ist. Die Verhältnisse für die palästinensische Zivilbevölkerung werden solcherart tendenziell immer schlechter.

Die Machsom Watcher sehen daher die Checkpoints als „Reibungspunkte des täglichen Lebens“. Sie dienen entgegen der offiziellen Behauptung kaum der Sicherheit Israels. Sie sind vielmehr reine Schikanen, um das Leben in den besetzten Gebieten für die Palästinenser unerträglich zu machen und die ethnische Säuberung durch freiwillige Flucht zu erreichen. Dabei verfolgt Israel eine Politik sowohl der Belagerung wie auch der Ausgrenzung zugleich.

Die Palästinenser wurden dadurch de facto überdies völlig entrechtet. Um einen Checkpoint passieren zu dürfen, benötigen sie beispielsweise einen Passierschein, um den angesucht werden muss, der aber überwiegend nur für einen oder wenige Tage Gültigkeit hat. Dann muss wieder um den nächsten angesucht werden – mit stundenlangen Wartezeiten, Verweis auf den nächsten Tag oder anderen Schikanen.

Im Übrigen werden die Regeln immer wieder – von Stunde zu Stunde, von Tag zu Tag, sogar von Soldat zu Soldat – willkürlich geändert. Niemand kennt sich dabei wirklich aus, weil die geänderten Bedingungen ja nirgendwo veröffentlicht werden.

Einzelzellen zur „Erziehung" der Menschen

Ab August 2004 war eine Verhärtung der Gangart der Soldaten zu beobachten. Physische Gewalt wurde aber eher durch Verachtung und Demütigung ersetzt, nachdem das deutsche Magazin „Der Spiegel" darüber berichtet hatte. Die Checkpoints wurden gleichsam Spielfelder, auf denen die Palästinenser die Schachfiguren abgaben und die Soldaten sowohl Spieler als auch Zuschauer darstellten.

Am 14. August beispielsweise war der Checkpoint Beit Furik wenig frequentiert, da über den gesamten Ort ohne besonderen Grund eine Ausgangssperre verhängt worden war. Die wenigen Passanten wurden vom Checkpoint-Commander zu einem Abklärungsgespräch angehalten, das von diesem in extrem aggressivem Ton geführt wurde. „Kennst du den Terroristen Hanani? Bist du ein Hamas-Unterstützer? Hast du je Steine auf Israelis geworfen? Wann wirst du aufhören, auf Israelis zu schießen?" usw. Die Palästinenser antworteten harmlos, wie es zu erwarten war. Darauf begann ein anderer Soldat, den jeweils Befragten zu beschimpfen. Zwei andere Soldaten kamen von der Untersuchung eines Autos zurück und begannen, einen Lastwagenfahrer zu verprügeln, der mit einer Gemüseladung angekommen war. Sie zwangen ihn, die gesamte Ladung auf die Straße zu werfen und dann wieder aufzuladen. Dann wiesen sie ihn an, zurück zu fahren. „Wir werden es ihnen schon zeigen."

Als besondere Feinheit ließen sich die Generäle die Errichtung von engen Einzelzellen an den Checkpoints in der Gegend von Nablus einfallen, um Menschen hinein zu pferchen und zu „disziplinieren". Die Stahltür wird in der Sonne so heiß, dass sie nicht mehr angegriffen werden kann.

Nachfolgend Auszüge aus Checkpoint-Berichten von Machsom Watch:

Jubara-Checkpoint, 1. 4. 2005: Zwei Buben, 12 und 14, wurden in Handschellen in der Metall-Zelle eingesperrt. Sie waren frech, verfluchten die Soldaten und hatten einen Spielzeugrevolver aus Plastik, mit dem sie auf Soldaten zielten, so die „Anklage". Der Checkpoint-Kommandant zeigte den Machsom Watchers das Spielzeug und erklärte: „Wir diskutieren nicht mit Ihnen darüber; dies gefährdet unsere Soldaten." Den Buben waren die Plastik-Handschellen so eng angelegt worden, dass ihre Handgelenke bereits geschwollen waren, als die Beobachterinnen zu ihnen vorgelassen wurden. Als eine der Frauen dem Kommandanten die Handgelenke der Buben zeigte, sagte dieser: „Sie dürfen sie nicht angreifen" und weigerte sich nicht nur überhaupt hinzusehen, sondern auch die Handschellen zu lockern.

Huwwara, 14. August 2004: Ein etwa 12 Jahre alter Bub guckte über die Zellentür am Huwwara-Checkpoint in der Nähe von Nablus im nördlichen Teil der Westbank. Er war in Handschellen und Wartende erzählten, dass ab und zu ein bestimmter. Er war in Handschellen und Wartende erzählten, dass ab und zu ein bestimmter Soldat in die Zelle ging und das Kind mit dem Gewehrkolben prügelte. Der Bub hatte anderen Menschen geholfen, ihre Sachen durch den Checkpoint zu tragen, und war dadurch den Soldaten in die Quere gekommen. Nachdem die Machsom-Beobachterinnen die „Menschenrechts-Helpline" kontaktiert hatten, wurde der Bub frei gelassen.

Beit Iba, 16. August 2004: Junge Soldaten sperrten eine junge Palästinenserin in die Zelle, weil sie die Soldaten angeblich verflucht hatte und frech war. Das Mädchen stand nun schreiend in der Zelle und pochte heftig an die Tür, über der ihr Kopf sichtbar war. Die Machsom Watch-Frauen brachten ihr Wasser. Nach einer Stunde ließen die Soldaten sie frei.

Neue Drehkreuz-Schikanen in Käfigen

Zur zusätzlichen Schikanierung wurden ab August 2004 an vielen Checkpoints mehr als zwei Meter hohe zylinderförmige Metallkäfige installiert, durch die sich jeder Passant zwängen muss. Das besonders Perfide daran ist, dass in der Mitte des engen Käfigs jeweils ein Drehkreuz installiert ist, das aus Dutzenden nur 60 cm langen Stangen besteht, die im Abstand von etwa 40 cm vom Boden bis in eine Höhe von mehr als zwei Meter angeordnet sind, außen begrenzt durch den runden Metallkäfig. Zu- und Abgang des Käfigs liegen einander gegenüber. Diese Drehkreuz-Käfige sind so eng, dass sie für Schwangere bereits gefährlich sind.[6]

Was diese Drehkreuze in der Praxis für die Menschen bedeuten, ist z. B. dem Machsom Watch-Bericht vom September 2004 zu entnehmen:

Kalandia, 1. September 2004: Ein behinderter Mann versuchte, sich mit einer Gehhilfe durch das enge Drehkreuz zu zwängen – vergeblich. Zum Glück war es ein faltbares Modell, so dass ein anderer Passant es hinübertragen konnte, nachdem sich der Behinderte an den Stangen des Drehkreuzes festgeklammert und hinübergedreht hatte.

Huwwara, 12. September 2004: Eine Mutter wollte mit Taschen, Bündeln und ihren drei nicht einmal fünf Jahre alten Kindern, darunter ein Baby, das Drehkreuz passieren. Ein Kind blieb stecken. Als sie das Drehkreuz zurückzudrehen versuchte, um das Kind zu befreien, steckte das andere Kind mit dem Kopf fest. Alle weinten verzweifelt und die Mutter wusste sich nicht mehr zu helfen. Die nachfolgenden Menschen drängten von hinten nach. Ohne durch das Drehkreuz zu gehen halfen die Machsom Watcher, indem sie das Baby nahmen und auf die andere Seite brachten.

Dann sollte ein kleiner Bub durchgehen, aber auch sein Kopf blieb in dem schmalen Zwischenraum zwischen dem Gestänge des Drehkreuzes und der äußeren Eisenbegrenzung stecken. Er schrie vor Angst und Schmerzen, bis ihn seine Eltern befreien konnten.

Kalandia, 13. September 2004: Eine junge Mutter kam mit ihrem schlafenden Baby in einem Kinderwagen, der nicht zusammenlegbar war. Als sie versuchte, außerhalb der Warteschlange den Checkpoint zu passieren, beharrte der diensthabende Soldat darauf, dass sie sich wie alle anderen durch das Drehkreuz zwängen sollte. Die Machsom Watcher versuchten zu helfen, stellen sich mit der Mutter in die Warteschlange an, wurden gedrängt und gestoßen, fielen beinahe mit dem Baby im Arm zu Boden. Im Drehkreuz angekommen, blieb die Mutter mit dem Kinderwagen stecken. Die Machsom Watcher suchen vergeblich Hilfe bei den Soldaten. Einer sah nur unbeteiligt zu. Eine Soldatin kicherte amüsiert, zeigte aber ansonsten weder Regungen, noch machte sie Anstalten zu helfen.

Die Unmenschlichkeit hat viele Gesichter

Alltag an den Checkpoints. Doch der möglichst beengte Durchgang durch die Checkpoint-Drehkreuze ist nur eine Facette von vielen, um den Stillstand des Lebens zu erreichen. Denn die angewandte Unmenschlichkeit hat viele Gesichter. In der TV-Dokumentation „Checkpoint“ eines israelischen Kamera-Teams waren im europäischen Sender „arte“ am 5. Juni 2005 unzählige Beispiele zu sehen:

- Junge israelische Soldaten, die zum Spaß Palästinenser auf dem Heimweg vom Arbeitsplatz bei strömendem Regen und Kälte stundenlang an einer plötzlich errichteten Straßensperre mit „zur Prüfung“ eingezogenen ID-Cards im Freien stehen ließen, während sie im Zelt warmen Tee und Kekse genießen konnten.
- Eine Mutter mit ihren drei kleinen Kindern, die nicht mehr durch einen Checkpoint nach Hause gelassen wurde, weil der Passierschein zwar für den Weg in den Nachbarort, aber nicht mehr zurück tauglich war.
- Eine willkürliche Straßensperre von einigen jungen Soldaten, mit der sie einfach eine Straße nach Djenin am Nachmittag sperrten und behaupteten, es sei dort eine Ausgangssperre, weshalb sie Frauen und Männer an der Heimkehr hinderten.
- Ein Checkpoint, der von Soldaten willkürlich für geschlossen erklärt wurde. Die wartende Menge von 100-150 Personen durchbrach aber dann wütend die Sperre, obwohl die Soldaten Warnschüsse in die Luft abgaben. Die Anwesenheit des filmenden TV-Teams verhinderte offenbar weitere Gewalttaten.

Auch in den Machsom Watch-Berichten mangelt es nicht an Beispielen:

Checkpoint Beit Furiq, 1. Juli 2004: Bei glühender Hitze drängt sich eine lange Menschenschlange vor dem schmalen Durchgang des Checkpoints im Osten von Nablus. Eine Mutter hält ihr bereits bewusstloses 5-jähriges Kind im Arm. Hinter ihr kollabiert plötzlich ein Mann, der zuvor schon an eine Infusion angeschlossen war, und stürzt zu Boden.

Etwa zur gleichen Zeit fallen am Checkpoint Huwwara zwei Frauen mitten in der Warteschlange bewusstlos zusammen. Eine kleine Gruppe von Soldaten steht der aufgebrachten Menge gegenüber, ständig damit rechnend, die Kontrolle zu verlieren. Immer wieder feuern sie Tränengas-Granaten in die Menge.

Checkpoint A-Ram, 10. Juli 2004. Während eines Sicherheits-Checks attackiert ein Grenzpolizist einen palästinensischen Einwohner von Jerusalem mit einem Schraubenzieher. Ein anderer Polizist schlägt ihm den Kopf an einen eisernen Treppenaufgang. Obwohl Blut aus dem Gesicht des Verletzten fließt, weigert sich der Polizist, eine Ambulanz zu rufen, und legt stattdessen dem Verletzten Handschellen an. Nach längerer Zeit wird der Verletzte – auf eigene Kosten – in das Hadassah Hospital gebracht. Die Wundversorgung geschieht mit weiterer Verspätung, weil sich der begleitende Polizist weigert, dem Verletzten die Handschellen abzunehmen.

Beit Iba, 25. Juli 2004: Irgendwann am Vormittag gerät ein junger israelischer Soldat in Wut, als er den palästinensischen Musikstudenten Mohamed Kann'an sieht, der den Checkpoint an einem Tag passieren will, an dem es für Studenten aus unerfindlichen Gründen plötzlich verboten wurde. Der Soldat schlägt zu, in den Magen, ohne Warnung. Dann knallt er das Gesicht des Opfers gegen die Wand, folgt dem Zurückweichenden, schießt ihm mit seiner Waffe in den Unterarm. Das ganze passiert direkt vor einer wartenden, aufgebrachten Menge und es ist ein Wunder, dass es zu keinen weiteren Gewalttaten kommt. Anstatt erste Hilfe zu leisten, wird der Student unversorgt und blutend in das Spital nach Nablus gebracht. Der Soldat wird – zumindest vorübergehend – eingesperrt.

Kalandia, 27. Juli 2004: Immer wieder werfen israelische Soldaten Steine auf palästinensische Taxis.

Huwwara, 31. Juli 2004: Ein israelischer Soldat zerstört ohne besonderen Grund die Windschutzscheibe eines palästinensischen Busses mit seinem Gewehrkolben.

Huwwara, 26. August 2004: Ein Wartender bat eine Soldatin um Erlaubnis, seine Wasserflasche füllen zu dürfen. Die Angesprochene deutete auf einen Kanister. Als der Bittsteller seine Flasche gefüllt hatte, riss sie ihm ein anderer Soldat weg, schüttete sie aus und belehrte ihn, dass es für ihn verboten sei, Wasser aus dem Behälter zu nehmen, da er nur für Soldaten bestimmt sei. Der Behälter für Palästinenser sei auf der anderen Straßenseite.

Kalandia, 4. April 2005: Beim Zugang zum Checkpoint gibt es wie bei den meisten anderen in hebräischer Sprache ein eigenes Schild mit besonderen Regeln für Israelis: „Sie nähern sich einem Areal unter palästinensischer Kontrolle. Der Zutritt ist nur erlaubt mit einer Genehmigung der RB" (der Regionalen Brigade). Machsom Watch fragt: Was ist diese RB, von der der Schildschreiber glaubt, dass dies jeder weiß? Wie bekommt man eine Genehmigung? Warum braucht man eine Genehmigung der RB, die ja offensichtlich eine israelische Einrichtung ist, wenn man ein Areal unter palästinensischer Kontrolle betritt? ... Hat je irgendjemand bei der RB um eine Genehmigung angesucht? Oder hat je irgendjemand eine bekommen?

Beit Iba, 6. April 2005: Ein junger Palästinenser, der mit einem Supermarkt-Trolley als Träger arbeiten wollte, um Sachen von einer Seite des Checkpoints zur anderen zu transportieren, war eine Woche zuvor angewiesen worden, eine Genehmigung vom DCO zu bringen. Heute kam er mit einer Händler-Bewilligung für zwei Monate. Da erklärte ihm ein Soldat, dass er nicht mit einem Trolley arbeiten dürfe, sondern nur mit einem Eselkarren mit Lizenz-Nummer.

Beit Iba, 6. April 2005: Um 18 Uhr, bei hellem Tageslicht, erklärten die Soldaten den Checkpoint für geschlossen, obwohl noch immer Menschen kamen, die durch wollten. Zwei Soldaten standen davor, um die Menschen zurückzuweisen. Inzwischen haben sich ca. 50 Leute angesammelt – inklusive Frauen, Kinder und Babys. Alle wollten nach Hause … Der Kommandant erklärte, dass er die Leute später passieren lassen würde, aber zuerst wolle er ihnen noch eine Lektion erteilen, wie man sich an die Zeitpläne zu halten habe.

Beit Iba, 12. April 2005: Der junge Checkpoint-Kommandeur beklagte sich über die palästinensischen Frauen und herrschte eine an: „Du gehst durch? Hat dir jemand gesagt, dass du durchgehen darfst?"… „Es ist besser, wenn die Palästinenser Hebräisch lernen, denn dies ist der Staat Israel." Auf den Vorschlag der „Machsom Watcher", die Palästinenser als Menschen anzusehen, die seine Eltern sein könnten, antwortet er: „Ich sehe sie nicht so; ich sehe jeden einzelnen als einen „Potentiellen" (das ist die Umgangssprache der Soldaten für einen potentiellen Terroristen).

Kalandia, 13. April 2005. Auszug aus dem Bericht: „Um 17:50 Uhr sahen wir einen Soldaten, der ein Kind beim Hals hielt, das nahe der Mauer mit einem Stein in der Hand fotografiert worden war … Es hieß, die Eltern würden angerufen … Nach einer halben Stunde wurde das weinende und völlig aufgelöste Kind, das keine Identität-Details preisgeben wollte, von der Polizei weggebracht. Wir versuchten … den Verbleib ausfindig zu machen, aber niemand wollte verstehen, warum ein Kind nicht eingesperrt werden sollte. Einige Stunden lang unterstützte uns N. von der Friedensorganisation HaMoked. Gemeinsam machten wir Druck … wir konnten den Namen des Buben, seiner Eltern und deren Adresse in Erfahrung bringen. Um 21:00 Uhr versuchten wir vergeblich telephonisch, den Bruder zu erreichen. Gegen 24:00 Uhr hatten wir dann das Kind endlich ausfindig gemacht – in der Jugend-Abteilung der Polizei in der ‚Russian Compound' Haftanstalt, wo uns ein Ermittler erklärte, der Bub werde am Ende der Untersuchung an den Checkpoint zurück gebracht und entlassen werden. Es war inzwischen nach Mitternacht. Gegen 1:00 Uhr konnten wir sogar mit dem Buben reden … Dann konnten wir einen Nachbarn der Familie verständigen, der den Buben gegen 2:00 Uhr morgens am Checkpoint in Empfang nahm."

Shaket, 14. April 2005. Auszug aus dem Bericht: „Das Tor im Trennungszaun war geschlossen. Dahinter standen ungefähr 10 Schulkinder, die wie Erst- und Zweitklassler aussahen und nicht nach Hause konnten. Wir warteten 20 Minuten und riefen dann das DCO an … Binnen 10 Minuten kam ein Militär-Jeep. Die Soldaten warnten uns: ‚Ihr dürft nicht neben dem Tor stehen. Das ist ein militärisches Gebiet.' Israelis ist das verboten, aber die Palästinenser dürfen das! … Dann sagten die Soldaten, dass sie die Schlüssel gar nicht hätten, und fuhren wieder weg mit dem Hinweis, das Tor bald zu öffnen. Was heißt ‚bald'? Wir warteten weiter. Zehn Minuten vergingen, das Tor blieb zu. Dann hieß es als Ausrede, die Kinder seien zu spät gekommen … d. h.: die Kinder waren schuld! Durch die Überwachungskameras wissen die Soldaten aber natürlich immer ganz genau, wann die Kinder am Tor ankommen."

Süd-Hebron Hügel, 14. April 2005: In At-Tuwani zeigte ein Palästinenser die Felder, die zuvor von den jüdischen Siedlern widerrechtlich beschlagnahmt und eingezäunt worden waren, und auch solche, die bald beschlagnahmt werden sollten. In der Zwischenzeit wurden diese Felder mit Pestiziden markiert. Der Trick dieser Kriminellen ist, dass dadurch eine Art vergifteter Grenze entsteht, damit die palästinensischen Hirten ihre Schafe dort nicht mehr hinbringen können, ohne deren Leben zu gefährden.

Wadi Nar, 27. April 2005: Machsom Watch berichtete über einen LKW am Checkpoint. Seine Fracht bestand aus Säcken zu je 60 kg Kaffeebohnen und Ballen von weiß-blau gestreiftem Stoff mit einem Gewicht von je 25 kg. Dieser Stoff war für die Schuluniformen von palästinensischen Mädchen vorgesehen. Das gesamte Gewicht der Ladung summierte sich auf 3 Tonnen Kaffee plus 1,5 Tonnen Stoff. Die Angehaltenen waren der etwa 40-jährige LKW-Fahrer und zwei junge Männer in den Zwanzigern.

Ein Soldat ließ die drei Männer die gesamte Ladung abladen und in den Staub und Schmutz neben dem LKW legen, um jeden Sack und jeden Ballen gemächlich mit einem Magnometer untersuchen zu können. Die drei Männer, die eine schwere Arbeit verrichteten, trieb er ständig zu größter Eile an. Es war offensichtlich, dass er seine Macht genoss. Es war ein absurdes Theater. Denn der Soldat hätte die Ladung auch auf dem LKW untersuchen können. Der Befehl zum Ab- und Aufladen war eine reine Schikane.

Beit Iba, 28. April 2005: Um 19 Uhr begannen die Soldaten den Checkpoint für die Nacht zu schließen. Etwa 50 Leute hatten sich vor dem Drehkreuz angesammelt und wollten durchgehen. Die zwei zurückbleibenden Soldaten spannten eine Rolle Stacheldraht über die ganze Straße und erklärten den Checkpoint für geschlossen. Einige palästinensische Frauen fingen an, die Straße entlang zu gehen, und sofort folgte ihnen die ganze Gruppe, die unbedingt nach Hause wollte – wo sollten sie sonst die Nacht verbringen? Auf den Hügeln? Am Checkpoint selber? Wie sollten sie ihren Kindern Essen geben? Die Soldaten ließen die Palästinenser nicht weiter gehen und weigerten sich, mit ihnen darüber zu diskutieren. „Der Checkpoint schließt um 19 Uhr."

Alltag im palästinensischen Westjordanland. Alltag für die 2,4 Millionen Bewohner. Alltag in einem vom israelischen Militär besetzten Land.

Kapitel 13

Terror, Rassismus und religiöser Fanatismus

„Seit Jahren zahlt der amerikanische Steuerzahler die Besatzung, die Folterkammern, den Militärapparat, die Bulldozer für die Hauszerstörungen, den Bau der Siedlungen und jetzt den Bau der Mauer, die vom Internationalen Gerichtshof (ICJ) für illegal erklärt wurde. Amerikaner sollten sich für die Verwendung ihres Geldes mehr verantwortlich fühlen ... Der erste Schritt wäre, dass amerikanische Institutionen sich bei einem selektiven Boykott (gegen Israel, Anm.) engagieren ... Das Verbot von Waffenverkauf und militärischer Ausrüstung an Israel wird tatsächlich nach bestehendem US-Gesetz schon gefordert – nach dem Foreign Assistance Act von 1961 (22 USC § 2304): „Sicherheitsbeistand wird keinem Land zugestanden, dessen Regierung sich grobe Verletzungen der international anerkannten Menschenrechte leistet.“[1]

Shamai Leibowitz, israelischer Menschenrechts-Anwalt

Seit dem Sechs-Tage-Krieg 1967 erlebt Jerusalem eine Neuauflage der mehr als zweitausend Jahre alten Kämpfe um die begehrte Stadt. Bei der Eroberung waren israelische Truppen in Jerusalem einmarschiert und hatten am 10. Juni 1967 sofort das arabische Mughrabi-Viertel in der Nähe der Klagemauer zerstört, wobei eine unbekannte Anzahl von Palästinensern von israelischen Bulldozern lebendig in den Ruinen zermalmt wurde. Dabei bestätigten die Zionisten ihre brutale Art, wie sie jegliche Erinnerung an palästinensisches Leben in den eroberten Gebieten auszulöschen gedenken.

Nach dieser Gräueltat verdreifachte Israel rasch das Gebiet der Stadt. Mit massiven jüdischen Bau- und Siedlungsprojekten wurden Jerusalem und rundherum weitere Regionen per Gesetz annektiert. Heute reicht Jerusalem im Norden fast bis Ramallah und im Süden nahe an Bethlehem heran. Der Ausbau von Wohnraum wird den Palästinensern in Ost-Jerusalem fortan verwehrt. Gleichzeitig eignen sich die Israelis jede Wohnung und jedes Haus im arabischen Viertel an, das zum Verkauf steht, um auch dort jüdische Siedler einzuschleusen.

Das ändert aber nichts daran, dass die Palästinenser Jerusalem ebenso wie die Israelis gleichermaßen als ihre Hauptstadt betrachten. Außerdem ist sie für die drei Weltreligionen Christentum, Judentum und Islam bis in alle Ewigkeit Ausgangspunkt des Glaubens. Juden (mit der Klagemauer) und Moslems (mit dem Felsendom und der Al-Aqsa-Moschee) haben darüber hinaus auf dem Tempelberg ihre unverzichtbaren heiligen Stätten. Das Christentum verehrt die Grabeskirche mit dem Grab Jesu und den Kreuzweg, die Via dolorosa.

Im Jahr 2000 sollte in Camp David nicht nur der Großteil Jerusalems, sondern auch der Tempelberg mit seinen heiligen islamischen Stätten endgültig der Kontrolle des jüdischen Staates unterworfen werden. Das ist die Voraussetzung, um die Zeit des Tempels wieder auferstehen zu lassen, was den Charakter der jüdischen Religion gleichfalls ändern würde. Als sich Yassir Arafat weigerte, dies zu unterschreiben, startete Ariel Sharon mit dem Likud-Block die alternative Gewaltlösung.

Siedlerbewegung im religiösen Taumel

Seither sind die religiösen Extremisten bereit, mit jeder Art von Gewaltakten diese Entwicklung zu beschleunigen.

Denn die Eroberung der Westbank und Jerusalems hatte ab 1967 der religiös-nationalistischen Strömung unter den Zionisten ideologischen Auftrieb gegeben. Der Sieg im Sechs-Tage-Krieg wurde nicht als Erfolg der militärischen Stärke, sondern als göttlicher Lohn für das jüdische Volk gepriesen. Endlich waren die Juden nach 2.000 Jahren wieder im Besitz des Tempelberg-Bezirks, wo der Überlieferung nach mit der Klagemauer der Rest des 70 n. Chr. von den Römern zerstörten früheren zweiten Tempels zum höchsten jüdischen Heiligtum stilisiert wurde, obwohl die Mauer selber lediglich die Stützmauer des aufgeschütteten Plateaus war.

Der spirituelle Mentor der national-religiösen Bewegung, Rabbiner Zwi Jehuda Kook, verkündete nach dem Sieg an der Klagemauer denn auch seine Botschaft an die Juden und die ganze Welt: „... Wir sind im himmlischen Auftrag soeben zum heiligen Berg und in unsere heilige Stadt heimgekehrt ... wir werden sie nie wieder verlassen.“[2]

Diese Verkündung löste bei den Religiös-Nationalen einen Sinnestaumel aus, der sich in zunehmender spiritueller Radikalität verfestigte. Die Gier nach Land paarte sich mit der Verfangenheit in biblischen Vorstellungen und der Verklärung einer göttlichen Legitimation für die gewaltsame Landnahme, einem religiösen Rechtstitel gleichsam.

Die Aschkenasim stammen aus Osteuropa

Für die Westbank gelten seither bei diesen mystisch-religiösen Radikalen nur noch die biblische Bezeichnung „Judäa und Samaria" und die Einbildung der „Heimkehr" in das Land der Vorfahren. Dies ist allerdings eine schwer nachvollziehbare Interpretation der Geschichte. Denn die Herkunft der aus Osteuropa eingewanderten und in Israel zu 90 % dominierenden ashkenasischen Juden ist eher nicht aus Palästina herzuleiten, sondern aus dem osteuropäischen Gebiet zwischen Wolga und Schwarzem Meer. Dort befand sich der Überlieferung nach das nur bis ca. 1016 n. Chr. bestehende khasarische Reich. Um das Jahr 740 n. Chr. beschlossen der Khasarenkönig und sein Hof, sie sollten für ihr Volk eine Religion annehmen. So wurden Vertreter der drei Hauptreligionen, des Christentums, des Islams und des Judentums eingeladen, um ihre religiösen Grundsätze vorzustellen.[3]

Sie wählten das Judentum, das fortan etwa zweihundert Jahre lang, vom Beginn der Herrschaft von Khagan Obadja (Anfang 9. Jahrhundert) bis zum Bündnis mit Chorezm in den 970er Jahren, Staatsreligion war. Faktisch bedeutete das zumindest, dass ein Großteil der Oberschicht zum Judentum übergetreten ist, während die den verschiedensten Völkern zugehörigen Einwohner auch teils heidnisch, teils christlich, teils muslimisch geblieben waren. Aus dieser Zeit existiert ein berühmter Briefwechsel zwischen dem andalusischen Juden Chasdai Ibn Schafrut, einem Hofbeamten des Kalifen Abd al-Rahman III. al-Nasir, und dem khasarischen Khagan Joseph.

Das Khasaren-Reich lag zwischen dem christlichen Byzanz und dem muslimischen Persien. Der Grund für die Konversion zum Judentum dürfte eher ein politischer gewesen sein, um so zu verhindern, dass das Reich zum Spielball der einen oder anderen Macht oder mit dem Schwert zu dem einen oder anderen Glauben bekehrt werde. Die Khasaren pflegten damals enge Verbindungen sowohl mit dem persischen Reich als auch mit Byzanz, mit letzterem gab es auch dynastische Verbindungen.

Das wirtschaftlich und kulturell prosperierende jüdisch-khasarische Königreich war auch Zufluchtsort für viele verfolgte Juden aus Byzanz und Persien. Nach der Besetzung des Reiches durch die Russen im Jahre 969 blieben die Khasaren bis zum Mongoleneinbruch Mitte des 13. Jahrhunderts nominell ein jüdischer Staat. Mit Tributzahlungen hatten die Khasaren gehofft, die Gier der Russen auf ihr Reich besänftigen zu können.[4]

Höchstwahrscheinlich sind Teile der Juden Osteuropas, wie z.B. die turksprachigen Krimtschaken oder die Karäer, Nachfahren der alten Khasaren. Ob alle osteuropäischen ashkenasischen (also jiddisch-sprachigen) Juden von den Khasaren abstammen, wird unter Historikern allerdings kontrovers diskutiert.[5]

So nebenbei interessant ist, dass die khasarische Hauptstadt Itil (Astrachan) und die Entwässerung des Flusses Wolga sowie weitere geografische Besonderheiten des Khasaren-Khanats weitgehend dem Kartenwerk entsprechen, das der englische Schriftsteller John Ronald Reuel Tolkien seiner Trilogie „Herr der Ringe“ im Anhang beigelegt hat. Auch dort ist von Ithillien als permanent umkämpftem Territorium die Rede. Offensichtlich übten auf den Geschichtskenner Tolkien die Jahrhunderte währenden Kämpfe der europäischen Völker mit den Westhunnen und ihren Nachfolgevölkern eine große Faszination aus, die er literarisch verfremdet verarbeitete.

Aus diesen Umständen ist anzunehmen, dass die sephardischen Juden mit ihren arabisch-spanischen Wurzeln jedenfalls die älteste Gruppe der Juden sind, deren Vorfahren wahrscheinlich in jener Gegend wohnten, die in der Bibel beschrieben ist. Damit wären sie die „echten“ Nachfahren der Israeliten. Dennoch gebärden sich die Aschkenasim heute in Israel gegenüber den Sepharden in durchaus überheblicher rassistischer Manier eher als die wahren und vermeintlich „anspruchsberechtigten“ Herren des Landes.

Jack Bernstein, ein amerikanischer Jude, der 1967 nach Israel ging und eine sephardische Jüdin heiratete, berichtet in seinem Buch ausführlich Details über diese jüdische Zwei-Klassen-Gesellschaft mit scharfer Trennung, deretwegen er wieder in die USA zurückkehrte. U. a. schilderte er, wie er in Tel Aviv in ein voll besetztes Café ging und sich an einen Tisch mit fünf sephardischen Juden aus Marokko setzte, um zu essen und sich zu unterhalten. Ein blauäugiger israelischer Polizeioffizier befahl ihm, von den „Kooshim" wegzugehen, was auf hebräisch soviel wie „Neger" heißt. Als sich Bernstein weigerte, wurde er von dem Polizisten mit gezückter Waffe gezwungen, sein Essen auf den Boden zu werfen und das Lokal zu verlassen.

Außerdem sei ihm eine bescheidene Wohnung und eine anständige Beschäftigung in Israel verweigert worden, weil er eine sephardische Jüdin geheiratet habe, klagte Bernstein. Rassismus ist also auch innerhalb der jüdischen Gesellschaft Israels ein Thema.[6]

Die Bibel als Wegweiser

Der religiöse Mystizismus der zionistisch-ashkenasischen Extremisten manifestierte sich zum wahren Zentrum des dauerhaften Konflikts mit den Arabern. Er ist nur mit dem Blick zurück ins religiöse Altertum und ins Alte Testament zu verstehen. Die Interpretationen der fünf biblischen Bücher Mose im Talmud mit der Behauptung der Minderwertigkeit aller Gojim (Nicht-Juden) sind weitere Bausteine für die neue „Eretz Israel Haschlema", die Groß-Israel-Ideologie, die das Land für heilig erklärt. Sie bereitete den Weg für eine Fanatisierung der Gewaltpolitik, in der auch Völkermord kein Tabu mehr ist.

Der erste Kampf zwischen Juden und den andersgläubigen Arabern um Palästina dürfte stattgefunden haben, als Moses' Nachfolger Josua die israelitischen Stämme auf dem Weg vom „Exil" in Ägypten von Osten her über den Jordan führte, in das Land, wo „Milch und Honig fließen", wie die Kundschafter dem Mose einst berichteten. Doch dieses Land war bereits von anderen Völkern bewohnt.

Auf dem Weg von Ägypten bis Palästina zogen die Israeliten, wie in den fünf Büchern Mose beschrieben, eine mit Völkermorden und Massakern gespickte Blutspur quer durch die Länder. Die erste Stadt, auf die sie westlich des Jordan trafen, war Jericho, die heute mit ca. 8.000 Jahren älteste Stadt der Welt. Sie wurde erobert, indem alle Lebewesen in der Stadt massakriert wurden – mit Ausnahme der Familie einer zum Verrat bereiten Hure, die den Angreifern den Weg in die Stadt wies.

Schon damals ließen die Israeliten ihren blutrünstigen Weg durch Mythen verbrämen: Die Stadtmauern seien durch die „Posaunen von Jericho" zum Einsturz gebracht worden – doch bei Ausgrabungen wurden intakte Reste davon noch Mitte des 20. Jahrhunderts entdeckt.

Nach heutigen Erkenntnissen historisch gesichert erscheint die Gründung des ersten israelitischen Königreichs durch König David ca. 1.000 v. Chr. Spätestens aus diesem historischen Faktum leiten die Zionisten ihren historischen Anspruch ab, nach 2.000 Jahren „in die Heimat zurückkehren" zu können.

Davids Sohn Salomo errichtete in der Hauptstadt Jerusalem den ersten Tempel für Jahwe, den Gott der Juden, der 568 v. Chr. von den Babyloniern unter König Nebuchadnezzar zerstört wurde. Die Entführung der Juden in die babylonische Gefangenschaft bedeutete trotz der späteren Rückkehr vieler Juden den Beginn der jüdischen „Diaspora" (Vertreibung).

Der zweite Tempel war der Überlieferung nach 516 v. Chr. fertig gebaut und wurde von König Herodes ca. 20 v. Chr. restauriert und erweitert. Rund um den Tempel, den symbolischen Wohnort des Allmächtigen, herrschte damals eine priesterliche Oberschicht mit einer politischen Gruppierung unter dem Namen Saduzäer – eine kleine Minderheit fanatischer Eiferer, die lange eine führende Position in der jüdischen Gemeinschaft von Judäa in der heutigen Westbank einnahmen. Sie befürworteten einen Kompromiss mit der hellenistischen Kultur, verneinten die Unsterblichkeit der Seele und die Auferstehung sowie die Existenz von Engeln und befolgten die religiösen Gesetze in enger Auslegung. Viele ihrer Lehren und Praktiken tauchten in mittelalterlichen jüdischen Sekten wieder auf. Ihre Ambitionen waren jenen der heutigen radikalen Siedler ähnlich.

Sie hatten sich wahrscheinlich von den Pharisäern abgespalten, jener konservativen jüdischen Sekte, die im römisch-okkupierten Palästina im 2. Jhdt. v. Chr. entstand und sich von einer politischen Partei in eine Frömmigkeitsbewegung wandelte. Im Zentrum deren Lehre standen die Reinheits- und Festtagsgebote. Sie waren gläubige

Anhänger der jüdischen Gesetze sowohl entsprechend der schriftlichen Lehre der fünf Bücher Mose des Alten Testaments (Torah) als auch der ergänzenden mündlichen Überlieferungen (Mishnah) und lehnten jegliche hellenistische und römische Einflüsse oder Herrschaften ab.

Seit das priesterliche Establishment an der Macht war, spielte der Tempel eine zentrale Rolle. Jesus, ein jüdischer Revolutionär, wandte sich gegen die Kommerzialisierung des Tempels, wie sie von vielen Pharisäern praktiziert wurde.

Schließlich erkämpften sich die Zeloten die Macht im Tempel und schürten nicht nur einen Bürgerkrieg in und rund um Jerusalem, sondern forderten auch die Römer heraus und lösten einen für die Juden letztlich verheerenden Krieg aus. Unter dem römischen Feldherrn Titus wurde Jerusalem schließlich 70 n. Chr. von den Römern gewaltsam erobert. Der jüdische Tempel ging in Flammen auf. Nur die westliche Stützmauer des Tempelberges blieb bestehen – die heutige Klagemauer. Viele Juden mussten in verschiedenste Himmelsrichtungen in die „Diaspora" fliehen.[7]

Araber und Kreuzritter in Jerusalem

Mit der Unterwerfung Palästinas 636-638 n. Chr. im Zuge der Ausbreitung des Islams in Vorderasien begann die ausgedehnte Herrschaft der Araber. Jerusalem gehörte fortan zunächst zu den Kalifen von Ägypten, dann zum türkischen Stamm der Seldschuken. Während all der Zeit lebten Moslems, Christen und Juden dort friedlich nebeneinander.

Um 700 n. Chr. wurden der Felsendom, der das drittwichtigste Heiligtum des Islams repräsentiert, und die Al-Aqsa-Moschee auf dem Tempelberg errichtet.

Im Jahr 1099 eroberten die ersten christlichen Kreuzfahrer ziemlich unchristlich mit einem alles vernichtenden grausamen Massaker an der moslemischen und teilweise auch christlichen Bevölkerung die Stadt, um ein christliches Königreich zu errichten. Durch die politisch instabile Lage gab es immer wieder neue Kreuzzüge von Westen her, um dem dann christlich regierten Jerusalem zu Hilfe zu kommen. In der Folge eroberten die Kreuzfahrer weitere Städte und Gebiete, so auch Beirut, Sidon und Akaba am Roten Meer. Im

Norden Jerusalems entstanden zusätzliche, von den Kreuzfahrern gegründete Staaten wie das Fürstentum Antiochia oder das Königreich Zypern.

Die Kreuzzüge und die dadurch entstehenden Staatsgebilde konnten sich der eigentlichen Machtzentren des Islams niemals bemächtigen, der Sieg war daher strategisch nie vollständig. Die zwischendurch eroberten Gebiete der Kreuzfahrerstaaten waren für die islamischen Mächte eher nebensächlich. Eine Folge war aber, dass das einst blühende syrisch-palästinensische Gebiet durch 200 Jahre Krieg vollständig ruiniert wurde.

An innerer Ohnmacht und den Thronwirren ging das christliche Königreich Jerusalem 1187 unter und wurde von Sultan Saladin eingenommen. Dies löste den dritten Kreuzzug aus. Dabei wurde die Stadt Akkon von den Königen von England und Frankreich gemeinsam eingenommen. Durch einen Friedensvertrag mit dem Sultan erhielten die Christen die Erlaubnis, Jerusalem als friedliche Pilger wieder zu besuchen. Mit dem späteren Friedensvertrag erhielten die Christen Jerusalem sogar vom Sultan von Ägypten gänzlich übereignet.

Doch nur wenige Jahrzehnte später wurde Jerusalem im Jahr 1244 von den Moslems zurückerobert. Weitere Kreuzfahrer-Heere versuchten zwar, die Eroberer zurückzudrängen; sie wurden von den Ägyptern aber daran gehindert. Im Jahr 1303, also etwas mehr als 200 Jahre nach der ersten Übernahme Jerusalems durch die Christen, gaben dann die Kreuzfahrer den letzten Stützpunkt im Orient wieder auf. Lediglich Malta und Rhodos sollten gehalten werden. Die Kämpfe zwischen den Kulturen um diese Inseln waren auf beiden Seiten überaus heftig und brutal. Es geschahen unbeschreibliche Gräuel. Es gab Christen, die als Sklaven auf islamischen Kampfschiffen, und Moslems, die auf christlichen Kampfschiffen dienen mussten. Die Schlachten um die Inseln dürften nebenbei erwähnt auch den Schriftsteller Tolkien zu der Trilogie „Herr der Ringe“ inspiriert haben.

Bis 1917 stand Palästina dann 600 Jahre lang unter osmanischer Herrschaft. Auf die Niederlage der Türken im 1. Weltkrieg folgten 30 Jahre britische Verwaltung auf Basis eines Mandats des Völkerbunds. (1918-1948).

1948 fiel Jerusalem so wie das gesamte Westjordanland als Kriegsbeute an das haschemitische Königreich Jordanien. Der Gazastreifen wurde von Ägypten annektiert.

Der Tempel spielte keine Rolle mehr

In der Diaspora änderte die jüdische Religion ihren Kurs. Die Tempel-orientierte soziale Struktur verschwand unter den Juden ebenso wie der Opferkult. Die Priester verloren ihren Einfluss. Sie wurde fortan eine Religion von Gesetzen und Geboten, unabhängig von jeglichem besonderen Territorium.

Jerusalem und das Land Israel wurden eher als Symbol denn als territoriale Realität gesehen. Der Judaismus verlangte nicht einmal, dass seine Gläubigen eine Wallfahrt nach Jerusalem machen, während etwa der Islam den Gläubigen vorschreibt, zumindest einmal in ihrem Leben nach Mekka zu reisen.

Im Verlauf der letzten Jahrhunderte entwickelte sich dann der europäisch-amerikanische Judaismus immer mehr zu einer Religion mit einer universellen moralischen Botschaft. Jüdische Denker glaubten, dass es die Mission der Juden sei, den Nationen der Welt eine universelle Ethik zu bringen.

Nie versuchten daher Juden, in Massen nach Palästina zu wandern. Das war sogar ausdrücklich von ihrer Religion verboten. Als 1492 eine halbe Million Juden aus dem katholischen Spanien ausgewiesen wurden, verstreuten sie sich überall in dem moslemischen osmanischen Reich, aber nur wenige gingen nach Palästina, das eine osmanische Provinz war. Auch Napoleons Aufforderung an die Juden, einen jüdischen Staat in Palästina zu gründen, stieß auf taube Ohren.

Die ersten Befürworter der modernen zionistischen Idee waren schon Jahrzehnte vor Theodor Herzl nicht Juden, sondern Engländer und Amerikaner, die von christlich-religiösen Impulsen motiviert waren. Der gegenwärtige Zionismus entstand schließlich in Europa als Teil der nationalistischen Revolution und als Reaktion auf deren ausschließenden antisemitischen Charakter. Erst dieser Zionismus begründete die Forderung, dass die Juden eine Nation wie andere europäischen Nationen seien und dass diese Nation ihren eigenen Staat gründen müsse.

Veränderung der jüdischen Religion

Im heutigen Judenstaat wird die eigene Geschichte gern in drei „Häuser" eingeteilt, womit drei Tempel gemeint sind. Obwohl der dritte Tempel (noch) nicht existiert, nennt sich ein Teil der neuen jüdischen Gesellschaft, die sich ab 1882 in Palästina zu etablieren begann, gern das „Dritte Haus". Vorerst ein symbolischer Begriff, denn keiner der Gründerväter der zionistischen Bewegung oder der Gründer des Staates Israel träumte davon, einen Tempel zu bauen. Im Konnex mit dem eigenen Territorium seit der Staatsgründung im Mai 1948 veränderte sich dort aber das Gesicht der Religion, so wie sich alle anderen Teile des nationalen Lebens änderten. Und mit der Besatzung wurden ab 1967 extreme Tendenzen sichtbar.

Uri Avnery beschreibt die Veränderung so: „Eine Religion mit einer universellen Botschaft wurde ein Stammes-, wenn nicht sogar ein Sekten-Kult. Eine Religion von ethischen Werten wurde eine Religion von heiligen Plätzen. Yeshayahu Leibowitz, Jude der alten Art, definierte die Religion der Siedler sogar als einen heidnischen Götzen-Kult."

Radikal durch religiöse Inspiration

Diesen Kult mit seiner religiös inspirierten Radikalität hat Israel Shahak in seinem 1994 erschienenen Buch „Jewish History, Jewish Religion" seziert; mit einer Analyse der besonderen Feinheiten der jüdischen Religion und der Interpretationen des Alten Testaments. Der 2001 verstorbene israelische Professor der Universität in Jerusalem und Überlebende des Konzentrationslagers Bergen-Belsen hat damit gleichsam ein Handbuch für die „Goyim" (Nichtjuden) zum besseren Verständnis des Judaismus verfasst. Daraus ist einiges zu lernen und vieles zu verstehen. So etwa die für einen Goj eher abstoßende Äußerung, wenn die Araber von Rabbi Mosche Levinger aus Hebron als „Hunde", Yassir Arafat von Ariel Sharon als „Kreatur" oder die Palästinenser von Ex-Generalstabschef Rafael Eitan als „Kakerlaken" bezeichnet werden.

„Seele" wird im Talmud, der Interpretation der Torah aus der Zeit 600 v. Chr. bis 600 n. Chr., mit dem Wort „Jude" gleichgesetzt, den „Nichtjuden und Hunden" wird laut Talmud explizit die Seele abgesprochen.

Und weil die Existenz Israels als Land für Menschen mit jüdischem Glauben fest an die Religion gebunden ist, müssen dort alle Andersgläubigen einen niedrigeren Status haben. Schließlich wurde das Land zum Nutzen von Juden geschaffen, alle anderen sollen davon nicht profitieren. Eine politische Partei, die dieses Prinzip in Frage stellt, darf an den Parlamentswahlen gar nicht teilnehmen.

Damit ist ein massives Fundament für Ungleichheit und gegen die demokratischen Spielregeln auf Basis des Gleichheitsgrundsatzes geschaffen.

Das geht sogar so weit, dass arme Einwanderer aus Indien oder Peru, die sich Vorteile ausrechnen und zum jüdischen Glauben konvertierten, mit großzügigen finanziellen Geschenken auf jenem Land in der Westbank angesiedelt werden, das den – andersgläubigen – Palästinensern gewaltsam weggenommen wird.

Was würden wohl die Juden in Frankreich, den USA oder Deutschland sagen, wenn diese Staaten umgekehrt eine ähnliche Differenzierung zwischen Christen und Juden mit unterschiedlichen Rechten machen würden?

Fundament für eine religiöse Revolution

Eine „Säuberung" des Tempelberges von den moslemischen Heiligtümern würde diesem Kult den Weg frei machen für die neuerliche Errichtung eines – des historisch dritten – jüdischen Tempels in Jerusalem. Doch dies würde zugleich einen Bruch mit den letzten 2.000 Jahren der jüdischen Religion darstellen. Eine religiöse Revolution mit historischer Dimension.

Das Fundament dafür erwächst in einer Art Gehirnwäsche im religiösen Schulsystem und den Talmud-Schulen, in denen die radikale Interpretation des Alten Testaments gelehrt wird. Zu dieser Glaubenswelt gehört nicht nur die „Erlösung des Landes", sondern auch das göttliche Recht, die besetzten Gebiete insbesondere des Westjordanlands zu „judaisieren" und den Palästinensern dort das Existenzrecht abzusprechen. Die Araber sind daher zum „Amalek" gestempelt, zum Todfeind der Juden schlechthin.[8]

Diese verhängnisvolle Geisteshaltung wird inzwischen nicht nur wie noch vor zehn Jahren von einer kleinen Minderheit von Außenseitern vertreten, sondern in mehreren gesellschaftlichen Strömungen wie etwa in der Nationalreligiösen Partei (NRP) und der von ihr 1974 gegründeten fanatischen national-religiösen Siedlerbewegung mit dem Namen Gush Emunim (Block der Getreuen), deren harter Kern vom Hass gegen die Palästinenser beseelt ist und jeden Kompromiss bezüglich der Westbank ablehnt. Diese kleine Minderheit begann unter dem Schutz des israelischen Militärs die dort lebende Mehrheit von heute rund 2,4 Millionen Palästinensern in brutaler kolonialistischer Manier zu terrorisieren. Ihre Besatzungs-Siedlungen wurden rasch zu Zentren der gewaltbereiten extremen Rechten. Radikale Rabbiner wie der Groß-Israel-Ideologe Zwi Jehuda Kook oder Moshe Levinger sowie der Umweltminister Zevulun Hammer waren ihre Galionsfiguren.[9]

Gush Emunim war seit jeher nicht nur eine Siedlerorganisation, sondern auch religiöse Erweckungsbewegung, zionistische Gemeinschaft, Interessengruppierung und Verwaltungsbehörde in den besetzten Gebieten. Die Bedeutung dieser Siedlerorganisation besteht aber vor allem darin, die Trennung zwischen traditionell religiösem und säkularem nationalen Lager in der Politik zu durchbrechen. In ihr ist die Attitüde des Hasses und der Grausamkeit gegenüber allen Nichtjuden weit verbreitet. Gush Emunim-Führer haben schon religiöse Grundsätze zitiert, welche Juden befehlen, Nichtjuden zu unterdrücken. Dies entspricht der Interpretation des Talmuds und des „Book of Education“ eines Rabbi aus dem frühen 14. Jahrhundert, nach denen u. a. Knechtschaft das natürliche Los von Nichtjuden ist. Sie nahmen diese Grundsätze als eine Rechtfertigung für die versuchte Ermordung palästinensischer Bürgermeister und als göttliche Vollmacht für ihren eigenen Plan, alle Araber aus Palästina zu vertreiben.[10]

Unterstützung erhalten die Besatzungs-Siedler von der inzwischen verbotenen Kach-Bewegung (einer früheren Partei), der rechtsradikalen „Mena“, von führenden Rabbinern und religiösen Intellektuellen sowie einem breiten säkularen rechtsnationalistischen Parteienspektrum, wo die Idee der endgültigen Vertreibung der Palästinenser aus deren Heimat starken Zuspruch findet. Gleichzeitig wird jede Rückgabe der besetzten Gebiete abgelehnt.

Zu den rechtsradikalen Elementen in Israel gehört auch die Bewegung Zo Artzenu („Dies ist unser Land“) mit dem Anführer

Mosche Feiglin, der an der Spitze des rechten Likud-Flügels steht und das Bindglied zu den religiösen Fanatikern und jenen aus der „Tempelberg-Bewegung“ ist.[11]

Terrorstruktur seit langem aktiv

Welche fanatische Gewaltbereitschaft die Eroberung Jerusalems bei manchen Juden weckte, zeigte sich ab 1967:

1968 steckte ein jüdischer Tourist aus Australien die Al-Aqsa-Moschee in Brand, wobei unter anderem die im 12. Jahrhundert von Sultan Saladin errichtete monumentale Kanzel zerstört wurde.

1982 drang ein Neueinwanderer aus den USA namens Alain Goodman in der Uniform eines israelischen Soldaten auf den Tempelberg vor, schoss wahllos um sich und tötete mehrere moslemische Gläubige im Namen der heiligen Erde Israels.

1984 wurde ein Plan, die Al-Aqsa-Moschee in die Luft zu sprengen, erst in letzter Minute aufgedeckt und verhindert. Der so genannte „jüdische Untergrund“ formierte sich damals als Reaktion auf die Pläne von Menachem Begin, den Sinai an Ägypten zurückzugeben – eine Situation, die der Situation 2004/05 sehr ähnelte.

Den Tempelberg anvisiert hat mit ihrer Gründung 1994 auch die ultrarechte Partei „Rechte Israels“, die unter dem Vorsitz von Saul Gutmann überdies die Vertreibung aller Palästinenser, also das Kriegsverbrechen der ethnischen Säuberung, verlangte.

Am 25. Februar 1994 schließlich verübte der aus den USA eingewanderte jüdische Besatzungs-Siedler Baruch Goldstein einen Terrorakt mit weitreichenden Folgen. Der Attentäter war schon zuvor als Sonderling aufgefallen, weil er sich als Militärarzt geweigert hatte, drusisch-israelische (arabisch-stämmige) Soldaten zu behandeln.

Kurz vor dem Attentat hatte er in einem Interview mit einem US-Fernsehteam erklärt, es gäbe eine Zeit für das Töten und eine andere Zeit für das Heilen. Die Araber seien alle „Nazis“ und „Feinde der Juden“, mit denen es kein Zusammenleben geben könne. Wörtlich: „Sie haben uns krank gemacht. Die Araber sind wie eine Epidemie. Sie sind Bazillen, die uns infizieren.“[12]

Am 25. Februar frühmorgens bewegte sich Baruch Goldstein mit seinem Galil-Automatikgewehr und drei Patronen-Magazinen in

Richtung der Machpela-Höhle bei Hebron, dem zentralen heiligen Ort für Juden, Muslime und wohl auch Christen. Jeder Gläubige, der dort hinkommt und an den Gräbern der Erzväter Abraham, Isaak und Jakob wie auch der Erzmütter Sarah, Rebekka und Lea steht, empfindet Ehrfurcht und Respekt, Gebetsanmutung und Verehrung.

Goldstein mischte sich während des Freitags-Gebets in der Ibrahimi-Moschee unter die betenden Palästinenser und feuerte plötzlich wahllos in die Menge. Als er zum zweiten Mal nachladen wollte, erschlugen ihn Überlebende mit einem Feuerlöscher. 49 Tote und unzählige Verletzte blieben zurück.

Verherrlichung eines Massenmörders

Der Massenmörder bekam bezeichnenderweise nächst Hebron in der jüdischen Siedlung Kirjat Arba gleich hinter dem Eingangstor im Meir-Kahane-Garten (benannt nach dem rechtsextremen Rabbi) ein Grabmal, auf dessen Grabstein steht: „Hier ruht der Heilige, der Arzt Baruch Kapel Goldstein. Möge der Gerechte gesegnet sein. Möge Gott sein Blut rächen. Ohne Fehl und mit reinem Herzen opferte er sich für sein Volk, die Thora und das Land Israel. Möge seine Seele in Frieden ruhen."

Von dem Platz des Grabes kann man weit über das steinige biblische Land schauen. Seither ist dies die beliebteste Pilgerstätte der rechtsextremen Pilger, der Gegner des Friedensprozesses und Groß-Israel-Fanatiker. Zu ihnen gehörte auch der Student Jigal Amir, der am 4. November 1995 in Tel Aviv Ministerpräsident Yitzhak Rabin nach einer Friedensdemonstration erschoss.[13]

Diese öffentliche Verherrlichung des Terrors war erst im Jahr 2002 zu Ende, als das Denkmal auf Befehl der Regierung abgerissen werden musste. Nur die polierte Grabplatte des absonderlich verehrten Massenmörders ist geblieben.

In Kirjat Arba und einigen winzigen Enklaven in Hebron leben 6.000 israelische Siedler in ständiger – und gewollter – Konfrontation mit den Palästinensern. Im Gegenzug zu dem klaren Bekenntnis ihrer Religion halten sie andere von der Wohnung, dem Schlafen und dem ruhigen Leben ebenso ab wie vom Beten in der inzwischen seltsam gewordenen Besatzungs-Welt Hebrons.

Die bisweilen surreale Welt der Besatzungs-Siedler innerhalb von Hebron verdient einen genaueren Blick. In der arabischen Großstadt sind die jüdischen Kleinst-Enklaven von Stacheldraht und geschlossenen Eisentüren und Betonblöcken abgeschlossen, die nicht etwa ein Gefängnis oder ein Zuchthaus bedeuten, sondern Wohnsiedlungen. In fünf Kleinstsiedlungen (Avraham Avibnu, Beit Hasdassa, Beit Castel, Beit Romano, Tel Rumeida) leben ca. 450 jüdische Siedler, die aber zur Seite der sonstigen menschlichen Wohnungen, Häuser und Schlafstätten hin alles zugemauert haben. Sie leben abgekapselt, ohne einen Blick auf die menschliche Welt auswärts zu haben. Nun könnte man das als einen vorübergehenden Krankheitszustand beschreiben, der behutsam geheilt wird, würde er nicht von einem Abkommen (Protokoll über die Truppenverlegung in Hebron vom 15. Januar 1997) und von mehr als 1.000 israelischen Soldaten mit Checkpoints aufrechterhalten. Diese irrwitzige Erscheinung wird von der israelischen Armee gewaltsam konserviert.[14]

Die im Raum Hebron liegende jüdische Besatzungs-Siedlung Kirjat Arba ist die knorrigste Zitadelle der Wagenburg-Juden im Westjordanland. Nirgendwo sonst ist die jüdisch-arabische Konfrontation so unmittelbar und so handfest. Yitzhak Ginsburg, der Rabbi der Talmudschule beim Grab Josefs, der seine Schüler lehrt, dass arabisches Blut weniger Wert sei als jüdisches, hat hier seinen stärksten Brückenkopf.[15]

Kirjat Arba sollte mittelfristig an den künftigen palästinensischen Staat übergeben werden. Tatsächlich aber wächst hier die jüdische Bevölkerung schneller als im israelischen Staat. Die Regierung in Jerusalem zahlt sogar Prämien an Juden, die sich in Hebron niederlassen. Palästinenser dagegen dürfen leer stehende Häuser im weiten Umkreis um „militärisch wichtige Objekte“ nicht beziehen. Kirjat Arba dürfte wohl ewig jüdisch bleiben.

Nach dem Blutbad in der Moschee in Hebron 1994 riefen der militärische Flügel der palästinensischen „Hamas“ und der „Islamische Djihad“ zu einer „neuen Dimension der Rache“ auf, die sich in mehreren Anschlägen gegen Juden äußerte.

Wenig später wünschte sich Yoel Lerner von der rechtsextremen Kach-Bewegung ein Attentat auf die Tempelberg-Moscheen mit der Begründung, dies würde den Friedensprozess sofort stoppen. Rechtsanwalt Kasper von der „Bewegung für den Bau des Dritten Tempels“ erklärte sogar, die Sprengung der Al-Aqsa-Moschee sei leichter als die Gemetzel von Hebron. Dem „Wall Street Journal“ gegenüber erklärte er am 18. Mai 1994, dies könne er sogar ganz allein machen.[16]

Auch 1995 planten rechte Extremisten die Zerstörung der Al-Aqsa-Moschee, um durch den folgenden Tumult innerhalb der arabischen Welt den Friedensprozess zunichte zu machen.

Im Zuge der 2. Intifada kam es immer wieder zu Gewaltakten jüdischer Besatzungs-Siedler gegen Palästinenser, doch wurden sie als Randphänomen verharmlost.

Als im Juni 2001 ein Selbstmordattentäter beim Dolphinarium in der Nähe der Hassan Bek Moschee in Jaffa im Süden der Beach Promenade in Tel Aviv 21 Israelis mit in den Tod riss, warf eine aufgebrachte Menge stundenlang Steine und Flaschen gegen die Moschee, beschädigte sie und erzwang die Evakuierung von Betenden. Seither werden Moslems immer wieder von Juden attackiert.

Am 19. Juli 2001 ermordete die berüchtigte jüdische Terrorgruppe „Komitee für Sicherheit auf den Straßen“ drei Palästinenser, darunter einen drei Monate alten Säugling, auf offener Straße.[17]

Es ist die Extremisten-Umgebung, aus der auch Baruch Goldstein kam.

Zumindest neun Morde an Palästinensern sollen seit Beginn der Intifada bis 2004 auf das Konto jüdischer Extremisten gegangen sein – in sieben Fällen fehlen (nicht unerwartet) die Beweise. Im Sommer 2003 wurden drei Extremisten bei der Vorbereitung eines Sprengstoffanschlages auf eine arabische Schule festgenommen, einer der Verdächtigen wusste im Verhör etwas von einem geplanten Angriff auf die Al-Aqsa-Moschee zu berichten.[18]

Am 26. Dezember 2004 zeigte der jüdisch-terroristische Untergrund neuerlich Flagge, als um 5 Uhr früh zwei Molotowcocktails durch ein Fenster der Hassan Bek Moschee, dem Gebetstempel für die Moslems im arabisch dominierten Stadtteil Jaffa, geworfen wurden. Die Täter wurden nicht identifiziert. Der Muezzin und zwei andere Gläubige konnten das Feuer selbst löschen. Gemeinderatsmitglied Rifaat Tourk warnte die Bewohner von Jaffa davor, das

Gesetz in die eigenen Hände zu nehmen, und beklagte die unterschiedliche Behandlung von jüdischen und moslemischen Israelis: „Würde ein derartiger Anschlag auf eine Synagoge verübt, würde halb Jaffa eingesperrt werden."

Der religiöse Führer der Moschee, Scheich Ahmed Abu-Ajwa, meinte, dass hasserfüllte Juden immer wieder die Moschee niederzubrennen versuchen und die Gläubigen wohl attackieren würden, solange die Moschee dort existiert.[19]

Anfang August 2005 kam es dann zu einem Gemetzel, als ein 19-jähriger israelischer Terrorist aus Rishon LeZion bei Tel Aviv in einem Bus nach Haifa vier arabische Israelis, darunter auch den Busfahrer, mit seiner automatischen Waffe tötete. Aufgebrachte Araber lynchten den Täter. Ministerpräsident Sharon verurteilte den „terroristischen Zwischenfall als absichtlichen Versuch, die Beziehungen zwischen den Bürgern Israels zu verletzen". Der Mann war aus der Armee desertiert, kurz davor erst dem jüdischen Glauben beigetreten und in Kontakt mit Mitgliedern der in Israel verbotenen jüdischen Extremistengruppe „Kach".[20]

Und am 17. August 2005 ermordete ein jüdischer Siedler aus dem Westjordanland gleichfalls vier Palästinenser. Regierungschef Sharon bezeichnete die Tat als „jüdischen Terror", dessen Ziel es sei, den Abzug aus dem Gazastreifen noch zu stoppen. Der Israeli war Fahrer in der Siedlung Shilo und fuhr jeden Tag palästinensische Arbeiter in das Gewerbegebiet der Siedlung. Als er an jenem Tag bei einem Wachposten vorbei fuhr, blieb er stehen, nahm einem Wachmann mit vorgehaltenem Messer das Gewehr ab und schoss auf die palästinensischen Arbeiter.[21]

Kapitel 14

Terrorstruktur im Untergrund

„Im rechtsradikalen Sumpf tummeln sich fanatische Verschwörer, die vor politischem Mord an ihren jüdischen Brüdern nicht mehr zurückschrecken."[1]

„Der Spiegel" über die jüdischen Besatzungs-Siedlungen

Tiefe Einblicke in den terroristischen Untergrund eröffneten sich schon im Zuge der Friedensverhandlungen unter Ministerpräsident Yitzhak Rabin. Am 4. Mai 1994 unterzeichneten Rabin und Yassir Arafat in Kairo das Oslo-I-Abkommen, mit dem die palästinensische Selbstverwaltung im Gazastreifen und in Jericho formell besiegelt wurde. Am 17. Mai 1994 nahm nach 27 Jahren israelischer Besatzung die palästinensische Autonomiebehörde in Teilbereichen ihre Tätigkeit formell auf.

Zu dieser Zeit begann der terroristische Untergrund in der jüdischen Siedlerszene des Westjordanlands die Gefahr zu wittern. Als sich Arafat und Rabin am 6. Juli 1995 dann tatsächlich über die Eckpunkte eines Interimsabkommens und über die Selbstverwaltung des Westjordanlands einigten, begannen die Terroristen den israelischen Ministerpräsidenten ins Visier zu nehmen und ab Sommer offen gegen die Friedenspolitik Front zu machen, um das Oslo-II-Abkommen zu verhindern, das dann aber am 28. September 1995 in Washington trotzdem unterzeichnet wurde.

Wesentlich an den Agitationen beteiligt waren extremistische Rabbiner. Viele warfen die Frage auf, ob Rabin es verdient habe, wegen seines „Verrats" ermordet zu werden. Andere wieder behaupteten, das Aushändigen von Teilen von „Eretz Israel" an „Gojim" sei eine Gotteslästerung.

Ein früheres Mitglied des aktiven jüdischen Terrorrings der achtziger Jahre erhielt für seine Teilnahme am Anschlag auf den Bürgermeister von Ramallah und El-Bireh eine Gefängnisstrafe. Später berichtete er in seinem Buch „Liebe Brüder" über die Terrorgruppe, dass die Rabbiner tief in die Terroranschläge verwickelt gewesen seien. Nach palästinensischen Kommandoaktionen forderten die drei Siedler-Rabbiner Dov Lior, Eliezer Waldman und Moshe Levinger massive Gegenschläge. Moshe Levinger war in die Ermordung dreier Studenten der Islamischen Universität in Hebron involviert, sein Schwiegersohn Uzi Sharbaf war sogar direkt beteiligt. Andere Rabbiner schlugen vor, arabische Autobusse zu den Hauptverkehrszeiten in die Luft zu sprengen, was allerdings vom Inlandsgeheimdienst verhindert wurde. Dennoch hatte politischer Druck die Rabbiner immer vor gerichtlichen Verfolgungen bewahrt.

Der Likud-Block half mit, durch intensive politische Agitation gegen Frieden und Rückzug aus den Palästinensergebieten den Boden für die rechte Gewalt aufzubereiten. Der heutige Regierungschef Ariel Sharon war damals gemeinsam mit Benjamin Netanjahu einer von jenen, die öffentlich Stimmung gegen den amtierenden Ministerpräsident Rabin machten. Sharon bezeichnete die Oslo-Abkommen sogar als „Akt des Verrats“.[2]

Die Entwicklung eskalierte. Bei einer Demonstration am Jerusalemer Zionsplatz wurden Plakate geschwenkt, die Rabin in SS-Uniform oder mit einer Keffiyah, dem palästinensischen Kopftuch, zeigten. Rechtsradikale Siedler schwenkten in aller Öffentlichkeit ein Transparent mit der Inschrift: „Rabin – hörst du die Stimmen deiner Brüder aus den Gräbern?“

In Sprechchören riefen rechtsradikale Demonstranten auf der Straße „Rabin, Mörder“ und „Rabin, Verräter“. Eine Karikatur zeigte den Regierungschef, wie er sich von der Schlange Arafat verführen ließ. In einer anderen wusch er sich die Hände mit Judenblut.[3]

In den Synagogen tauchten Flugblätter mit einem Gebet auf, in dem „die Engel des Todes“ aufgefordert wurden, Rabin zu holen, weil er angeblich „das gelobte Land seinen Feinden ausliefert“.

Professor Moshe Zimmermann von der Hebräischen Universität Jerusalem mit dem Fachgebiet „Drittes Reich“ erklärte in einem Interview, dass er einen bestimmten Teil der israelischen Öffentlichkeit ohne zu zögern mit deutschen Nazis vergleichen würde. Die Siedlerkinder aus Hebron würden sich genauso wie die Hitlerjugend benehmen, die mit der Vorstellung aufgezogen würden, dass alle Araber Übeltäter und alle Nichtjuden, die Gojim, gegen die Juden seien. Diese Kinder mache man zu Paranoikern, die davon überzeugt seien, einer „Herrenrasse“ anzugehören, genau wie die Hitlerjugend.[4]

Und das deutsche Nachrichtenmagazin „DER SPIEGEL“ notierte: „Religiöser Fanatismus, rassistischer Überlegenheitswahn und der Anspruch auf gottgegebenen Lebensraum vereinigten sich zu einem Sumpf, in dem sich faschistische Elemente tummelten – etwa die rechtsextreme Ejal-Gruppe, zu der auch der Attentäter gehörte.“[5]

Ende September 1995 hatten die Fernsehzuschauer in Israel Gelegenheit, mehr über diese Vereinigung von religiösen jungen Männern zu erfahren, nachdem ein TV-Team das Aufnahmeritual auf dem Herzl-Berg in Jerusalem gefilmt hatte. In einer gespenstischen Szene befragten vermummte Aktivisten über den Gräbern jüdischer Untergrundkämpfer die mit Wollmützen maskierten Nachwuchs-Getreuen: „Bist du bereit, auch auf Juden zu schießen?“ – „Ja“, beteuerte der Nachwuchs-Terrorist stramm, „wenn es Juden sind, die ich nicht als Juden anerkenne, dann tue ich es.“

„Gruselbilder fast wie aus der deutschen Neonazi-Szene“, schrieb der SPIEGEL, als ein 18-Jähriger feierlich gelobte:

„Ich schwöre bei allem, was mir heilig ist, und bei der Ehre des jüdischen Volkes, dass ich gegen die teuflische Regierung und ihre Verbündeten kämpfen werde bis zum Tod, dass ich kämpfen werde gegen die schlimmsten Feinde des jüdischen Volkes bis zum allerletzten Atemzug.“

Trotz Aufforderung von Seiten einiger Knesset-Abgeordneter der damals regierenden Arbeitspartei unternahmen die Sicherheitsbehörden aber nichts gegen die Terrorgruppe. Ebenso ungeschoren blieb die rechtsradikale Organisation Kahane Chai (Kahane lebt) – so benannt nach dem früheren Parlamentsabgeordneten und Gründer der rassistischen Kach-Bewegung, Meir Kahane, der am 5. November1990 in New York von einem moslemischen Fanatiker erschossen wurde. Er importierte politische Gewalt und religiösen Rassismus in einem in Israel bislang nicht gekannten Ausmaß. Sein Sohn und Nachfolger Benjamin Zeev Kahane verübte mit Komplizen in einem palästinensischen Dorf im Westjordanland ein Massaker, erhielt dafür aber anstatt der vom Staatsanwalt geforderte Gefängnisstrafe von bis zu achtzehn Jahren lediglich die „Verurteilung“ zu einer sechsmonatigen gemeinnützigen Arbeit außerhalb der Gefängnismauern. Nach dem Mord an Rabin zeigte er sich in aller Öffentlichkeit „sehr zufrieden“ und die erst 15-jährige Aktivistin „Gila“ ergänzte: „Rabins Tod ist gut für das israelische Volk, weil er Unkraut war.“

Die beiden rechtsextremen Bewegungen Kach und Kahane Chai wurde nach dem Massaker in Hebron zwar verboten, ihre Mitglieder konnten sich aber in der ultrarechten Moledet-Partei und der „Rechten Israels“ einnisten. Kach hatte zwar in Israel mehr Aktivisten als Kahane Chai, Letztere ist aber in den USA stark vertreten und verfügte in New York über einen harten Kern von einigen hundert Anhängern und sogar über militärische Ausbildungslager. Das Trainingsprogramm bestimmten antiarabische Parolen und heftige Attacken gegen die friedensbereite Arbeitspartei. Der Ausbildner Lenni Goldberg, der aus den USA in die Siedlung Tapuah gekommen war, erklärte einem Journalisten gegenüber unverblümt, dass er Rabin erschießen wolle, sollte er ihn ins Visier bekommen.

Derartig milde Strafen für Übergriffe rechtsextremer Israelis gegen Palästinenser waren zumindest bis zur Ermordung Rabins gang und gäbe. Einige alte Strafakte wurden danach allerdings wieder aufgerollt. Unter anderem wurde der berüchtigte Siedler-Rabbiner Moshe Levinger aus Hebron nachträglich zu sechs Monaten Gefängnis verurteilt, weil er viereinhalb Jahre zuvor Schüsse auf Palästinenser abgegeben und ihr Eigentum zerstört hatte.

Ein Jahr vor dem Rabin-Mord konnte der Geheimdienst Shin Bet rechtzeitig eine andere Untergrundorganisation ausheben, die sich „Davids Schwert“ nannte und deren Mitglieder angeblich einen Sprengstoffanschlag auf das Orient-Haus in Ost-Jerusalem, ein Zentrum der Palästinenser, planten. Auf einem Flugblatt hatten diese Terroristen schon früh Rabin als „Verräter“ gebrandmarkt, der seiner gerechten Strafe, nämlich dem Tod, nicht entgehen könne.

Umgekehrt waren die Fanatiker der Rechten für Rabin nichts anderes als Terrororganisationen wie die palästinensische Hamas.

Untergrundnachwuchs aus den Siedlungen

„Im rechtsradikalen Sumpf tummeln sich fanatische Verschwörer, die vor politischem Mord an ihren jüdischen Brüdern nicht mehr zurückschrecken“, schrieb der „SPIEGEL“ unter dem Titel „Ein Treibhaus für Mörder“, womit die jüdischen Besatzungs-Siedlungen der besetzten Gebiete im Westjordanland gemeint waren. Dort wird in den religiösen Schulen der Nachwuchs schon früh zum Hass auf die Araber erzogen und an scharfen Waffen ausgebildet, um sie jederzeit gegen Araber einzusetzen. Diese zum Extremismus erzogenen „Hügel-Kids“ wachsen in jener geistigen Atmosphäre auf, in der seinerzeit der Boden für den Rabin-Mord aufbereitet wurde.

In dem Film „Gottes Bunker“ des israelischen Filmemachers Micha Peled waren Schüler aus Kirjat Arba oberhalb der Stadt Hebron zu sehen, die Antworten gaben wie: „Wir haben gelernt, dass Rabin das Volk spaltet“, oder „Wir haben gelernt, dass Rabin Fehler begeht“. In einer Szene waren die Kinder im Schulbus zu sehen, wie sie sangen: „Alle hassen die Araber. Aber am wichtigsten ist es, sie zu töten, einen nach dem anderen“. Der Refrain dazu lautete: „Ha! Ha! Ha! Ich habe mich noch nicht richtig gerächt“. Außerdem skandierten die Kinder: „Ami Popper, keiner kommt dir gleich“. Der Angesprochene hatte 1990 sieben palästinensische Arbeiter aus Gaza ermordet.

Dabei war Rabin ja nicht gerade ein Friedensengel, der sich mit den Palästinensern verbrüderte. Als Befehlshaber der israelischen Streitkräfte hatte er im Juli 1948 zur Einnahme der arabischen Städte Lydda und Ramle und der Vertreibung der 50.000 Bewohner zunächst pausenlosen Beschuss der Ortschaften angeordnet, bis die Bevölkerung schließlich flüchtete. Als Begründung erklärte Yitzhak Rabin später, er hätte nicht zwei große arabische Städte zwischen der israelischen Hauptstadt Jerusalem und Tel Aviv dulden können.

Als Rabin diese Begebenheiten in seinen Memoiren dokumentieren wollte, kam er in Bedrängnis. In der hebräischen Ausgabe wurden die diesbezüglichen Textpassagen zwar genehmigt. Eine Veröffentlichung in der englischen Ausgabe verbot aber der damalige Likud-Justizminister Shmuel Tamir persönlich. Rabins

Referent Eytan Haber fragte den Minister: „Darf man in Israel etwa nicht mehr die Wahrheit sagen? Noch dazu eine, die jedermann bekannt ist?“

Die Antwort war bezeichnend: „Doch, aber die Wahrheit darf nicht aus dem Mund eines direkt Betroffenen kommen, vor allem dann nicht, wenn es sich um eine hochgestellte Persönlichkeit handelt. Denn das zerstört unser Bild von jener Zeit ebenso wie unsere Version über die Flucht der Araber aus eigenem Antrieb bzw. auf Grund der unaufhörlichen Appelle führender arabischer Politiker. Das würde beweisen, dass wir die Schuld für die arabischen Flüchtlinge tragen.“[6]

Yitzhak Rabin versuchte vergeblich, die Meinung des Justizministers zu ändern. „Versehentlich“ enthielt dann der dem Übersetzer des Buches, Peretz Kidron, zugesandte Text auch den zensierten Abschnitt, sodass dieser dennoch in der englischen Ausgabe abgedruckt wurde.

Als Verteidigungsminister stieß Rabin zu Beginn der ersten Intifada 1987 den verhängnisvollen Satz aus: „Brecht ihnen die Knochen“. Seine Soldaten nahmen dies wörtlich und zerschmetterten Hunderten von Palästinensern, darunter auch Alten und Kindern, Arme und Beine. In einer TV-Dokumentation ist zu sehen, wie drei Soldaten zwei Jugendliche zu Boden warfen, fesselten, mit Felsbrocken ihre Arme und Knie zerschmetterten und zum Schluss noch Steine auf die Schädel schlugen.

Doch das war den radikalen Fanatikern nicht genug. Anfang Oktober 1995 beteten vor dem Wohnhaus des Premierministers in der Raw-Aschel-Straße von Tel Aviv schwarzgekleidete Männer um das „Pulsa Denura“, die biblische Verwünschung. Einmal versuchten Demonstranten sogar, das Wohnhaus Rabins zu stürmen.

Nach langem Schweigen sah sich Yitzhak Rabin dann am 12. Oktober 1995 veranlasst, im Rundfunksender der Armee dem Likud von Sharon und Netanjahu vorzuwerfen, die Extremisten aufzustacheln und den Hintergrund für rechtsradikale Gewalt zu schaffen.

Doch es war bereits zu spät, um die Gewalt noch aufzuhalten.

Ministerpräsident Rabin als Mordopfer

An der Türschwelle von Yitzhak Rabins Wohnung flehte der radikale Rabbi Awigdor Askin, Gott möge „den Verfluchten" doch endlich sterben lassen. Und Rabbiner aus den Besatzungs-Siedlungen im Westjordanland gaben dem 25-jährigen Attentäter Yigal Amir die Genehmigung für die Ermordung der Regierungs-chefs, ohne deren Dispens er nach eigenen Angaben den Mord nie begangen hätte. Am Grab des Massenmörders Baruch Goldstein in Kirjat Arba fasste er den Entschluss, den „Verräter" Rabin zu beseitigen.

In dem politisch aufgeheizten Klima wurde Rabin schließlich am Abend des 4. November 1995 nach einer Großdemonstration für den Frieden am Platz der Könige Israels in Tel Aviv von Amir ermordet.

Unter den Erklärungen für den Mord findet sich auch die so genannte „Drei-Etagen-Theorie": Auf der obersten Etage stand der Täter, der auf den Abzug drückte; die Etage darunter stellte die Hetze gegen die Regierung dar; und im Erdgeschoß befand sich die Regierung selbst, die durch ihr Handeln das Gewissen der wahren Patrioten aufwühlte und mit der Aufgabe von Gebieten des „Heimatlandes" vermeintlich das Leben von Juden gefährdete.[7]

Doch wo ist diese Gefahr, wenn damit der Frieden erkauft wird?

Ex-General Raphael Eitan aber, der Vorsitzende der rechtsextremen Tsomet-Partei, meinte damals sarkastisch, der Ministerpräsident sei für seinen Tod selber verantwortlich gewesen. Er erklärte zwei Wochen nach dem Mord in einem Vortrag vor Schülern in Haifa allen Ernstes, dass nach israelischem Gesetz für die Aufgabe von Teilen von „Eretz Israel", dem Groß-Israel in den biblischen Grenzen einschließlich des Westjordanlandes, entweder die Todesstrafe oder eine lebenslange Freiheitsstrafe stehe. Diese Worte wurden schon vorher über den Radiokanal 7, den Sender der Siedler, verbreitet und galten als Anstiftung zum Mord. Der Sekretär der Arbeitspartei, Nissim Zvili, fand den Zusammenhang zum Mord „schrecklich offensichtlich".[8]

Mord war religiös motiviert

Für das Oslo-I-Abkommen hatten Yitzhak Rabin und Yassir Arafat (sowie Shimon Peres) am 10. Dezember 1994 in Oslo den Friedensnobelpreis erhalten. Wegen des Oslo-II-Abkommens wurde Rabin von Yigal Amir ermordet. Die Radikalen sehen darin ein Zeichen Gottes. Denn Yigal heißt auf Deutsch übersetzt in etwa „Er wird erlösen".

Für den Friedensaktivisten und strenggläubigen Juden Abraham Burg war der Rabin-Mord folgerichtig kein politischer, sondern ein religiöser Mord. Auch Amir begründete das Gelingen der Tat mit „göttlicher Gerechtigkeit", weil Rabin das biblische Land wieder hergeben wollte. Und er berief sich auf ein uraltes Gesetz des jüdischen Rechts, wonach es göttlichem Willen entspricht, einen Verräter zu töten, der anderen Juden den Tod bringt. Außerdem behauptete er, zwar geschossen zu haben, aber „den Finger am Abzug hatte das ganze Volk".

Schon vor der Tat hatte der Rabbi Abraham Hecht aus Brooklyn/-New York auf den jüdischen Rechtsgelehrten Maimonides aus dem 12. Jahrhundert Bezug genommen, der einst schrieb, dass ein Verräter in den eigenen Reihen getötet werden müsse, und sagte unter Bezug auf Rabin: „Wer ihn tötet, tut eine gute Tat."

Zu spät fragte Jehuda Amital, ein anderer Rabbiner, nach dem Mord entsetzt: „Sind wir etwa in Sodom? Wie kann so etwas in einer kultivierten Nation passieren?" Die Antwort gab der Rechtsberater der damaligen Regierung, Michael Ben-Jair, nach dem Attentat ebenso entsetzt: „Die israelische Gesellschaft ist krank."

Rabin, einst gefeierter Held im Unabhängigkeitskrieg 1948 und als Oberbefehlshaber im Juni-Krieg 1967, hatte sich in den Augen der Radikalen mit dem israelisch-palästinensischen Friedens- und Autonomieabkommen von 1993 „schuldig gemacht" und war für sie zum Verräter geworden – wie auch die Politiker des „Friedenslagers" und jeder andere, der für einen gerechten Frieden mit den Palästinensern eintrat. Für die radikale Minderheit im Siedlerblock war schon damals die Aufgabe auch nur eines Fußbreites des Gelobten Landes ein Frevel gegen Gottes Gebot.

Noa Ben Artzi-Pelossof, die Enkelin des ermordeten Yitzhak Rabin, fand nach der Ermordung ihres Großvaters nur eine hilflose

Erklärung für die wachsende Radikalität in Israel: dass Israel wie ein gespaltener Körper sei, die eine Hälfte gesund, die andere vom Krebs zerfressen. Als Krebs sieht sie die extreme Rechte. „Es war der Krebs, der Großvater tötete. Es ist der Krebs, der noch immer versucht, Israel zu töten.“[9]

In diesem Buch, geschrieben im Alter von 19 Jahren etwa ein Jahr nach dem Mord und gewidmet ihrem Großvater, ihrem Saba, schrieb sich die Enkelin Rabins ihre ganze Trauer, den Kummer über den Verlust, von der Seele. Das ergreifende Dokument wurde dann in Deutschland mit dem Preis „Das politische Buch 1997“ ausgezeichnet – wobei es weit mehr als nur um Politik ging. Sie schrieb über ihr Leben, ihre Generation, der Jitzhak Rabin die Hoffnung für den Frieden war, und ihren Großvater, der Geschichten erzählen konnte, ihre Gedichte sammelte, ihr Vorbild und politischer Mentor war – den warmherzigen, schüchternen und liebevollen Menschen, in dessen Nähe sie aufgewachsen war. Und sie schrieb über das Attentat, über Erinnerungen an Rabin, über Krieg und Frieden, ihren Dienst in der Armee, über den Mörder ihres Großvaters und Rabins Beerdigung: „Großpapa, du warst das Feuer vor dem Lager, und jetzt sind wir allein, ohne Fackel in der Finsternis; uns ist so kalt, wir sind so traurig.“

Die Witwe Lea Rabin sprach in der Israel-Dokumentation des israelischen Filmemachers Amos Gitai, vorgestellt 1996 am Filmfestival im Schweizerischen Locarno, deutliche Worte: Sie fühle nicht Hass, sondern nur Zorn auf jene Gedankenwelt, in der die Gewalt gedeiht, und auf jenes politische System, das ihren Mann ungestraft einen Mörder und Verräter nennen konnte, der das Land verkaufe. Dann da den Extremisten das Land wertvoller war als das Leben eines Menschen, wurde der Mord zu einem Muss. Rabins Ziel war es, dass Israel auch auf verkleinertem Territorium von Frieden umgeben sein würde. „Das Land aber, das der Filmemacher Gitai durchquerte, ist von Zerstörung geprägt, von Krieg“, schrieb damals die „Basler Zeitung“.

Daran hat sich bis heute nichts geändert.

Israelischer Untergrund gegen Sharon

Orthodoxe Juden hatten jedenfalls schon bei der Ermordung Rabins ihre Wünsche klar ausgesprochen. Abraham Shapira, einst Oberrabiner Israels und dann einer der Mitbegründer der Rabbinervereinigung „Erez Israel“, hatte damals erklärt: „Gegen das Religionsgesetz verstoßende Beschlüsse einer weltlichen Regierung können keinen Juden verpflichten.“ Über den weltlichen Gesetzen stehe Gottes Gesetz, und das ist in der Torah und im Talmud festgehalten.

Ein Mord nach dem Empfinden westlicher Rechtsstaaten kann daher nach „göttlicher Auslegung“ durchaus legitim sein. Eine derartige Ansicht begründet aber eine tiefe Kluft nicht nur in Israel selbst, sondern auch gegenüber dem Rest der Welt.

Die Gangart dieser religiösen Extremisten hat sich seit dem Jahr 2004 zweifellos verschärft. So berichtete die jüdische Zeitung „Ha-Shawuah“, dass ultraorthodoxe Juden geplant haben, einen Todesfluch so wie einst über den Friedensnobelpreisträger Yitzhak Rabin nun auch über den anderen Friedensnobelpreisträger Shimon Peres, den nunmehrigen stellvertretenden Ministerpräsidenten, wegen seiner Äußerung: „Ob Araber, Juden, Spanier – wir sind doch alle Menschen“ zu verhängen. In Israel gehen die Uhren eben anders – dort gehört offenbar viel Mut dazu, solches zu behaupten. Immerhin repräsentieren heute in Jerusalem religiöse bis ultraorthodoxe Juden bereits einen 30-Prozent-Anteil der jüdischen Bevölkerung, bei steigender Tendenz wegen der traditionell besonders hohen Zahl von Kindern, die wiederum in diesem streng religiösen Sinn erzogen werden – zur künftigen Mehrheit im Staate Israel.

Im Juli 2005 war dann Ariel Sharon an der Reihe: 15 Rabbiner belegten ihn in einer gespenstischen nächtlichen Zeremonie auf einem aufgelassenen Friedhof mit dem Todesfluch. Die Rabbiner vergaßen nicht darauf hinzuweisen, dass binnen 30 Tagen der Erfolg eintreten werde, so wie es bei Rabin der Fall war.

Schon seit August 2004 war der israelische Inlandsgeheimdienst ISA bzw. Shin Bet zu der Erkenntnis gelangt, dass erneut das Leben des Ministerpräsidenten von Israel in Gefahr sei – diesmal betraf es allerdings Ariel Sharon, der einst Yitzhak Rabin so lang bekämpfte, bis er tot war. Auch diesmal galt die Sorge nicht Palästinensern, sondern extremistischen Juden. Diese machten kein Geheimnis von ihrer Bewunderung für den Mord an Yitzhak Rabin. Denn immerhin fand dadurch der Friedensprozess von Oslo ein jähes Ende – und warum sollte nicht ein weiterer Mord auch dem Prozess der Räumung jüdischer Siedlungen im Gazastreifen ein Ende setzen?

Die Geister der Gewalt, die Sharon immer rief, wandten sich nunmehr gegen ihn. Der damalige Chef des Shin Bet, Avi Dichter, berichtete von „150 bis 200 Juden“, die den Tod des Ministerpräsidenten „aktiv erwarteten“. Die illegale Kach-Organisation gab in einer Stellungnahme bekannt, dass sie „keine roten Linien“ kenne, wenn es gelte, „die Vertreibung von Juden aus ihrer Heimat“ zu verhindern. Kurz darauf verkündete der Rabbiner der Altstadt von Jerusalem ein „din rodef“ für Juden, die jüdisches Land Nichtjuden überließen. Er relativierte diese (theologisch zweifelhafte) Tötungserlaubnis zwar mit dem Hinweis, dass ein „din rodef“ heutzutage „nicht mehr zu realisieren“ sei, doch auch Rabins Mörder berief sich nach seiner Festnahme auf ein derartiges Verdikt seines Rabbiners. Und so fragen sich viele Israelis: Wie weit werden die Siedler in ihrem Widerstand gegen die Rückzugspläne Scharons gehen?

Zwischen 1996 und 1998 trieb Sharon als Minister für Nationale Infrastruktur den Siedlungsbau in den Palästinensergebieten weiter voran. Jeden Versuch wie vor allem jenen des dann ermordeten Ministerpräsidenten Yitzhak Rabin, eine friedliche Lösung mit den Palästinensern zu finden, bekämpfte er mit allen Mitteln.[10]

Kein Wunder, dass Sharons Abzugspläne 2004 auf gefährlichen Unverstand stießen. Seither hallte die Luft in Israel wider von rechtsgerichteten Hasspredigern, ob weltlich oder geistlich. Denn bei den Rechtsradikalen gilt der Abzug als gewaltiges, einseitiges Opfer der Juden.

Immerhin ist die rund 250.000 Köpfe zählende jüdische Besatzungs-Siedlerschaft, deren politische Heimat Sharons Likud-Block geworden ist, inzwischen eine der stärksten politischen Kräfte im Staat und bestimmt schon lange die Politik in Israel Sie erpresst die gesamte israelische Gesellschaft. Und sie ist eine Gefahr für die Spaltung des Likud, was sie mit ihrer Opposition gegen den Gaza-Abzugsplan deutlich signalisierte.[11]

Gush Emunim als harter Kern der Radikalen

Den harten Kern der Besatzungs-Siedler bildet die tonangebende Siedlerbewegung Gush Emunim mit einer multidimensionalen Funktion als religiöse Erweckungsbewegung, zionistischer Gemeinschaft, Interessengruppe und Verwaltungsorganisation in der Westbank. Ihre eigentliche Stärke liegt im Bruch der unsichtbaren Grenzen, die traditionellerweise das religiöse und das säkulare Lager trennen.[12]

Der führende israelische Extremismus-Experte Ehud Sprinzak entwickelte das „Iceberg-model of political extremism" zur Einordnung von Gush Emunim, der Spitze dieses Eisberges, der seit der Unabhängigkeit ständig angewachsen ist und im Laufe der Zeit sich zu einer Subkultur im nationalreligiösen Lager mit eigenen Institutionen entwickelte. Diese Subkultur ermöglichte es Gush erst, politische, menschliche und materielle Unterstützung zu bekommen, um auf die verschiedenen Regierungen Druck auszuüben. Die NRP (National Religiöse Partei), die ständig ein Koalitionspartner der verschiedenen Regierungen war, schöpft aus diesem Potential ihre Wählerstimmen.

Gush Emunim ist jedoch keineswegs eine homogene Gruppe, die nur aus religiösen Zionisten besteht. Die Effizienz und Überzeugungskraft von Gush ruht gerade auf dem Zusammenspiel von säkularen und religiösen Juden, die aus verschiedenen Motivationen für eine starke Besiedlung der besetzten Gebiete eintreten.

Die Zusammensetzung der Mitglieder zeigt jedoch, dass es sich überwiegend um eine ashkenasische (europäisch-stämmige) Bewegung aus gutgebildeten und hochmotivierten Personen aus der Mittelschicht handelt, während die in den meisten Lebensbereichen benachteiligten Sepharden (orientalische Juden) bei Gush Emunim kaum vertreten sind.

Die Siedler der Gush-Emunim-Siedlungen bestehen aus drei Gruppen. Den Kern bildet das religiöse Lager mit starker Vertretung von Absolventen der religiösen Schulen und der religiösen Akademien (Yeshivot Hesder). Ihre Rabbis sind überwiegend fundamentalistisch eingestellt und bilden den radikalen Flügel von Gush Emunim, der das Bild der Siedler in der Öffentlichkeit weitgehend prägt.

Etwa 20 % sind säkulare Fundamentalisten, die Rabbi Kook und seine Lehre aber durchaus als positiv ansehen, da er tausende religiöse Juden dazu bringt, den Ultranationalismus der rechten Revisionisten zu unterstützen.

Hinzu kommen noch orthodoxe Juden, die durch Gush-Organisationen in den USA angeworben wurden. Sie fühlen sich zwar nicht vom religiösen Zionismus angezogen, aber sie arbeiten eng mit Gush zusammen, da Gush die Besiedlung vorangetrieben hat, so dass sie selber nun im biblischen Gebiet siedeln können.

Der radikale Kern der Gush-Emunim-Siedler konzentriert sich auf kleine Siedlungen in den palästinensisch besiedelten Gegenden und auf stark religiös geprägte Städte wie Emmanuel, Betar oder Kiryat Arba.

Verachtung der Rechtsordnung

Radikale Besatzungs-Siedler und religiöse Extremisten demonstrierten mit ihren Morddrohungen gegen Sharon bewusst die völlige Verachtung der israelischen Rechtsordnung. Auch Warnungen vor einem Bürgerkrieg wurden in TV-Talkshows ausführlich diskutiert.[13]

Viele der Extremisten betrachten den derzeitigen Staat und seine demokratischen Einrichtungen nur als Übergangsstadium auf dem Weg zur Verwirklichung eines übergeordneten nationalen, religiösen und messianischen Zieles. Der harte Kern dieser Radikalen ist schon jetzt der Meinung, dass über die parlamentarischen Beschlüsse der Knesset die Halachah, das jüdische Religions-Gesetz, zu stellen ist. Und sie erklären offen als Ziel den Sturz des derzeitigen Rechtsstaates, um ihn durch eine Staatsordnung der Halachah zu ersetzen.

Denn der derzeitige Rechtsstaat funktioniert – wenigstens auf dem Papier – nach demokratischen Spielregeln und ist dem Willen der Mehrheit unterworfen, die die Gesetze erlässt und auch wieder ändert. Der Staat der Halachah dagegen wäre das Gegenteil von Demokratie, denn er wäre der Thora unterworfen. Die Thora wird oft begriffsgleich mit dem Tanach verwendet, nämlich als „schriftliche Thora" neben dem Talmud als „mündliche Thora". Beides gemeinsam bildet das Religionsgesetz des Judentums. In engerer Begriffsverwendung enthält die Thora nur die fünf Bücher Mose des Alten Testaments, ist also synonym mit dem Pentateuch und erster Teil der Bibel.[14]

Das Bemerkenswerte dabei ist, dass nur eine sehr kleine Anzahl von besonders ausgewählten Rabbinern die Autorität hat, die Halachah auszulegen. Sie wären also dann die wahrhaft Mächtigen in einem möglichen jüdischen Gottesstaat, in dem ähnlich wie bei manchen islamischen Staaten die Religion zugleich die weltlichen Gesetze vorgibt.

Spaltung der Armee befürchtet

Doch so weit ist es noch nicht. Vorerst kommt die religiöse Rechte in Israel noch eher einer sektiererischen Rebellenbewegung gleich, die wie alle Rebellen der Welt stark motiviert ist. Ihre Mentoren sind die Rabbiner der Yesha, der Siedlungen in den besetzten Gebieten, sowie die Rabbiner einiger Yeshivot Hesder (religiöse Akademien), die Militärdienst mit dem Thora-Studium verbinden. Sie alle sind seit der Eroberung Jerusalems und der biblischen Westbank 1967 von der Macht wie berauscht und ergehen sich in himmlischen Verzückungen.

Viele von ihnen hängen den düsteren Gedanken nach, dass die heutigen säkularen, den weltlichen Gesetzen und Regeln zugeneigten Juden „Amalekiter“ seien, also Feinde, denen es gelungen ist, sich nach dem in der Thora beschriebenen Auszug aus Ägypten in das Volk Israel einzuschleichen. Und da diesem Glauben zufolge Gott selbst einst den Befehl gegeben hat, die Amalekiter vom Antlitz der Erde zu vertilgen, sind die besten Voraussetzungen für den Bürgerkrieg in Israel bereits gegeben.

Die bekanntesten Rabbiner der religiös-zionistischen Bewegung erklärten nämlich die Evakuierung auch nur einer einzigen Besatzungs-Siedlung zur Sünde gegen Gott. Sie riefen daher schon 2004 die Soldaten auf, sich den Befehlen zur zwangsweisen Räumung jüdischer Siedlungen im Gazastreifen und in der Westbank zu widersetzen.

Hunderte von Rabbinern, einschließlich der Rabbiner der Siedlungen und der religiösen Armeeeinheiten, haben sich diesem Aufruf angeschlossen und legten eine einmalige Brisanz im israelischen Militär offen. Denn die Studenten des Yeshivot Hesder dürfen ihren

Militärdienst in abgesonderten Einheiten leisten, gleichsam als eigene „Armee in der Armee“, die einem trojanischen Pferd gleicht. Dies birgt die Gefahr in sich, dass die Soldaten des Yeshivot im Falle von Auseinandersetzungen zwischen ihren Rabbinern und den Armeekommandanten letztlich den Rabbinern gehorchen könnten.

Noch gravierender dürfte sich aber auswirken, dass die Besatzungs-Siedler systematisch bereits in die Ränge des Offizierskorps aufgerückt sind und dort möglicherweise ihre eigenen Interessen verfolgen. Denn die Besatzungsarmee hat während der letzten 35 Jahre so etwas wie einen negativen Ausleseprozess durchlaufen. Humanistisch gebildete, liberale Israelis sind in wissenschaftliche Berufe gegangen bzw. haben Karriere in den Hightech-Branchen gemacht, für das Militär haben sich immer weniger entschieden. Mit deren Verschwinden füllten sich die Offizierskader mehr und mehr mit radikalen Besatzungs-Siedlern und mit Religiös-Nationalen.

Diese Konstellation birgt den Keim einer Meuterei in sich für den Fall, dass sich einmal innerhalb des Militärs die Geister scheiden. Immerhin sind es viele Tausend bzw. sogar Zehntausend, die den Befehlen ihrer Rabbiner gehorchen. Dementsprechend hat der Generalstabschef seit dem Aufbrechen des Widerstands gegen Sharon bereits gewarnt, dass sich die Armee aufspalten könnte.

Vize-Verteidigungsminister Zeev Boim sah sich sogar zu der Befürchtung veranlasst, dass schon die Räumung der Gaza-Siedlungen an massenhafter Befehlsverweigerung von Soldaten scheitern könnte. Boim forderte daher die Siedlerorganisation „Yesha“ auf, „Verantwortung zu zeigen und nicht an der Zerstörung der Armee teilzunehmen, indem sie zum Gesetzesbruch und zur Missachtung demokratisch getroffener Entscheidungen aufruft“.[15]

Siedlerführer hatten dem damaligen Generalstabschef Moshe Yaalon zuvor bei einem Treffen versichert, Gewalt abzulehnen. Sie warnten aber gleichzeitig davor, tausende religiös geprägte Soldaten könnten „nicht in der Lage sein“, die befohlene Zwangsräumung von Siedlungen auszuführen, zumal der Siedlungsrat keine Kontrolle über den Willen rechtsorientierter Soldaten zur Befehlsverweigerung habe.[16]

Diese Behauptung wurde allerdings noch am selben Tag von der radikalen Siedlerführerin Daniela Weiss korrigiert, die offen zur

Befehlsverweigerung aufrief. Die Soldaten dürften nicht auf „die Anordnungen dieser schlechten Regierung hören“, forderte das prominente Mitglied des Siedlerrats. Vor dem israelischen Parlamentsgebäude in Jerusalem begannen Siedler unterdes einen zeitlich unbegrenzten Sitzstreik gegen den Gaza-Abzug.

Zwei Tage später veröffentlichte die israelische Zeitung „Jedioth Ahronoth“ bereits einen Brief von 34 Reserve-Offizieren aus den jüdischen Siedlungen im Westjordanland an ihren Brigade-Kommandanten mit der Forderung: „Wir verlangen von der Armee, dass sie uns nicht zu Handlungen zwingt, die unsere Überzeugungen und unser Gewissen verletzen.“ Jeder Befehl, der die Trennung von den Palästinensern durchsetzen solle, sei illegal, war zu lesen. Dies war erstmals der offen erklärte Widerstand von Offiziersseite gegen den Räumungsplan.

Der Vorsitzende des für Auswärtige und Verteidigungs-Angelegenheiten zuständigen Parlamentsausschusses, Juwal Shteinitz, erklärte daraufhin via Radio, dass eine Nichtbeachtung der Befehle die Armee spalten könne.[17]

Der Rat der gesamten Siedlerbewegung hat sich schon im Dezember 2004 öffentlich dem Aufruf seines radikalen Mitglieds Pinhas Wallerstein zum zivilen Widerstand gegen die Siedlungsräumungen der Regierung angeschlossen. „Der Rat ist der Überzeugung, dass man alles unternehmen muss, um zu verhindern, dass der Vorschlag zur Räumung der Gaza-Siedlungen in der Knesset angenommen wird“, so der Ratsvorsitzende der Siedlerbewegung, Benzi Liberman, ursprünglich. „Ein Gesetzesentwurf, der die Vertreibung eines Menschen aus seinem Haus aus politischen Gründen billigt und der besondere Paragraphen zur Strafverfolgung einschließt, die den Gebrauch der Demonstrationsfreiheit und das Recht auf Protest betreffen, ist illegal“, erregte sich Libermann.[18]

Damit sprach er aber einen heiklen Punkt in der „Demokratie“ Israel an. Denn natürlich hatte er nie dagegen Einspruch erhoben, dass genau jene Maßnahmen, gegen die er sich jetzt wehrte, systematisch seit Jahrzehnten gegen die Palästinenser angewendet werden: zwangsweise Räumung ihrer Häuser binnen weniger Minuten, anschließend sofort die Zerstörung mitsamt dem Inventar.

Wie der „zivile“ Widerstand“ der Besatzungs-Siedler aussieht, demonstrierten am 3. Januar 2005 rund 200 von ihnen, als sie eine zwangsweise Entfernung von zwei illegal aufgestellten Wohncontainern bei dem Siedler-Außenposten Givat Lahava in der Nähe der Siedlung Yitzhar verhindern wollten. Sie attackierten Soldaten und Polizisten mit Steinen, beschimpften sie als „Nazis“ und beschädigten Militärfahrzeuge. Drei Siedler und ein Grenzpolizist wurden leicht verwundet. 15 Siedler wurden zwar festgenommen, aber umgehend wieder freigelassen. Darunter war auch ein Reserve-Soldat in Uniform, der in Yitzhar lebt und die Soldaten im Dienst aufforderte, die Evakuierung zu verweigern.

Nachsichtig war die Polizei auch, als Siedler den Gush-Katif-Übergang im Gazastreifen blockierten. Es gab lediglich ein Strafmandat für einen Demonstranten.

Schon im Jahr davor ereignete sich Ähnliches, als die in der Nähe gelegenen Siedler-Außenposten Mitzpe Yitzhar und Havat Gilad zwangsweise geräumt werden mussten. Wie üblich wurden sie aber wenig später ohne Sanktionen wieder errichtet.

Die Milde im Umgang mit den Besatzungs-Siedlern war dem Generalstab der israelischen Armee angesichts der weitergehenden Drohungen allmählich nicht mehr geheuer. Am 4.1.2005 forderte er daher öffentlich, energisch gegen jene Israelis einzuschreiten, die mit Gewalt gegen Soldaten und Polizisten meutern. Die Militärs forderten zugleich die Politiker auf, auch gegen Aufrufe an Soldaten zur Befehlsverweigerung massiver vorzugehen.[19]

Die einstige Verbrüderung der Siedler mit der Armee gehörte ab diesem Zeitpunkt der Vergangenheit an – sie hatte nur so lange angedauert, so lange sich die Armee nicht einmischte und ausschließlich zum Schutz der Siedler antrat. Seit Siedlungsräumungen beschlossen wurden, fürchten die Siedler, dass Wohnwagenbeseitigungen lediglich Testaktionen sein könnten. Daher wollten sie prophylaktisch im Westjordanland Widerstand zeigen. Sharon war zu dieser Zeit aber gar nicht an großartigen Räumungen der Außenposten interessiert, da er das Weiße Haus in Washington bereits überzeugen konnte, dass die wahre Probe der Gaza-Rückzug zu sein hat, nach dem die Vertreibung von ohnedies nur 1.000 illegalen Siedlern in der Westbank relativ einfach sein würde.

Terroranschlag auf die Tempelberg-Moscheen

Seit dem Scheitern der Camp-David-Gespräche im Juli 2000 und dem Beginn des US-Kriegs „gegen den Terror“ ab Oktober 2001 hatten extreme Rechte und orthodoxe Fundamentalisten systematisch den Druck verstärkt, damit Israel das gesamte Land westlich des Jordan-Flusses vollends gewaltsam in Besitz nehme und ethnisch säubere. 2004 brach die Saat der Gewalt dann vehement auf.

1995 schätzte ein Polizeioffizier die jederzeit gewaltbereite und gut organisierte extreme Rechte in Israel auf 100.000 bis 150.000 Köpfe – nicht gerade wenig bei einer jüdischen Bevölkerung von ca. 4,5 Millionen. Damals gab es 15 außerparlamentarische rechtsextreme Gruppen, die über Waffen und Stützpunkte in den Besatzungs-Siedlungen verfügten und zu allem entschlossen waren. Sie alle zeigten sich befriedigt über die Ermordung des Ministerpräsidenten Rabin.[20]

Im Juli 2004 brachte die Rechte nach eigenen Angaben schon 150.000 Menschen als Protest gegen die Räumung der – nach Völkerrecht ohnedies illegalen – Gaza-Siedlungen für eine 90 km lange Menschenkette vom Gazastreifen bis nach Jerusalem auf die Straße. Davor hatte sich im Likud bereits eine Mehrheit dagegen gestemmt und mit Nachdruck unterstrichen, wer dort das Sagen hat.

Noch vor dem Gaza-Abzug wurde damit gerechnet, dass die rechtsradikalen Aktivisten auf rund eine halbe Million Israelis zählen können. Das entsprechende Potential stammt vor allem aus den Siedlergebieten der Westbank; aber auch von den Universitäten einschließlich der Yeshivot-Studenten und der mittleren und hohen Chargen des Militärs – eine mächtige Phalanx der Rebellion.[21]

Die im Vergleich dazu relativ geringe Anzahl von tatsächlichen Aktivisten während des Gaza-Abzugs lässt diese Zahlen aber überhöht erscheinen. Denn bei allen Zahlen muss berücksichtigt werden, dass die Mehrheit darunter Kinder und Frauen sind.

Die immer wieder genannten 8.000 Siedler des Gazastreifens entpuppten sich bei näherem Hinsehen als 1.500 Familien. Ähnlich dürfte daher auch das Verhältnis im Westjordanland sein. Demnach würden die ca. 250.000 Siedler aus etwa 47.000 Familien bestehen.

Zu den Zielen der Radikalen gehört u. a. die Manifestation der alleinigen Ansprüche der Juden auf jenen Tempelberg in Jerusalem, der mit dem jüdischen Heiligtum „Klagemauer" möglicherweise auch Reste des zweiten biblischen Tempels beherbergt, der von den Römern 70 n. Chr. im Zuge der endgültigen Vertreibung der aufständischen Juden zerstört wurde.

Über der Klagemauer befinden sich auf dem Tempelberg das – nach den Moscheen in Mekka und Medina – drittwichtigste Heiligtum des Islams, der Felsendom mit der signifikanten goldenen Kuppel und unweit davon die Al-Aqsa-Moschee.

Schon allein diese Konstellation der über den Köpfen der Juden betenden Moslems ist Sprengstoff genug. Die Zerstörung der heiligen moslemischen Stätten geistert daher schon seit längerer Zeit durch die Hirne der jüdischen Extremisten aus den Besatzungs-Siedlungen. Sie sind die schlimmsten Fanatiker, jederzeit gewaltbereit und besessen von der religiös determinierten alttestamentarischen Vorstellung, von Gott gegebene Ansprüche auf jenes Land zu haben, in dem seit 2.000 Jahren die Palästinenser unter wechselnden Herrschaften Landwirtschaft und Obstbau betreiben.

Nach dem Auftritt von Sharon am 28. September 2000 wurde der Tempelberg zunächst für alle Juden polizeilich gesperrt. Auch die Mehrheit der orthodoxen Rabbiner hatte ein Zutrittsverbot für die gesamte Gegend um den früheren (biblischen) Tempelbezirk erlassen, um eine Eskalation der Gewalt zu vermeiden.

Führer der extremistischen Kach-Bewegung wie Yehuda Etzion und Baruch Marzel hatten allerdings wenig später im Jahr 2001 in einem Brief an den Polizeipräsidenten von Jerusalem gedroht, sie würden sich als Araber verkleidet in den Tempelbezirk einschleichen und dort Gebete verlesen.

Der Rabbinerrat von Judäa, Samaria und Gaza (den besetzten Palästinensergebieten) wiederum, dem die radikalsten Rabbiner aus der Siedlerbewegung angehören, hatte auf seinem Treffen 2001 alle Rabbiner Israels aufgerufen, sich zusammenzutun, um für den Tempelberg – und das heißt zugleich: für die Zerstörung der moslemischen Heiligtümer – zu kämpfen.

Am Eingang des Tempelberg-/Haram-al-Sharif-Bezirkes wurde bei einer Demonstration am 29. Juli 2001 ein großer Eckstein des „Dritten Tempels" mit geführt und vor der Dung-Brücke am Eingang zum jüdischen Viertel der Altstadt aufgestellt. Dies war damals erstmalig von einem israelischen Gericht genehmigt worden.

Im Zusammenhang mit den Gaza-Abzugsplänen warnte am 27. Juli 2004 unmittelbar vor dem jüdischen Tisha-B'Av-Gedenktag, der an die Zerstörung der beiden biblischen Tempel gemahnt, der israelische Minister für Innere Sicherheit, Zachi Hanegbi, erneut vor der Gefahr einer Attacke religiös motivierter Rechtsextremisten auf den Tempelberg, nachdem der Inlandsgeheimdienst Shin Bet ein deutliches Ansteigen von Tatabsichten gemeldet hatte. Da war von hinauf geschmuggelten Sprengstoffpaketen ebenso die Rede wie von einem Selbstmord-Attentat mit einem Ultra-Leichtflieger während eines moslemischen Gebets.[22]

Am 1. August 2004 berichtete die Tageszeitung „Haaretz" unter Berufung auf Sicherheitsquellen, rechtsextreme Siedler könnten ein mit Bomben bestücktes unbemanntes Flugzeug (Drohne), das ansonsten für Aufklärungsflüge über Krisengebieten verwendet wird, oder auch ein Kleinflugzeug in die Al-Aqsa-Moschee auf dem Tempelberg steuern und so eine Welle der Gewalt in der arabischen Welt auslösen, die jeden Friedensprozess unmöglich machen würde.

Pläne für einen derartigen Angriff wälzte schon seit Jahren eine jüdische Untergrundorganisation.[23]

In TV-Berichten wurden bereits Israelis interviewt, die in aller Öffentlichkeit die Beseitigung der Al-Aqsa-Mosche und des Felsendoms forderten.

Am 1.11.2004 warnte die israelische Armee wiederum eindringlich vor einem möglichen Anschlag durch jüdische Extremisten. Das Risiko betrage 70 Prozent, sagte der Chef des israelischen Militärgeheimdienstes, General Aaron Farkasch. Der General gab nach der wöchentlichen Kabinettssitzung in Jerusalem bekannt, es gebe entsprechende Anzeichen für einen solchen Anschlag.

Zur selben Zeit vermuteten die israelischen Sicherheitsdienste, dass die Zerstörung der Moscheen den Abzugsplänen Sharons ein sofortiges Ende bereiten würde.

So weit ist es zwar nicht gekommen. Doch der Gaza-Abzug hat die radikalen Extremisten erst so richtig mobilisiert. Der Tempelberg wird auch in Hinkunft in ihrem Visier bleiben.

Kapitel 15

Völkermord-Diskussion durchbricht die moralischen Schranken

„... Die lebensraumorientierten Völkermordkriege sind fast automatisch auch Religionskriege ... von den erinnerten Bluttaten werden die meisten als heimische Heldentaten aufgezeichnet ... ihre Exekutoren werden vom eigenen Volk verehrt und in Gedenkstätten verewigt ... da werden einem zu Hause noch Ehrenkränze geflochten, während man in der übrigen Welt schon als Kriegsverbrecher oder Völkermörder zur Fahndung ausgeschrieben ist ... es spricht manches dafür, dass der Weg von der nationalen Ruhmeshalle auf den internationalen Steckbrief in Zukunft noch häufiger begangen wird ...“[1]

Aus der Vorrede im „Lexikon der Völkermorde“

In Frieden mit dem Rest der Welt zu leben scheint noch immer kein zionistisches Ziel zu sein. Inzwischen kann man die Aneinanderreihung der endlosen Gewalt schon den „100-jährigen Krieg um Palästina“ nennen. Dessen Ende freilich noch immer nicht in Sicht ist. Denn unter Ariel Sharon ist Israel zu einer regelrechten Kraft der Zerstörung geworden. Seine Politik zerstörte den jahrelang erarbeiteten Friedensprozess mit den Palästinensern. Und sie zerstört die humanistischen Werte der eigenen jüdisch-israelischen Gesellschaft.

Bereits vor einiger Zeit hatte der inzwischen verstorbene Rabbiner Israel Hess, Lehrer an der Bar-Ilan-Universität, in der Universitätszeitung geschrieben: „Wir sind alle verpflichtet, einen Völkermord zu begehen.“ Er wollte nämlich herausgefunden haben, dass die Palästinenser die Nachkommen der Amalekiter sind – jenes Volksstammes, der für die Juden nach der Thora zum Symbol des Bösen geworden ist und den sie zerstören sollen. Allerdings hat ein anderer Rabbiner, nämlich Professor Emanuel Rackman als damaliger Präsident der Universität, seine Entlassung bewirkt. Aber immerhin werden die Palästinenser in den illegalen jüdischen Siedlungen „Amalek“ genannt.[2]

Kein Wunder, dass Uri Avnery dort bereits sektiererische Umtriebe ortete.

Shulamit Aloni, Rechtsanwältin, Menschenrechtsaktivistin, Gründerin der Partei für Bürgerrechte „Ratz", ehemals Ministerin und Knesset-Abgeordnete, beschrieb dies so:

„Die Besatzungsarmee, die Habgier und die Möglichkeit, sie zu befriedigen, die Leichtigkeit, mit der man Palästinensern das Land wegnehmen, ihre Städte in Gefängnisse verwandeln, die Brunnen und Wohnhöhlen der Hirten in den Hebroner Bergen blockieren und im Wesentlichen die Lebensgrundlage zerstören kann – all dies hat ihren Hochmut und die Arroganz so weit getrieben, dass sie ein Manifest herausgaben, das als ‚halachische Entscheidung' (nach dem jüdisch-religiösen Gesetz) erlaubt, im Lauf eines Racheakts gegen Terroristen oder eines des Terrorismus Verdächtigten Frauen, Kinder, alte Leute und gewöhnliche Bürger zu töten, die … auch Menschen sind, die nach Gottes Bild geschaffen wurden und die nach jedem Gesetz das Recht zu leben haben."[3]

Historiker Morris startet Völkermord-Diskussion

Signifikant für die Diskrepanzen in Israel war schon allein der Umstand, dass eine Diskussion über die Legitimation eines Völkermords überhaupt erst ausbrechen konnte, die der „neue Historiker" Benny Morris auslöste. Am 9. Januar 2004 veröffentlichte die links-orientierte israelische Tageszeitung „Haaretz" ein Interview mit derartigen Überlegungen des Dozenten für Geschichte an der Hebräischen Universität in Jerusalem auf der Titelseite der stark gelesenen Freitag-Beilage, in deren Mittelpunkt die Palästinenser standen. Eine Antwort des angesehenen Philosophieprofessors Adi Ophir von der Universität von Tel Aviv samt einer Anmerkung gegen „Haaretz" bezüglich der „Genehmigung von Morris' Zynismus auf ihren Seiten" wurde dagegen von der Zeitung zurückgewiesen.[4]

Zuvor indes war Morris einer jener „neuen Historiker" Israels gewesen, die nach Öffnung der ersten Archive „Jahrzehnte danach", wie gesetzlich vorgeschrieben, in den 1980er und 1990er Jahren Massaker und Kriegsverbrechen bei der Vertreibung von rund 750.000 Palästinensern im Jahr 1948 und danach ausleuchteten und die Geschichte Israels neu zu schreiben begannen.[5]

Jahrzehntelang hatte Morris die dunklen Seiten des Zionismus empört erforscht und war zum Experten für die Gräueltaten von 1948 geworden. Zur allgemeinen Überraschung begann er plötzlich im Januar 2004, diese zu entschuldigen. „Säuberung“ wurde die Palästinenser-Vernichtung klinisch rein in den Militär-Dokumenten genannt. Gemeint war natürlich die gar nicht saubere „ethnische Säuberung“, jenes Verbrechen „gegen die Menschlichkeit“, das nach internationalem Recht verboten ist und vom Internationalen Strafgerichtshof demnach verfolgt wird. Und genau das findet der Historiker plötzlich in Ordnung.

Zusehen, wie 50.000 Menschen 1948 auf Befehl des späteren Ministerpräsidenten Yitzhak Rabin auf einen für viele tödlichen Schreckensmarsch von Lod (westlich von Jerusalem) weg Richtung Osten getrieben wurden? – Für Morris heute moralisch kein Problem. Er bringt Verständnis auf für die Kommandeure und ihre Motive. Und glaubt nicht, dass diese vom schlechten Gewissen geplagt worden sind: „Es gibt eben Umstände in der Geschichte, die ethnische Säuberungen rechtfertigen“, überraschte der Historiker ungerührt die Leser, war sich zugleich aber bewusst, dass diese Ansicht im 21. Jahrhundert außerhalb Israels kaum Akzeptanz finden wird.

Die israelische Friedensbewegung Gush Shalom publizierte schließlich den ungeschminkten Konter des Historikers Adi Ophir unter dem Titel „Völkermord versteckt sich hinter Vertreibung“. Dessen brisante Schlussfolgerung:

„Wenn man zum Beispiel vertreiben muss, und diejenigen, die vertrieben worden sind, darauf bestehen, in ihre Häuser zurückzukehren, gibt es keine andere Wahl, als sie zu vernichten. Morris dokumentiert diese Lösung in seinem Buch über Israels Grenzkriege in den 1950er Jahren …“[6]

In der Tat: Wer von den Geflüchteten damals wieder zurückkam im Vertrauen darauf, dass wieder Frieden herrschte, wurde kurzerhand erschossen. So war es in den Jahren 1948-1955 und so war es 1967/68.

EINSPERREN, VERTREIBEN – DANN VÖLKERMORD?

Nunmehr prophezeite Morris, dass Israel für mindestens eine weitere Generation mit einem Wechselspiel von Vertreibung und Töten leben werde, jederzeit bereit, allenfalls auch die schärfsten Maßnahmen zu ergreifen. Dafür gibt es einen Stufenplan:

In der gegenwärtigen Phase genüge es, sie einzusperren – was bereits passiert. Der Gazastreifen ist seit 2001 wie ein Konzentrationslager hermetisch abgeriegelt. Und im Westjordanland werden die Palästinenser durch die neue Apartheid-Mauer, Straßensperren und Checkpoints mit Betonblöcken in ihren Wohngebieten eingeschlossen. Unter ernsteren Bedingungen müssten die Palästinenser aber vertrieben werden, so Morris.

Adi Ophir schlussfolgert entsetzt: *„Hinter der Bedrohung von Gefängnis und Vertreibung liegt die Bedrohung der Vernichtung. Man muss nicht zwischen den Zeilen lesen. Morris äußerte es klar in dem Interview. Haaretz druckte es nach …"*

Morris' Rechtfertigungen für Vertreibung wie auch Vernichtung sind demnach ident: Wenn er von der Notwendigkeit des „Transfers", also der ethnischen Säuberung, spricht, beschreibt er nicht nur die Zukunft, sondern zum Teil bereits die Gegenwart. Und wenn dies nicht ausreicht, dann muss man eben auch töten, ausrotten, vernichten …

Die israelische Friedensbewegung „Gush Shalom" hielt Morris nach dem „Haaretz"-Interview und einwöchigen Schrecksekunden empört vor, er habe sich „vom Enthüller zum Rechtfertiger des Bösen" gewandelt.[7]

In einem eigenen Artikel in „Haaretz" versuchte Morris am 11. Januar 2004 nach massiven Attacken seitens seiner intellektuellen Kollegen und Freunde den entstandenen Eindruck, er unterstütze generell die Vertreibung der Araber aus den palästinensischen Gebieten und aus Israel, zu relativieren und abschwächend als „Ultima Ratio" in jene Ferne zu rücken, wenn der Staat Israel durch massive Gewalt gefährdet sein sollte.[8]

Doch diese Differenzierung ist nur noch von marginaler Bedeutung. Denn an der zentralen Aussage wollte der Gewaltbereite nicht mehr rütteln: Völkermord und Vertreibung seien eben unter gewissen Umständen notwendig.

Der früher dem linken Lager zugerechnete Historiker trifft sich dabei gedanklich mit den Rechtsradikalen. Die bei dieser Ansicht fehlende Moral umschreibt Morris mit dem Begriff „moralische Neutralität", wobei sich die Frage auftut, ob es denn eine solche überhaupt geben kann und damit nicht nur der jämmerliche Versuch unternommen wird, die Moral als Anlasskategorie jeweils nach Belieben immer wieder neu zu definieren.

„Adieu, zionistische Moral", titelte denn auch der israelische Intellektuelle Natan Sznaider am 6. März 2004 in der deutschen Tageszeitung „Die Welt". Über die Auslassungen von Morris, wonach es ohne Vertreibung keinen jüdischen Staat gegeben hätte, zeigte er sich „wie viele Leser erschüttert". Denn schließlich hätten ja die Historiker wie just Morris gezeigt, dass der Ursprung Israels auf einer „Ursünde" beruhe und die Israelis dabei 1948 Unrecht begangen hätten – durch die „Vertreibung von ca. 750.000 Palästinensern, die nun, mehr als 50 Jahre später, ihr Recht auf Rückkehr fordern".[9]

Intellektuelle verurteilen die Völkermord-Rechtfertigung

Dass die Idee des legitimierten Völkermordes bei den linksorientierten Intellektuellen Israels, denen sich Morris selbst immer noch zurechnet, Entrüstung und Abscheu hervorruft, ist nicht verwunderlich. Denn die Intellektuellen sind es, die in Form eines zivilen Ungehorsams und des friedlichen Widerstandes gegen die Gewaltpolitik der eigenen Regierung den Palästinensern mit inzwischen rund 30 nationalen und internationalen Friedens- und Menschenrechts-Organisationen zu Hilfe kommen – sei es bei der Olivenernte, bei der Versorgung mit Nahrungsmitteln, bei der Beseitigung von Schikanen an den Straßensperren, bei der Verhinderung von Häuserzerstörungen durch die israelische Besatzungsarmee etc.

Sie decken immer wieder Details und Konsequenzen der Gewaltpolitik gegenüber den Palästinensern auf. Zahlreiche Bücher israelischer Autoren bedeuten gleichzeitig Anklage und massive Verurteilung der brutalen Unterdrückungspolitik gegenüber 5,3 Millionen Palästinensern.

Doch die angeblich so zivilisierte westliche Welt schaut zu und schweigt. Und in Israel selber besteht a priori eine Neigung, dem Militär eine säkulare und manchmal auch eine religiöse „Heiligkeit“ beizumessen, wodurch Gewalttaten relativiert werden. Außerdem glauben viele Juden, dass eine jüdische Armee nie solche Verbrechen begehen könnte und dass Kriegsverbrechen und Menschenrechtsverletzungen immer nur an Juden – aber niemals von Juden – verübt werden. Die meisten israelischen Medien helfen dem nach, indem sie verschweigen.[10]

Ringen um Rechtfertigung von Gräueltaten

Viele Israelis und Israel-Lobbyisten im Ausland sind auf der Suche nach einer neuen Formel, um den Staat Israel dennoch als unschuldig erscheinen zu lassen – trotz aller Umstände, für die andere Staaten international verurteilt werden.

Derartige Rechtfertigungsversuche sind genau das, was just die „Schurken der Weltgeschichte“ schon immer gemacht haben: die Position jenseits der Moral mit dem Interesse der eigenen Gruppe/-des eigenen Staates zu begründen. Hat die Moral wirklich dort zu enden, wo das Eigeninteresse beginnt?

Jedenfalls sind offenbar nicht wenige Israelis durchaus bereit, zur Rechtfertigung von eigenen Untaten viele der seit dem Holocaust an den Juden mühsam aufgebauten ethischen und moralischen Schranken für den Anlassfall Israel wieder niederzureißen.

Damit befindet sich aber jede Rechtfertigung auf gefährlichem Terrain. Denn unversehens könnten rückblickend wie auch vorausschauend womöglich auch Gewaltakte gegen Amerikaner und Israelis mit ähnlichen Argumenten begründet und verniedlicht werden. Und es könnte womöglich jenes in Erinnerung an den Holocaust in den letzten Jahrzehnten sorgfältig aufgebaute Bewusstsein über alle nationalstaatlichen Grenzen hinweg wieder zerstört werden, das Gewalttaten wie Völkermord, Sklaverei, Folterung und Kolonialismus kategorisch ablehnt. Und dem muss entschieden entgegengetreten werden.

Schließlich hat sich nach dem Zweiten Weltkrieg und dem Holocaust weltweit die Einstellung zu Vertreibung, ethnischen Säuberungen und Völkermord grundlegend geändert. Davor konnten

Vertreibungen noch als Mittel der internationalen Stabilisierung verteidigt werden.[11]

Doch danach hat ethnische Säuberung ihre Legitimation verloren und wird heute international als verbrecherische und unmoralische Schandtat geächtet.

Just an jenen Gesetzen und Maßstäben, die wegen der Verfolgung der Juden und des erlittenen Holocaust nach 1945 international Eingang in die rechtspolitischen Grundsätze der internationalen Staatengemeinschaft gefunden haben, wird aber auch jetzt die Verhaltensweise der Israelis zu messen sein.

Um diesem Dilemma zu entkommen, fängt eine öffentliche Diskussion zur Befreiung von der eigenen Verpflichtung an, kommt der tot geglaubte Vernichtungswahn zu neuen Ehren.

Der relativierte Völkermord

Gedanken über die Rechtfertigung von Menschenopfern und Vertreibung auch noch so vieler Unschuldiger im Zusammenhang mit dem Einsatz von Gewalt zur Erreichung von bestimmten Zielen sind schon im Zusammenhang mit dem Massensterben anderer Araber aufgetaucht. Die aus einer tschechisch-jüdischen Familie stammende frühere US-Außenministerin Madeleine Albright hatte die Weltöffentlichkeit vor dem Irak-Krieg in einem Interview mit der Journalistin Leslie Stahl auf die Frage, ob die Ziele der US-Politik für Irak 500.000 tote Kinder wert seien, mit der Feststellung irritiert: „... wir denken, der Preis ist es wert“. Gemeint waren jene Kinder, die infolge der von den USA durchgedrückten strikten UN-Sanktionen seit dem ersten Irak-Krieg 1991 wegen Nahrungsmittel- und Medikamentenmangel, unzureichender medizinischer Versorgung und verschmutztem Trinkwasser ums Leben gekommen sind. Wie aus einer Statistik der „Gesellschaft für Internationale Verständigung“ hervorgeht, lag die Anzahl der im Irak gestorbenen Kinder zwischen 1989 und September 2002 sogar bei 1,76 Millionen, wobei sich die Zahl der toten Kinder für die Altersgruppe unter 5 Jahren von 1989 bis 2001 von alljährlich 7.110 auf 84.012 und für Kinder über 5 Jahren von 20.224 auf 100.752 vervielfachte.

Was Albright nicht aussprach war der Umstand, dass Saddam Hussein von Israel als die größte Bedrohung angesehen wurde und die Bevölkerung in Israel natürlich ein weitaus größeres Interesse als die – wie sich inzwischen herausstellte, vom Irak völlig ungefährdeten – US-Bürger an der Ausschaltung des irakischen Despoten gehabt haben musste.

Heißt die im Hintergrund lauernde Begründung etwa: Was ist denn schon das Leben von Millionen arabischer Menschen gegen den Wert eines „Erez Israel"?

Noch 1988 verweigerte Benny Morris aus moralischen Gründen den Militärdienst in den besetzten Gebieten und kam dafür ins Gefängnis. Eineinhalb Jahrzehnte später war er bereit, genau diese Gewalt-Politik zu rechtfertigen.

Im „Haaretz"-Interview hat der moralische Wendehals öffentlich Tacheles geredet. Und zwar nicht nur in einem Nebensatz, einfach so daher gesagt. Sondern wohlüberlegt formuliert und mit Zitaten und Beispielen begründet. Er verharmloste damit den Völkermord als eine Begleiterscheinung der Umstände, wie ihm Adi Ophir vorwarf.[12]

Völkermord im Staatsauftrag wäre demnach dann gerechtfertigt, wenn das auszurottende Volk für das Tätervolk oder dessen Herrschaft eine Gefahr darstellen könnte. Zum nächsten Gedanken ist es da nicht mehr weit: dass nämlich dieser Völkermord gleich auch präventiv erlaubt sein müsse, wenn dadurch gleichsam „als Eventualität" das Leben von besonders wertvollen Menschen auf der anderen Seite gerettet werden könnte.

Das ist nämlich die letzte zynische Konsequenz der Aussagen von Madeleine Albright und des lapidaren Achselzuckens im Pentagon, wenn von „Kollateralschäden" in Afghanistan und Irak die Rede ist, was nichts anderes bedeutet, als dass unschuldige Zivilisten von US-Soldaten – wie sich inzwischen herausgestellt hat: geradezu beliebig – gnadenlos und ungestraft gefoltert und massakriert werden dürfen, wenn es dem „übergeordneten Ziel" dienlich ist.

Faustrecht und Mord auf Verdacht – wie einst in den weiten Prärien Nordamerikas im 18. und 19. Jahrhundert. Menschenjagd in freier Wildbahn.

Solch einen grausig kühnen gedanklichen Bogen hat Benny Morris gespannt und sich damit Wohlwollen in den USA gesichert, indem er die Vernichtung der Indianer in Nordamerika als „unvermeidbare Ausrottung“ zur Erreichung der „großartigen amerikanischen Demokratie“ akklamierte. „Es gibt Fälle, in denen das allgemeine und letztendliche Gute schwierige und grausame Taten, die im Laufe der Geschichte begangen werden, rechtfertigt“, tat der Historiker dem staunenden „Haaretz“-Leserpublikum kund. Und jetzt sollen die Vereinigten Staaten, das „allgemeine und letztendliche Gute“, im Nahen Osten mit der Ausweitung des jüdischen Staates über ganz Palästina ein Pendant finden. Sofern der Rest der Welt den zionistischen Machthabern auch tatsächlich Völkermord und Vertreibung zugesteht.

Verniedlichung von Gewalt gegen Zivilisten

Vergewaltigungen und Massaker wie 1948 im Zuge der Staatsgründung bleiben zwar auch für Morris Kriegsverbrechen. Allerdings relativiert er diese als „kleine Kriegsverbrechen“. Analog zu der in den letzten Jahren aufgebauten „Opfer-Hierarchie“, an deren Spitze die jüdischen Holocaust-Opfer als die „bedeutendsten“ gestellt werden, schafft der Historiker Morris jetzt eine „Kriegsverbrechens-Hierarchie“. Allerdings stehen hier die israelischen Soldaten ganz unten: Im Vergleich zu den Massakern von Bosnien oder jenen der Russen an den Deutschen in Stalingrad bezeichnet er die Verbrechen an den Palästinensern wörtlich als „Peanuts“:

„Wenn man bedenkt, dass hier ein blutiger Bürgerkrieg herrschte und dass wir letztendlich selber ein Prozent der Bevölkerung verloren hatten, dann haben wir uns eigentlich sehr gut verhalten“, bagatellisiert Morris – so hart in seinen Worten, wie es Kriegsverbrecher in ihren Taten sind.

Schon Israels erster Ministerpräsident David Ben Gurion war 1948 überzeugt, dass kein richtig jüdischer Staat entstehen könnte mit einer großen und „feindlichen“ arabischen Minderheit in seiner Mitte. Daher war der Zionismus und damit die Gründung eines „eigenen jüdischen Staates“– allerdings erst nach heutigen Kriterien – schon per definitionem eng mit Rassismus verknüpft.

Und obwohl der „Historiker Morris“ genau diese Umstände einst aufgezeigt und verurteilt hat, sprach Morris als „Interviewpartner“ Jahre später in „Haaretz“ eine völlig andere Sprache: Es hätte keine andere Wahl gegeben, ohne Vertreibung gäbe es den „jüdischen Staat“ Israel nicht und daran hätte sich auch nichts geändert. Notfalls müsse auch der (palästinensische) Gazastreifen am Mittelmeer, Galiläa (nördlicher Teil von Israel) und das „kleine Dreieck“ von Arabern gesäubert werden.

Überraschenderweise geht Morris auch mit Ben Gurion, Israels Staatsgründer von der linken Arbeitspartei, hart ins Gericht. Nicht wegen etwaiger Verbrechen – nein, im Gegenteil: Dem Historiker sind die damaligen Gewaltakte noch zu gering, weil die Palästinenser nicht zur Gänze aus ganz Palästina zwischen dem Jordan-Fluss und dem Mittelmeer vertrieben und ausgerottet wurden.

Damit hat der „linke“ Morris gänzlich die Argumentation der Rechtsradikalen übernommen.

Neue Geschichtslüge zur Rechtfertigung

Den ersten derartigen „Sündenfall“ hatte Morris allerdings schon 2002 gemacht. In einem Artikel im englischen „Guardian“ vom 3. Oktober 2002 spekulierte er darüber, dass der Mittlere Osten vielleicht heute ein „gesünderer und weniger gewalttätiger Ort“ wäre, wenn Israel 1948/49 Millionen Araber und nicht „nur“ 750.000 vertrieben hätte. Den „Transfer“, also das Verbrechen der „ethnischen Säuberung“, stellte er schon damals als politische Option dar.[13]

Darin dokumentiert sich eine demaskierende Denkweise. Und gleichzeitig eine neue Geschichtslüge. Denn die Instabilität in Palästina hat ihre Ursache nicht in den arabischen Einwohnern Israels, sondern im Eroberungsfeldzug 1967, der nachfolgenden militärischen Besatzung und der völkerrechtswidrigen Zwangsbesiedlung mit einer verschwindenden Minderheit von Israelis in den palästinensischen Lebensräumen.

Derartiges ist im „Römischen Statut“ zum Internationalen Strafgerichtshof als strafbarer Tatbestand definiert. Und genau diese Besatzung hat ein gravierendes Problem für den Judenstaat aufgeworfen. Die (angeblich) „einzige Demokratie im Nahen Osten“ muss nämlich jetzt die demokratischen Konsequenzen in Hinblick auf die demographische Entwicklung fürchten, die unweigerlich zu einer demokratischen Mehrheit von moslemischen Palästinensern gegenüber jüdischen Israelis führen wird.

Schon heute weist das Heilige Land zwischen Jordan-Fluss und Mittelmeer keine jüdische Mehrheit mehr auf (siehe Kapitel 1). In den nächsten 17 Jahren kommen dann nochmals ungefähr sechs Millionen arabischer Nichtjuden dazu.

Dies ist aber nur für einen demokratisch orientierten Staat ein Dilemma, weil unter diesen Umständen die demokratischen Spielregeln zwangsläufig zu einer Umverteilung der Macht führen müssten. Doch das werden die radikalen Führer der Zionisten nie zu lassen. Als radikale Lösung bleibt daher nur die ethnische Säuberung des Landes, wenn ein eigener lebensfähiger Palästinenser-Staat weiterhin verhindert wird.

Mit den horriblen Gedanken des konvertierten früheren Parade-Intellektuellen Morris sollte sich die westliche Welt daher gründlich auseinandersetzen.

„Nie wieder", tönen zwar die Sprecher der jüdischen Verbände in Europa und den USA allenthalben, unterstützt durch eine „Neue Antisemitismus"-Kampagne. Doch wie glaubwürdig mag das wohl klingen, wenn gleichzeitig die israelische Armee aus Panzerrohren, Helikoptern und Scharfschützen-Gewehren auf palästinensische Frauen und Kinder schießt, Menschen dutzendweise umbringt und tausende Wohnhäuser zerstört? Verkommt da nicht das „Nie wieder" zum scheinheiligen Schlachtruf, dem jegliche Glaubwürdigkeit fehlt?

Der Israeli Morris nennt die palästinensische Gesellschaft eine kranke Gesellschaft. Der Israeli Adi Ophir kontert, dass in diesem Fall die Israelis – Soldaten, Siedler, Politiker und Intellektuelle wie Morris selbst – der Virus sind. Und wenn Palästinenser Serienmörder seien, dann müsse Israel wohl das traumatische Ereignis sein, das den Mörder verfolgt.[14]

Mehrere Stufen des Politizids

Der von der Sharon-Regierung erneut begonnene Krieg gegen die palästinensische Zivilbevölkerung hat längst eine völkermordartige Dimension erreicht. Zumindest – und vor allem – in Form eines Politizids.

Im „Lexikon für Völkermorde" wird Politizid global als Massenmord an politischen Gegnern bezeichnet. Als Beispiele im 20. Jahrhundert werden angeführt: Hitlers Säuberungen der SA im Jahr 1934, Stalins Moskauer Prozesse gegen alte Mitkämpfer und sogar alte Mitmörder 1938/39 oder auch das systematische Verschwinden von Menschen in Argentinien zwischen 1976 und 1983.[15]

Erläutert wird auch, dass „extralegale Hinrichtungen" ohne Gerichtsverfahren einen Völkermord-Tatbestand darstellen. Und dass zwar getötet worden sein muss, um die Definition von Völkermord zu erfüllen, dass aber schon ein einziger Ermordeter, der im Ergebnis eines umfassenden Ausrottungsplanes zu Tode gebracht wurde, ausreicht, um diesen Einzelnen als Opfer eines Demozids zu erfassen.

Der israelische Politologe Baruch Kimmerling präzisiert „Politizid" im gegenständlichen Fall als Kombination aus militärischen, politischen, sozialen und psychologischen Maßnahmen mit dem Ziel, die Möglichkeit, die Legitimation und den Willen einer bestimmten Gemeinschaft zur Selbstbestimmung und zur Ausübung von Souveränität über ihre Heimat zu zerstören.[16]

Ein Politizid geschieht demnach, wenn ein systematischer Genozid, ein Völkermord mit Waffengewalt, an der einheimischen Bevölkerung wegen moralischer oder politischer Hindernisse nicht möglich ist. Die Praktiken des Politizids fanden in Nordamerika, Australien und Neuseeland Anwendung. Eine moderatere Politizid-Methode verwendeten die Briten in Irland – allerdings ohne großen Erfolg. Die Türkei, Syrien und der Irak machten das gleiche in drastischerer Form mit den Kurden, Spanien mit den Basken, Russland mit den Tschetschenen.

Die häufigsten Techniken des Politizids sind: Kolonisation des Landes, Enteignung, Einschränkung der Bewegungsfreiheit durch Ausgangssperren und Beschränkungen auf bestimmte Gebiete und Straßen, Mord, regionale Massaker, Massenfestnahmen, Beseitigung der Führung, Delegitimierung und Zerschlagung der Eliten, Verhinderung normaler Bildung und Schulbildung, Zerstörung öffentlicher Einrichtungen und der Infrastruktur, privater Häuser und Besitztümer, Aushungerung, soziale und politische Isolierung, Umerziehung und schließlich, wenn das möglich ist, teilweise oder vollständige ethnische Säuberung.

Die ethnische Säuberung muss nicht zwangsläufig in einer einzigen dramatischen Aktion stattfinden. Es genügt, das Leben so unerträglich zu machen, dass so viele Mitglieder der rivalisierenden Bevölkerung wie möglich das umstrittene Gebiet „freiwillig“ verlassen. Ergriffen werden diese Maßnahmen für gewöhnlich im Namen von „Recht und Ordnung“.

Das Ergebnis oder Ziel des Politizids kann statt einer ethnischen Säuberung auch die Errichtung einer Marionetten-Regierung sein wie in den einstigen Homelands für Schwarze in Südafrika, den „Bantustans“ – die völlig gefügig ist, aber gegenüber der unterdrückten nationalen oder rassischen Gruppe und gegenüber der Weltöffentlichkeit einen Schein von Selbstbestimmung aufrechterhält.

Kimmerling machte seit der Staatsgründung Israels zunächst bis 2002 drei Stufen des Politizids aus:

- Die Vertreibung von 750.000 Palästinensern 1948/49;
- die Libanon-Invasion 1982-85, im Zuge derer nicht nur PLO-Kämpfer, sondern völlig unnotwendig auch tausende palästinensische Flüchtlinge von der israelischen Armee und deren Verbündeten massakriert wurden;
- die Zerstörung der palästinensischen Infrastruktur im Rahmen der „Operation Schutzschild“ 2002, die weltweit Aufsehen erregte und seither subtil in kleinen Schritten, mehr oder weniger unter Ausschluss der Öffentlichkeit, fortgesetzt wird.

Folgt man der Argumentation des israelischen Buchautors, dann sind aus der Zeit danach folgende Ergänzungen angebracht:

- Die wahllose Tötung und Verletzung von weiteren tausenden palästinensischen Zivilisten aus nicht erkennbaren und nur fadenscheinig begründeten Anlässen – durch Bomben-, Raketen- und Granatenangriffen auf Wohnhäuser und andere zivile Objekte;
- die gezielte „außergerichtliche Tötung“ von hunderten palästinensischen Führungspersönlichkeiten des öffentlichen Lebens;
- der Bau des geplanten und bereits weitgehend fertig gestellten „Sperrwalls“ – besser: Einsperr-Walls – aus Beton und Stacheldraht mit einer Länge von zumindest 750 km, der großteils innerhalb der Westbank verläuft und die palästinensischen Wohngebiete nicht nur nach außen gänzlich abriegelt, sondern auch verkleinert und im Inneren weiter zerstückelt;

- die mehr als 700 Sperren von Straßen im Westjordanland mit rund 65 zur Passage geeigneten militärischen Checkpoints, mit denen die Bewegungsfreiheit der Palästinenser im eigenen Land auf ein Minimum reduziert bzw. durch ein administratives Passierschein-System fast gänzlich verhindert und der wirtschaftliche Kreislauf zur Versorgung und Einkommenssicherung der Zivilbevölkerung gezielt abgewürgt wird.

„Bantustans“ für die Palästinenser

Im Westjordanland sind 2,4 Millionen Palästinenser solcherart nach Vorbild der „Bantustans“, der Enklaven für die Schwarzen im früheren rassistischen Apartheid-Staat Südafrika, in rund 300 von einander getrennten Freiluft-Gefängnissen vom israelischen Militär regelrecht eingesperrt.

Einsperren wie jetzt ist die erste Stufe, sagt der israelische Historiker Benny Morris. Vertreibung die zweite. Und wenn das alles fehlschlägt – bleibt dann nur noch die Vernichtung, der Völkermord, ein neuer Holocaust, diesmal an den Palästinensern?

Der Sharon-Plan ist jedenfalls allumfassend. Alles geschieht gleichzeitig: Die Palästinenser werden eingesperrt, viele durch tägliche Schikanen und Gewalt psychisch und körperlich ruiniert, verletzt, verstümmelt, der Hoffnungslosigkeit preisgegeben oder durch verheerende Lebensbedingungen und Gewalt vertrieben. Manche werden auch gleich massakriert.

Die Folgen sind erschreckend:

- Bis September 2004 war bereits mehr als ein Fünftel der Wirtschaftsbasis in den Palästinensergebieten zerstört; der Schaden an Fabriken, Infrastruktur, Häusern und Landwirtschaft seit Herbst 2000 belief sich nach vorsichtigen Schätzungen auf rund 2,2 Milliarden US-Dollar;
- die Infrastruktur der Palästinensergebiete ist weitgehend zerstört;
- Millionen Menschen sind in totale Verarmung gestürzt worden – das Pro-Kopf-Einkommen der Palästinenser ist infolge des Konflikts von 1.750 US-Dollar im Jahr 1999 auf 1.040 Dollar im Jahr 2003 stark gefallen. Im Jahr 2004 betrug es nur noch 930 Dollar, während es in Israel 18.000 Dollar waren;[17]

- die Arbeitslosigkeit betrug Anfang 2005 in der Westbank 34%, im Gazastreifen 40% und in vielen Städten und Dörfern sogar 70%.[19] Mehr als 50% der Palästinenser leben unter der Armutsgrenze;[19]
- Neugeborene, Kranke und Verletzte sterben infolge des vom israelischen Militär unterbrochenen freien Zugangs zu Ärzten und Spitälern.

Verweigerung der Lebensmittelhilfe

Ein Vertreter der UNO hatte schon im August 2002 berichtet, dass rund 1,6 Millionen eingeschlossener und von der Außenwelt isolierter Palästinenser auf Lebensmittelhilfe angewiesen seien. Dies führte bereits zu dem Verdacht, dass Israel durchaus bereit sei, Hungersnöte gezielt herbeizuführen, was den Straftatbestand von Völkermord und Kriegsverbrechen erfüllen würde.

Tatsächlich weigerte sich seit der Besetzung der palästinensischen Gebiete im Jahr 1967 noch jede israelische Regierung, die mit einer Besatzung verbundene völkerrechtliche Verantwortung für die betroffene Zivilbevölkerung gemäß Genfer Konvention wahrzunehmen. Wären nicht die internationalen Hilfsorganisationen eingesprungen und würde nicht die internationale Staatengemeinschaft seither die Kosten für das Überleben der Palästinenser tragen, wären wohl schon längst Millionen verhungert.

Doch die internationale Hilfe wird immer wieder von der Besatzungsarmee behindert. Im November 2002 hat sie beispielsweise in Bayt Lahiiya, einer Stadt im Norden des Gazastreifens, vorsätzlich ein dreistöckiges Lagerhaus des Welternährungsprogramms der UNO mit 537 Tonnen gespendeter Nahrungsmittel zerstört, das nach dem humanitären Völkerrecht unter besonderem Schutz stand. 38.000 bedürftige Palästinenser hätten damit einen Monat lang ernährt werden können.

Am 26. Mai 2003 hatten die humanitären Hilfs- und Entwicklungsorganisationen zum wiederholten Mal dagegen protestiert, dass die israelischen Behörden die Einreise über den Eretz-Checkpoint nach Gaza für alle Personen verweigerte, die nicht im Besitze eines diplomatischen Passes waren. Die Association of International Development Agencies (AIDA) wollte einen Konvoi mit dringend benötigten Hilfsgütern nach Gaza bringen, wurde aber nicht durchgelassen.

Zuvor schon hatte Israel die meisten palästinensischen Arbeiter von den israelischen Arbeitsplätzen verbannt und somit den dichtbesiedelten, verarmten Gazastreifen von seiner wichtigsten Einkommensquelle abgeschnitten.

Historische Vergleiche mit schrecklichen Erinnerungen

Zehntausende Tote und Millionen Flüchtlinge geben längst ein erschreckendes Zeugnis über die Vorgänge in Palästina ab. Und immer wieder bemühen nicht nur Palästinenser, sondern auch jüdische Persönlichkeiten historische Vergleiche.

Der bedeutendste Schriftsteller Israels, Yizhar Smilansky, hatte schon einige Jahre nach dem Krieg 1948 eine Kurzgeschichte mit dem Titel Chirbet Hizza geschrieben, in der er Parallelen zwischen der Vertreibung der Araber und der Deportation der Juden in Europa durch die Nazis zog.

Jahrzehnte später bemühte Israels Justizminister Josef („Tommy“) Lapid im Mai 2004 nach der Invasion in Rafah durch die IDF in der Knesset einen ähnlichen Vergleich. „Diese alte Frau erinnert mich an meine Großmutter“, erregte er sich in der Knesset und meinte Bilder von einer armen Bewohnerin des palästinensischen Flüchtlingslagers, deren Haus von der israelischen Armee zerstört wurde und die verzweifelt in den Trümmern nach ihren Medikamenten suchte. Auch zwei Tage später noch fanden zwei Journalisten sie an derselben Stelle wühlen.

Lapids Großmutter kam im Holocaust um. Er selbst wurde in einem ungarischen Landstrich im Norden Jugoslawiens geboren und überlebte den Holocaust im Budapester Ghetto. Als er „meine Großmutter“ erwähnte, war es ganz klar, dass er ein Opfer des Holocaust meinte.[21]

Einige Minister sahen darin einen Vergleich zwischen SS-Schergen und israelischen Soldaten und waren empört. Parallelen zum Holocaust? Unerhört! Sie forderten eine förmliche Entschuldigung von dem Minister der weltlichen Shinui-Partei. Lapid weigerte sich.

Das Bild eines kleinen Jungen, der einen großen Koffer schleppte, um ein wenig vom Hab und Gut seiner Familie zu retten, sagte „mehr als tausend Worte eines offiziellen Armeelügners“, spöttelte Uri Avnery später.

Ebenso der Panzer, der fotografierte wurde, als er auf unbewaffnete Demonstranten schoss, die marschierten und im Takt in die Hände klatschten. Die Vorwände und Erklärungen der offiziellen Propagandasöldner machten die Sache nur noch schlimmer. Man spürte direkt, wie die Welt erschauderte.

Auch der Buchautor Baruch Kimmerling zog Parallelen zu Nazi-Deutschland und verdeutlicht es an einem Beispiel: Der neu ernannte und inzwischen in den Ruhestand verwiesene Generalstabschef Moshe Ya'alon hatte in einem seiner ersten öffentlichen Auftritte am 30. August 2002 eine „Diagnose“ für das „Haaretz“-Magazin gestellt, die nach Meinung von Kimmerling auch direkt aus dem „Stürmer“, einer nationalsozialistischen Zeitung, stammen könnte:[22]

„Die Merkmale der Bedrohung durch die Palästinenser sind unsichtbar, wie beim Krebs … für Krebserkrankungen gibt es alle möglichen Behandlungen, manche sagen, man muss operieren. Aber im Augenblick führe ich eine Chemotherapie durch …“

Gemeint waren damit die militärischen Aktionen in den besetzten Gebieten. Wenn notwendig, sollte danach „eine Operation“ folgen.

Derartige Sprüche sind eindeutige Signale für den Vernichtungswillen. Für den militärischen Goliath, die fünfstärkste Militärmacht der Welt, die mit ihrer überdimensionierten Rüstungsindustrie mehr als 70 andere Armeen mit eigenen Waffenentwicklungen ausrüstet, gibt es nämlich in Wahrheit keine existenzielle Gefahr, die irgendeinen Akt von Verteidigung notwendig machen würde – weder seitens der Palästinenser noch seitens der Anrainerstaaten.

Denn im gesamten arabischen Raum wird nahezu eine Viertelmilliarde Araber von Regimen regiert, die von den USA längst „gekauft“ und abhängig sind, mit Israel schon längst de facto ihren Frieden gefunden haben und sich im Übrigen nicht im Geringsten um die Palästinenser scheren. Israels größten Feind Saddam Hussein haben die Amerikaner inzwischen aus dem Weg geräumt. Und Syrien und Iran werden durch massive Kriegsdrohungen von George

W. Bush zum Stillhalten gezwungen. Das sind die komfortablen regionalen Rahmenbedingungen, die einer Gruppe von Rechtsradikalen in Israel die Möglichkeit eröffnen, ihr Werk zu vollenden.

Der inzwischen verstorbene Palästinenser-Chef Yassir Arafat hatte in Wahrheit schon längst klein beigegeben, als er mit den Vereinbarungen von Oslo bedingungslos die Existenz des Staates Israel anerkannt hat und willig den Forderungen nachkam, die an ihn gestellt wurden. Er hat nach Einrichtung seiner palästinensischen Selbstverwaltung jede Menge palästinensischer Untergrundkämpfer einsperren, foltern oder sogar hinrichten lassen. Kurzum: Arafat hat mit eiserner Faust auf einen Frieden hingearbeitet, um wenigstens das Fragment eines eigenen Staats zu bekommen. Der ermordete Ministerpräsident Yitzhak Rabin, keineswegs ein Freund Arafats, konzedierte ihm daher ein ehrliches Bemühen um Frieden. Schließlich erhielten beide gemeinsam 1994 den Friedensnobelpreis.[23]

Israels kriegslüsterne Generäle haben deren Friedensplan allerdings durchkreuzt. Ihre immer wieder vorgetragenen Schlussfolgerungen bauen auf jenen unrichtigen „professionellen Expertisen“ auf, die der Armeesprecher Amos Gilad jahrelang dem Volk und den Politikern „verkauft“ hat und für die er 2004 eine Versehrtenrente als Zubrot im Ruhestand einforderte (siehe Kapitel 1).

Symbolische Anklage wegen ethnischer Säuberung

Der allgemeine Kontext war in Israel schon 2002, dass das vorrangige Ziel der Sharon-Regierung die Zerstörung der palästinensischen Behörde und die Demontage der Oslo-Abkommen war mit dem Endziel der endgültigen jüdischen Kolonisierung eines Groß-Israel, „Erez-Israel“ genannt.

Im Wissen um das Kommende klagte Baruch Kimmerling daher im Februar 2002, also vor Beginn der großen Offensive, Ariel Sharon verbal regelrecht an, dass er einen Prozess schaffe, in dem er nicht nur das beiderseitige Blutvergießen intensiviere, sondern auch einen regionalen Krieg anstifte, um eine teilweise bzw. fast komplette ethnische Säuberung der Araber in „Erez-Israel“ zu vollziehen.[24]

Wörtlich hieß es in dem offenen Brief des Professors für Soziologie an der Hebräischen Universität von Jerusalem:

„Ich klage die militärische Führung an, die von der nationalen Führung angespornt wird, die öffentliche Meinung unter dem Deckmantel militärischer Professionalität gegen die Palästinenser aufzuhetzen. Niemals zuvor haben in Israel so viele Generäle in Uniform, ehemalige Generäle und ehemalige Geheimdienstler des Militärs, zuweilen als sog. ‚Akademiker', an der öffentlichen Gehirnwäsche teilgenommen.

Ich klage die Verwalter der israelischen elektronischen Medien an, dass sie mannigfaltigen militärischen Sprechern den nötigen Zugang zu den Medien für aggressiven, kriegerischen, öffentlichen Diskurs fast vollständig überließen. Das Militär kontrolliert nicht nur Tulkarem, Jenin und Ramallah, sondern auch das israelische Radio und Fernsehen

Ich klage die Leute aller Stufen und Ränge an, die Befehle geben, über denen die ‚schwarze Flagge' weht, auch diejenigen, die diesen ungesetzlichen Befehlen gehorchen. Der inzwischen verstorbene Philosoph Yeshayahu Leibowitz hatte Recht, als er sagte, die Besatzung ruiniert die moralische Infrastruktur, auf der Israels Gesellschaft beruht. Lasst uns den Marsch der Törichten stoppen und lasst uns eine neue Gesellschaft bauen, ohne Militarismus und Unterdrückung und Ausbeutung anderer Leute – damit es nicht noch schlimmer wird.

Ich klage jeden an, der um all dieses Tun weiß und zusieht und nichts unternimmt, um diese herannahende Katastrophe zu verhindern. Sabra und Shatila sind nichts im Vergleich zu dem, was geschehen ist und was uns bevorsteht. Wir sollten nicht nur auf den Plätzen, sondern auch an den Checkpoints demonstrieren. Wir sollten mit den Soldaten in den Panzern und in den Truppentransportern reden, so wie die Russen mit ihren Soldaten sprachen, bevor sie die Befehle erhielten, die Kontrolle über den Roten Platz wieder zu übernehmen – damit der Einmarsch in palästinensische Städte nicht in einem mörderischen Krieg endet.

Und ich klage mich selbst an; denn obwohl ich dies alles weiß, weine ich nur wenig darüber und verhalte mich zu oft stillschweigend dazu."

Die neuen „Helden" Israel

Was Baruch Kimmerling bedrückte, war für den Armeechef Moshe Ya'alon ein willkommener Anlass. Er stilisierte sich selber zum neuen Kriegshelden hoch, indem er den neuerlichen „Krieg", in dem er zufällig den Oberbefehl hatte, zum wichtigsten in den Annalen Israels seit 1948 hochstilisierte. Keinen Rückzug aus irgendeiner einmal eingenommenen Position wollte er erlauben, weil andernfalls die Palästinenser ermutigt würden. Daher könne nicht eine einzige Siedlung, so entlegen sie auch sei, aufgegeben werden. Krieg bis zur Endlösung – gegen eine unbewaffnete Zivilbevölkerung. Sehen so tatsächlich Helden aus? Wohl kaum. Die wenig heldenhafte, von Regierungschef und Verteidigungsminister erzwungene Verabschiedung in den Ruhestand zwei Monate vor dem Gaza-Abzugstermin weist auch so gar nicht in diese Richtung.

Ya'alon offenbarte sich auch als Gegner der israelischen Friedensbewegungen und Menschenrechtsaktivisten, denn die würden, so behauptete er drohend, seiner Meinung nach die Existenz des Staates und der Armee unterminieren und den Sieg behindern. Sieg bedeute, dass „die palästinensische Seite sich sehr tief verinnerlicht, dass sie durch Terrorismus und Gewalt uns nicht besiegen wird". Daher seien keinerlei Zugeständnisse oder Kompromissangebote erlaubt. Stattdessen nur eine immer repressivere Okkupation.[25]

Ya'alons Beruf war es, Streitkräfte zu bewegen, Waffensysteme zu zünden, Truppen zu kommandieren, Schlachten zu planen. Nichts in seiner beruflichen Laufbahn hat ihn darauf vorbereitet, etwas anspruchsvollere politische Züge zu analysieren, internationale Beziehungen zu verstehen oder sich mit den Tiefen der Geschichte zu befassen. Dennoch maßte er sich an, mit Verachtung die Entscheidungen früherer gewählter israelischer Regierungen, darunter insbesondere die Vereinbarungen von Oslo, die wenigstens auf dem Papier noch immer Gültigkeit haben, zu missachten.

Für einen amerikanischen, britischen, französischen oder deutschen Generalstabschef wäre es undenkbar, nur den Bruchteil solcher Statements zu machen, während er noch Uniform trägt. In Israel, im 37. Jahr der Okkupation fremden Territoriums, war das selbstverständlich.

Schon Talleyrand sagte einst, Krieg sei eine viel zu ernste Angelegenheit, um sie den Leuten des Militärs zu überlassen. Er wusste, wovon er sprach, da Napoleon ein professioneller Soldat war, der den Generälen in weiten Teilen Europas die Verantwortung überließ. Die Niederlage war damit vorprogrammiert.

Ein Völkermord mit Symbol

Eine umfassende Analyse der ablaufenden Ereignisse lieferte „danach" Lev Grinberg, politischer Soziologe an der Ben Gurion Universität in Israel, am 23. März 2004:[26]

„Der Mord an Scheich Ahmend Yassin durch die israelische Regierung ist Teil einer größeren Maßnahme, die von der Regierung Israels ausgeführt wurde, die man als einen symbolischen Völkermord beschreiben kann. Unfähig, sich vom Holocausttrauma zu erholen ... führt das jüdische Volk, selbst das Opfer eines Völkermordes, im Augenblick einen Völkermord am palästinensischen Volk aus. Weil die Welt keine ganze Vernichtung zulässt, findet stattdessen eine symbolische Vernichtung statt. Traurig und deprimiert erwarte ich eine Reaktion. Als Sohn des jüdischen Volkes, als ein betroffener israelischer Bürger verurteile ich diese abscheuliche Tat und rufe die internationale Gemeinschaft auf, Israel vor sich selbst zu retten; insbesondere rufe ich die EU-Gemeinschaft auf, in direkter und aktiver Weise sich einzumischen und zu vermitteln, um einem gegenseitigen Blutvergießen zuvorzukommen. Die komplizierte Verbindung zwischen dem jüdischen Volk und Europa ist noch nicht abgebrochen – und es ist Zeit zum Handeln.

Nicht auf Grund der Schuld der Vergangenheit, sondern aus einem Verantwortungsgefühl für die Zukunft.

Jedes Volk hat seine Symbole, nationalen Führer und politischen Institutionen, eine Heimat, vergangene und zukünftige Generationen und Hoffnungen. All dies steht symbolisch für ein Volk. Israel ist dabei, systematisch all dies zu beschädigen, zu zerstören und zu vernichten und zwar mit einem unglaublich bürokratischen Jargon.

‚Zielbank' ist der offizielle Terminus, der von der IDF für die Liste der Liquidationen von palästinensischen Führern und Aktivisten benützt wird. Schon vor Monaten hatte der Minister für Verteidigung vorgebracht, dass Arafat vernichtet werden sollte, und nach

‚erfolgreicher Operation' der Auslöschung von Scheich Yassin wurde diese unvernünftige Idee noch einmal zur legitimen öffentlichen Diskussion gestellt.

Arafat saß seit Dezember 2001 in Ramallah gefangen, und niemand hatte es fertig gebracht, Israels Position hieran zu verändern und dem gewählten Präsidenten der Palästinenser einige Bewegungsfreiheit zu erlauben. Arafats Eingesperrtsein in Ramallah ist zu einem Symbol der Gefangenschaft des ganzen palästinensischen Volkes in Städten und Dörfern geworden, dessen Bewegung bis ins einzelne von Militärsperren kontrolliert wird.

Das palästinensische Land ist von den Siedlungen okkupiert, von Straßensperren zerlegt und offiziell demontiert worden durch das, was im bürokratischen Jargon mit ‚Sicherheitszaun' bezeichnet wird. Tatsächlich ist es eine Demontage der letzten Landreserven, von denen das palästinensische Volk als territoriale Grundlage für einen unabhängigen Staat geträumt hat.

Unter dem Mantel umgemünzter Bezeichnungen wie ‚road map' und ‚Friedensprozess' vernichtet die Regierung Israels konsequent und unerbittlich nicht nur die Führer der Palästinenser, sondern ihre bloße physische Zukunft und die Hoffnung auf Unabhängigkeit. Sharons Ausrede ist, dass Verhandlungen nicht in Zeiten von Terrorakten geführt werden können. Aber als die Palästinenser im Dezember 2001 und im Juli 2003 einen einseitigen Waffenstillstand ausriefen, weigerte er sich dennoch, den ‚Friedensprozess' zu fördern; der zeitweilige Aufschub wurde durch eine Rückkehr zur ‚gezielten Tötungs'- Politik wieder gebrochen.

Die Reaktionen der europäischen Länder, die nach dem Mord von Scheich Yassin ihre ‚Betroffenheit über die Fortsetzung des politischen Prozesses' zum Ausdruck brachten, verhalten sich ziemlich lächerlich, ja ermuntern die Regierung Israels sogar, die gar nicht daran interessiert ist, einen politischen Prozess zu beginnen. Über was für einen Friedensprozess wird eigentlich gesprochen? Hat sich denn politisch seit Sharons Regierungsantritt tatsächlich etwas getan? Da gab es den Mitchell Report, den Zinni-Plan, den Tenet-Plan, es folgte Bushs Rede und der Road-Map-Plan, der Reformen von den Palästinensern forderte und ihnen für 2003 dafür einen ‚vorläufigen Staat', für 2005 einen ‚unabhängigen Staat' ver-

sprach. Was ist davon übrig geblieben? Ein palästinensischer Ministerpräsident, Abu Mazen, wurde gewählt. Die israelische Regierung demütigte ihn, bis er aufgab. Abu Ala wurde gewählt, um ihn zu ersetzen, und was gibt es für Fortschritte, seitdem er an der Macht ist?

Eine andere Art der Reaktion konzentriert sich auf ‚Israels Recht, sich selbst zu verteidigen'. Gegen wen? Gegen die palästinensische Zivilbevölkerung, die israelische Soldaten bombardieren und mit Raketen und Panzergranaten beschießen? Was bedeutet diese Selbstverteidigung denn nach 37 Jahren Besatzung? Wie können Aktionen, die für die Erhaltung der Besatzung bestimmt sind, als defensiv bezeichnet werden? Die einzige legitime Verteidigung wäre jene von Israels legalen Grenzen – von innerhalb dieser Grenzen, nicht durch das Besetzen von Land und dadurch, dass man einem ganzen Volk die Freiheit verweigert. Terrorismus ist eine Reaktion darauf. Eine schreckliche, grausame, unmenschliche und unmoralische Reaktion und vom politischen Standpunkt aus gewiss dumm, aber es ist eine Reaktion. Die Ursache muss behandelt werden, nicht die Folgen.

All das Gerede vom ‚Friedensprozess' und vom ‚Recht der Verteidigung' ist nichts als eine Täuschung, die dafür bestimmt ist, den symbolischen Völkermord, der von der israelischen Regierung ausgeführt wird, zu vertuschen.

Als Erstes hat sie die Autorität, die Institutionen und die Infrastruktur der Palästinensischen Behörde zerstört, und nun ist sie dabei, das zu zerstören, was an Hoffnungen noch übrig geblieben ist. Sie tötet die Führer und gewöhnliche Zivilisten, Männer und Frauen, Kinder und alte Leute und behauptet, dass die als ‚Ziel von Liquidationen bestimmten Leute' sich hinter den Bürgern verstecken. Die Regierung Israels macht aus den Palästinensern ein Volk von Märtyrern und aus dem Nahostkonflikt einen kreuzzugartigen heiligen Krieg.

Das ist eine gefährliche Politik. Sie stellt eine existentielle Bedrohung für das palästinensische Volk dar, aber auch für den Staat Israel und seine Bürger und gefährdet so den ganzen Nahen Osten. Die Regierung ist im Begriff, das Volk in eine Konfrontation hineinzuziehen, die vom Rachewunsch entzündet wird, statt eine Zukunft aufzubauen. Solange es keine palästinensische Behörde und keine palästinensische Militärmacht gibt, die die Palästinenser gegen Israel verteidigen kann, gibt es nur eine Lösung: eine internationale Intervention und die schnelle Sendung einer UN-Friedenstruppe – nicht US-Truppe –, um zunächst die Palästinenser zu schützen und indirekt auch die Israelis. Solange die Palästinenser in Gefahr sind, sind auch wir nicht sicher, weil sie mit terroristischen Aktionen reagieren.

Ich zweifle nicht daran, dass dies als palästinensischer Sieg angesehen wird und dass die Regierung von Israel dies – gelinde gesagt – gar nicht liebt. Aber solange sich auf palästinensischer Seite politisch nichts Wesentliches tut, gibt es keine Chance, den Konflikt jemals zu beenden. Erst dann – unter einem internationalen Schutz – können wir beginnen, über eine dauerhafte Lösung zu sprechen. Ohne zuerst die blutige Gewaltspirale und die Spirale tribaler Rache zu brechen, gibt es keine Chancen, dass etwas Positives geschieht.

Es ist die Verantwortung der Welt, vor allem Europas, die Regierung Israels zu stoppen. Die Welt hat die Mittel dazu, und es ist an der Zeit, auch den Willen dazu zu zeigen. Ein paar Monate mit wirtschaftlichem Embargo würden genügen, die Mehrheit der Israelis von der Weisheit internationaler Interventionen zu überzeugen.

Unter den augenblicklichen Umständen zu schweigen, bedeutet Zustimmung."

Glossar

1967 besetzte Gebiete: Die von Israel im Krieg von 1967 besetzten Gebiete, also Ost-Jerusalem, das Westjordanland, der Gazastreifen und die Golan-Höhen (der Sinai wurde inzwischen an Ägypten zurückgegeben).

Altstadt von Jerusalem: Ein Quadratkilometer mit muslimischen, christlichen, armenischen und jüdischen Vierteln im Herzen der Stadt, den Sultan Suleiman der Prächtige 1542 mit einer Mauer umgeben ließ. Die Heimat der heiligen Stätten der Moslems, Christen und Juden beherbergt 25 Moscheen, 65 Kirchen und 19 Synagogen. In der Altstadt von Jerusalem leben 33 000 Menschen, vorwiegend palästinensische Moslems.

Al-Aqsa-Brigaden: Name, den sich die bewaffneten Zellen der Fatah zu Beginn der zweiten Intifada, der Al-Aqsa-Intifada, gaben.

Al-Aqsa-Intifada: Offizielle Bezeichnung der palästinensischen Führung für den Volksaufstand, der nach dem 28. September 2000 ausbrach, an dem der damalige israelische Oppositionsführer Ariel Sharon den Haram al-Sharif (den Komplex aus Tempelberg und Felsendom) besucht hatte. Die Palästinensische Autonomiebehörde und die Fatah empfanden Sharons Besuch als Provokation und riefen die Massen zur Konfrontation mit ihm auf, doch nur ein paar Dutzend Beamte und Aktivisten leisteten der Aufforderung Folge. Tags darauf bewarfen palästinensische Jugendliche jüdische Gläubige an der Klagemauer mit Steinen. Die Polizei ging mit tödlicher Gewalt gegen die Steinewerfer vor, tötete vier und verletzte einige Dutzend muslimische Gläubige. Daraufhin kam es überall in den besetzten Gebieten und unter den palästinensischen Bürgern Israels zu Massendemonstrationen. Auch diese wurden von den israelischen Sicherheitskräften mit immer mehr Menschenleben fordernder Gewalt unterdrückt

Al-Aqsa-Moschee: Die Moschee befindet sich an der Stelle, wo der Prophet Muhammad nach islamischem Glauben in den Himmel aufgefahren ist. Es ist die drittwichtigste heilige Stätte der Muslime. Der Komplex, zu dem die Moschee gehört, heißt auf Arabisch Haram al-Sharif. Jüdische Gläubige vermuten, dass sich hier der historische Tempel befunden hat.

Arafat, Yassir: Mitbegründer der Fatah-Bewegung, ehemals Vorsitzender der Palästinensischen Befreiungsorganisation (PLO) und Vorsitzender der Palästinensischen Autonomiebehörde. Gestorben am 5. November 2004, 12:07 Uhr.

Ashkenazi: Gemeinsame Bezeichnung für Juden, deren Vorfahren in Frankreich, England, Deutschland, Polen, Russland und anderen Ländern Zentral- und Osteuropas lebten.

Barak, Ehud: Unter Yitzhak Rabin israelischer Generalstabschef, von 1999 bis 2001 Ministerpräsident der Arbeitspartei.

Bat Shalom: Jerusalemer Frauenfriedensinitiative, eine israelische Nichtregierungsorganisation (NGO).

Beduinen: Araber, die traditionell ein halbnomadisches Leben führen und ihren Lebensunterhalt vorwiegend als Schafhirten verdienen.

Beilin, Yossi: Unter Ehud Barak israelischer Justizminister. Eines der Mitglieder der Arbeitspartei, die 1993 heimlich mit der PLO die Verhandlungen von Oslo eröffneten.

Bethlehem: Palästinensische Stadt mit 26.000 Einwohnern südlich von Jerusalem.

Birzeit-Universität: Palästinensische Universität in dem Ort Birzeit nordöstlich von Ramallah.

Block 0: Flüchtlingsviertel in Rafah, direkt an der ägyptischen Grenze.

B'Tselem: Israelisches Informationszentrum für Menschenrechte in den besetzten Gebieten, eine israelische Nichtregierungsorganisation.

Camp David, Gipfeltreffen von: Fehlgeschlagene, vermeintlich letzte Phase der Verhandlungen über ein Endstatusabkommen zwischen Israel und den Palästinensern in den Monaten Juli und August 2000. Dem damaligen US-Präsidenten Bill Clinton gelang keine Neuauflage des Camp-David-Gipfels von 1977 unter der Leitung von US-Präsident Jimmy Carter, bei dem Israel und Ägypten einen Friedensvertrag ausgehandelt hatten.

Dayan, Moshe: Während des Krieges 1956 israelischer Generalstabschef, während des Krieges 1967 israelischer Verteidigungsminister. Befürwortete die Integration der Palästinenser in die israelische Wirtschaft, um auf diese Weise zu verhindern, dass sich die palästinensischen Hoffnungen auf einen eigenen Staat erfüllten.

Dschabalia: Palästinensisches Flüchtlingslager mit 100.000 Einwohnern im nördlichen Gazastreifen. Der Ort mit der weltweit höchsten Bevölkerungsdichte.

Dunam: Flächenmaß; 10 Dunam = 1 Hektar oder 0,01 Quadratkilometer.

Fatah: Die (rückwärts gelesene) arabische Abkürzung der Palästinensischen Befreiungsorganisation. Wurde 1959 von Yassir Arafat und anderen Aktivisten der palästinensischen Studentenbewegung in Kuwait gegründet. Größte palästinensische Massenpartei.

Gaza-Jericho-Abkommen: Im Mai 1994 unterzeichnetes Abkommen (auch „Oslo-I-Abkommen" genannt), das die erste Phase palästinensischer Selbstverwaltung durch die Palästinensische Autonomiebehörde im Gazastreifen und der Enklave Jericho regelte.

General Security Services, GSS: Israelischer Sicherheitsdienst (Inlandsgeheimdienst), nach seinem hebräischen Akronym auch Shin Bet oder Shabak genannt.

Gilo: Israelische Siedlung südöstlich von Jerusalem, die Israel als „Viertel" im annektierten Ost-Jerusalem betrachtet.

Goldstein, Baruch: In Amerika geborener jüdischer Arzt aus der Siedlung Kiryat 'Arba, der am 25. Februar 1994 am Grab der Patriarchen, der Ibrahim-Moschee in Hebron, das Feuer auf palästinensische Gläubige eröffnete, dabei 29 Menschen tötete und viele Dutzend weitere verletzte.

Grenzen vor dem 4. Juni 1967: Umfassen das gleiche Gebiet wie die Waffenstillstandslinien von 1949. Die international (vom Land selbst allerdings nicht als endgültig) anerkannten De-facto-Grenzen Israels. Seit dem Krieg von 1967 (der am 5. Juni begann) steht das Mandatsgebiet Palästina zu 100 Prozent unter israelischer Militärkontrolle, obwohl die Souveränität Israels nicht auf die besetzten Gebiete ausgedehnt wurde (abgesehen von der illegalen Annexion Ost-Jerusalems 1967 und der Golan-Höhen 1981).

Grüne Linie: Übliche Bezeichnung für die Waffenstillstandslinie von 1949, die auf den Karten ursprünglich grün eingezeichnet war.

Gush Emunim: Organisation der rechtsextremen Besatzungs-Siedler im Westjordanland.

Haaretz („Das Land" auf Hebräisch): Zweitgrößte israelische Tageszeitung, die vor allem von der intellektuellen Elite gelesen wird.

Hadash: Hebräische Abkürzung für die Demokratische Liste für Frieden und Gleichheit, eine weltliche Partei des linken Spektrums, die sich aus der Kommunistischen Partei Israels und unabhängigen Politikern zusammensetzt und vorwiegend von den palästinensischen Bürgern Israels gewählt wird.

Haganah: Jüdische Selbstverteidigungs-Truppe in Palästina vor 1948.

Halachah: Vollständiges jüdisches Religionsgesetz.

Hamas: Arabische Abkürzung, bezeichnet die islamische Widerstandsbewegung, die 1988 im Gazastreifen von Führern der Muslimbrüder gegründet wurde, die bevorzugt mit traditionell religiöser

Missionsarbeit gegen die Besatzung kämpften. Anfangs wurde die Hamas von den israelischen Behörden geduldet, von der palästinensischen Nationalbewegung dagegen missbilligt. Offiziell fordert die Partei den bewaffneten Kampf gegen Israel und die Gründung eines islamischen Staates in ganz Palästina. Von Zeit zu Zeit deutet sie aber auch an, einen einstweiligen „Waffenstillstand" mit Israel in Form eines palästinensischen Staates in Teilen des historischen Gebietes Palästina akzeptieren zu wollen. Die Hamas ist nicht Mitglied der PLO und gilt als wichtigste Konkurrenz der Fatah-Bewegung.

Hebron: Palästinensische Stadt im südlichen Westjordanland. Einzige palästinensische Stadt, in deren Zentrum sich eine israelische Siedlung befindet. In Hebron leben 140.000 Palästinenser und 500 Juden.

Haredim: Bezeichnung für jene jüdischen Fundamentalisten, die moderne Innovationen ablehnen.

Hisbollah: Vom Iran unterstützte, schiitisch-islamische Bewegung im Libanon, deren arabischer Name wörtlich übersetzt „Partei Gottes" bedeutet. Sie wurde nach der israelischen Invasion in den Libanon 1982 als Dachorganisation schiitischer Gruppen gegründet und war eine der aktivsten Organisationen im Widerstand gegen die 18 Jahre andauernde israelische Besatzung im Südlibanon.

Holocaust: Bezeichnung für den systematischen nationalsozialistischen Völkermord an etwa zwei Drittel (insgesamt ca. 6 Millionen) der jüdischen und jüdischstämmigen Bevölkerung Europas. Auf Hebräisch Shoah (deutsch: Zerstörung, große Katastrophe).

Intifada: Arabisch für „Abschütteln". Der Begriff bezeichnet die palästinensischen Volksaufstände gegen die israelische Besatzung, die in den Jahren 1987 und 2000 ausbrachen.

Histadrut: Gewerkschafts-Organisation.

IKRK: Internationales Komitee vom Roten Kreuz.

Israeli Defense Force (IDF): Offizielle Bezeichnung für die israelische Armee.

Israeli Occupation Force (IOF): Andere (inoffizielle) Bezeichnung für die israelische Armee als Besatzungs-Armee in den besetzten Gebieten.

Irgun Tsvai Leumi (ETSEL): Vor 1948 agierende rechtsradikale jüdische Terror-Organisation.

Islamischer Djihad: Mitte der Achtzigerjahre von der palästinensischen Gemeinschaft der Muslimbrüder abgespaltene Bewegung, die im bewaffneten Kampf um die Befreiung Palästinas die Voraussetzung für eine Wiedergeburt des Islams sieht.

Jaffa: An Tel Aviv angrenzende arabisch-jüdische Stadt, die bis zur Vertreibung der großen Mehrheit ihrer palästinensischen Einwohner im Krieg 1948 ein wichtiges palästinensisches Kultur- und Wirtschaftzentrum war.

Jenin: Palästinensische Stadt im nördlichen Westjordanland. Zu den 31.000 Einwohnern zählen auch die ungefähr 14.000 Menschen im Flüchtlingslager Jenin.

Jeschuv: Die jüdische Gemeinschaft im britischen Mandatsgebiet bis zur Staatsgründung 1948.

Ketziot: Hebräischer Name für das Gefangenenlager, das Israel während der ersten Intifada in der Wüste Negev errichtete und im April 2002 erneut in Betrieb nahm (im Arabischen auch „Ansar"). Im Februar 2003 befanden sich dort 1.200 palästinensische Gefangene. 1.000 davon waren „administrative Häftlinge" – Menschen, die ohne ordentliches Gerichtsverfahren festgehalten werden.

Khan Yunis: Palästinensische Stadt im südlichen Gazastreifen mit 105.000 Einwohnern, mindestens 60.000 davon sind Flüchtlinge.

Kiryat 'Arba: Israelische Siedlung mit 8.000 Einwohnern nordöstlich von Hebron.

Klagemauer: Westlicher Teil der von Herodes dem Großen 20 v. Chr. errichteten Stützmauer am Tempelberg in Jerusalem. Der Ort, an dem die Juden um die Zerstörung des Tempels trauern.

Knesset: Hebräische Bezeichnung für das israelische Parlament.

Koran: Das heilige Buch des Islam.

LEHI (Lochamei Herut Yisrael): Rechtsradikale zionistische Terror-Organisation ab Februar 1942. Davor „Stern-Gang" nach ihrem Gründer Avraham Stern.

Likud-Partei: Säkulare israelische Partei des rechten Spektrums. Seit 1977 an der Regierung (bis auf kurze Abschnitte von 1992 bis 1996 und 1999 bis 2000, in denen die Arbeitspartei regierte, und die Zeit zwischen 1984 und 1990 sowie 2001 und 2002, als sich die „Regierung der nationalen Einheit" die Regierungsgewalt teilte).

Maariv: Eine der auflagenstärksten israelischen Tageszeitungen in hebräischer Sprache.

Madrider Friedenskonferenz: Multilaterale Nahost-Friedensverhandlungen 1991/92 im Anschluss an den Golfkrieg von 1991. Die palästinensischen Delegierten durften nicht als Vertreter der PLO teilnehmen, sondern mussten sich der jordanischen Delegation anschließen, obwohl sie von der PLO-Führung in Tunis ausgewählt worden waren und sich offen mit ihr berieten.

Médecins Sans Frontières, MSF: Ärzte ohne Grenzen. 1972 gegründete französische Nothilfeorganisation, „hilft Menschen in Not, Opfern von natürlich verursachten oder von Menschen geschaffenen Katastrophen sowie von bewaffneten Konflikten ... ungeachtet ihrer ethnischen Herkunft oder ihrer politischen und religiösen Überzeugungen".

Merkava: Israelischer Panzer-Typ.

Mevaseret Zion: Israelischer Vorort von West-Jerusalem mit 20.000 Einwohnern.

Mofaz, Shaul: Unter Ehud Barak und später Ariel Sharon Generalstabschef der israelischen Armee. Letzterer ernannte ihn nach dem Ausscheiden aus dem Militärdienst zum israelischen Verteidigungsminister.

Mossad: Israelischer Auslandsgeheimdienst.

al-Nakba: Wörtlich „die Katastrophe"; al-Nakba ist die palästinensische Bezeichnung für den Krieg von 1948 und seine Folgen: Ungefähr 750.000 Palästinenser und ihre Familien wurden enteignet, aus der Heimat vertrieben und ins Exil gezwungen. 1998 forderten die Palästinensische Autonomiebehörde und andere politische Organisationen die Menschen am 15. Mai – dem Tag, an dem der Staat Israel 1948 nach dem gregorianischen Kalender seine Unabhängigkeit erklärt hatte – zum Gedenken an al-Nakba auf.

Netzarim: Vormals israelische Siedlung mit 300 Einwohnern mitten im Gazastreifen, die nunmehr geräumt ist.

Neve Dekalim: Geräumte ehemalige israelische Siedlung mit 2.500 Einwohnern im südlichen Gazastreifen.

NIS: Neuer israelischer Schekel, israelische Landeswährung, 1 Euro =5,10 NIS.

NRP: National-religiöse Partei, eine religiöse israelische Partei des rechten Spektrums.

Opferfest, islamisches ('Id al-Adha): Islamischer Feiertag zum Gedenken an den Tag, an dem Abraham dem islamischen Glauben zufolge beinahe seinen Sohn Ismael geopfert hätte.

Orientalische Juden (auch: Sepharden): Im Hebräischen auch Mizrahim genannt. Sammelbegriff, unter dem gegenwärtig in Israel alle Juden verstanden werden, die nicht Ashkenazim sind.

Orient-Haus: Hauptquartier der PLO in Ost-Jerusalem. Durfte nach der Madrider Friedenskonferenz als solches fungieren und wurde im August 2001 durch den israelischen Ministerpräsidenten Ariel Sharon geschlossen.

Orthodoxe: Bezeichnung für Juden, die nach den Vorschriften der Halachah leben.

Oslo-Abkommen: Legten den Grundstein für die Interimsabkommen zwischen

Israel und der PLO. Im Mai 1994 wurde das Abkommen über Gaza und Jericho, im September 1995 das Abkommen über das Westjordanland unterzeichnet. Die Oslo-Abkommen sahen vor, dass die Interimsabkommen im Mai 1999 durch ein Endstatusabkommen ersetzt werden sollten.

Palestinian Center for Human Rights, PCHR: Palästinensisches Zentrum für Menschenrechte, eine Nichtregierungsorganisation.

Pentateuch: Die ersten fünf Bücher der Bibel, deren Autorenschaft dem Moses zugeschrieben werden und die für die Juden heiliger sind als der Rest der Bibel.

PLO (Palestine Liberation Organization): Palästinensische Befreiungsorganisation. Offizielle Vertretung der Palästinenser.

Palestinian NGO's Network, PINGO: Dachorganisation aller palästinensischen Nichtregierungsorganisationen.

Popular Front for the Liberation of Palestine, PFLP: Volksfront für die Befreiung Palästinas, säkulare palästinensische Partei des linken Spektrums.

Rabin, Yitzhak: Rabin war im Krieg 1967 israelischer Generalstabschef, während der ersten Intifada israelischer Verteidigungsminister und wurde 1992 mit der Arbeitspartei in die Regierung und zum Ministerpräsidenten gewählt. Am 4. 11. 1995 wurde er von einem rechts-religiösen jüdischen Aktivisten ermordet. Dieser wollte den mit den Verhandlungen von Oslo begonnenen Prozess aufhalten, der in seinen Augen eine „Kapitulation" Israels vor den Arabern war.

Ramadan: Muslimischer Fastenmonat, in dem nach dem islamischen Glauben Gott dem Propheten Muhammad den Koran gab.

Ramallah: Palästinensische Stadt mit 40.000 Einwohnern nördlich von Jerusalem. Seit der Abriegelung Jerusalems im März 1993 vorläufige kulturelle und politische Hauptstadt der besetzten Palästinensergebiete.

Roter Halbmond: Muslimisches Äquivalent zum Roten Kreuz.

Sepharden (hebr. „spanisch"): Bis in die späten 1970er Jahre in Israel verwendeter Begriff für orientalische Juden, die keine Ashkenazim sind. Hebräisch auch Mizrahim genannt

Sharon, Ariel: Im Libanon-Krieg von 1982 israelischer Verteidigungsminister, von 2001 bis 2003 mit der Likud-Partei israelischer Ministerpräsident; im Januar 2003 im Amt bestätigt.

Shoah: Der säkulare hebräische Begriff Shoah (auch „Schoa", „Shoa" oder „Schoah"; deutsch: Zerstörung, große Katastrophe) bezeichnet den systematischen nationalsozialistischen Völkermord an etwa zwei Drittel (insgesamt ca. 6 Mio.) der jüdischen und jüdischstämmigen Bevölkerung Europas und steht neben dem für dieselbe Bedeutung weiterhin verwendeten und synonym verstandenen Begriff „Holocaust".

Shas: Israelische Partei, die vorwiegend von streng religiösen Juden afrikanisch-asiatischer Herkunft gewählt wird.

Shin Bet (Sherut Bitachon): Berüchtigter israelischer Inlandsgeheimdienst, auch Shabak oder heute verharmlosend „Sicherheitsdienst" genannt

Ta'ayush: Arabisch für „Partnerschaft, Koexistenz", eine während der zweiten Intifada gegründete jüdisch-arabische Gruppe israelischer Aktivisten, die solidarisch mit Palästinensern zusammenarbeitet.

Talmud: Obwohl es zwei Versionen des Talmuds gibt, die palästinensische und die babylonische, wird unter dem Begriff ohne nähere Kennzeichnung immer der babylonische verstanden. Es ist die am meisten richtungsweisende Schrift für die orthodoxen Juden. Der Basis-Teil beider Talmud-Versionen ist die Mishnah, eine Sammlung knapper Texte in hebräischer Sprache. Der andere – wesentlich längere – Teil mit der Bezeichnung „Gemarah" enthält eine Erläuterung dieser Gesetze, vermischt mit vielen

Legenden, und ist sowohl in Hebräisch als auch Aramäisch geschrieben. Beide Talmud-Versionen sind in 60 Traktate unterteilt. Der babylonische Talmud ist immer in einer Standard-Version gedruckt mit immer derselben Seiteneinteilung, so dass alle Hinweise Traktat-Nummern und Seiten-Zahlen betreffen.

Tanzim: Arabisch für „Organisation". In der zweiten Intifada geläufiger Name für den bewaffneten Flügel der Fatah. Grenzt die Fatah-Aktivisten aus den besetzten Gebieten von denjenigen ab, die im Rahmen der Oslo-Abkommen aus dem Exil zurückgekehrt sind.

Tel Aviv: Israelische Stadt am Mittelmeer mit 360.000 Einwohnern nördlich von Jaffa. Heute das kulturelle und wirtschaftliche Zentrum Israels.

Torah Sheba'al (hebr. für „mündliche Torah"): Vor allem von den orthodoxen Juden benützte Bezeichnung für die heilige jüdische Literatur mit Ausnahme der Bibel.

UNRWA (engl. United Nations Relief and Works Agency for Palestine Refugees in the Near East): Temporäres Hilfsprogramm der UNO, das seit seiner Gründung 1949 regelmäßig um drei Jahre verlängert wurde.

Westjordanland (auch: Westbank oder Cisjordanien): begrenzt gegen Jordanien durch den Jordan, gegen Israel existiert keine natürliche Begrenzung – die Grenze verläuft vom See Genezareth bogenförmig in Richtung Jerusalem und erreicht in einem weiteren Bogen südöstlich von Hebron das Tote Meer.

Yedioth Ahronot: Auflagenstärkste israelische Tageszeitung in hebräischer Sprache.

Yeshiva (hebr. für Sitzung od. Meeting): Institution für höhere Talmud-Studien. Die Mehrzahl heißt Yeshivot.

Yibne: Palästinensisches Dorf südwestlich von Ramallah, das im Juni 1948 von israelischen Truppen besetzt und entvölkert wurde. Das Dorf wurde fast völlig zerstört. Der Großteil der 5.000 Flüchtlinge aus Yibne lebt jetzt mit ihren Familien in einem Flüchtlingsviertel namens „Yibne" im Ort Rafah im südlichen Gazastreifen. Das Viertel wurde im Laufe der aktuellen Intifada mehrmals Ziel von Militärangriffen und Abrisskampagnen der israelischen Armee.

Yom Kippur: Der heiligste Tag im Jüdischen religiösen Kalender.

Zonen A, B und C: In den Oslo-Abkommen für die Interimsphase festgelegte Aufteilung des Westjordanlandes (es handelt sich um das „Taba-Abkommen" oder auch „Oslo-II-Abkommen", das im September 1995 unterzeichnet wurde). In Zone A verfügen die Palästinenser über die vollen zivilen und polizeilichen Befugnisse; in Zone B kommen den Palästinensern die zivilen, Israel die polizeilichen Kompetenzen zu; Zone C steht unter israelischer Zivil- und Sicherheitsverwaltung. Ursprünglich war vorgesehen, dass sich die von den einzelnen Zonen umschlossenen Gebiete allmählich verändern sollten (Zone A sollte größer, Zone C kleiner werden), obwohl man weder den Zeitrahmen noch die endgültigen Proportionen eindeutig festgelegt hatte. Im September 2000 umfasste Zone C ungefähr 60 Prozent des Westjordanlandes.

Zonen Hl und H2: Die beiden Teile der Stadt Hebron im Westjordanland, gemäß einem im Januar 1997 unterzeichneten Abkommen, mit dem die israelische Armee 80 Prozent der Stadt an die Palästinensische Autonomiebehörde übergab (Hl). In der Altstadt von Hebron sowie den angrenzenden Vierteln (H2), in denen rund 450 jüdische Siedler und 35.000 Palästinenser leben, behielt Israel die zivilen Kompetenzen zum Teil und die polizeilichen Befugnisse in vollem Umfang.

Quellen

Vorwort

1. The Politics of Anti-Semitism. CounterPunch and AK Press, California 2003
2. Wikipedia – die freie Enzyklopädie. http://de.wikipedia.org/wiki/Semiten
3. Volks-Brockhaus. Leipzig 1943
4. Reclams Bibellexikon 1982, S. 457
5. http://lexikon.freenet.de/Semiten
6. Neue Zürcher Zeitung v. 27.12.2003
7. Uri Avnery: Antisemitismus: ein praktischer Leitfaden. 17.1.2004. www.uri-avnery.de
8. Neue Zürcher Zeitung, 4.7.2005
9. Neue Zürcher Zeitung, 4.Juli 2005
10. Neue Zürcher Zeitung, 4. Juli 2005
11. Neue Zürcher Zeitung, 4.Juli 2005
12. http://masada2000.org/shit-list.html
13. Moshe Zuckermann: Antisemitismus und „Antisemitismus"-Strategie. www.uni-kassel.de/fb5/frieden/themen/Rassismus/Zuckermann.html
14. Peter Novak: Kritiker kaltgestellt. Junge Welt vom 22.6.2002
15. Uri Avnery: Antisemitismus: ein praktischer Leitfaden. 17.1.2004. www.uri-avnery.de
16. Thomas Emanuel Steinberg: Sharons Hexenküche. Junge Welt vom 16. 12. 2003
17. Knut Mellenthin: Der Mythos des Jewish Vote in den USA. 16.09.2004. www.jungewelt.de
18. Knut Mellenthin: Der Mythos des Jewish Vote in den USA. 16.09.2004. www.jungewelt.de
19. Washington Report on Middle East Affairs, www.wrmea.com/archives/July_Aug_2004/0407027.html
20. Norman G. Finkelstein: Die Holocaust Industrie. Wie das Leiden de Juden ausgebeutet wird.. Piper Verlag. München 2001

Einleitung

1. Le Monde Diplomatique, Sept. 2005.
2. Tanya Reinhart: Wie wir Gaza verließen. Yedioth Aharonot. 18. 8. 05, in: www.-yan-systems.co.il/kibbusch1/show_file.asp?num=7241
3. Tanya Reinhart: „Als wir Gaza verließen". Yedioth Aharonot, 18.8.2005
4. Steven Erlanger, New York Times, 07. 08. 2005
5. Uri Avnery: „Teure Siedler", 27.8.2000
6. Uri Avnery: Juchas Nagel. 17.09.2005
7. Amira Hass in Ha'aretz, 24.8.2005
8. „Israelisches Informationszentrum für Menschenrechte in den Besetzten Gebieten", B'Tselem
9. Amira Hass in Ha'aretz, 24.8.2005
10. Jennifer Loewenstein: Watching the Gazan Fiasco – The Shame of It All. Counterpunch, 17.8.2005 http://www.counterpunch.org/loewenstein08172005.html
11. Jennifer Loewenstein: Watching the Gazan Fiasco – The Shame of It All. Counterpunch, 17.8.2005 http://www.counterpunch.org/loewenstein08172005.html
12. Lev Grinberg: Symbolischer Völkermord. In: ZNet Deutschland 23. 3. 2004. http://www.zmag.de/artikel.php?id=1052

Kapitel 1

1. Yossi Sarid: Der dritte Versuch. Haaretz. 17.8.2005
2. Middle East Review, 1.6.2005, in: http://www.arendt-art.de/deutsch/palestina/texte/yavin_haim_mr_tv.htm
3. Yossi Sarid: Der dritte Versuch. Haaretz. 17.8.2005
4. U.S. Departement of State, Bureau of Democracy, Human Rights, and Labor: Country Reports on Human Rights Practices – 2004, February 28, 2005
5. Gudrun Eussner: Skinheads und Neonazis in Israel. 29.6.2003
6. Benny Morris: „The Birth of the Palestinian Refugee Problem Revisited".

Cambridge 2004.
7. Michael Krupp: Scharfe Aussagen des Justizministers gegen Häuserabriss. Evangelischer Arbeitskreis Kirche und Israel in Hessen und Nassau. http://www.lomdim.de/md2004/03/0304_info.htm
8. http://th.faz.net/s/Rub7FC5BF30C45B402F96E964EF8CE790E1/Doc~E9C6DA53C10074970BE7594647817C667~ATpl~Ecommon~Scontent.html
9. http://www.zeit-fragen.ch/ARCHIV/ZF_117d/T05.HTM
10. Uri Avnery: „Irreversibler psychischer Schaden". 19.06.2004. http://www.uri-avnery.de
11. Haaretz v. 28.9.2004
12. Avi Shlaim, Professor für Internationale Beziehungen am St. Antony's College in Oxford: „Ist der Zionismus heute der wahre Feind der Juden? Ja". 8.2.2005
13. Lev Greenberg, Haaretz v. 9.2.2005
14. http://de.wikipedia.org/wiki/Al-Aqsa-Intifada
15. http://www.wiesbadener-kurier.de/politik/nahost/objekt.php3?artikel_id=1628240.
16. http://de.wikipedia.org/wiki/Al-Aqsa-Intifada
17. Uri Avnery: Ya'alons 70 Jungfrauen. Was ist mit dem Generalstabschef, Generalleutnant Moshe („Bogie") Ya'alon, los? 15.11.03
18. Studie der UNO, UN-Flüchtlingshilfswerk UNRWA in: www.palaestinanews.de/index3.php?page=showcomments&id=454
19. Prof. Avi Shlaim: „The Iron Wall: Israel and the Arab World". Norton und Penguin Press, Februar 2001
20. EJJP Executive Committee: Catastrophic lapse of memory, Jänner 2005. www.ejjp.org
21. European Jews for a Just Peace: Aufruf an israelische Akademikerinnen und Akademiker, 10.6.2005
22. Ilan Gur-Ze'ev in „Counter-Education Today" (in Vorbereitung), aus: http://construct.haifa.ac.il/~ilangz/diaspora11.pdf
23. taz Nr. 7247, 2.1.2004
24. http://www.jungewelt.de/2004/08-07/006.php
25. www.nahostfocus.de/page.php?id=1904
26. Haaretz, 6.7.2005

Kapitel 2

1. Gush Shalom: Text-Anzeige in Ha'aretz, 3. Juni, 2005
2. Neve Gordon: „Die Besatzung outsourcen". ZNet 9.5.2005
3. Jeff Halper, Koordinator des Israelischen Komitees gegen Hauszerstörung, in: ZNet Deutschland, 5.4.2005
4. David Grossmann, DIE ZEIT Nr. 45 v. 28. 10.2004
5. Der Standard, 21.2.2005
6. Ari Shavit, Haaretz, 8.10.04
7. Justine McCabe: Was Indianer und Palästinenser gemeinsam haben. Jüdische Stimme für einen gerechten Frieden in Nahost, 8.6.2005
8. Moshe Liberman, Michael Hoffman: „The Israeli Holocaust Against the Palestinians". The Independent History and Research Co., Idaho 2002
9. Pessach erinnert an den Auszug des jüdischen Volkes aus Ägypten, welcher die 200 Jahre währende Knechtschaft beendete. Jegliche gesäuerte Speise (Chamez) ist verboten, und so wird ungesäuertes Brot (Mazza) verzehrt.
10. Gadi Taub: Nationalstaat oder Erlösung. Taz, 27.8.2005
11. www.uni-kassel.de/fb10/frieden/regionen/Nahost/Chronik-Aktuell/04-02
12. Peter Schäfer: Israel beschlagnahmt Land in Ost-Jerusalem im großen Stil. 29.1.2005. http://www.heise.de/tp/r4/artikel/19/19338/1.html
13. Jüdische Stimme für gerechten Frieden in Nahost (Österreich): Regierungsentscheidung enteignet palästinensischen Besitz in Ost-Jerusalem

Kapitel 3

1. Erzbischof Desmond Tutu: Südafrika als Modell für den Nahen Osten. Welt am Sonntag, 23.06.2002, S.6
2. Ludwig Watzal: Feinde des Friedens,. S. 31. Aufbau Taschenbuch Verlag, 2002
3. www.unhchr.ch/udhr/lang/ger.htm
4. Washington Report of Middle East Affairs, Mai/Juni 2005, Seite 14
5. Fourth Meeting of the Association Council EU – Israel – Brussels, 17 – 18 November 2003 -Declaration of the European Union
6. www.uni-kassel.de/fb10/frieden/regio nen/israel/eu-israel
7. www.uni-kassel.de/fb10/frieden/region en/Nahost/Chronik-Aktuell/04-02.html
8. www.uni-kassel.de/fb5/frieden/re gionen/Israel/eu-israel.htm
9. Uri Avnery: Glaubt nicht ein einziges Wort!, 9.10.2004, www.friedenszei tung-duisburg.de
10. http://diestandard.at/?id=1813912& sap=2
11. http://www.jurablogs.de/meldungen/ 2004/08/24/544/
12. Uri Avneri: 12 gebräuchliche Lügen über Israel und Palästina, Presseaus-sendung vom 21. Oktober 2000

Kapitel 4.

1. Richard H. Curtiss: The Cost of 'Occupied' Israel to the American People. 6.9.2001.
2. Richard H. Curtiss: The Cost of Israel to U.S. Taxpayers: True Lies. About U.S. Aid to Israel. Washington Report on Middle East Affairs
3. George Ball: The Passionate Attachment. America's Involvement With Israel, 1947 to the Present; und: http://www.ameu.org/printer.asp?iid=9 7&aid=134
4. Washington Report in Middle East Affairs, Juli 2005
5. http://www.bpb.de/publikationen/ WJ5YA2,4,0,Grundz%FCge_des_Wirt-schaftssystems.html
6. Ha'aretz 11.10.1998
7. Chris Basten: The 51st State. 20.5.2004. The Blotter, Minneapolis-St. Paul, Minnesota, USA
8. Allan C. Brownfeld, Herausgeber von „Issues", dem quartalsweise erscheinenden Magazin des „American Council for Judaism", in: Washington Report on Middle East Affairs, Dezember 2004
9. http://www.bueso.de/seiten/aktuell/17-09-04.htm
10. http://www.aipac.org/AIPAC-pc2005.html
11. Andrew I. Killgore: „Neocon Douglas Feith to Resign form Pentagon, as AIPAC Investigations Continue". Washington Report in Middle East Affairs, April 2005
12. www.tagesanzeiger.com
13. Die Welt, 19.8.2000
14. „USA schließt Israel von Rüstungsprojekt" in: www.spiegel.de v. 7.4.2005.
15. Tanya Reinhart: Wie wir Gaza verließen. Yedioth Aharonot. 18.8.05
16. www.ussliberty.org
17. www.ussliberty.org
18. James Bamford: The Cover-up. The Guardian, 8. August 2001
19. James Bamford: The Cover-up. The Guardian, 8. August 2001
20. The Politics of Anti-Semitism. CounterPunch and AK Press, California 2003
21. Phillip F. Tourney, President der USS LIBERTY Veterans Association: Brief an Präsident George W. Bush, Juni 2002 p. A. P.O. Box 1887, Washington, DC 20013-1887
22. http://www.ussliberty.org/latimes. htm,http://www.medalofhonor.com/ williamlmcgonaglestory.htm
23. Rainer Rupp: „Offizielle Vertuschung". 10.1.2004. www.jungewelt.de/2004/01-14/005.php
24. BBC: „Dead in the Water". TV-Dokumentation, 17.5.2003
25. James Bamford: The Cover-up. The Guardian, 8. August 2001

Kapitel 5

1. Israel Shamir: Artikel „April is the cruellest month“, Tel Aviv, 30.3.2001
2. Nur Masalha: „Expulsion of the Palestinians, The concept of Transfer in Zionist Political Thought 1882-1948“, Institute for Palestine Studies, December 2001
3. Theodor Herzl, Doktor der Rechte: „Der Judenstaat. Versuch einer modernen Lösung der Judenfrage“. Berlin und Wien 1896. M. Breitenstein's Verlags-Buchhandlung. Wien, IX, Währingerstrasse 5
4. DIE ZEIT 24.06.2004, Nr.27
5. Yoel Cohen: Die Vanunu Affäre. Israels geheimes Atompotential. Palmyra Verlag, 1995
6. Memorandum des Britischen Inlandsgeheimdienstes MI5 von 1926 unter dem Titel „Aktuelle Trend in Palästina“, siehe Jean Shaoul: Der Terrorismus und die Entstehung Israels, www.wsws.de
7. Baruch Kimmerling: „Politizid. Ariel Sharons Krieg gegen das palästinensische Volk“ Verlag Verso, London/New York und Verlag Hugendubel, München 2003
8. Benny Morris: The Birth of the Palestinian Refugee Problem Revisited. Cambridge University Presse. 2004
9. Michael Ben-Zohar: Ben-Gurion, A Biography. Delacorte, New York 1978

Kapitel 6

1. Benny Morris: The Birth of the Palestinian Refugee Problem Revisited. Cambridge University Presse, 2004
2. FAZ v. 9. Januar 2001
3. Inge Günther, Israel-Korrespondentin der Frankfurter Rundschau: Entzauberung des Zionismus. In: www.geschichte.uni-muenchen.de/jgk/dokumentation_fr_israel.shtml
4. Ilan Pappe, Yedioth Achronot 27.8.1993
5. FAZ. 9.1.2001
6. Michael Ben-Zohar: Ben Gurion, A Biography. Delacorte, New York 1978
7. Noam Chomsky: Fateful Triangle. The United States, Israel und the Palestinians. South End Press Classics Series, 1999
8. Moshe Sharett: Yoman Ishi (Personal Diary). Herausgegeben von Yaqov Sharett. Tel Aviv: Ma'a 1979
9. Livia Rokach: „Israel's sacred terrorism/Israels heiliger Terrorismus“, AAUG Press by the Association of Arab-American University Graduates, Inc.1980, 1982, 1986
10. Moshe Sharett: Yoman Ishi (Personal Diary). Herausgegeben von Yaqov Sharett. Tel Aviv: Ma'a 1979
11. Monika Kaddur in: http://www.uni-muenster.de/PeaCon/wuf/wf-98/9810208m.htm
12. Ludwig Watzal: Feinde des Friedens.Aufbau Taschenbuch Verlag, Berlin 2002
13. The Politics of Anti-Semitism. CounterPunch and AK Press, California 2003
14. G. Thomas, Die Mossad-Akte, Droemer'sche Verlagsanstalt, München 2001
15. G. Thomas, Die Mossad-Akte, Droemer'sche Verlagsanstalt, München 2001
16. Michael Krupp: „Die Geschichte des Staates Israel“. S. 78. Güterloher Verlagshaus, Gütersloh 1999
17. James Bamford: The Cover-up. The Guardian. 8.8.2001
18. http://www.palaestina.org/politik/offene_fragen/fluechtlinge.php
19. Uri Avnery, Pressekommuniqué, 15.3.2003
20. Ludwig Watzal: Feinde des Friedens. Aufbau Taschenbuch Verlag, 2002
21. Livia Rokach: „Israel's sacred terrorism/Israels heiliger Terrorismus“, AAUG Press by the Association of Arab-American University Graduates, Inc.1980, 1982, 1986
22. Ludwig Watzal: Feinde des Friedens. Aufbau Taschenbuch Verlag, 2002

23. Norman G. Finkelstein, „Der Konflikt zwischen Israel und den Palästinensern; Mythos und Realität“. S. 239. Verlag Hugendubel (Diederichs) 2002

Kapitel 7

1. Noam Chomsky: Offene Wunde Nahost. Israel, die Palästinenser und die US-Politik. Europa Verlag, Hamburg 2002
2. http://en.wikipedia.org/wiki/Operation _Litani
3. Victor Ostrovsky: Geheimakte Mossad. Harper Collins, New York und Wilhelm Goldmann Verlag, München, 1994)
4. Victor Ostrovsky: Geheimakte Mossad. Harper Collins, New York und Wilhelm Goldmann Verlag, München, 1994)
5. Victor Ostrovsky: Geheimakte Mossad. Harper Collins, New York und Wilhelm Goldmann Verlag, München, 1994
6. Victor Ostrovsky: Geheimakte Mossad. Harper Collins, New York und Wilhelm Goldmann Verlag, München, 1994

Kapitel 8

1. Baruch Kimmerling: „Politizid. Ariel Sharons Krieg gegen das palästinensische Volk“ Verlag Verso, London/New York und Verlag Diederichs, München 2003
2. Benny Morris, Israel's Border Wars, 1949-1956, Oxford University Press, 1993, S. 259.
3. Uzi Benziman: „Sharon – An Israeli Caesar“, S. 39. Robson Books, GB 1987
4. Uzi Benziman: „Sharon – An Israeli Caesar“, S. 57.Robson Books, GB 1987.
5. Prof. Avi Shlaim: „The Iron Wall: Israel and the Arab World“. Norton und Penguin Press, Februar 2001
6. http://en.wikipedia.org/wiki/Unit_101
7. Livia Rokach: „Israel's sacred terrorism/Israels heiliger Terrorismus“, AAUG Press by the Association of Arab-American University Graduates, Inc.1980, 1982, 1986
8. Uri Avnery in einem Zitat über die Ben Gurion Biographie und einem dort festgehaltenen Zitat über Ariel Sharon
9. Benny Morris: „Israel's Border Wars 1949-1956“, S. 261, Oxford University Press Inc., New York
10. Prof. Avi Shlaim: „The Iron Wall: Israel and the Arab World“. Norton und Penguin Press, Februar 2001
11. http://encyclopedia.thefreedictionary.com/Unit+101
12. http://www.etrend.ch/fundgrube/win_fundgrube/sharon_merham.htm
13. James Bamford: The Cover-up. The Guardian, 8. August 2001
14. Baruch Kimmerling: „Politizid. Ariel Sharons Krieg gegen das palästinensische Volk“ Verlag Verso, London/New York und Verlag Diederichs, München 2003
15. ebendort
16. Klaus Körner in: www.rotdornonline.de/Scharon.htm auf Basis von Informationen aus dem Nahost Lexikon, Heidelberg 2001
17. Jean Shaoul, israelischer Journalist: „Scharons Kriegsverbrechen im Libanon – eine Bilanz“. 22. Februar 2002. Aus: www.wsws.org/de/2002/mar2002/lib1-m02.shtml
18. Jean Shaoul, israelischer Journalist: „Scharons Kriegsverbrechen im Libanon – eine Bilanz“. 22. Februar 2002. Aus: www.wsws.org/de/2002/mar2002/lib1-m02.shtml
19. Jean Shaoul, israelischer Journalist: „Scharons Kriegsverbrechen im Libanon – eine Bilanz“. 22. Februar 2002. Aus: www.wsws.org/de/2002/mar2002/lib1-m02.shtml
20. Baruch Kimmerling: „Politizid. Ariel Sharons Krieg gegen das palästinensische Volk“ Verlag Verso, London/New York und Verlag Diederichs, München 2003
21. Michael Krupp: „Die Geschichte des Staates Israel“. S. 150. Gütersloher Verlagshaus, Gütersloh 1999

22. Uzi Benziman: „Sharon – An Israeli Caesar“, S. 264.Robson Books, GB 1987.
23. Amnon Kapeliouk: „Sabra and Shatila: Inquiry into a Massacre, Belmont, MA, AAUG Inc., 1984.
24. John Boykin: „Cursed Is the Peacemaker .The American Diplomat Versus the Israeli General, Beirut 1982“. Applegate Press, Belmont, CA, 2002
25. Norbert Mattes, Amos Wollin: Ariel Sharon – an Israeli Caesar. www.uni-kassel.de/fb10/ frieden/regionen/Israel/scharon
26. Zvi Harel, Ha'aretz, 25.01.2002, http://www.nahost-politik.de/libanon/hobeika.htm.
27. http://www.deutsche-zeitung.com/Vorhof/Redaktion_1/Terror_in_Palastina/Sabra_und_Shatila/Sabra_Shatila_2/hobeika.html
28. Robert Fisk: „A Letter to Sabra and Shatilla Survivors/Prosecute Sharon for war crimes, Israeli women say“in: The Independent, 24.9.2002. Aus: http://coalitionofwomen.org/home/english/articles/rela_mazali_letter/
29. Uri Avnery: Es ist ok, belgische Schokolade zu essen. 23.02.2003.www.uri-avnery.de;ZNet 23.02.2003, http://www.zmag.de/artikel.php?id=468
30. Amos Oz: „The Land of Israel“, Harvest Books, 1993

Kapitel 9

1. http://www.freemedia.at/r_intifada/r_intifada_2002.htm
2. Tanya Reinhart: „Operation Dornenfeld“. Atlantik Verlag, 2002
3. http://www.uni-kassel.de/fb5/frieden/regionen/Israel/robinson.html
4. ebendort
5. Anthony H. Cordesman: Peace and War: Israel versus the Palestinians. A Second Intifada? CSIS, Center for Strategic and International Studies, Washington, DC.12.7.2000
6. David Eshel, IDF-Offizier i.R.: „IDF Prepares“, August 2000
7. Peter Hirschberg: Kriegsspiele. Jerusalem Report, 4.9.1997
8. Shraga Elam: Entweder „Frieden" mit Gewalt oder Zwangsumsiedlung?. 1.12.2002. http://www.anis-online.de/pages/_1-ebene/ShragasRoom.htm
9. Shraga Elam, israelischer Journalist, in der Neuen Luzerner Zeitung http://www.neue-lz.ch/news/artikel.jsp?ref=30220870
10. Shraga Elam, israelischer Journalist, in einem Vortrag in Berlin am 4.7.2002, www.palaestina.ch/d/report/elam02.html
11. Amira Hass: Bericht aus Ramallah. Verlag Diederichs 2004
12. Amnesty International, Bericht über das Jahr 2001 – Israel und besetzte Gebiete
13. taz v. 4. Januar 2001 in: http://www.uni-kassel.de/fb5/frieden/regionen/Nahost/bilanz.html
14. Amnesty International: Jahresbericht 2001 – Israel und besetzte Gebiete
15. Amnesty International: Jahresbericht 2001 – Israel und besetzte Gebiete
16. Haaretz, 27. März 2001
17. www.uni-kassel.de/fb5/frieden/regionen/Nahost/bilanzl nach taz v. 4. Januar 2001
18. www.nahost-politik.de
19. Moshe Lieberman, Michael Hoffman: „The Israeli Holocaust Against the Palestinians“, The Independent History and Research Co., Idaho, 2002
20. Baruch Kimmerling: „Politizid. Ariel Sharons Krieg gegen das palästinensische Volk“ Verlag Verso, London/New York und Verlag Hugendubel, München 2003
21. Reporter ohne Grenzen, Jahresbericht Israel und die besetzten Gebiete, www.rsf.org
22. www.reporter-ohne-grenzen.de/ cont_dateien/indpres_03.php
23. Reporter ohne Grenzen,

www.rsf.org/article.php3?id_article=6605
24. http://www.nzz.ch/dossiers/2003/nahostfahrplan/2004.10.22-al-article9WC3L.html
25. FAZ vom 27.03.2002
26. Gunnar Heinsohn: Lexikon der Völkermorde, Rowohlt Verlag 1998
27. Rolf Tophoven, bis 1992 stellvertretender Direktor des Bonner Instituts für Terrorismusforschung, in: Die Welt, 10. April 2003
28. Yedioth Ahronot, 5.5.2002
29. http://www.sopos.org/aufsaetze/3d53eb7ec51e7/1.phtml
30. Tanya Reinhart: „Operation Dornenfeld". Atlantik Verlag, 2002
31. http://www.phoenix.de/ereig/exp/10615/ ,PHOENIX TV-Sender, Langer Grabenweg 45-47 53175 Bonn
32. Neue Zürcher Zeitung, 28. Mai 2002
33. ebendort
34. ebendort
35. ebendort
36. http://www.palaestinanews.de/index3.php?page=showcomments&id=454
37. Amnesty International, Jahresbericht über das Jahr 2002
38. Amnesty International, Jahresbericht über das Jahr 2003
39. www.genfer-initiative.de/gi_kontexte504.htm
40. Die Welt, 24.5.2004, www.welt.de/data/2004/05/24/282697
41. Der Spiegel online, 19.5.2004. www.spiegel.de
42. htt//lexikon.freenet.de/Tage_der_Bu%C3%9Fe
43. www.jungewelt.de/2004/10-15/004.
44. Amira Hass: „Wer hat hier das Sagen?". In: www.arendt-art.de/deutsch/palestina/texte
45. Amira Hass: „Wer hat hier das Sagen?". In: www.arendt-art.de/deutsch/palestina/texte

Kapitel 10

1. The Guardian, 4. März 2005
2. Vereinte Nationen: Römisches Statut des Internationalen Strafgerichtshofs, 17. Juli 1998, Diplomatische Bevollmächtigtenkonferenz der Vereinten Nationen zur Errichtung eines Internationalen Strafgerichtshofs, Rom
3. Tanya Reinhart: „Operation Dornenfeld", Atlantik Verlag, 2002
4. www.palaestina.org/news/beitraege/zeigeBeitrag.php?ID=2
5. Markus Bernath: „Opfer der Intifada – Fast jeder dritte der verwundeten Palästinenser wird ein Krüppel bleiben". Ein Report aus dem Operationssaal des El.Shifa.Hospital, 09.02.2001. http://www.freitag.de/2001/07/01070801.htm
6. Gideon Levy: „Ich bedaure, dass Ihr zu Mördern wurdet". Haaretz/ZNet Deutschland 10.7.2004
7. „Kinder zwischen den Fronten", Bericht über eine Informationsreise der UNICEF-Botschafterin Sabine Christiansen vom 30. Mai bis 3. Juni 2004 mit Besuchen in Haifa, Jerusalem, Ramallah, Gaza und Rafah vom 4.6.2004, www.unicef.de
8. Haaretz, 27. März 2001
9. Tanya Reinhart: „Operation Dornenfeld", Atlantik Verlag, 2002
10. Charles M. Sennott, Boston Globe, 3. Mai 2001
11. Tanya Reinhart: „Operation Dornenfeld", Atlantik Verlag, 2002
12. Amnesty International, Jahresbericht 2001 „Israel und die besetzten Gebiete"
13. Amnesty International, Jahresbericht 2002 „Israel und die besetzten Gebiete"
14. Amnesty International, Jahresbericht 2003 „Israel und die besetzten Gebiete"
15. Amnesty International, Jahresbericht 2004 „Israel und die besetzten Gebiete"
16. Amnesty International, Jahresbericht 2004 „Israel und die besetzten Gebiete"
17. Amnesty International, Jahresbericht 2001 „Israel und die besetzten Gebiete"
18. Amnesty International, Report 2005 „Israel und die besetzten Gebiete"
19. http://www.janes.com/regional_news/africa_middle_east/news/jdw/jdw010522_2_n.shtml

20. http://www.janes.com/regional_news/africa_middle_east/news/jdw/jdw 010522_2_n.shtml
21. http://www.friedensforum-duisburg.de /2003/10/intifada-bilanz.htm
22. Quelle: Ärzte-Organisation Physicians for Human Rights-Israel (PHR-Israel), Bericht vom 21.10.2003)
23. Schwerkranker verhaftet, … gefesselt im Krankenbett. IWPS v. 25.4.2005. In: www.palaestinische-gemeinde.at/schwerkranker
24. Amos Oz: „The Land of Israel“, Harvest Books, 1993
25. Baruch Kimmerling: „Politizid. Ariel Sharons Krieg gegen das palästinensische Volk“ Verlag Verso, London/New York und Verlag Diederichs, München 2003
26. Shamai Leibowitz: Noch ein Aufruf zum Boykott. http://erhard-arendt.de/deutsch/palestina/Stimmen_Israel_juedische/leibowitz_shamai_boykott.htm
27. Amnesty International, Jahresbericht 2003 „Israel und die besetzten Gebiete“
28. ebendort
29. Amos Gvirtz, Israeli Committee against House Demolitions, via Gush Shalom, 2.9.2004

Kapitel 11

1. Il manifesto, Rom, 12.6.2004
2. http://www.freitag.de/2003/40/0340 0901.php
3. Physicians of Human Rights & Machsom Watch, Israel: Report „The Bureaucracy of Occupation“ , May 2004).
4. ebendort
5. Machsom Watch, Bericht 23.11.2003
6. Physicians of Human Rights & Machsom Watch, Israel: Report „The Bureaucracy of Occupation“ , May 2004).

Kapitel 12

1. Die Siedlungen müssen weg. Interview mit Daniel Barenboim. Der Spiegel Nr. 32/2003, 4.8.2003.
2. Baruch Kimmerling: „Politizid. Ariel Sharons Krieg gegen das palästinensische Volk“ Verlag Verso, London/New York und Verlag Diederichs, München 2003
3. Machsom Watch. Bericht v. 2.11.2002
4. http://www.uni-kassel.de/fb10/frieden/regionen/Nahost /Chronik-Aktuell/04-02.html
5. Watch: Brief des Kommandanten der Samaria Brigade v. 26.4.2005
6. Machsom Watch: Bericht vom Checkpoint Beit Iba, 6.4.2005
7. Physicians of Human Rights & Machsom Watch, Israel: Report „The Bureaucracy of Occupation“ , May 2004).

Kapitel 13

1. Shamai Leibowitz: Noch ein Aufruf zum Boykott. Der Autor lebt in Tel Aviv und ist Anwalt für Strafrecht, Reservist (Panzergrenadier) der Israelischen Armee und hat den Aufruf „Courage to Refuse“ (Mut zur Verweigerung) mit unterschrieben
2. Ludwig Watzal: Feinde des Friedens. S. 38. Aufbau Taschenbuch Verlag, 2002
3. Jack Bernstein: Das Leben eines amerikanischen Juden im rassistischen, marxistischen Israel. Lühe-Verlag 1985.
4. Vgl. Encyclopaedia Judaica; Kevin Alan Brook: The Jews of Khazaria, Jason Aronson, 1999, ISBN 0-7657-6032-0; Ehud Ya'ari: Archeological finds add weight to claim that Khazars converted to Judaism, The Jerusalem Report, June 21, 1999, urlhttp://wwwvirtualjerusalemcom/news/j_report/report01htm/url; Abba Eban: Dies ist mein Volk, aaO, S 124 f, S 127f
5. http://de.wikipedia.org/w/index.php?title=Chasaren&action=edit&section=4
6. Jack Bernstein: Das Leben eines amerikanischen Juden im rassistischen, marxistischen Israel. S. 71. Lühe-Verlag 1985.
7. Flavius Josephus: „Geschichte des

jüdischen Krieges". Abi Melzer Production, Fourier Verlag, Wiesbaden 1980
8. Nur Masalha: „Expulsion of the Palestinians"
9. Ludwig Watzal: Feinde des Friedens. S. 40. Aufbau Taschenbuch Verlag, 2002
10. Israel Shahak: Jewish History, Jewish Religion, 1994
11. www.bueso.de/nrw/Aktuelles/haig.htm
12. http://gruenhelme.de/index.php?s= articles/aktuelles&n=67, 19. Dezember 2003
13. Amnon Kapeliuk: Rabin – ein politischer Mord. Nationalismus und rechtsextreme Gewalt in Israel. Droemer-Knur, 1996
14. http://gruenhelme.de/index.php?s= articles/aktuelles&n=67
15. DER SPIEGEL Nr. 42/2000, 16. Oktober 2000
16. Amnon Kapeliuk: Rabin – ein politischer Mord. Nationalismus und rechtsextreme Gewalt in Israel. Droemer-Knaur, 1996
17. www.bueso.de/nrw/Aktuelles/haig.htm
18. Rheinischer Merkur Nr. 32, 05.08.2004. www.merkur.de/aktuell/po/terror_043201.html
19. Haaretz, 27.12.2004
20. http://www.nahostfocus.de/page.php?id=2157
21. http://derstandard.at

Kapitel 14

1. DER SPIEGEL, Nr.46/13.11.1995
2. Amon Kapeliuk: Rabin – ein politischer Mord. Nationalismus und rechtsextreme Gewalt in Israel. S. 29. Droemer-Knaur, 1996
3. Amon Kapeliuk: Rabin – ein politischer Mord. Nationalismus und rechtsextreme Gewalt in Israel. S. 29. Droemer-Knaur, 1996
4. Amon Kapeliuk: Rabin – ein politischer Mord. Nationalismus und rechtsextreme Gewalt in Israel. Droemer-Knaur, 1996
5. DER SPIEGEL, Nr.46/13.11.1995
6. Amon Kapeliuk: Rabin – ein politischer Mord. Nationalismus und rechtsextreme Gewalt in Israel. Droemer-Knaur, 1996).
7. Amon Kapeliuk: Rabin – ein politischer Mord. Nationalismus und rechtsextreme
8. Gewalt in Israel. S. 127. Droemer-Knaur, 1996
9. Noa Ben Artzi-Pelossof: „Trauer und Hoffnung". Reinbek, rororo1997
10. Rheinischer Merkur Nr. 32, 05.08.2004
11. Professor Moshe Zimmermann, Historiker an der Hebräischen Universität in Jerusalem, in der ARD-Tagesschau am 26.10.2004
12. Uri Avnery, Pressekommunique v. 23.10.2004
13. http://www.bornpower.de/israel/siedler.htm
14. http://www.inidia.de/thora.htm
15. Der Standard, 4.1.05
16. Der Standard , 4.1.05
17. Tagesanzeiger-Online, www.tagesanzeiger.ch; 6. 1. 2005
18. hagalil.com/Yediot Aharonot, 22.12.2004
19. Amos Harel, Haaretz, 4. 1. 2005
20. DER SPIEGEL, Nr.46/13.11.1995
21. Kleine Zeitung, 26. Juli 2004, S.5
22. Uri Avnery: Auf dem Weg zum Bürgerkrieg. 8.11.2004
23. Presseaussendung von Uri Avnery am 18.9.2004
24. http://www.israelnetz.de/show.sxp/7852.html?wow=new&sxpident=7353781--2688961-ce7865319Ju-Ak

Kapitel 15

1. Gunnar Heinsohn: Lexikon der Völkermorde, Rowohlt Verlag 1998
2. Shulamit Aloni: „Gottes Ebenbild verlieren". Haaretz, 17. 9. 2004
3. Shulamit Aloni: „Gottes Ebenbild verlieren". Haaretz, 17. 9. 2004
4. Haaretz, 9. 1. 2004
5. Benny Morris: The Birth of the Palestinian Refugee Problem Revisited. Cambridge University Presse, 2004
6. Gush Shalom. Reaktionen zu Morris.

15.01.04
7. ebendort
8. Benny Morris: Right of Reply / I do not support expulsion. Haaretz Internet Edition 22.1.04
9. Natan Sznaider: Adieu zionisische Moral. Die Welt, 6.3.2004
10. Baruch Kimmerling: „Politizid. Ariel Sharons Krieg gegen das palästinensische Volk“ Verlag Verso, London/New York und Verlag Hugendubel, München 2003
11. Natan Sznaider: Adieu zionisische Moral. Die Welt, 6.3.2004
12. Adi Ophir: Völkermord versteckt sich hinter Vertreibung. Gush Shalom, 15.01.2004
13. Zeitung gegen den Krieg, Nr. 12, 2002
14. Adi Ophir: Völkermord versteckt sich hinter Vertreibung. Gush Shalom, 15. 1. 2004
15. Gunnar Heinsohn: Lexikon der Völkermorde, Rowohlt Verlag 1998
16. Baruch Kimmerling: „Politizid. Ariel Sharons Krieg gegen das palästinensische Volk“ Verlag Verso, London/New York und Verlag Hugendubel, München 2003
17. UNCTAD, Bericht 10507, 29.9.2004
18. Gideon Levy in Haaretz, 16.5.2005
19. Jedioth Achronoth, 22.12.2004, in: Medienspiegel der Deutschen Botschaft in Tel Aviv, www.tel-aviv.diplo.de/de/Medienspiegel/MS__221204,property=Daten.pdf
20. Baruch Kimmerling: „Politizid. Ariel Sharons Krieg gegen das palästinensische Volk“ Verlag Verso, London/New York und Verlag Hugendubel, München 2003
21. Uri Avnery: Tommys Großmutter. 29.05.2004. http://uri-avnery.mindwerk.info/magazin/artikel.php?artikel=172&type=2
22. Baruch Kimmerling: „Politizid. Ariel Sharons Krieg gegen das palästinensische Volk“ Verlag Verso, London/New York und Verlag Hugendubel, München 2003
23. Lea Rabin: Ich gehe weiter auf seinem Weg. Verlag Knaur, 1997
24. Baruch Kimmerling: Ich klage an! 01.02.2002 in: http://erhard-arendt.de/deutsch/palestina/texte/Baruch_Kimmerling-_ich-klage-an.htm. (Aus dem Englischen übersetzt: Ellen Rohlfs)
25. Baruch Kimmerling: „Politizid. Ariel Sharons Krieg gegen das palästinensische Volk“ Verlag Verso, London/New York und Verlag Hugendubel, München 2003
26. Lev Grinberg: Symbolischer Völkermord, 23.3.2004. www.friedensforum-duisburg.de/2004/03/grin2303.